普通高等教育经管类专业系列教材

新编经济法实用教程

| 第4版 |

万志前　廖震峡◎主　编
张文斐　杨雪婧◎副主编

清华大学出版社
北　京

内容简介

本书主要为满足非法学专业经济法课程的教学需要而编写，系统介绍规范经济管理活动的主要法律制度。其主要内容包括经济法基础知识、非公司市场主体法律制度、公司法律制度、企业破产法律制度、物权法律制度、合同法律制度、知识产权法律制度、竞争法律制度、产品质量法律制度、消费者权益保护法律制度、广告法律制度、电子商务法律制度等。

本书内容通俗易懂，实用性强，可作为工商管理、公共管理、会计学、经济贸易等相关专业的教材或参考书，也可供从事经济法律实务或相关研究人员参考阅读。

本书免费提供配套教学资源，读者可扫描书中二维码获取。

本书封面贴有清华大学出版社防伪标签，无标签者不得销售。
版权所有，侵权必究。举报: 010-62782989, beiqinquan@tup.tsinghua.edu.cn。

图书在版编目(CIP)数据

新编经济法实用教程 / 万志前，廖震峡主编. —4版. —北京: 清华大学出版社，2024.4
普通高等教育经管类专业系列教材
ISBN 978-7-302-65721-7

Ⅰ.①新… Ⅱ.①万… ②廖… Ⅲ.①经济法－中国－高等学校－教材 Ⅳ.①D922.29

中国国家版本馆 CIP 数据核字(2024)第 051370 号

责任编辑: 高 屾
封面设计: 马筱琨
版式设计: 思创景点
责任校对: 马遥遥
责任印制: 刘 菲

出版发行: 清华大学出版社
网　址: https://www.tup.com.cn, https://www.wqxuetang.com
地　址: 北京清华大学学研大厦A座
邮　编: 100084
社总机: 010-83470000
邮　购: 010-62786544
投稿与读者服务: 010-62776969, c-service@tup.tsinghua.edu.cn
质量反馈: 010-62772015, zhiliang@tup.tsinghua.edu.cn
印装者: 三河市人民印务有限公司
经　销: 全国新华书店
开　本: 185mm×260mm
印　张: 19.75
字　数: 481 千字
版　次: 2010 年 12 月第 1 版　　2024 年 5 月第 4 版
印　次: 2024 年 5 月第 1 次印刷
定　价: 69.00 元

产品编号: 102216-01

前言

自本书第 3 版 2019 年出版以来,我国法律又出现了一系列变化,不仅通过了《中华人民共和国民法典》,而且对《中华人民共和国公司法》做了重要修订,对《中华人民共和国专利法》《中华人民共和国著作权法》等也做了修改。为适时反映最新立法内容和进一步契合学生将来的职业需求,本书第 4 版在保持第 3 版主要内容和结构的前提下,对章节、体例、内容等方面进行了系统性调整。

第一,章节调整。将第 3 版的第 2 章(企业法律制度)分成两章,即本书第 2 章(非公司市场主体法律制度)与第 3 章(公司法律制度);删除两章,即第 3 版的第 7 章(证券法律制度)与第 8 章(票据法律制度);增加两章,即本书第 11 章(广告法律制度)与第 12 章(电子商务法律制度)。

第二,体例调整。保留第 3 版中的"任务清单""同步训练""解决几个大问题"几个模块,在此基础上增加"法律法规提示""课外活动""课外学习资源"三个模块。

第三,内容修改。将第 3 版每章主体内容中的"知识拓展"部分更换为"法智箴言",并融入课程思政元素;根据最新法律法规等,系统修改相关部分的内容;更新与修改文中部分"大家讲坛"的例题;对课后习题进行更新、替换和补充。

本书内容涵盖经济法基础知识、非公司市场主体法律制度、公司法律制度、企业破产法律制度、物权法律制度、合同法律制度、知识产权法律制度、竞争法律制度、产品质量法律制度、消费者权益保护法律制度、广告法律制度、电子商务法律制度,共计 12 章。

本书由万志前、廖震峡任主编,张文斐、杨雪婧任副主编。各章编写分工如下:第 1 章(经济法基础知识)、第 5 章(物权法律制度)、第 6 章(合同法律制度)、第 7 章(知识产权法律制度)由万志前编写;第 2 章(非公司市场主体法律制度)、第 3 章(公司法律制度)、第 4 章(企业破产法律制度)由廖震峡编写;第 8 章(竞争法律制度)、第 9 章(产品质量法律制度)、第 10 章(消费者权益保护法律制度)由张文斐编写;第 11 章(广告法律制度)、第 12 章(电子商务法律制度)由杨雪婧编写。本书由万志前和廖震峡统稿。

全书语言准确、流畅、简洁、通俗易懂,有较强的可读性,适合非法学专业的本、专科学生阅读,也可作为相关专业资格考试的辅导教材。本书配有丰富的教学资源,包括但不限于教学课件、教案、教学计划、扩展资料、习题库、习题答案等,读者可以通过扫描右侧二维码下载。

教学资源

在本书的修订和出版过程中，得到了清华大学出版社的大力支持与帮助，在此表示衷心的感谢。

由于编者学识水平有限，错漏之处在所难免，尚祈读者不吝赐教，以不断提高本书质量。

编　者

2024 年 4 月

目 录

第1章 经济法基础知识 ……………… 1
1.1 经济法概述 ………………………… 2
- 1.1.1 经济法的概念与特征 ……… 2
- 1.1.2 经济法的调整对象 ………… 3
- 1.1.3 经济法的形式 ……………… 3

1.2 经济法律关系 ……………………… 5
- 1.2.1 经济法律关系的概念 ……… 5
- 1.2.2 经济法律关系的主体 ……… 6
- 1.2.3 经济法律关系的内容 ……… 8
- 1.2.4 经济法律关系的客体 ……… 9
- 1.2.5 经济法律关系的产生、变更与终止 ……………………… 9

1.3 民事法律行为与代理 …………… 10
- 1.3.1 民事法律行为 …………… 10
- 1.3.2 代理 ……………………… 15

1.4 诉讼时效 ………………………… 19
- 1.4.1 诉讼时效的含义 ………… 19
- 1.4.2 诉讼时效的期间 ………… 19
- 1.4.3 诉讼时效的起算、中止、中断与延长 ………………… 19

1.5 经济法律责任与纠纷解决 ……… 21
- 1.5.1 经济法律责任 …………… 21
- 1.5.2 经济纠纷的解决 ………… 21

同步训练 …………………………… 24

第2章 非公司市场主体法律制度 …… 28
2.1 个体工商户法律制度 …………… 29
- 2.1.1 个体工商户的登记 ……… 29
- 2.1.2 个体工商户的经营 ……… 30

2.2 个人独资企业法 ………………… 30
- 2.2.1 个人独资企业的设立 …… 31
- 2.2.2 个人独资企业的事务管理 … 32
- 2.2.3 个人独资企业的解散和清算 ……………………… 33

2.3 合伙企业法 ……………………… 34
- 2.3.1 合伙企业和合伙人的种类 … 34
- 2.3.2 合伙企业的设立 ………… 35
- 2.3.3 入伙和退伙 ……………… 36
- 2.3.4 合伙企业事务 …………… 38
- 2.3.5 合伙企业的财产转让和出质 ……………………… 41
- 2.3.6 合伙企业的分配和债务 … 41
- 2.3.7 合伙企业的解散 ………… 44

同步训练 …………………………… 45

第3章 公司法律制度 ………………… 50
3.1 公司概述 ………………………… 51
- 3.1.1 公司的分类 ……………… 51
- 3.1.2 公司法人财产及相关权利 … 52
- 3.1.3 股东及相关权利 ………… 53

3.2 公司的设立 ……………………… 55
- 3.2.1 公司设立条件和方式 …… 55
- 3.2.2 公司设立程序 …………… 56
- 3.2.3 公司登记事项 …………… 60

3.3 公司的组织机构 ………………… 62
- 3.3.1 股东会 …………………… 62
- 3.3.2 董事会和经理 …………… 64
- 3.3.3 监事会 …………………… 65
- 3.3.4 上市公司组织机构的特别规定 ……………………… 67
- 3.3.5 公司董事、监事、高级管理人员的资格和义务 ……… 68

3.4 国家出资公司 …………………… 69
- 3.4.1 国家出资公司概述 ……… 69

3.4.2 国有独资公司组织机构的
特别规定 70
3.5 股权转让 71
3.5.1 有限责任公司的股权转让 ... 71
3.5.2 股份有限公司的股票及其
发行、转让 72
3.5.3 公司债券 75
3.6 公司的其他制度 76
3.6.1 公司财务会计 76
3.6.2 公司合并、分立、增资、
减资 79
3.6.3 公司解散和清算 80
同步训练 82

第 4 章 企业破产法律制度 88
4.1 破产法概述 89
4.1.1 破产法及其适用范围 89
4.1.2 破产原因 90
4.2 破产申请的提出和受理 91
4.2.1 破产申请的提出 91
4.2.2 破产申请的受理 92
4.3 管理人和债务人财产 94
4.3.1 管理人 94
4.3.2 债务人财产的范围及其
清理 95
4.3.3 破产撤销权与无效行为
制度 98
4.4 债权人相关会议 99
4.4.1 债权人会议 99
4.4.2 债权人委员会 101
4.5 破产债权 102
4.5.1 破产债权的范围 102
4.5.2 破产债权的申报 103
4.5.3 破产债权的确认 105
4.6 重整与和解制度 105
4.6.1 重整与和解制度概述 ... 105
4.6.2 重整申请与重整期间及其
债务人营业 106
4.6.3 重整计划 107
4.6.4 和解程序 110
4.7 破产清算程序 111

4.7.1 破产宣告 111
4.7.2 破产费用和共益债务 ... 112
4.7.3 破产财产的管理、变价、
分配及提存 113
4.7.4 破产程序的终结 114
同步训练 116

第 5 章 物权法律制度 121
5.1 物权通则 122
5.1.1 物权一般规定 122
5.1.2 物权变动 124
5.2 所有权 127
5.2.1 所有权概述 127
5.2.2 所有权的种类 129
5.2.3 所有权的取得 130
5.2.4 建筑物区分所有权 132
5.2.5 共有 133
5.2.6 相邻关系 135
5.3 用益物权 136
5.3.1 土地承包经营权 136
5.3.2 建设用地使用权 137
5.3.3 居住权 138
5.3.4 地役权 139
5.3.5 宅基地使用权 140
5.4 担保物权 140
5.4.1 担保物权概述 140
5.4.2 抵押权 141
5.4.3 质押权 143
5.4.4 留置权 145
5.5 占有 147
5.5.1 占有的概念 147
5.5.2 占有的种类 147
5.5.3 占有的效力 147
5.5.4 占有的法律保护 148
同步训练 148

第 6 章 合同法律制度 153
6.1 合同与合同编 154
6.1.1 合同的概念与分类 154
6.1.2 合同编概述 155
6.2 合同的订立 156

6.2.1 合同订立程序……………156
6.2.2 缔约过失责任……………159
6.3 合同的内容与形式……………160
6.3.1 合同的内容……………160
6.3.2 合同的形式……………162
6.4 合同的效力……………………162
6.4.1 合同的效力概述………162
6.4.2 无效合同………………163
6.4.3 可撤销合同……………163
6.4.4 效力待定的合同………164
6.5 合同的履行……………………165
6.5.1 合同履行的原则………165
6.5.2 合同履行的规则………166
6.5.3 双务合同的履行抗辩权……167
6.5.4 合同的保全……………168
6.6 合同的担保……………………170
6.6.1 合同担保概述…………170
6.6.2 保证……………………171
6.6.3 定金……………………173
6.7 合同的变更、转让和终止……175
6.7.1 合同的变更……………175
6.7.2 合同的转让……………176
6.7.3 合同的终止……………177
6.8 违约责任………………………181
6.8.1 违约责任概述…………181
6.8.2 承担违约责任的方式……182
6.8.3 免责事由………………183
6.9 典型合同………………………184
6.9.1 买卖合同………………184
6.9.2 赠与合同………………186
6.9.3 借款合同………………188
6.9.4 租赁合同………………189
6.9.5 承揽合同………………190
6.9.6 运输合同………………191
同步训练………………………………192

第7章 知识产权法律制度……………197
7.1 知识产权法概述………………198
7.1.1 知识产权的概念与特征……198
7.1.2 知识产权法的概念……199
7.2 著作权法………………………199

7.2.1 著作权与著作权法概念……199
7.2.2 著作权的主体…………200
7.2.3 著作权的客体…………202
7.2.4 著作权的内容…………203
7.2.5 著作权的保护期限和限制……………………203
7.2.6 邻接权…………………206
7.2.7 著作权和与著作权有关的权利的保护…………207
7.3 专利法…………………………208
7.3.1 专利法概述……………208
7.3.2 专利权的主体及归属……209
7.3.3 专利权的客体…………210
7.3.4 授予专利权的条件……211
7.3.5 专利权的取得、终止和无效……………………212
7.3.6 专利权的内容与限制……214
7.3.7 专利权的保护…………216
7.4 商标法…………………………218
7.4.1 商标法概述……………218
7.4.2 商标注册………………220
7.4.3 注册商标的续展、转让、使用许可…………223
7.4.4 注册商标的无效宣告……224
7.4.5 商标使用的管理………225
7.4.6 注册商标专用权的保护……225
同步训练………………………………227

第8章 竞争法律制度……………231
8.1 竞争法律制度概述……………232
8.1.1 竞争和竞争法的概念……232
8.1.2 反不正当竞争法与反垄断法的关系…………232
8.2 反不正当竞争法………………233
8.2.1 反不正当竞争法概述……233
8.2.2 不正当竞争行为的表现形式……………………233
8.2.3 不正当竞争行为的法律责任……………………237
8.3 反垄断法………………………238
8.3.1 反垄断法概述…………238

8.3.2 垄断协议 ………………… 239
8.3.3 滥用市场支配地位行为 …… 241
8.3.4 经营者集中 ………………… 243
8.3.5 滥用行政权力排除、限制
      竞争 ………………………… 244
同步训练 …………………………… 246

第 9 章 产品质量法律制度 ……………… 250
9.1 产品质量法概述 ………………… 251
    9.1.1 产品和产品质量 …………… 251
    9.1.2 产品质量法 ………………… 252
9.2 产品质量监督 …………………… 253
    9.2.1 产品质量监督的概念 ……… 253
    9.2.2 产品质量监督管理制度 …… 253
9.3 经营者的产品质量责任和
    义务 ……………………………… 255
    9.3.1 生产者的产品质量责任
          和义务 ……………………… 255
    9.3.2 销售者的产品质量责任
          和义务 ……………………… 256
9.4 产品质量责任制度 ……………… 257
    9.4.1 产品责任与产品质量
          责任 ………………………… 257
    9.4.2 经营者承担责任的方式 …… 257
同步训练 …………………………… 260

第 10 章 消费者权益保护法律制度 …… 264
10.1 消费者权益保护法概述 ……… 265
     10.1.1 消费者的概念 …………… 265
     10.1.2 消费者权益保护法 …… 265
10.2 消费者的权利 ………………… 266
     10.2.1 消费者权利的概念 …… 266
     10.2.2 消费者的具体权利 …… 267
10.3 经营者的义务 ………………… 269
     10.3.1 经营者义务的概念 …… 269
     10.3.2 经营者的具体义务 …… 270
10.4 消费者权益的保护 …………… 272
     10.4.1 消费者权益的国家
            保护 ……………………… 272
     10.4.2 消费者权益的保护
            组织 ……………………… 273
10.5 消费者权益争议的解决 ……… 273
     10.5.1 消费者权益争议的解决
            途径 ……………………… 273
     10.5.2 赔偿责任主体的确定 …… 274
     10.5.3 侵犯消费者权益的法律
            责任 ……………………… 275
同步训练 …………………………… 277

第 11 章 广告法律制度 ………………… 281
11.1 广告法概述 …………………… 282
     11.1.1 广告与广告活动主体 …… 282
     11.1.2 广告法 …………………… 283
11.2 广告行为规范 ………………… 284
     11.2.1 广告行为的原则 ………… 284
     11.2.2 广告行为的一般规定 …… 286
     11.2.3 特殊商品与服务的广告
            准则 ……………………… 287
同步训练 …………………………… 290

第 12 章 电子商务法律制度 …………… 293
12.1 电子商务法概述 ……………… 294
     12.1.1 电子商务 ………………… 294
     12.1.2 电子商务法 ……………… 294
12.2 电子商务经营者的一般
     规定 ……………………………… 295
     12.2.1 电子商务经营者概念
            和资格 …………………… 295
     12.2.2 电子商务经营者的法律
            义务 ……………………… 296
     12.2.3 电子商务平台的具体
            经营规则 ………………… 298
12.3 电子商务合同 ………………… 301
     12.3.1 电子商务合同概述 …… 301
     12.3.2 电子商务合同的订立、
            成立与生效 ……………… 301
     12.3.3 电子支付和快递物流
            服务 ……………………… 302
     12.3.4 电子商务争议的解决 … 304
同步训练 …………………………… 305

参考文献 ………………………………… 308

第 1 章 经济法基础知识

◎ **任务清单**

序号	任务	要求
1	经济法的特征、调整对象与形式	了解
2	经济法律关系的主体、内容和客体	掌握
3	经济法律事实	掌握
4	民事法律行为的有效要件	理解
5	无效、可撤销和效力待定的民事法律行为	理解
6	代理的含义、无权代理和表见代理	理解
7	诉讼时效的中止与中断	理解
8	解决经济纠纷的方式	了解
9	诉讼与仲裁的区别	掌握

◎ **法律法规提示**

《中华人民共和国民法典·总则编》(2020 年 5 月 28 日),《中华人民共和国立法法》(2023 年 3 月 13 日),《中华人民共和国仲裁法》(2017 年 9 月 1 日),《中华人民共和国民事诉讼法》(2021 年 12 月 24 日)。

《中华人民共和国民法典·总则编》

《中华人民共和国立法法》

《中华人民共和国仲裁法》

《中华人民共和国民事诉讼法》

◎ 思考题

2023年1月张某满17岁，在镇啤酒厂做临时工，每月有3000元的收入。为了上班方便，张某在镇里租了一间房。7月，张某未经父母同意，欲花800元钱从李某处购买一台旧彩电，此事遭到了父母的强烈反对，但张某还是买了下来。10月，张某因患精神分裂症丧失了民事行为能力。随后其父找到李某，认为他们之间的买卖无效，要求李某返还钱款，取走彩电。你认为张某父亲的要求是否有法律依据？

思考题解析

1.1 经济法概述

1.1.1 经济法的概念与特征

1. 概念

现代意义上的经济法，是在自由资本主义经济发展到垄断资本主义经济阶段，国家对经济发展中出现的垄断、不正当竞争、市场失灵等问题进行干预而产生和发展起来的。国家调节、干预经济活动不能随意而为，需要受法律规范、保障和限制。一般认为，经济法是调整国家经济管理和协调经济活动的法律规范的总称。

2. 特征

经济法具有法律的一般基本特征，即国家意志性、规范性和强制性。与其他法律部门相比，经济法又有其自身特点。

(1) 综合性。经济法的综合性表现为：调整方法的多样性，经济法往往运用民事、行政、刑事及技术等方法调整某一经济关系；调整范围的广泛性，经济法调整的内容既包括宏观经济领域，也包括微观经济领域，涉及工业、农业、商贸、财政、税收、金融、统计、审计、会计、海关、物价、环保、土地等范畴；规范的多元性，既有实体规范又有程序规范，既有强行性规范又有任意性规范，既有公法规范又有私法规范。

(2) 经济性。经济法直接作用于经济领域，并具有经济目的性，其经济性不言而喻，主要表现为：经济法往往将经济制度、经济活动的内容和要求直接规定为法律；经济法反映了经济生活的基本规律，服务于经济基础，由经济基础所决定并受其制约；调整手段主要为经济手段，即以经济规律和客观现实为依据而确立的具有经济内容的手段。

(3) 协调性。经济法是顺应生产社会化的要求而产生和发展起来的，是国家对经济生活干预的产物，重在维护社会整体利益，体现公法特征；同时，经济法也要抑制国家对经济生活的非法干预，保护个体利益，体现私法特征。故经济法在调整社会经济关系过程中，要兼顾社会整体利益和个体利益，通过协调二者之间的矛盾，促进社会经济协调、稳定发展。

(4) 政策性。经济法是国家参与经济活动、调节经济关系的产物，在此过程中，国家的经济体制和经济政策无疑影响经济法的发展和变化，经济法也必须反映并回应社会经济生活和政治形势的变化，呈政策性特性。

1.1.2　经济法的调整对象

任何法律部门都有其独特的调整对象，经济法亦不例外。经济法调整的经济社会关系主要有以下几类。

1. 市场主体管理关系

在经济活动中，市场主体是其中最关键、最活跃的因素之一。国家为了协调经济运行，通过立法对市场主体资格的取得、变更与终止予以必要的管理和干预，主要体现为：明确规定市场主体的设立、变更与终止，内部机构的设置与职权范围及财务制度等事项。在此过程中所形成的管理关系，属于经济法的调整对象。

2. 市场运行协调关系

经济活动是市场主体之间的交往活动。为了协调市场运行，保障市场经济活动的便捷、高效与安全，必须为市场主体开展经济活动、进行经济交往提供一套行为规范和准则。这套行为规范和准则所调整的社会关系，即市场运行协调关系。

3. 市场秩序规制关系

国家为维护社会主义市场经济秩序，规范、干预市场主体生产经营行为所发生的关系，即为市场秩序规制关系。其本质是国家对微观经济的管理关系。在这类关系中，主体一方为国家经济管理机关，另一方为从事生产经营的市场主体，它们之间基于生产经营行为的引导、调节、控制、监督、查处和制裁等发生的社会关系，由市场规制法调整。

4. 宏观经济调控关系

国家为了实现经济总量的基本平衡，保持国民经济持续、快速、健康发展而运用各种经济手段或方法调节和控制国民经济结构及其运行而形成的关系，即为宏观经济调控关系。其主要包括：计划关系、财政关系、金融关系、收入分配关系、价格管理关系、产业关系、固定资产投资关系、区域经济协调关系等。

> **法智箴言**
>
> "法者，国仰以安也。"社会主义市场经济本质上是法治经济，必须坚持法治思维，增强法治观念，依法调控和治理经济。构建高水平社会主义市场经济体制，必须要在法治轨道上推动经济发展，在发展中完善法治。推动实现高质量发展，推动经济实现质的有效提升和量的合理增长，必须始终坚持依法调控和统筹施策。

1.1.3　经济法的形式

经济法的形式，亦称经济法的渊源，是指经济法律规范存在和表现的形式。从世界范围而言，经济法的形式主要有制定法、判例法、政策与惯例、学说与法理等类型，在我国则主要表现为制定法。

1. 宪法

宪法是一国的根本法律，规定该国根本的社会制度、国家制度、国家机构、公民的基本权利和义务等。

我国宪法由最高权力机关全国人民代表大会制定和修改，具有最高的法律地位和法律效力。一切法律、行政法规、地方性法规和规章均不得与宪法相抵触。宪法中所规定的，诸如"中华人民共和国的社会主义经济制度的基础是生产资料的社会主义公有制，即全民所有制和劳动群众集体所有制""国家实行社会主义市场经济。国家加强经济立法，完善宏观调控"等是经济法的重要渊源。

2. 法律

这里的法律做狭义理解，仅指全国人民代表大会及其常务委员会制定的规范性文件，其效力和地位仅次于宪法，是经济法最主要、最核心的表现形式之一，如《中华人民共和国公司法》《中华人民共和国破产法》等。此外，全国人民代表大会及其常务委员会作出的决议、决定、规定、办法及立法解释等规范性文件，也属于"法律"类经济法的形式。

3. 行政法规

国务院根据宪法和法律，制定行政法规。行政法规是国家最高行政机关国务院制定的规范性文件，其地位和效力仅次于宪法和法律。经济法大量以行政法规的形式存在，这是由政府对经济的广泛管理、参与所决定的，如《中华人民共和国公司登记管理条例》等。此外，国务院发布的决定和命令，同行政法规具有同等的法律效力，也属于经济法的表现形式。

4. 地方性法规

省、自治区、直辖市的人民代表大会及其常务委员会根据本行政区域的具体情况和实际需要，在不同宪法、法律、行政法规相抵触的前提下，可以制定地方性法规。设区的市的人民代表大会及其常务委员会根据本市的具体情况和实际需要，在不同宪法、法律、行政法规和本省、自治区的地方性法规相抵触的前提下，可以对城乡建设与管理、环境保护、历史文化保护、基层治理等方面的事项制定地方性法规，法律对设区的市制定地方性法规的事项另有规定的，从其规定。

5. 规章

规章分为部门规章和地方政府规章。部门规章是指国务院各部、委员会、中国人民银行、审计署和具有行政管理职能的直属机构及法律规定的机构，根据法律和国务院的行政法规、决定、命令，在本部门的权限范围内所制定的规范性文件，如财政部发布的《中华人民共和国发票管理办法》等。地方政府规章是指省、自治区、直辖市和设区的市、自治州的人民政府，根据法律、行政法规和地方性法规所制定的规范性文件，如武汉市人民政府发布的《武汉市火车站地区综合管理规定》。

6. 司法解释

司法解释是指最高司法机关，主要是最高人民法院就司法实践中有关案件的审理和法律适用提出的指导性意见或解释。这种解释通常是有关法律适用的普遍性指导意见，对市场主体具有普遍约束力，是经济法的重要表现形式之一，如《最高人民法院关于审理侵害知识产权民事案件适用惩罚性赔偿的解释》即为其例。

7. 国际条约与惯例

国际条约是指我国同外国签订的双边、多边协议和其他具有条约、协定性质的文件。国际惯例是指以国际法院等各种国际裁决机构的判例体现或确认的国际法规则和国际交往中形成的共同遵守的不成文习惯。国际条约一经生效，即对签订国产生法律约束力，国际惯例一经接受，便产生法律效力。

此外，习惯也是经济法的表现形式之一。《中华人民共和国民法典》(以下简称《民法典》)第十条规定，处理民事纠纷，应当依照法律；法律没有规定的，可以适用习惯，但是不得违背公序良俗。

【大家讲坛1-1】

下面有四条关于法律渊源的表述：①国务院制定的《建设工程质量管理条例》属于行政法规；②全国人民代表大会常务委员会有权制定法律；③地方性法规是指地方人民政府就地方性事务制定的规范性法律文件的总称；④只有直辖市、省会市和国务院批准的较大市的人民代表大会及其常务委员会才有权制定地方性法规。

上面的表述错误的是哪几项？请简要说明理由。

【解析】③和④表述错误。理由：地方人民政府制定的规范性法律文件称地方性规章，故③错误；设区市的人民代表大会及其常务委员会有权制定地方性法规，故④错误。

法智箴言

习惯法为最古老的法律渊源，也是当代中国的正式法律渊源。习惯承载着中华民族的集体记忆、地方的共同经验，是我国民众生活智慧的集中体现。国家通过明确的认可使习惯成为习惯法，这是尊重传统、科学立法的体现。

1.2 经济法律关系

1.2.1 经济法律关系的概念

经济法律关系是法律关系的一种。理解经济法律关系，需先知悉法律关系的内涵。

1. 法律关系

法律关系是指法律规范在调整人们行为的过程中形成的权利义务关系。与其他社会关系相比较，法律关系以法律上的权利与义务为内容，由国家强制力保障实施。

法律规范调整的社会关系不同，形成的法律关系也不同。调整平等主体之间的财产关系和人身关系而形成的法律关系，谓之民事法律关系；调整行政管理关系而形成的法律关系，谓之行政法律关系；调整犯罪与刑罚关系而形成的法律关系，谓之刑事法律关系；调整经济管理与协调关系而形成的法律关系，谓之经济法律关系。

2. 经济法律关系

经济法律关系,是指经济法主体在国家管理和协调社会经济活动与运行过程中,根据经济法律规范所形成的权利义务关系。其包括以下几层含义:经济法律关系是经济领域中发生的意志关系;经济法律关系由经济法律规范调整而产生;经济法律关系是具有经济内容的权利义务关系;经济法律关系具有强制性。

经济法律关系的基本构成要素包括主体、内容和客体。

1.2.2 经济法律关系的主体

1. 经济法律关系主体的概念

经济法律关系主体,即经济法主体,是指参与经济法律关系,依法享有经济权利和承担经济义务的当事人。享有权利的当事人为权利主体,承担义务的当事人为义务主体。

2. 经济法律关系的主体资格

经济法律关系的主体资格,是指当事人参与经济法律关系,享有经济权利和承担经济义务的资格或能力。任何组织或个人要成为经济法律关系的主体,必须具备一定的主体资格,即具有相应的权利能力和行为能力。

1) 权利能力

权利能力,又称权利义务能力,是指能够参与法律关系,依法享有一定的权利和承担一定的义务的法律资格。自然人的权利能力和组织(如法人)的权利能力的取得与范围不尽相同。自然人的权利能力始于出生,终于死亡,且所有自然人的权利能力一律平等。组织的权利能力始于成立,终于注销,每个组织的权利能力不同,其权利能力的范围取决于该组织成立的宗旨和业务范围。

2) 行为能力

行为能力,是指法律关系主体能够通过自己的行为实际取得权利和履行义务的能力。自然人的权利能力与行为能力往往不一致,有权利能力不一定有行为能力,有行为能力则一定有权利能力。我国将自然人的行为能力分为三类。

(1) 完全行为能力人,即能够通过自己独立的意思表示实施民事法律行为的自然人。根据《民法典》的规定,18 周岁以上的自然人为成年人,具有完全民事行为能力,可以独立实施民事法律行为。16 周岁以上的未成年人,以自己的劳动收入为主要生活来源的,视为完全民事行为能力人。

(2) 限制行为能力人,即行为能力受到限制,只能从事与其年龄、智力或精神状况相适应的民事法律行为的自然人。根据《民法典》的规定,8 周岁以上的未成年人、不能完全辨认自己行为的成年人为限制民事行为能力人,其实施民事法律行为由其法定代理人代理或者经其法定代理人同意、追认,但是可以独立实施纯获利益的民事法律行为或者与其年龄、智力相适应的民事法律行为。

(3) 无行为能力人,即不能以自己独立的意思表示实施民事法律行为的自然人。根据《民法典》的规定,不满 8 周岁、不能辨认自己行为的成年人为无民事行为能力人,由其法定代理人代理实施民事法律行为。

法人和非法人组织的行为能力与自然人的行为能力不同，其行为能力取决于其业务范围。而且，其行为能力和权利能力同时产生，同时消灭。

【大家讲坛1-2】

张三为某大学管理学院学生，现年21岁，无经济来源，两年前向李四借款1万元做生意，生意亏本，现在无力偿还。李四需要用钱，某一天正巧碰到张三的父母送张三到学校，便要求张三父母还钱。

李四的做法是否有法律依据？

【解析】无法律根据。按照《民法典》的规定，18周岁以上的自然人为完全民事行为能力人。张三现年21岁，为完全民事行为能力人，因自己的行为所产生的法律责任，由其本人独立承担。

3. 经济法律关系主体的范围

(1) 国家机关。作为经济法律关系主体的国家机关，主要是指国家权力机关和国家行政机关中的经济管理机关。国家权力机关是指全国和地方各级人民代表大会及其常务委员会。根据我国宪法规定，权力机关在各自的职权范围内审查、批准国民经济和社会发展计划及计划执行情况的报告，审查、批准预算和预算执行情况的报告。其在行使这些职能时，便是经济法律关系的主体。国家行政机关中的经济管理机关，主要是指依据宪法和行政法及其他有关法律设立，承担组织、管理和协调经济职能的组织或者机构。

(2) 企业。企业是指拥有独立财产，以营利为目的，具备一定组织机构，从事生产、流通和服务性活动的经济实体，包括各类法人企业和非法人企业。

(3) 事业单位。事业单位是指由国家财政或其他单位拨款，不以营利为目的的文化、教育、卫生等组织。

(4) 社会团体。社会团体是指由人民群众或组织依据自愿原则组织的进行社会活动的社会组织，包括群众团体、公益组织、文化团体、学术研究团体、协会等。

(5) 自然人、个体工商户和农村承包经营户。通常情况下，自然人、个体工商户和农村承包经营户统称为个人。农村承包经营户是指农村集体经济组织的成员或家庭，在法律允许的范围内，按照承包合同规定从事商品经营的主体。个体工商户是指有经营能力的自然人或家庭，依法核准登记，领取个体户营业执照，从事工商业经营的主体。

(6) 国家。国家是一个特殊的主体。在某些特殊场合，如发行国债、对外签订政府贷款和担保合同等，必须以国家的名义进行，此时国家便成为经济法律关系的主体。

法智箴言

《民法典》是"一部固根本、稳预期、利长远的基础性法律"，被称为"社会生活百科全书"。《民法典》是市场经济的基本法，是民事权利保护的宣言书，广泛确认了市场主体享有的权利，为市场主体的经济活动提供了基本规则，为公正司法提供了基本依据，有利于我国依法治国，有利于坚持和完善中国特色社会主义制度。《民法典》为推进国家治理体系和治理能力现代化、实现中华民族的伟大复兴奠定了坚实的制度基础。

1.2.3 经济法律关系的内容

经济法律关系的内容，是指经济法律关系主体依法所享有的经济权利和承担的经济义务。经济法律关系主体的经济权利和经济义务因经济法律关系性质的不同而有所差别。经济权利和经济义务相互依存、相伴而生，既对立又统一。

1. 经济权利(力)

经济权利是指经济法律关系的主体在经济管理和经济协调关系中依法为一定行为或不为一定行为和要求他人为一定行为或不为一定行为的资格。其主要包括以下方面。

(1) 经济职权。经济职权，是指国家机关依法行使经济管理与协调职能时所享有的权力，它是国家干预和调整社会经济生活的主要依据。经济职权由法律直接规定或经由法律授权而确立，具有强制性和专属性。国家机关必须正确行使经济职权，不得滥用、抛弃或转让。经济职权的内容主要有决策权、许可权、审批权、命令权、确认权、协调权、监督权等。

(2) 经营管理权。经营管理权，是指经济组织对所有人授予其经营管理的财产的处置权及由此所产生的管理权。经营管理权既包括生产经营决策权、资产使用权等财产经营权，也包括内部机构设置、人事制度管理等经济管理权。

(3) 物权。物权，是指权利人依法对特定的物享有直接支配和排他的权利，包括所有权、用益物权和担保物权。

(4) 债权。债权是指因合同、侵权行为、无因管理、不当得利及法律的其他规定，权利人请求特定义务人为或者不为一定行为的权利。与物权不同的是，债权是一种典型的相对权，只在债权人和债务人之间发生效力，原则上不能对抗第三人。

(5) 知识产权。知识产权，是指自然人、法人或非法人组织对科学技术和文化艺术领域的智力成果和工商业领域的识别性标记与成果享有的法定权益。知识产权主要包括著作权、专利权和商标权等。

(6) 股权。股权是指股东对公司直接投资而享有的权利，分为自益权和共益权，前者是指股东为自身利益可单独主张的权利，如股息分配请求权；后者是指股东参与公司事务管理的权利，如就公司重大事务行使表决权。

2. 经济义务

经济义务是指经济法律关系主体为了实现特定主体的权利，在法律规定的范围内必须为或不为某种经济行为。其主要内容包括：贯彻国家的方针和政策，遵守法律和法规的义务；正确行使经济职权和经济权利的义务；服从国家机关监督管理的义务；履行依法纳税的义务；履行双方约定的义务；履行法律规定的其他经济义务。

> **法智箴言**
>
> 马克思主义法学理论认为"没有无义务的权利，也没有无权利的义务"。权利和义务都是由一定主体享有和承担。权利人权利的实现依赖于义务人对义务的履行，义务人如果不履行义务，权利人则不可能实现其权利。法律关系中的权利和义务在特定情况下不一定是对等的(如赠予)，但总体上而言，两者是统一的，相互依存，密不可分。

1.2.4　经济法律关系的客体

经济法律关系的客体,是指经济法律关系的主体享有的经济权利和承担的经济义务所共同指向的对象。经济法律关系的客体十分广泛,概而言之,可分为三类。

1. 物

法律意义上的物,是指人身之外的,能为人们控制和支配,有一定经济价值并以物质形态表现出来的客观实体。

2. 经济行为

经济行为,是指经济法律关系主体为实现某种特定的经济目的而实施的行为,主要包括经济管理行为和履行行为。前者如国家机关的决策行为、命令行为、审批行为和监督检查行为等,后者如为了满足对方的需求而为一定行为或不为一定行为。

3. 智力成果

智力成果,是指由人所创造的智力成果和工商业标记。它主要包括作品、发明、实用新型、外观设计、商标等。随着社会进步和科学技术的发展,智力成果作为经济法律关系客体的重要性将日益凸显。

此外,权利亦可成为经济法律关系的客体。权利本是经济法律关系的内容,但当某种权利成为另一权利的对象时,该权利就可成为法律关系的客体。例如,土地使用权的客体是土地,但当用土地使用权抵押时,土地使用权则成为抵押法律关系的客体。

1.2.5　经济法律关系的产生、变更与终止

1. 经济法律关系产生、变更和终止的概念

经济法律关系的产生、变更与终止,是指由于一定的客观情况的出现,使特定经济法律关系主体之间的某种经济权利和经济义务关系形成、改变和消灭,如买卖合同的签订,会导致买卖法律关系的产生;买卖合同的主体合并、标的变更、权利义务变化,会导致买卖法律关系的变更;借款合同的债权人放弃债权,会使借款法律关系消灭。

2. 经济法律关系产生、变更和终止的条件

经济法律关系的产生、变更和终止需要具备一定的条件,包括法律规范和法律事实。

1) 法律规范

法律规范是经济法律关系产生、变更和终止的依据,没有法律规范,则无相应的法律关系。法律规范所规定的是一般或抽象的权利和义务关系,针对的是不特定的主体,并非现实的经济法律关系。经济法律关系中的权利和义务是具体的或现实的,是法律规范在调整和规范法律关系主体参与经济活动的过程中所形成的,是法律规范所规定的抽象权利和义务关系的具体化。

2) 法律事实

法律事实,是指能够引起法律关系产生、变更和终止的客观情况或现象。它是法律规范和法律关系联系的中介,无法律事实,法律规范所规定的抽象法律关系就不能转化成具体法律关系。

法律事实按照其发生是否与当事人的意志有关,可分为事件和行为。

事件，是指不以当事人的主观意志为转移，能引起经济法律关系的产生、变更或终止的客观事实。事件包括自然事件和社会事件，前者如自然灾害、人之生老病死、时间经过等，后者如社会革命、战争、罢工等。

行为，是指当事人做出的，能够引起经济法律关系产生、变更和终止的有意识的活动。行为包括法律行为和事实行为。前者是以意思表示为要素的，旨在设立、变更、终止民事权利义务关系的行为。后者是不以意思表示为要素，行为人所实施的行为一旦符合法律规定的构成要件，就会因法律规定而引起一定法律后果的行为。

【大家讲坛1-3】
甲科研单位与乙公司之间签订了买卖合同，向乙公司转让其专门为该公司研发制造的一台仪器。但由于在合同履行前发生了地震，甲科研单位办公楼倒塌导致仪器被毁坏，不能按期履行合同。乙公司据此解除了双方的买卖合同。
引起甲科研单位与乙公司经济法律关系终止的法律事实是什么？
【解析】法律事实包括事件与行为。在本例中，引起甲科研单位与乙公司经济法律关系终止的法律事实是地震，不以当事人的意志为转移，属于法律事实中的事件。

1.3 民事法律行为与代理

1.3.1 民事法律行为

1. 民事法律行为的概念和特征

民事法律行为是民事主体通过意思表示设立、变更、终止民事法律关系的行为。其具有以下特征。

1) 以意思表示为要素

意思表示是指行为人将其内心意思，以一定的方式表达于外的行为。只有内心意思但不表达于外，则不构成意思表示，不能构成民事法律行为；行为人表达于外的意思如果不是其真实意思，就会影响民事法律行为的效力。意思表示是民事法律行为的核心，也是区别民事法律行为与事实行为的重要标志。

2) 以设立、变更或终止权利义务为目的

以设立、变更或终止权利义务为目的，即民事法律行为必须能够引起行为人预期的法律后果，这是判断某项行为是否构成民事法律行为的一个重要标志。在社会经济生活中，人们的行为多种多样，若行为并无设立、变更或终止权利义务的目的，便不属于民事法律行为，如散步、闲谈等。

【大家讲坛1-4】
张一生(男)与李一世(女)均为完全民事行为能力人，在大学一年级时就开始谈恋爱。两人都信誓旦旦，此生不离不弃。大四毕业时，因不在同一城市，李一世提出分手，张一生要求李一世退还恋爱期间的礼物(价值共计约4000元)。
恋爱关系是否属于民事法律关系？张一生要李一世退还礼物的请求有法律根据吗？

【解析】婚姻关系受法律调整，但恋爱关系不受法律调整，不属于民事法律关系，张一生与李一世并无设立、变更或终止权利义务的目的，不属于民事法律行为。张一生要求李一世退还礼物请求无法律根据。

2. 民事法律行为的分类

1) 单方行为、双方行为和共同行为

这是以法律行为所需的意思表示构成为标准而做的分类。单方行为，是指仅由当事人一方的意思表示即可成立的法律行为，如债务免除、代理权的授予、立遗嘱、行使解除权等。双方行为，是指由两个意思表示一致而成立的法律行为，如订立买卖合同。共同行为是指由同一内容的多个意思表示一致而成立的法律行为，如合伙、社团法人的设立行为。

2) 有偿法律行为和无偿法律行为

这是以法律行为的一方当事人承担义务是否要求对方给付对价为标准所做的分类。有偿法律行为是指当事人互为给付一定对价(包括金钱、财产、劳务)的法律行为，如买方为获得对方的货物而支付价款。无偿法律行为是指一方当事人承担给付一定代价的义务，而他方当事人不承担相应给付义务的法律行为，如赠与行为、无偿保管等。

3) 实践法律行为和诺成法律行为

这是以法律行为的成立是否以交付实物为标准所做的分类。实践行为，指于意思表示之外还须有物之交付方能成立的法律行为。诺成行为，指仅依意思表示便可成立的法律行为。

4) 要式法律行为和不要式法律行为

这是以法律行为的成立是否必须采用特定形式为标准而做的分类。要式法律行为是指法律规定必须采取一定的形式或者履行一定的程序才能成立的法律行为，如《民法典》第四百条规定，设立抵押权，当事人应当采用书面形式订立抵押合同。不要式法律行为是指法律不要求采取特定形式，可由当事人自由选择形式即可成立的法律行为。

5) 主法律行为和从法律行为

这是根据法律行为相互间的附属关系而做的分类。主法律行为是指不以其他的法律行为的存在为前提，可以独立成立的法律行为。从法律行为是依附于主法律行为而存在的法律行为。如甲向乙借款1万元，由丙做保证人，其中存在两个法律行为，即甲与乙之间的借贷行为和丙与乙之间的保证行为。其中，前者是主法律行为，后者是从法律行为。

除以上分类外，法律行为还有生前行为与死因行为、双务法律行为和单务法律行为、独立法律行为和辅助法律行为、有因法律行为和无因法律行为之分。

3. 民事法律行为的有效要件

民事法律行为的有效是指法律行为能引起权利义务的设立、变更、终止的法律效力，能产生当事人预期的法律效果。民事法律行为的成立是民事法律行为有效的前提，已成立的民事法律行为，并不当然具有发生预期法律效果的效力。民事法律行为是否发生预期法律效果，还要看其是否符合民法规定的有效要件。

根据《民法典》第一百四十三条的规定，具备下列条件的民事法律行为有效：①行为人具有相应的民事行为能力；②意思表示真实；③不违反法律、行政法规的强制性规定，不违背公序良俗。

1) 行为人具有相应的民事行为能力

行为人包括自然人、法人和非法人组织。对于自然人而言，无行为能力人的行为不具有法律效力，限制行为能力人只能为与其能力相适应的法律行为，完全行为能力人除法律另有规定外，原则上可以为任何民事法律行为。对于法人和非法人组织而言，其行为能力范围一般以核准登记的生产经营和业务范围为准，在该范围内所为的法律行为方为有效。但超出其经营范围的经济行为，也并非绝对无效。

2) 意思表示真实

民事法律行为以意思表示为核心要素，它要求行为人的意思表示必须自愿、真实。意思表示不真实或不自由则影响法律行为的效力，如基于重大误解所为的行为属于可撤销的法律行为。

3) 不违反法律、行政法规的强制性规定，不违背公序良俗

不违反法律和行政法规是指意思表示的内容不得与法律和行政法规的强制性或禁止性规定相抵触。民法并没有正面定义合法，而是采取"不违法便合法"的原则予以确定。不违背公序良俗是指民事法律行为在目的上和效果上不得有损社会经济秩序、社会公共秩序和社会公德，不得损害国家及各类社会组织和个人的利益。

在绝大多数情况下，民事法律行为只要具备以上三个实质要件就发生法律效力，但在某些特殊情况下，民事法律行为还须具备形式要件。《民法典》第一百三十五条规定，民事法律行为可以采用书面形式、口头形式或者其他形式；法律、行政法规规定或者当事人约定采用特定形式的，应当采用特定形式。如果行为人为某项特定的民事法律行为，未能采用法律规定的特定形式，则不能产生法律效力。

4. 附条件和附期限的民事法律行为

1) 附条件的民事法律行为

附条件的民事法律行为，是指在民事法律行为中规定一定的条件，并把该条件的成就或不成就作为确定行为人的民事权利和民事义务发生或者失去法律效力根据的民事法律行为。

民事法律行为所附条件应满足如下要求：条件是将来发生的事实，已发生的事实不能作为条件；条件是不确定的事实，确定不发生或确定要发生的都不能称为条件；条件是当事人约定的，而非法定的；条件是合法的事实，不得违法、违背道德或损害社会公共利益。

2) 附期限的民事法律行为

附期限的民事法律行为，是指在民事法律行为中约定一定期限，并把该期限的到来作为行为人的民事权利和民事义务发生、变更、消灭前提的民事法律行为。期限和条件的不同之处在于：期限是确定的、将来一定能到来的；而条件则属将来是否发生不确定的事实。法律行为所附期限可以是确定的期限，如某年某月某日，也可以是不确定的期限，如"某人死亡之日"。

【大家讲坛1-5】

甲父病危住院，所居房屋一直空着。于是甲和乙签订一份租赁合同，约定如果甲父死亡，则甲将房出租给乙居住。

该租赁合同是否成立和生效？是附条件合同还是附期限合同？

【解析】①该租赁合同已成立，成立是一个事实问题，有主体、意思表示、内容，合同即

成立；但合同尚未生效，因为约定了期限。②甲父死亡的具体时间虽不能确定，但会确定发生，属于附不确定期限的合同。

5. 无效的民事法律行为

1) 无效民事法律行为的概念

无效民事法律行为，是指欠缺民事法律行为的有效要件，不发生行为人预期的法律效力的民事法律行为。无效民事法律行为有全部无效和部分无效之分。部分无效不影响其他部分民事行为效力，其余部分仍对当事人有约束力，如《民法典》第七百零五条规定，租赁合同期限不得超过20年。超过20年的，超过部分无效。若当事人签订30年期的租赁合同，该租赁合同为部分无效合同，20年之内的租赁合同有效，超过部分(10年)无效。

2) 无效民事法律行为的种类

根据《民法典》的规定，无效的民事法律行为主要包括以下几种：无民事行为能力人实施的民事法律行为；行为人与相对人以虚假的意思表示实施的民事法律行为；行为人与相对人恶意串通，损害他人合法权益的民事法律行为；违反法律、行政法规的强制性规定的民事法律行为，但是该强制性规定不导致该民事法律行为无效的除外；违背公序良俗的民事法律行为。

3) 无效民事法律行为的法律后果

(1) 返还财产。当事人因无效民事行为取得的财产，应当返还给受损失的一方。返还财产以财产存在为前提。以提供劳务为内容的法律行为，则不适用返还财产。

(2) 折价补偿。不能返还或者没有必要返还的，应当折价补偿。

(3) 赔偿损失。有过错的一方应当赔偿对方因此所受的损失，各方都有过错的，应当各自承担相应的责任。

(4) 其他制裁。如果行为人实施无效民事法律行为而损害国家利益或社会利益，还可能承担行政责任，构成犯罪的，依法追究刑事责任。

法智箴言

公序良俗，即公共秩序与善良风俗的简称。公共秩序，是指国家社会的存在及其发展所必需的一般秩序，包括国家利益、社会经济秩序和社会公共利益。善良风俗，是指国家社会的存在及其发展所必需的一般道德，包括社会公德、商业道德和社会良好风尚。公序良俗原则旨在以弥补法律规定的不足，维护社会公共利益，实现社会正义。

6. 可撤销的民事法律行为

1) 可撤销民事法律行为的概念

可撤销民事法律行为是指行为人的意思与表示不一致及意思表示不自由，导致非真实意思表示，法律并不使之绝对无效，而是权衡当事人的利害关系，赋予表意人撤销权的民事法律行为。可撤销民事法律行为在撤销前，为有效；该行为一经撤销，其效力溯及于行为开始时无效。

2) 可撤销民事法律行为的种类

根据《民法典》的规定，可撤销的民事法律行为主要包括以下几种。

(1) 重大误解。基于重大误解实施的民事法律行为，行为人有权请求人民法院或者仲裁机构予以撤销。

(2) 欺诈。一方以欺诈手段，使对方在违背真实意思的情况下实施的民事法律行为，受欺诈方有权请求人民法院或者仲裁机构予以撤销。第三人实施欺诈行为，使一方在违背真实意思的情况下实施的民事法律行为，对方知道或者应当知道该欺诈行为的，受欺诈方有权请求人民法院或者仲裁机构予以撤销。

(3) 胁迫。一方或者第三人以胁迫手段，使对方在违背真实意思的情况下实施的民事法律行为，受胁迫方有权请求人民法院或者仲裁机构予以撤销。

(4) 显失公平。一方利用对方处于危困状态、缺乏判断能力等情形，致使民事法律行为成立时显失公平的，受损害方有权请求人民法院或者仲裁机构予以撤销。

3) 撤销权

撤销权是权利人以其单方的意思表示变更或撤销已经成立的民事法律行为的权利。可撤销民事法律行为的撤销，应由撤销权人向人民法院或仲裁机构提出变更和撤销的请求。当事人请求变更的，人民法院应当予以变更；当事人请求撤销的，人民法院可以酌情予以变更或撤销。

根据《民法典》第一百五十二条的规定，有下列情形之一的，撤销权消灭：当事人自知道或者应当知道撤销事由之日起1年内、重大误解的当事人自知道或者应当知道撤销事由之日起90日内没有行使撤销权；当事人受胁迫，自胁迫行为终止之日起1年内没有行使撤销权；当事人知道撤销事由后明确表示或者以自己的行为表明放弃撤销权；当事人自民事法律行为发生之日起5年内没有行使撤销权。

4) 可撤销民事法律行为的后果

如果享有撤销权的当事人未在法定的期间内行使撤销权，则可撤销民事法律行为就确定有效，对当事人具有约束力。如果可撤销民事法律行为被依法撤销，则发生与无效民事法律行为相同的法律后果。

【大家讲坛 1-6】

甲汽车销售公司与乙汽车制造公司签订了一份汽车买卖合同。由于甲公司的业务员丁某对汽车型号不太熟悉，因此，在签订合同时，将甲公司想买的B型号轿车写成了A型号轿车。虽然乙公司提供的型号不是甲公司原想购买的B型号轿车，但A型号轿车销量也不错。甲公司按照合同约定提货并支付了货款。

丁某的行为属于民法上的什么行为？其效力如何？甲公司在支付货款后是否还能行使撤销权？

【解析】本案中丁某对购买标的发生误解，并且价值巨大，应认定为重大误解。因重大误解而订立的合同，当事人一方有权请求人民法院或者仲裁机构撤销合同。但甲公司不能行使撤销权，因为甲公司在明知车型有错的情况下，仍按合同约定提货，并支付货款，应视为以自己的行为放弃了撤销权，撤销权因此而消灭。

1.3.2 代理

1. 代理的概念和特征

1) 代理的概念

代理是指代理人在代理权限内,以被代理人的名义与第三人实施法律行为,由此产生的法律后果直接由被代理人承担的一种法律制度。狭义的代理指直接代理,又称显名代理,即以被代理人的名义进行的民事法律行为,后果直接归属于被代理人。广义的代理包括直接代理和间接代理。间接代理又称隐名代理,是指代理人以自己的名义进行民事法律行为,而使其后果间接地归属于被代理人,如行纪行为。本书所讲的代理为狭义代理。

代理关系的主体包括代理人、被代理人(亦称本人)和第三人(亦称相对人)。代理关系包括三种关系:一是被代理人与代理人之间的代理权关系;二是代理人与第三人之间法律行为的关系;三是被代理人与第三人之间的承受代理行为法律后果的关系。

2) 代理的特征

(1) 代理人以被代理人的名义实施法律行为。代理人必须以被代理人的名义实施法律行为,非以被代理人的名义而以自己的名义代替他人实施法律行为,如行纪行为,不属代理行为。

(2) 代理人直接向第三人为意思表示或受意思表示。代理行为旨在与第三人设立、变更或终止权利义务关系。因此,只有代理人直接向第三人为意思表示或受意思表示,才能实现代理之目的。这使代理行为与其他委托行为,如代人保管物品等行为区别开来。

(3) 代理人在代理权限内独立地为意思表示。代理人在代理权限内,有权根据情况独立判断,并进行意思表示。非独立进行意思表示的行为,如传达、代书等均不属代理行为。

(4) 代理行为是具有法律意义的行为。代理行为应能引起民事法律后果,即通过代理人所为的代理行为,能够在被代理人与第三人之间产生、变更或消灭某种民事法律关系。如果不产生法律后果,即使在形式上是受人委托进行某项活动,诸如代人招待客人等行为,不能在委托人与第三人之间产生民事法律关系,不属于民法上的代理行为。

(5) 代理行为的法律效果直接归属于被代理人。尽管代理行为是在代理人与第三人之间进行的,但却在被代理人与第三人之间设立、变更或终止某种权利义务关系,故其法律后果应由被代理人承担。

2. 代理的适用范围

1) 代理可适用的范围

(1) 代理适用于民事主体之间设立、变更或终止权利义务的法律行为。诸如买卖、承揽、租赁等,自然人、法人或非法人组织均可以委托代理人代为办理。

(2) 法律行为之外的代理,如代办房屋产权登记、商标注册、专利申请,代为税务登记和纳税,代理民事诉讼等。

2) 不适用代理的事项

(1) 依据行为性质不得代理。例如约定必须由特定人完成的义务,如文艺表演、绘图等,因与债务人的技术水平、创作能力分不开,必须由债务人亲自履行,不能由他人代理。

(2) 依照法律规定应由本人亲自进行的行为,如立遗嘱、婚姻登记等行为不得由他人代理。

(3) 违法行为不得代理，如非法侵害他人人身、财产的行为，买卖毒品等行为，均不能代理。

(4) 根据法律规定，特定民事主体才能代理的行为，他人不得代理，如代理发行证券只能由有证券承销资格的机构进行。

3. 代理的种类

1) 委托代理

这是基于被代理人的委托而发生的代理，委托代理人按照被代理人的委托行使代理权。被代理人的委托可以基于委托合同，也可依据合伙关系、职务关系等发生。委托代理中的授权行为一般以授权委托书的形式表现。

委托代理可以采用书面的形式，也可以采用口头的形式。采用书面形式的，授权委托书应当载明代理人的姓名或者名称、代理事项、权限和期间，并由被代理人签名或者盖章。代理人知道或者应当知道代理事项违法仍然实施代理行为，或者被代理人知道或应当知道代理人的代理行为违法未作反对表示的，被代理人和代理人应当承担连带责任。代理人需要转委托第三人代理的，应当取得被代理人的同意或者追认，但是，在紧急情况下代理人为了维护被代理人的利益需要转委托第三人代理的除外。转委托代理经被代理人同意或者追认的，被代理人可以就代理事务直接指示转委托的第三人，代理人仅就第三人的选任及对第三人的指示承担责任。转委托代理未经被代理人同意或者追认的，代理人应当对转委托的第三人的行为承担责任。

2) 法定代理

法定代理是指非依本人的意思而是依照法律规定直接产生的代理，法定代理人依照法律的规定行使代理权。法定代理中，被代理人一般为欠缺行为能力的人，其不能对法定代理人的代理活动进行监督、控制，因此，法定代理权的范围由法律直接规定。

4. 代理权滥用的禁止

代理人行使代理权必须符合被代理人的利益，做到勤勉尽责、审慎周到，不得滥用代理权。代理权滥用的主要情形包括以下三种。

1) 自己代理

自己代理是指代理人以被代理人的名义与自己实施民事法律行为。在自己代理中，代理人同时以自己的名义和被代理人的名义在自己及被代理人之间实施民事法律行为，难以为被代理人的利益考虑。因此，自己代理除非得到被代理人的同意或追认，否则无效。

2) 双方代理

同一代理人代理双方当事人进行同一项民事活动的行为为双方代理。在双方代理中，被代理人的意志与第三人的意志集中于代理人一人，不存在双方意思表示。同自己代理一样，双方代理有违代理原则。《民法典》规定，代理人不得以被代理人的名义与自己同时代理的其他人实施民事法律行为，但是被代理的双方同意或者追认的除外。

3) 代理人和第三人恶意串通

这是指代理人和第三人实施法律行为时进行意思联络，故意损害被代理人利益的行为。代理人和第三人恶意串通，损害被代理人利益的，由第三人和代理人负连带责任。

5. 无权代理

无权代理，是指行为人不具有代理权而以他人名义实施代理行为。无权代理不具备代理的实质特征，即欠缺代理权，但具备代理行为的表面特征，即以他人名义实施代理行为。广义的无权代理包括狭义的无权代理和表见代理。

1) 狭义的无权代理

狭义的无权代理，是指行为人既没有代理权，也没有令第三人相信其有代理权的事实或理由，而以本人的名义所为的代理，主要包括没有代理权的代理、超越代理权的代理、代理权终止后的代理三种情况。

(1) 狭义无权代理的效力。无权代理的效力应属效力待定，如要确定其效力，则需本人追认。若本人不予追认，则不能依代理制度对本人发生代理行为的效力。若该无权代理行为具备一般民事法律行为的有效要件，虽不发生代理行为的效力，仍产生一般民事法律行为的效力，并由该无权代理人自己作为当事人承担法律效果。但本人知道他人以本人名义实施民事行为而不作否认表示的，视为同意。

法律为保护本人的利益，赋予其追认权。为保护无权代理之相对人的利益，法律赋予其催告权和撤销权。相对人有权催告被代理人在一定期限(30日)内追认，本人在该期限内未追认的，视为拒绝追认。善意的相对人在被代理人行使追认权之前，可撤销其对无权代理人(行为人)已作出的意思表示。撤销应当以通知的方式作出。

(2) 狭义无权代理的责任。无权代理行为，行为人实施的行为未被追认的，善意相对人有权请求行为人履行债务或者就其受到的损害请求行为人赔偿。但是，赔偿的范围不得超过被代理人追认时相对人所能获得的利益。相对人知道或者应当知道行为人无权代理的，相对人和行为人按照各自的过错承担责任。

【大家讲坛1-7】
甲商场业务员乙到丙公司采购空调，乙见丙公司生产的浴室防水暖风机小巧实用，尤其在北方没有来暖气之前，以及停止供暖之后的一段时间内对普通家庭非常实用，遂自行决定购买一批。货运到后，甲商场即对外销售该暖风机。后因该市提前供应暖气，暖风机的销量大减。甲商场这时想到是乙自作主张购买的暖风机，遂拒绝支付货款。丙公司因收不回货款而诉至法院。本案中甲商场是否应支付货款？

【解析】乙自行决定购买丙公司生产的暖风机属于超越代理权限而为代理的情形，是狭义无权代理，所以乙代理甲商场与丙公司签订的购销合同属于效力待定合同。但甲商场接收该批暖风机后未提出异议，并实际对外销售，甲商场以实际行为表明其对该效力待定合同进行了追认，追认后该合同即为有效。故甲商场应当履行合同，支付货款。

2) 表见代理

表见代理，指本属于无权代理，但因本人与无权代理人之间的关系，具有授予代理权的外观，即所谓外表授权，致使相对人信其有代理权而与其为法律行为，使发生与有权代理同样的法律效果。表见代理制度的设立目的，旨在保护交易安全和善意第三人。

(1) 表见代理的构成要件主要包括：以被代理人名义为代理行为；行为人无代理权；须有使相对人相信其有代理权的表征；相对人为善意。

(2) 表见代理的表现形式：一是被代理人有将代理权授予他人的意思表示，而实际并未授权；二是被代理人将某种有代理权的证明文件(如盖有公章的空白介绍信)交给他人，他人以该种文件使第三人相信其有代理权并与之为法律行为。三是代理人未及时收回文件。代理关系终止后，被代理人未收回盖有公章的空白合同、介绍信或代理证书，第三人基于此文件而与行为人实施民事行为。但无权代理人私刻公章，伪造他人的营业执照或合同书等，假冒他人名义与第三人为法律行为，或偷盗他人印章、营业执照、加盖公章的空白合同书，失主已经在指定的报刊上以合理的方式作出了公告，但无权代理人仍以上述文件与第三人为法律行为，不构成表见代理。

(3) 表见代理的效力。表见代理产生与有权代理相同的效力，即表见代理对本人产生有权代理效力，本人应受表见代理人与相对人之间实施的民事法律行为的约束。

【大家讲坛1-8】

张某是某企业的销售人员，随身携带盖有该企业公章的空白合同书，以便对外签约。后张某因收取回扣被企业除名，但空白合同书未被该企业收回。张某以此合同书与他人签订了购销协议。该购销协议的法律效力如何？

【解析】张某的行为属于代理权终止之后的代理，为无权代理，但他持有的空白合同书使第三人相信其有代理权，构成表见代理，产生有权代理的效果，因此，该购销协议成立并生效。

6. 代理关系的终止

委托代理终止的情形主要有：代理期间届满或者代理事务完成；被代理人取消委托或者代理人辞去委托；代理人丧失民事行为能力；代理人或者被代理人死亡；作为代理人或者被代理人的法人、非法人组织终止。

被代理人死亡后，有下列情形之一的，委托代理人实施的代理行为有效：代理人不知道且不应当知道被代理人死亡；被代理人的继承人予以承认；授权中明确代理权在代理事务完成时终止；被代理人死亡前已经实施，为了被代理人的继承人的利益继续代理。

法定代理终止的情形主要有：被代理人取得或者恢复完全民事行为能力；代理人丧失民事行为能力；代理人或者被代理人死亡；法律规定的其他情形。

法智箴言

表见代理制度旨在保护善意第三人的合法利益，维护交易安全和交易秩序。如果使被代理人对无权代理的行为概不负责，或在法律上一概否定无权代理的效力，会使人们不敢或不愿与代理人交易。如果相对人需投入相当大的精力去调查代理人的代理权限后，方敢进行交易，则难以适应现代市场经济简便、迅速、高效的要求。

1.4 诉讼时效

时效是指时间经过在法律上产生的效力,即一定的事实状态继续一定期间之后,发生取得权利或消灭权利的法律后果的制度。时效制度包括取得时效和诉讼时效。取得时效是指财产的占有人以所有的意思,善意地、公开地、和平地持续占有他人财产达到法定期间,即依法取得该项财产权利的法律制度。我国现行法律无取得时效制度的规定,仅有诉讼时效的规定。

1.4.1 诉讼时效的含义

诉讼时效,又称消灭时效,是指权利人在一定期间内不行使请求法院或仲裁机关保护其民事权利的权利,即丧失该权利,不能请求法院依诉讼程序强制义务人履行义务的法律制度。诉讼时效期间届满后,胜诉权消灭,实体权利并不消灭。

1.4.2 诉讼时效的期间

诉讼时效期间是指权利人请求人民法院或仲裁机关保护其民事权利的法定期间,包括普通诉讼时效期间、特别诉讼时效期间和最长诉讼时效。

1. 普通诉讼时效期间

普通诉讼时效期间又称一般诉讼时效期间,是指在一般情况下普遍适用的诉讼时效。《民法典》第一百八十八条第一款规定,向人民法院请求保护民事权利的诉讼时效期间为3年。

2. 特别诉讼时效期间

特别诉讼时效也叫特殊诉讼时效,是指法律规定的仅适用于某些特殊民事法律关系的诉讼时效。如国际货物买卖合同和技术进出口合同争议提起诉讼或者申请仲裁的期限为4年,自当事人知道或应当知道其权利受到侵害之日起计算。

3. 最长诉讼时效

最长诉讼时效,是指诉讼时效期间为20年的诉讼时效。《民法典》第一百八十八条第二款规定,自权利受到损害之日起超过20年的,人民法院不予保护。

1.4.3 诉讼时效的起算、中止、中断与延长

1. 诉讼时效的起算

诉讼时效期间自权利人知道或者应当知道权利受到损害及义务人之日起计算。法律另有规定的,依照其规定。当事人约定同一债务分期履行的,诉讼时效期间自最后一期履行期限届满之日起计算。无民事行为能力人或者限制民事行为能力人对其法定代理人的请求权的诉讼时效期间,自该法定代理终止之日起计算。未成年人遭受性侵害的损害赔偿请求权的诉讼时效期间,

自受害人年满十八周岁之日起计算。

【大家讲坛1-9】

2021年11月1日晚,赵某在回家路上被人用木棍从背后击伤。住院治疗2个月后,于2022年1月1日出院。因治疗伤情,花去医药费2万元。经过调看监控录像,赵某于2023年4月20日查明,将其打伤的是社会闲杂人员钱某。

赵某要求钱某赔偿的诉讼时效应从什么时间开始计算?

【解析】应从2023年4月20日开始起算。根据《民法典》第一百八十八条第二款的规定,诉讼时效期间自权利人知道或者应当知道权利受到损害以及义务人之日起计算。

2. 诉讼时效的中止

诉讼时效中止又称诉讼时效期间不完成,是指在诉讼时效期间进行中,因发生一定的法定事由使权利人不能行使请求权,暂时停止计算诉讼时效期间,待阻碍时效期间进行的法定事由消除后,继续进行诉讼时效期间的计算。根据《民法典》第一百九十四条的规定,在诉讼时效期间的最后6个月内,因下列障碍,不能行使请求权的,诉讼时效中止:①不可抗力;②无民事行为能力人或者限制民事行为能力人没有法定代理人,或者法定代理人死亡、丧失民事行为能力、丧失代理权;③继承开始后未确定继承人或者遗产管理人;④权利人被义务人或者其他人控制;⑤其他导致权利人不能行使请求权的障碍。自中止时效的原因消除之日起满6个月,诉讼时效期间届满。

3. 诉讼时效的中断

诉讼时效的中断是指在诉讼时效进行期间,因发生一定的法定事由,使已经经过的时效期间统归无效,待时效期间中断的事由消除后,诉讼时效期间重新计算。根据《民法典》第一百九十五条的规定,有下列情形之一的,诉讼时效中断,从中断、有关程序终结时起,诉讼时效期间重新计算:①权利人向义务人提出履行请求;②义务人同意履行义务;③权利人提起诉讼或者申请仲裁;④与提起诉讼或者申请仲裁具有同等效力的其他情形。

4. 诉讼时效的延长

诉讼时效的延长,是指人民法院对已经完成的诉讼时效,根据特殊情况而予以延长。这是法律赋予司法机关的一种自由裁量权,至于何为特殊情况,则由人民法院判定。

法智箴言

法谚云:"法律不保护权利上的睡眠者。"诉讼时效的规定,旨在促使权利人及时行使自己的权利,关心自己的权利,以期保护交易秩序的稳定及安全。每个人都应该是自身利益的最佳照料者,如自己不积极有效地行使自身权利,怠于行使权利,则可能失去法律的保护,可能有"权利不用,过期作废"风险。

1.5 经济法律责任与纠纷解决

1.5.1 经济法律责任

法律责任是指行为人因违法行为、违约行为或者法律规定而应承担的不利法律后果。经济法律责任是指经济法主体对其违反经济法义务或者不当行使经济法权利的行为所应承担的具有强制性的法律后果。行为人违反经济法规定的法定义务,超越经济法规定的法定权利或者滥用权利、破坏正常的经济法律关系的,应承担相应的经济法律责任。

1. 民事责任

民事责任是指因侵权、违约或者依照民事法律的规定所应承担的法律责任。民事责任大体可分为违约责任和侵权责任。根据《民法典》第一百七十九条的规定,承担民事责任的方式主要有:停止侵害;排除妨碍;消除危险;返还财产;恢复原状;修理、重作、更换;继续履行;赔偿损失;支付违约金;消除影响、恢复名誉;赔礼道歉。

法律规定惩罚性赔偿的,依照其规定。承担民事责任的方式,可以单独适用,也可以合并适用。

2. 行政责任

行政责任是指由国家行政机关或者国家授权的有关单位对违反经济法的单位或个人依法采取的行政制裁。行政责任大体可分为行政处分和行政处罚。行政处罚主要有:警告,罚款,没收违法所得和非法财物,责令停产停业,暂扣或者吊销许可证、执照,行政拘留等。行政处分主要有:警告、记过、记大过、降级、撤职、开除等。

3. 刑事责任

刑事责任是指违反经济法,造成严重后果,触犯国家刑事法律,由国家审判机关依法给予行为人以相应的刑事制裁。根据《中华人民共和国刑法》(以下简称《刑法》)的规定,刑事责任分为主刑和附加刑。主刑有管制、拘役、有期徒刑、无期徒刑、死刑;附加刑有罚金、剥夺政治权利、没收财产。主刑和附加刑均可独立适用。对于犯罪的外国人,可以独立适用或者附加适用驱逐出境。

1.5.2 经济纠纷的解决

经济法律关系的主体在经济管理和经济活动中不可避免地会发生纠纷。为了保护当事人的合法权益,维护社会经济秩序,必须使用有效手段,及时处理纠纷。解决纠纷的方式主要有:和解、调解、仲裁、诉讼。和解是指在没有第三方主持的情况下,纠纷当事人就争执的问题进行协商并达成协议的纠纷解决方式。调解(不包括诉讼调解)即由有争议的双方请求中立的第三方为双方解决争议的方式。和解与调解均无强制执行力。

如果当事人不能通过协商或调解解决经济纠纷的,可选择仲裁或诉讼,以下分别进行阐述。

1. 仲裁

1) 仲裁的含义

仲裁是指纠纷当事人在自愿基础上达成仲裁协议,将纠纷提交仲裁机构审理,并由其作出对争议各方均有约束力裁决的一种解决纠纷的制度和方式。仲裁的前提是纠纷双方有仲裁协议。

根据《中华人民共和国仲裁法》(以下简称《仲裁法》)的规定,平等主体的公民、法人和其他组织之间发生的合同纠纷和其他财产权益纠纷可以仲裁;婚姻、收养、监护、扶养、继承纠纷和依法应当由行政机关处理的行政纠纷不适用仲裁。

2) 仲裁申请与答辩

申请人提出仲裁申请时应当提交仲裁协议、仲裁申请书和证明文件,并应按仲裁委员会制定的费用表预交费用。仲裁申请书中应载明双方当事人的名称、地址、申请仲裁所依据的仲裁协议、仲裁请求、理由和证据。仲裁委员会收到申请人的仲裁申请书后,经审查认为符合受理条件的,即向申请人和被申请人发出仲裁通知,同时将仲裁规则、仲裁员名册和费用表附送双方。被申请人应在规定的期限内向仲裁委员会提交答辩书。申请人不提交答辩的,不影响仲裁程序进行。一方当事人若申请财产保全,仲裁委员会应将当事人的申请依照民事诉讼法的有关规定提交人民法院。

3) 仲裁庭的组成

仲裁庭一般应由3名仲裁员或1名仲裁员组成。当事人应在收到仲裁通知之日起规定的期限内在仲裁员名册中各自选定或者委托仲裁委员会主任指定一名仲裁员。第三名仲裁员是首席仲裁员,由双方当事人在名册中共同选定或共同委托仲裁委员会主任指定,如果双方未能共同选定或共同委托仲裁委员会主任指定第三名仲裁员,则由仲裁委员会主任指定。如果双方约定由1名仲裁员审理案件,则该仲裁员产生的办法与首席仲裁员办法相同。当事人对仲裁员的公正性和独立性产生合理怀疑时,可以书面向仲裁委员会提出要求其回避的请求。

4) 审理与裁决

仲裁委员会应采取开庭审理的方式仲裁。仲裁庭开庭审理案件时不公开进行,双方当事人、仲裁员及其他与案件有关人员均不得向外界透露案件审理情况。如果双方当事人要求公开审理,由仲裁庭作出是否公开审理的决定。当事人可以自行和解,达成和解协议的,仲裁庭根据和解协议制作裁决书,也可以撤回仲裁申请。仲裁庭在作出裁决前,可以先行调解。调解达成协议的,仲裁庭应当制作调解书或者根据协议的结果制作裁决书。调解书与裁决书具有同等法律效力。裁决书自作出之日起发生法律效力。

5) 执行

当事人应当履行裁决。一方当事人不履行的,另一方当事人可以向仲裁机构所在地具有管辖权的人民法院申请执行。受理申请的人民法院应当根据仲裁裁决予以执行。受理申请的人民法院如果发现仲裁裁决违法,则有权不予执行。对于人民法院不予执行的仲裁裁决,当事人可以按诉讼程序向人民法院提起民事诉讼。

2. 诉讼

诉讼是指国家司法机关在案件当事人和其他诉讼参与人的参与下,以事实为根据,以法律为准绳,办理刑事、民事、行政案件所进行的一种活动。

根据《中华人民共和国民事诉讼法》(以下简称《民事诉讼法》)的规定,提起诉讼必须符合下列条件:原告是与本案有直接利害关系的公民、法人和其他组织;有明确的被告;有具体的诉讼请求和事实、理由;属于人民法院受理民事诉讼的范围和受诉人民法院管辖。除此之外,还须具备以下条件:当事人没有事先或事后约定仲裁协议;当事人没有就同一事实、同一诉讼标的再行向法院提起诉讼。

> **法智箴言**
>
> 诉讼是纠纷化解的最后一道防线,但绝不能成为纠纷解决的第一道关口,更不能成为化解纠纷、消弭冲突的唯一途径。构建包括调解、仲裁、诉讼等在内的多元纠纷解决机制有助于完善社会治理体系,提高社会治理能力,构建公正、合理、和谐的法治化秩序。

我国人民法院审理经济纠纷案件实行两审终审制。经济纠纷的诉讼一般包括一审程序、二审程序、执行程序三个阶段。但并非每一案件都必须经过这三个阶段。如果一审判决、裁定作出后,当事人不上诉或在法定期限内未上诉及一审经过调解结案,则不发生二审程序,一审判决、裁定即发生法律效力。当事人不服一审判决、裁定而上诉,则进入二审程序。二审为终审,从二审判决、裁定作出之日起,即发生法律效力。当事人不履行发生效力的判决、裁定,另一方当事人可以向法院申请强制执行。当事人对生效的判决、裁定仍不服的,可在 2 年内申请再审,但不影响判决、裁定的执行。

判决是指法院对案件的实体问题依法作出的具有法律效力的结论性判定。裁定是指法院对案件诉讼程序的事项作出的判定。两者都是国家行使审判权,依照法定程序作出的具有法律效力的结论性判定。判决与裁定的主要区别如表 1-1 所示。

表 1-1 判决与裁定的主要区别

项目	判决	裁定
针对事项	实体争议与请求事项	程序事项
时间与数量	在案件审理终结时作出,一般一个案件一个有效判决	发生于诉讼的各阶段,一个案件可能有多个裁定
形式	书面形式	书面形式和口头形式
上诉	一审判决均可上诉,判决书送达之日起 15 日内向上一级人民法院提起	只有不予受理、管辖权异议、驳回起诉的裁定可上诉,裁定书送达之日起 10 日内向上一级人民法院提起

3. 仲裁与诉讼的区别

作为两种解决经济纠纷的主要方式,仲裁与诉讼的主要区别如表 1-2 所示。

表 1-2 仲裁与诉讼的主要区别

项目	仲裁	诉讼
启动条件	必须有仲裁协议(事前、事后均可)，否则仲裁机构不予受理	不需要有约定，只要一方起诉符合法定条件即可
机构不同	仲裁委是由人民政府组织有关部门和商会统一组建，中国仲裁协会是其监督机构。仲裁员大多为兼职	法院的机构是国家法律的审判机构
裁判者选择不同	可选择仲裁员	不可选择审判员
管辖不同	协议管辖	地域管辖和级别管辖
程序不同	一审终局制，当事人不得就同一事实再次申请仲裁，也不能向人民法院再行起诉、上诉。一般不公开审理	可经过一审、二审和再审三个阶段。无特殊情况必须公开审理
裁决执行不同	无自己的执行机构，由人民法院执行裁决通过	有自己的执行庭，执行生效判决、裁定
文书形式不同	裁决书和调解书	判决书、裁定书、调解书

同步训练

一、单项选择题

1. 下列社会关系中，属于民事法律关系的是(　　)。
   A. 领导和下属的关系
   B. 某公司和税务机关之间的关系
   C. 张三和李四之间的朋友关系
   D. 甲、乙之间的买卖关系

2. 薛某系天雅公司总经理、法定代表人，某晚参加聚会时饮酒过量，在争抢买单过程中，以为是酒水单而以天雅公司之名，误签了一份购买 1000 瓶红酒的商务合同。关于该合同的效力，下列说法正确的是(　　)。
   A. 因无权代理而效力待定
   B. 因意思表示不真实而无效
   C. 因显失公平可主张撤销
   D. 因重大误解可主张撤销

3. 2018 年 10 月 1 日，范某从曹某处借款 2 万元，双方没有约定还款期。2019 年 3 月 22 日，曹某通知范某还款，并留给其 10 天准备时间。下列说法正确的是(　　)。
   A. 若曹某于 2022 年 4 月 2 日或其之后起诉，法院应裁定不予受理
   B. 若曹某于 2022 年 3 月 22 日或其之后起诉，法院应判决驳回其诉讼请求
   C. 若曹某于 2022 年 4 月 2 日或其之后起诉，法院应裁定驳回其起诉
   D. 若曹某于 2022 年 4 月 2 日或其之后起诉，法院应判决驳回其诉讼请求

4. 甲乙双方约定：甲公司租用乙公司的建筑施工设备；但乙方提出的条件是，若到年底上

述设备有富余。合同中的这一约定在民事法律行为理论上称为( )。

A. 附期限的民事法律行为　　　　B. 可撤销的民事法律行为
C. 附条件的民事法律行为　　　　D. 无效的民事法律行为

5. 何某向某商店购买一枚标签为"天然钻石"的钻石戒指，后经鉴定得知是人造钻石。何某遂与商店多次交涉，历时 1 年零 3 个月，未果。现何某欲诉请法院撤销该买卖关系，则法院对该行为( )。

A. 不予支持，已超过行使撤销权的 1 年的除斥期间
B. 可支持，商店主观上存在欺诈的故意
C. 可支持，未过 2 年诉讼时效
D. 可支持，双方系因重大误解订立合同

6. 甲公司经常派业务员乙与丙公司订立合同。乙调离后，又持盖有甲公司公章的合同书与尚不知其已调离的丙公司订立了一份销售合同，并按照通常做法先提走货款，后逃匿。对此甲公司并不知情。丙公司要求甲公司履行合同，甲公司认为该合同与己无关，予以拒绝。下列选项正确的是( )。

A. 甲公司不承担责任　　　　　　B. 甲公司应与丙公司分担损失
C. 甲公司应负主要责任　　　　　D. 甲公司应当承担责任

7. 下列情形中，不能引起诉讼时效中断的是( )。

A. 权利人申请仲裁　　　　　　　B. 权利人主张权利
C. 义务人同意履行义务　　　　　D. 权利人因不可抗力不能起诉

8. 甲 17 周岁，以个人积蓄 1000 元在慈善拍卖会上拍得明星乙表演用过的道具，市场价约 100 元。事后，甲觉得道具价值与其价格很不相称，颇为后悔，关于这一买卖，下列说法中正确的是( )。

A. 买卖显失公平，甲有权要求撤销　　B. 买卖存在重大误解，甲有权要求撤销
C. 买卖无效，甲为限制行为能力人　　D. 买卖有效

二、多项选择题

1. 根据《民法典》的有关规定，下列选项中，属于无效民事法律行为的有( )。

A. 不满 8 周岁的丫丫自己决定将压岁钱 500 元捐赠给希望工程
B. 李某因认识上的错误为其儿子买回一双不能穿的鞋
C. 甲企业业务员黄某得到乙企业给予的回扣款 1000 元，而代理甲企业向乙企业购买了 10 吨劣质煤
D. 丙公司向丁公司转让一辆无牌照的走私车

2. 根据《民法典》的规定，下列情形中，属于代理权滥用的是( )。

A. 代理他人与自己进行民事活动
B. 超越代理权的代理
C. 代理双方当事人进行同一民事行为
D. 代理人与第三人恶意串通，损害被代理人的利益

3. 2021 年 4 月 1 日，A 企业与 B 银行签订一借款合同，借款期限为 1 年。如 A 企业在 2022

年4月1日借款期限届满时不能偿还借款本息,根据我国《民法典》的规定,下列情形中,可以引起诉讼时效中断的事由包括(   )。

    A. 2022年6月1日银行B对A企业提起诉讼

    B. 2022年5月10日银行B向A企业提出偿还贷款本息的要求

    C. 2022年5月16日A企业同意偿还借款

    D. 2022年6月5日发生强烈地震

4. 下列哪些情形可以代理(   )。

    A. 甲请乙从国外代购1套名牌饮具   B. 甲请乙代销售甲的房屋

    C. 甲请乙为自己写一份遗嘱   D. 甲请乙为自己写杂志社的约稿

5. 甲欲出售一辆汽车,乙向甲声称受丙委托购买该车,甲托人向丙核实,丙未予否认。甲遂将该车交给乙,乙将车开走后不知去向,甲向丙要求付款遭拒绝,此案的错误处理方法是(   )。

    A. 由甲自行承担损失   B. 由乙支付车款

    C. 由丙支付车款   D. 由乙、丙承担连带付款责任

6. 某公司因合同纠纷的诉讼时效问题咨询律师。关于律师答复,下列选项正确的是(   )。

    A. 当事人不得违反法律规定,约定延长或缩短诉讼时效期间

    B. 当事人约定同一债务分期履行的,诉讼时效期间从最后一期履行期限届满之日起计算

    C. 当事人可以预先放弃诉讼时效利益

    D. 诉讼时效届满,当事人一方向对方当事人作出同意履行义务意思表示的,不得再以诉讼时效届满为由进行抗辩

7. 下列行为中,能引起债的法律关系产生的法律事实是(   )。

    A. 甲建设单位向若干施工企业发出招标公告

    B. 乙企业在银行取款时,由于工作人员疏忽多支付其2万元

    C. 丙施工企业的塔式起重机倒塌将附近一超市砸毁

    D. 丁建设单位将施工企业遗留的施工设备代为保管

8. 新科医学研究所与华容投资公司发生联合开发磁疗设备的合同纠纷,新科医学研究所根据合同中的仲裁条款向甲仲裁委员会申请仲裁,甲仲裁委员会对该争议作出仲裁裁决后,下列表述不正确的是(   )。

    A. 该裁决立即产生法律效力

    B. 如果当事人不服,可以向人民法院起诉

    C. 如果当事人不服,可以向人民法院上诉

    D. 如果当事人不服,可以重新申请仲裁

解决几个大问题

1. 2021年4月5日,A公司业务员王某到B公司联系有关事宜,见B公司急需20台日产索尼牌彩电,于是未经公司授权,就与B公司签订了销售20台日产索尼牌彩电的合同。B公

司 4 月 15 日将 20 台日产索尼牌彩电的价款 6.5 万元通过银行汇给 A 公司，A 公司于 4 月 20 日、4 月 25 日两次送货到 B 公司 15 台。后由于市场日产索尼彩电销路很好，于是 A 公司就先顾零售，而未继续供应 5 台彩电给 B 公司。B 公司多次与 A 公司联系，A 公司均以"暂时无货"为由，拒不提供 5 台彩电。后 B 公司人员亲眼看见 A 公司在零售彩电，于是又找 A 公司，要求立刻供货，否则 A 公司应按合同支付违约金并退款。而 A 公司则以业务员王某未经授权就签了合同，是无权代理为由认为合同是无效合同。

请根据以上案例，回答下列问题：

(1) 本案中王某未经授权擅自代理订立的合同是否有效？为什么？

(2) 在 A 公司未继续供应 5 台彩电的情况下，B 公司能否主张撤销与 A 公司签订的合同？为什么？

(3) 无权代理被追认和不被追认的法律后果有什么不同？本案属于哪种情况？

2. 甲开了一家火锅店，当地工商所所长乙经常到店里混吃混喝。2022 年 12 月 10 日一大早，乙的老婆丙突然拉来一车鸡要甲买下，甲当场拒绝，结果下午乙就上门令甲停止营业进行整顿。晚上丙给甲打电话，说只要甲买下鸡，就不用整顿了。甲只好以高于市场的价格买下了整车鸡。第二天一早，工商所通知甲整顿完毕，可以继续营业。

请根据以上案例，回答下列问题：

(1) 丙的行为在法律上属于什么？

(2) 甲能否请求法院判决撤销该合同？

(3) 如果甲要行使撤销权，应该在多长时间内行使？

教学班的学生自由组合为若干小组，模拟经济纠纷的仲裁。首先，小组成员选择好经济纠纷的案例，认真学习《仲裁法》，熟悉仲裁的基本程序。然后，每个小组成员分别扮演仲裁员、仲裁申请人和被申请人，模拟整个仲裁程序。最后，仲裁员参照仲裁裁决书的格式，撰写仲裁裁决书。

推荐书目：

1. 《民法学(第二版)》，《民法学》编写组，高等教育出版社，2022 年版。
2. 《经济法》，中国注册会计师协会著，中国财政经济出版社，2023 年版。
3. 《中华人民共和国民法典总则编案例注释版(第五版)》，中国法制出版社，2021 年版。

推荐资源：

1. 进入中国大学慕课官网搜索"经济法"关键字，获得课程资源。
2. 进入网易云课堂官网搜索"经济法"关键字，获得课程资源。

第 2 章
非公司市场主体法律制度

◎ **任务清单**

序号	任务	要求
1	个体工商户的登记和经营	了解
2	个人独资企业的设立	了解
3	个人独资企业的事务管理	掌握
4	合伙人和合伙企业的种类	了解
5	合伙企业的设立	掌握
6	合伙人的入伙和退伙	掌握
7	合伙企业的事务执行	掌握
8	合伙企业的财产转让和出质	理解
9	合伙企业的分配和债务	理解
10	合伙企业的解散	了解

◎ **法律法规提示**

《促进个体工商户发展条例》(2022 年 9 月 26 日),《中华人民共和国个人独资企业法》(1999 年 8 月 30 日),《中华人民共和国合伙企业法》(2006 年 8 月 27 日)。

《促进个体工商户发展条例》　《中华人民共和国个人独资企业法》　《中华人民共和国合伙企业法》

◎ 思考题

黎明设立了一家个人独资企业，登记时明确以夫妻共有的商用房作为出资。企业存续期间，其妻龚丽购买体育彩票中奖 100 万元，1 个月后提出与黎明离婚。离婚诉讼期间，黎明决定解散独资企业，清算时发现还欠银行贷款本息共 120 万元。那么，龚丽彩票中奖的 100 万元可以拿来偿还个人独资企业的债务吗？

思考题解析

2.1 个体工商户法律制度

市场主体是在中华人民共和国境内以营利为目的从事经营活动的自然人、法人和非法人组织，具体包括公司、个人独资企业、合伙企业及其分支机构，以及个体工商户等。其中，个体工商户是指依法从事经营活动的自然人，俗称"个体户"。

2.1.1 个体工商户的登记

依照《促进个体工商户发展条例》的规定，有经营能力的公民从事工商业经营，可以向经营场所所在地登记机关申请登记为个体工商户。营业执照签发之日，个体工商户取得合法经营资格。

个体工商户登记事项包括经营者姓名和住所、组成形式、经营范围、经营场所。个体工商户使用名称的，名称作为登记事项。一户个体工商户只准使用一个用于经营的名称，名称中不能采用"企业、公司、有限责任"等字样；名称中的字号可以采用经营者姓名，也可另起。字号是经营者名称中能显著区别于其他经营者的部分，例如"兰园烤鱼店"，其中"兰园"就是字号。

> 法智箴言
>
> 个体经济是社会主义市场经济的重要组成部分，是公民灵活就业、低成本创业的一种形式，在繁荣经济、增加就业、方便群众生活等方面发挥着重要作用。国家对个体工商户实行市场平等准入、公平待遇、帮助扶持原则，为个体工商户健康发展创造有利条件。

个体工商户只能登记一个主要经营场所，不能设立分支机构；电子商务平台内的自然人经营者可以将电子商务平台提供的网络经营场所作为经营场所。省、自治区、直辖市人民政府可以根据有关法律、法规和本地区实际情况，自行或者授权下级人民政府对住所或者主要经营场所作出更加便利市场主体从事经营活动的具体规定。目前，有的地方性法规允许同一个体工商户在不同地点从事经营活动，可申办两个以上个体工商户营业执照，即"一人多照"；或者一个个体工商户经市场监督机关的批准，可以在不同地点从事经营活动，即"一照多点"。

个体工商户不能出租、出借、转让营业执照，可以自愿变更经营者或者转型为企业。个体工商户变更经营者的，可以直接向市场主体登记机关申请办理变更登记；申请转变为企业的，应当在办理个体工商户注销登记后，按照相应的企业设立条件办理企业登记。在诉讼时，营业执照上登记的经营者与实际经营者不一致的，两者为共同诉讼人。

【大家讲坛 2-1】

张某开办"胖子烟酒商行"，于 2022 年 8 月向甲区市场监督管理局申办了个体工商户营业执照，登记经营场所为甲区东山路 149 号。为扩展业务，当年 10 月，张某擅自以"胖子烟酒商行"的名义在甲区珞城路 56 号租了一个门面用于销售烟酒副食。

市场监督管理局是否应对张某的上述行为进行处罚？

【解析】张某的行为应受到处罚。张某未经市场监督管理局批准，擅自改变经营场所，属于未经许可的"一照多点"的经营行为。

2.1.2 个体工商户的经营

个体工商户可以经营制造、加工、维修、建筑、运输、销售、服务等多种行业，但属于法律禁止进入的行业或经营项目除外。

个体工商户对经营债务承担无限责任，在经营活动的组织形式上分为个人经营和家庭经营。个人经营的，以经营者本人为登记申请人，以个人财产承担债务。家庭经营的，以家庭成员中主持经营的人为申请人，参加经营的家庭成员姓名应当同时备案；收益是家庭共有财产，债务也以家庭财产承担；无法区分个人还是家庭经营的，以家庭财产承担债务。

个体工商户变更经营者或者转型为企业的，应当结清依法应缴纳的税款，对原有债权债务做出妥善处理，不得损害他人的合法权益。

【大家讲坛 2-2】

汪某和父母同住，准备开一家个体洗衣店。因汪父有一些商业经验，三人决定一起经营。由汪某申请登记为个体工商户，并负责日常经营，并将其父母姓名在登记机关备案。一年后，因市场形势不利，洗衣店负债 10 万元。债权人赵某去洗衣店讨债，店里只有汪某的父母，于是赵某要求汪某的父母偿还这笔钱。汪某对赵某的行为非常不满，认为这笔债与自己父母无关，赵某不该打扰自己的父母。

赵某能否要求汪某的父母偿还债务？

【解析】赵某有权要求汪某的父母偿还债务。洗衣店虽然由汪某申请登记为个体工商户，但组织形式是家庭经营，收益属于家庭共有财产，债务也应以家庭财产承担。赵某找到汪某的父母讨债，可以视为要求汪某用家庭财产清偿。

2.2 个人独资企业法

企业是指依法设立的拥有独立资产，以营利为目的，从事生产经营活动的经济组织。我国企业按出资者性质分为个人独资企业、合伙企业、公司企业。其中，个人独资企业是指由一个自然人投资,并以其个人财产对企业债务承担无限责任的经济组织。

> **法智箴言**
>
> 我国宪法规定:在社会主义初级阶段,坚持公有制为主体、多种所有制经济共同发展的基本经济制度。习近平同志在党的二十大报告中指出:坚持和完善社会主义基本经济制度,毫不动摇地巩固和发展公有制经济,毫不动摇地鼓励、支持、引导非公有制经济发展。

2.2.1 个人独资企业的设立

1. 设立条件

1) 投资人为一个中国自然人

根据《中华人民共和国个人独资企业法》的规定,个人独资企业的投资人只能是具有中国国籍的自然人,数人之家庭不能直接成为个人独资企业的投资人。法律、行政法规禁止从事经营活动的人,不得作为投资人申请设立个人独资企业,如国家公务员、党政机关领导干部、法官、检察官、警官、商业银行工作人员等。

2) 有合法的企业名称

个人独资企业的名称应当符合国家有关规定,并应当与其责任形式及从事的营业相符合,名称中不能出现"有限""有限责任""公司"或者"合伙"字样,可称为厂、店、坊、工作室等。

3) 有投资人申报的出资

对个人独资企业的出资数额,法律未作规定。投资人可以用货币出资,也可以用实物、土地使用权、知识产权或者其他财产权利出资,但不能以"劳务"出资。非货币出资的,应将其折算成货币数额。如果以"家庭共有财产"出资的,应当在设立登记申请书上注明;未注明的,全部出资视为"个人财产"。

4) 有固定的生产经营场所和必要的生产经营条件

个人独资企业应当有固定的生产经营场所,以及生产所需的原材料、技术、设备等必要的生产经营条件。从事临时经营、季节性经营、流动经营和没有固定门面的摆摊经营,不得登记为个人独资企业。

5) 有必要的从业人员

个人独资企业要有与其生产经营范围、规模相适应的从业人员,具体人数法律未作规定。

2. 设立登记

投资人或委托代理人应向企业所在地登记机关提交规定文件,申请设立登记,营业执照的签发日期为个人独资企业成立日期。个人独资企业可以设立分支机构,由投资人或委托代理人向分支机构所在地登记机关申请登记,分支机构的民事责任由设立该分支机构的个人独资企业承担。

【大家讲坛 2-3】

在某区政府办事大厅的市场主体登记窗口，有几个人咨询办理个人独资企业登记事宜。其中有刑满释放的无业人员甲，某商业银行的工作人员乙，有不良信用记录的个体工商户丙，一年前加入英国籍的华人丁。

他们当中谁可以作为投资人申请设立个人独资企业？

【解析】乙是商业银行的工作人员，丁不是中国籍自然人，都不能作为个人独资企业投资人。甲、丙没有法律禁止的情形，可以作为投资人申请设立个人独资企业。

2.2.2 个人独资企业的事务管理

1. 企业事务的管理方式

个人独资企业的机构如何设置、事务如何管理等问题均由投资人决定。投资人可以自行管理企业事务，也可以委托或者聘用他人管理企业。投资人应当与受托人或者受聘人签订书面合同，明确对其委托的工作内容、授予其权利的范围或限制、给予其的报酬，以及他们应履行的义务和责任等。

投资人对受托人或者受聘人有关权利义务的限制，只对受托人或者受聘人有效，不得对抗善意第三人。

2. 受托人或受聘人的义务与权限

受托人或者受聘人应当履行诚信、勤勉义务，按照与投资人签订的合同尽其所能管理个人独资企业的事务。

受托人或受聘人不得存在下列行为：利用职务上的便利，索取或者收受贿赂；利用职务或者工作上的便利侵占企业财产；挪用企业的资金归个人使用或者借贷给他人；擅自将企业资金以个人名义或者以他人名义开立账户储存；擅自以企业财产提供担保；未经投资人同意，从事与本企业相竞争的业务；未经投资人同意，同本企业订立合同或者进行交易；未经投资人同意，擅自将企业商标或者其他知识产权转让给他人使用；泄露本企业的商业秘密；法律、行政法规禁止的其他行为。

受托人或者受聘人管理个人独资企业事务时违反与投资人订立的合同，给投资人造成损害的，承担民事赔偿责任。

【大家讲坛 2-4】

甲设立个人独资企业"青檬水果店"，委托乙负责日常营业，授权其 20 万元以下的交易可自行决定。一次，乙以水果店名义向丙购进 30 万元的水果。丙认为乙就是老板，依约供货。甲得知后，向丙出示给乙的授权委托书，认为乙行为越权，该交易无效，自己最多只能承担 20 万元的付款义务，余款应由乙支付。双方由此发生争议。

甲是否可以只承担 20 万元的付款义务？

【解析】甲是应当承担全部付款义务。虽然受托人乙的行为越权，但个人独资企业投资人甲对受托人乙的权利限制，不得对抗善意第三人丙的清偿要求。所以该交易有效，乙行为后果应全部由青檬水果店亦即投资人甲承担。虽然甲事后向丙出示给乙的授权委托书，但丙在交易时仍为不知情的善意第三人。

3. 企业债务清偿

个人独资企业没有法人资格，其投资人对本企业的财产依法享有所有权，可以进行转让或继承。虽然法律允许个人独资企业以其字号的名义从事民事活动，但其自身并无独立承担民事责任的能力。当企业的财产不足以偿还债务时，其投资者要以出资以外的其他个人财产对企业的债务承担无限责任。

如果投资人在企业设立登记时，明确以"个人财产"出资的，仅以个人财产对企业债务承担无限责任；如果明确以"家庭共有财产"出资的，必须以家庭共有财产对企业债务承担无限责任。

2.2.3 个人独资企业的解散和清算

1. 企业的解散

个人独资企业的解散，指个人独资企业终止活动，消灭其民事主体资格的行为。个人独资企业有下列情形之一时，应当解散：投资人决定解散；投资人死亡或者被宣告死亡，无继承人或者继承人决定放弃继承；被依法吊销营业执照；法律法规规定的其他情形。

2. 企业的清算

1) 确定清算人

个人独资企业解散，投资人可以自行清算，但受托人、受聘人、投资人的继承人不能作为清算人。债权人不能要求参加清算，只能申请人民法院指定清算人。

2) 通知和公告

投资人自行清算的，应当在清算前 15 日内书面通知债权人；无法通知的，应当予以公告。债权人应当在接到通知之日起 30 日内，未接到通知的应当在公告之日起 60 日内，向投资人申报其债权。

3) 财产清偿顺序

个人独资企业解散的，财产应当按照下列顺序清偿：①所欠职工工资和社会保险费用；②所欠税款；③其他债务。个人独资企业财产不足以清偿债务的，投资人应当以其个人的其他财产予以清偿。

4) 清算期间和清算后投资人的责任

清算期间，个人独资企业不得开展与清算目的无关的经营活动。在按前述财产清偿顺序清偿债务前，投资人不得转移、隐匿财产。

个人独资企业解散后，原投资人对个人独资企业存续期间的债务仍应承担偿还责任，但债权人在 5 年内未向债务人提出偿债请求的，该责任消灭。个人独资企业清算结束后，投资人或者人民法院指定的清算人应当编制清算报告，并向原登记机关申请注销登记。

【大家讲坛 2-5】
甲设立的 A 个人独资企业向 B 公司购进 15 万元货物,收货时 A 企业尚有 10 万元未支付。因 A 企业经营不善,上述 10 万元货款到期仍未支付。甲告知 B 公司,A 企业现有价值 8 万元资产可以用来抵债,剩下 2 万元他个人无法偿还,B 公司拒绝该要求。

A 企业 10 万元的债务应如何偿还?

【解析】个人独资企业没有法人资格,应由投资人承担其全部债务责任。当 A 企业财产不足以清偿时,应由甲的其他个人财产承担无限责任。

2.3 合伙企业法

合伙企业是由数个投资人共同出资、共同经营、共同分享收益、共同承担企业亏损和债务的企业。

2.3.1 合伙企业和合伙人的种类

1. 合伙企业的种类

依照《中华人民共和国合伙企业法》(以下简称《合伙企业法》),合伙企业分为普通合伙企业和有限合伙企业。

(1) 普通合伙企业,是指由普通合伙人组成,全体合伙人对企业债务承担无限连带责任的企业。特殊的普通合伙企业是普通合伙企业的一种特殊形式,是指某些合伙人在特定情况下只以其在合伙企业中的财产份额为限承担责任的普通合伙企业。以专业知识和专门技能为客户提供有偿服务的专业服务机构,如会计师事务所、医师事务所、律师事务所等可以设立为特殊的普通合伙企业。

(2) 有限合伙企业,是指由普通合伙人和有限合伙人组成,普通合伙人对企业债务承担无限连带责任,有限合伙人以其认缴的出资额为限对企业债务承担责任的企业。

2. 合伙人的种类

合伙人是合伙企业的投资人,可以是自然人、法人和其他组织。合伙人为自然人的,应当具有完全民事行为能力。合伙人分为普通合伙人和有限合伙人。

(1) 普通合伙人,是指合伙企业中,有权执行合伙企业事务,并对合伙企业债务承担无限责任或无限连带责任的合伙人。

(2) 有限合伙人,是指合伙企业中,无权执行合伙企业事务,并对合伙企业债务以投资额为限承担有限责任的合伙人。

法律、行政法规禁止从事经营活动的人,不得作为合伙企业的合伙人,如国家公务员、党政机关领导干部、法官、检察官、警官、商业银行工作人员等。国有独资公司、国有企业、上市公司及公益性的事业单位、社会团体不得作为普通合伙人,但可以作为有限合伙人。

2.3.2 合伙企业的设立

1. 设立条件

1) 有 2 个以上合伙人

设立普通合伙企业必须有 2 个以上的合伙人,对合伙人数的上限法律未作规定,由合伙人协商决定。设立有限合伙企业应有 2 个以上 50 个以下的合伙人,至少应当有 1 个普通合伙人。

2) 有书面合伙协议

合伙企业是以合伙协议为基础而设立,是典型的契约型企业。合伙协议是合伙人之间关于设立合伙企业和相互权利义务关系的合同。合伙协议应当遵循自愿、平等、公平、诚实信用原则由全体合伙人协商一致,以书面形式订立,经全体合伙人签名、盖章后生效。修改或者补充合伙协议,应当经全体合伙人一致同意,合伙协议另有约定的除外。合伙人依照合伙协议享有权利、履行义务,合伙人违反合伙协议的,应当依法承担违约责任。

合伙协议应当载明下列事项:合伙企业的名称和主要经营场所的地点;合伙目的和合伙经营范围;合伙人的姓名或者名称、住所;合伙人的出资方式、数额和缴付期限;利润分配、亏损分担方法;合伙事务的执行;入伙与退伙;争议解决办法;合伙企业的解散与清算;违约责任等。有限合伙企业合伙协议除符合有关普通合伙企业的规定外,还必须载明执行事务合伙人应具备的条件和选择程序;有限合伙人入伙、退伙的条件、程序及相关责任;有限合伙人和普通合伙人相互转变程序等事项。

合伙协议未约定或者约定不明确的事项,或合伙人履行合伙协议发生争议的,合伙人可以通过协商解决。不愿通过协商或者协商不成的,可以按照合伙协议约定的仲裁条款或者事后达成的书面仲裁协议,向仲裁机构申请仲裁。合伙协议中未订立仲裁条款,事后又没有达成书面仲裁协议的,可以向人民法院起诉。

3) 有合伙人认缴或者实际缴付的出资

出资是每个合伙人的法定义务,也是出资人取得合伙人资格的前提。合伙协议生效后,合伙人应当按照合伙协议的规定缴纳出资,并遵守以下规定。

(1) 合伙人可以用货币、实物、知识产权、土地使用权或者其他财产权利出资;合伙人以非货币出资,需要评估作价的,可以由全体合伙人协商确定,也可以由全体合伙人委托法定评估机构评估。

(2) 普通合伙人可以用劳务出资,其评估办法由全体合伙人协商确定,并在合伙协议中载明。有限合伙人不得以劳务出资。

(3) 合伙人应当按照合伙协议约定的出资方式、数额和缴付期限,履行出资义务;未按约定方式和期限足额缴付的,应当承担补缴义务,并对其他合伙人承担违约责任。

(4) 以非货币财产出资的,依照法律、行政法规的规定,需要办理财产权转移手续的,应当依法办理。

(5) 合伙人按照合伙协议的约定或者经全体合伙人决定,可以增加或者减少对合伙企业的出资。

4) 有合伙企业的名称和生产经营场所

合伙企业的名称应当符合有关法律规定,企业名称中应当含有企业的组织形式。普通合伙企业必须标明"普通合伙"或"特殊普通合伙"字样，有限合伙企业必须标明"有限合伙"字样。合伙企业的名称不能有"公司""有限公司""有限责任公司""股份有限公司"等字样。

合伙企业只能登记一个主要经营场所，并且应当在登记机关登记管辖区域内。

5) 法律法规规定的其他条件

2. 设立登记

申请设立合伙企业，应当由全体合伙人指定的代表或者共同委托的代理人向登记机关提出申请。营业执照签发日期为合伙企业的成立日期。合伙企业设立分支机构，应当向分支机构所在地的登记机关申请设立登记，领取营业执照，分支机构的民事责任由设立该分支机构的合伙企业承担。

【大家讲坛2-6】

甲乙丙三人打算共同设立 A 有限合伙企业，商定企业名称为"A 汽车保养有限公司"，并约定三人都当有限合伙人。甲掌握一定技术，准备用劳务出资；乙用自有设备出资，价值待定；丙用现金4万元出资。三人准备去当地企业登记机关登记。

这家合伙企业可以登记吗？

【解析】这家合伙企业不能登记。三人不能都当有限合伙人，因为有限合伙企业至少要有一个普通合伙人；甲作为有限合伙人不能用劳务出资；乙设备出资的价值应当在登记前确定；企业名称中含有"有限公司"字样不合法。

2.3.3 入伙和退伙

1. 入伙

入伙，是指在合伙企业存续期间，合伙人以外的人加入合伙企业并取得合伙人资格的法律行为。

1) 入伙条件

新合伙人入伙，除合伙协议另有约定外，应当经全体合伙人一致同意，并依法订立书面入伙协议。订立入伙协议时，原合伙人应将原合伙企业的经营状况和财务状况如实告知新合伙人。

法智箴言

创业不易，守业更难。合伙企业要选择愿意遵纪守法、诚实守信、勤劳进取者作为合伙人，勿要选择目无法纪、言而无信、好逸恶劳者。

2) 新合伙人的权利和责任

新合伙人与原合伙人享有同等权利，承担同等责任；入伙协议另有约定的，从其约定。新入伙的普通合伙人对入伙前合伙企业的债务承担无限连带责任，新入伙的有限合伙人对入伙前合伙企业的债务以其认缴(而非实缴)的出资额为限承担责任；如果合伙企业对此问题有其他约定的，该约定不得对抗合伙企业的债权人。

2. 退伙

退伙，是指在合伙企业存续期间，合伙人退出合伙企业并消灭其合伙人资格的法律行为。

1) 退伙原因

(1) 普通合伙人退伙原因。普通合伙人退伙的原因包括协议退伙、通知退伙、当然退伙、除名退伙，如表 2-1 所示。

表 2-1 退伙的原因

协议退伙	通知退伙	当然退伙	除名退伙
合伙协议约定了合伙期限的，有下列情形之一，合伙人可以退伙： (1) 合伙协议约定的退伙事由出现； (2) 经全体合伙人一致同意； (3) 发生合伙人难以继续参加合伙的事由； (4) 其他合伙人严重违反合伙协议约定的义务	合伙协议未约定合伙期限的，合伙人在不给合伙企业事务执行造成不利影响的情况下，可以退伙，但应当提前 30 日通知其他合伙人。	合伙人有下列情形之一的，必然退伙： (1) 自然人死亡或者被依法宣告死亡； (2) 个人丧失偿债能力； (3) 法人或者其他组织依法被吊销营业执照、责令关闭、撤销，或者被宣告破产； (4) 必须具有相关资格而丧失该资格； (5) 合伙人在合伙企业中的全部财产份额被强制执行	合伙人有下列情形之一的，经其他合伙人一致同意，可决议将其除名： (1) 未履行出资义务； (2) 因故意或者重大过失给合伙企业造成损失； (3) 执行合伙事务时有不正当行为； (4) 发生合伙协议约定的退伙事由

普通合伙人被依法认定为无民事行为能力人或者限制民事行为能力人的，经其他合伙人一致同意，可以依法转为有限合伙人，普通合伙企业依法转为有限合伙企业。其他合伙人未能一致同意的，该无民事行为能力或者限制民事行为能力的合伙人退伙。

退伙人不论退伙时是否承担了合伙协议约定的债务份额，对基于其退伙前原因发生的合伙企业债务，仍要承担无限连带责任。退伙人履行无限连带责任超出合伙协议约定的部分，有权向其他普通合伙人追偿。

(2) 有限合伙人退伙原因。有限合伙人退伙适用普通合伙人的规定，但有限合伙人个人丧失偿债能力不构成当然退伙的原因。企业存续期间，有限合伙人丧失民事行为能力的，其他合伙人不得因此要求其退伙。有限合伙人退伙后，对基于其退伙前的原因发生的有限合伙企业债务，以其退伙时从有限合伙企业中取回的财产承担责任。

【大家讲坛 2-7】

赵、钱、孙每人出资 15 万元成立一家普通合伙企业，聘请李担任经理。半年后，赵建议由李以其管理才能入伙并负责企业事务，经三人商议决定李的入伙份额为 10 万元。一年后，钱提出退伙，其他三人表示同意并退给钱 15 万元。钱妻认为丈夫退伙是不明智的，随即向赵、孙、李提出自己丈夫不退伙，并将收到的 15 万元留给负责人李。赵、孙、李见钱家夫妻说法不一，对此事一直没表态。

李可以用管理才能入伙吗？钱现在还是合伙人吗？

【解析】①经全体合伙人商议决定，李可以用管理才能作为劳务出资入伙。②钱已退伙，并办理了退伙结算，其妻后来的行为应视为再次申请入伙，但赵、孙、李未表示一致同意，所以钱现在不是合伙人。

2) 合伙人资格和财产的继承

(1) 普通合伙人死亡或依法被宣告死亡，其合法继承人如果具备完全民事行为能力，按照合伙协议约定或者经全体合伙人一致同意，从继承开始之日起，可取得普通合伙人资格。继承人为无民事行为能力人或者限制民事行为能力人的，经全体合伙人一致同意，可以成为有限合伙人，普通合伙企业依法转为有限合伙企业；全体合伙人未能一致同意的，合伙企业应当将被继承合伙人的财产份额退还该继承人。

(2) 有限合伙人死亡、被依法宣告死亡，或者作为有限合伙人的法人及其他组织终止时，其合法继承人或者权利承受人可以依法取得该有限合伙人在有限合伙企业中的资格。

(3) 有下列情形之一的，合伙企业应当向合伙人的继承人退还被继承合伙人的财产份额：继承人不愿意成为合伙人；法律规定或者合伙协议约定合伙人必须具有相关资格，而该继承人未取得该资格；合伙协议约定不能成为合伙人的其他情形。

3) 退伙结算

合伙人退伙，其他合伙人应当与该退伙人按照退伙时的合伙企业财产状况进行结算，退还退伙人的财产份额。如有未了结的事务，则等到了结后清算。退还财产的办法，依合伙协议约定或者由全体合伙人决定，可以退还货币，也可以退还实物。退伙人对给合伙企业造成的损失负有赔偿责任的，应相应扣减其应当赔偿的数额。

合伙人退伙时，合伙企业财产少于合伙企业债务的，退伙人的分担方式与合伙企业的损益分配方式一致(见本章 2.3.6 部分)。

【大家讲坛 2-8】

某普通合伙企业合伙人甲死亡，其未成年子女乙是其唯一合法继承人。乙认为自己因继承甲合伙企业的财产份额而自动取得合伙人资格，其他合伙人认为乙可以继承甲的财产份额，但不能成为合伙人。

乙怎样才能成为合伙企业的合伙人？

【解析】如果乙选择继承甲的财产份额，就不能成为合伙人，而是应当办理退伙结算。如果乙选择成为合伙人，虽然他不具有完全行为能力，但经全体合伙人一致同意，可以成为有限合伙人。

2.3.4 合伙企业事务

1. 合伙事务的执行方式

合伙企业应当由普通合伙人执行合伙事务即管理日常经营活动，有限合伙人不执行合伙事务，不得对外代表有限合伙企业。

1) 普通合伙人执行合伙事务的方式

(1) 合伙协议可以约定由全体合伙人共同执行合伙事务，每个合伙人都有对外代表本企业的权利。合伙协议既可以约定合伙事务由全体合伙人共同做出决定，也可以约定由合伙人分别单独执行部分合伙事务。合伙协议未约定或者全体合伙人未决定委托执行事务合伙人的，全体合伙人均有合伙事务执行权。

(2) 合伙协议约定或者经全体合伙人决定，委托一个或部分合伙人对外代表合伙企业，执行合伙事务；其他合伙人不再执行合伙事务，不具有对外代表权。每一合伙人有权将其对合伙事务的执行权委托其他合伙人代理，而自己不参与合伙事务的执行；被委托的合伙人不按合伙协议或者全体合伙人的决定执行事务的，其他合伙人可以决定撤销该委托。

获得某项合伙事务执行权的合伙人，依照授权范围对外代表合伙企业的行为，对全体合伙人发生法律效力。合伙企业对合伙人代表权的限制不得对抗善意第三人。

执行事务合伙人应定期向其他合伙人报告事务执行情况以及企业的经营和财务状况，不执行合伙事务的合伙人有权监督执行事务合伙人执行合伙事务的情况。合伙人分别执行合伙事务的，执行事务合伙人可以对其他合伙人执行的事务提出异议。合伙人为了解合伙企业的经营状况和财务状况，有权查阅合伙企业会计账簿等财务资料。

(3) 除合伙协议另有约定外，经全体合伙人一致同意，合伙企业可以聘任合伙人以外的人担任合伙企业的经营管理人员。合伙企业应与受聘人签订书面合同，明确委托的具体内容、授权的范围以及他们应履行的义务和应承担的责任等。

受聘人不是合伙企业的合伙人，应当在合伙企业授权范围内履行职务；其超越合伙企业授权范围履行职务，或者在履行职务过程中因故意或者重大过失给合伙企业造成损失的，依法承担赔偿责任。

受聘人的职务行为，对全体合伙人发生法律效力，合伙企业对受聘人职权的限制不得对抗善意第三人。

2) 有限合伙人非执行合伙事务的行为

有限合伙人的下列行为，不视为执行合伙事务：参与决定普通合伙人入伙、退伙；对企业的经营管理提出建议；参与选择承办有限合伙企业审计业务的会计师事务所；获取经审计的有限合伙企业财务会计报告；对涉及自身利益的情况，查阅有限合伙企业财务会计账簿等财务资料；在有限合伙企业中的利益受到侵害时，向有责任的合伙人主张权利或者提起诉讼；执行事务合伙人怠于行使权利时，督促其行使权利或者为了本企业的利益以自己的名义提起诉讼；依法为本企业提供担保。

【大家讲坛2-9】

胡鹏是一个有限合伙企业的有限合伙人，很少过问企业事务。2022年企业讨论转让合伙企业的知识产权和为第三人提供担保的事情也没和他商量，胡鹏虽然有些不高兴也没作声。2023年吸收一个普通合伙人又没让他参加，而且给企业的经营管理提点建议的机会都没有，胡鹏觉得自己在企业里可有可无。

胡鹏可以参与合伙企业的上述活动吗？

【解析】胡鹏作为有限合伙人不能执行合伙企业事务。决定转让合伙企业的知识产权、为第三人提供担保属于执行合伙事务，胡鹏不能参与。但决定普通合伙人入伙退伙、对企业的经营管理提出建议，不视为执行合伙事务，胡鹏可以参与。

2. 合伙人的禁止义务

合伙人的禁止义务如表2-2所示。

表 2-2 合伙人的禁止义务

项目	普通合伙人	有限合伙人	
竞业禁止	普通合伙人不得自营或同他人合作经营与本合伙企业相竞争的业务	有限合伙人可以自营或同他人合作经营与本企业相竞争的业务	合伙协议另有约定的除外
交易禁止	普通合伙人不得同本企业进行交易,合伙协议另有约定或全体合伙人一致同意除外	有限合伙人可以同本企业进行交易	
损害禁止	合伙人不得从事损害本合伙企业利益的活动		
处分禁止	除法律另有规定外,合伙人在企业清算前不得请求分割合伙企业财产,也不得私自转移或处分合伙企业财产		

合伙人违反法律规定或者合伙企业的约定,从事与本合伙企业相竞争的业务或者与本合伙企业交易的,该收益归合伙企业所有;给合伙企业或者其他合伙人造成损失的,依法承担赔偿责任。合伙人在合伙企业清算前私自转移或者处分合伙企业财产的,合伙企业不得以此对抗善意第三人。

【大家讲坛 2-10】

俞林是某普通合伙企业的合伙人,该合伙企业经营手机销售业务。按合伙企业协议约定,俞林不执行合伙企业事务,所以想自己开一家销售手机的个人独资企业打发时间。俞林认为自己不执行合伙企业事务,保证办的个人独资不影响合伙企业经营,希望其他合伙人不要阻拦。

如果其他合伙人都同意,俞林是否可以开办个人独资企业?能否通过修改合伙协议让俞林达到目的呢?

【解析】俞林不能设立这家个人独资企业。只要具有普通合伙人身份,俞林不论是否执行合伙事务,都不得自营或者同他人合作经营与本合伙企业相竞争的业务,也不能通过修改合伙协议或者经其他合伙人一致同意而取得这项权利。

3. 合伙事务的决议办法

合伙人对合伙企业有关事项作出决议,由合伙协议对决议办法作出约定;合伙协议未约定或者约定不明确的,实行合伙人一人一票并经全体合伙人过半数通过的表决办法。

合伙人分别执行合伙事务的,执行事务合伙人可以对其他合伙人执行的事务提出异议。提出异议时,应当暂停该项事务的执行。如果合伙事务发生争议,按照上述决议办法作出决定。

根据《合伙企业法》第三十一条的规定,除合伙协议另有约定外,合伙企业的下列事项应当经全体合伙人一致同意:改变合伙企业的名称;改变合伙企业的经营范围、主要经营场所的地点;处分合伙企业的不动产;转让或者处分合伙企业的知识产权和其他财产权利;以合伙企业名义为他人提供担保;聘任合伙人以外的人担任合伙企业的经营管理人员。

《合伙企业法》中还有一些与第三十一条类似的规定,如合伙协议依法由全体合伙人协商一致;合伙人以其在合伙企业中的财产份额出质的,须经其他合伙人一致同意等。

2.3.5 合伙企业的财产转让和出质

1. 合伙企业财产转让

合伙企业的财产包括合伙人的出资、企业取得的收益和依法取得的其他财产。合伙企业财产的转让，是指合伙人向他人转让其在合伙企业中的全部或者部分财产份额的行为。

1) 合伙人之间转让

合伙人之间可以转让自己在合伙企业中的全部或者部分财产份额，但应当通知其他合伙人。

2) 向合伙人以外的人转让

普通合伙人向合伙人以外的人转让其在合伙企业中的全部或者部分财产份额，须经其他合伙人一致同意，但合伙协议另有约定的除外；在同等条件下，其他合伙人有优先购买权，但合伙协议另有约定的除外。合伙人以外的人受让合伙财产份额后，即成为新合伙人，依照《合伙企业法》和修改后的合伙协议享有权利，承担责任。

有限合伙人可以按照合伙协议的约定向合伙人以外的人转让其在有限合伙企业中的财产份额，但应当提前 30 日通知其他合伙人。

2. 合伙企业财产出质

合伙企业财产的出质，是指合伙人以其在合伙企业中的财产份额作为质押标的，与他人签订质押合同，担保债权人债权实现的行为。普通合伙人以其在合伙企业中的财产份额出质，须经其他合伙人一致同意。否则，该出质行为无效。普通合伙人擅自出质给善意第三人造成损失的，由行为人依法承担赔偿责任。

有限合伙人可以将其在有限合伙企业中的财产份额出质，但是合伙协议另有约定的除外。

【大家讲坛2-11】
甲、乙、丙三人投资设立了一家经营运输的普通合伙企业。后甲在向丁借款时，用其在合伙企业中的出资即一辆卡车出质。乙、丙得知后表示反对，强行将这辆卡车开了回来。后来，甲到期不能偿还丁的借款，丁要求合伙企业赔偿。

甲的出质行为是否有效？丁的损失应由谁来赔偿？

【解析】甲以其在合伙企业中的财产份额出质，没有经其他合伙人一致同意，出质行为无效，给善意第三人丁造成的损失应由甲赔偿。

2.3.6 合伙企业的分配和债务

1. 合伙企业的损益分配

合伙企业的利润分配、亏损分担，按照下列顺序处理：①按照合伙协议的约定办理；②合伙协议未约定或者约定不明确的，由合伙人协商决定；③协商不成的，由合伙人按照实缴出资比例分配、分担；④无法确定出资比例的，由合伙人平均分配、分担。

普通合伙企业的合伙协议不得约定将全部利润分配给部分合伙人或者由部分合伙人承担全部亏损。

有限合伙企业不得将全部利润分配给部分合伙人，但是合伙协议另有约定的除外。有限合伙协议不得约定由部分合伙人承担全部亏损。

2. 合伙企业的债务清偿

1) 一般规定

合伙企业不具有法人资格,虽然法律允许合伙企业以其字号的名义从事民事活动,但其自身并无独立承担民事责任的能力,而是由合伙人对企业债务承担最终责任。合伙企业对其债务应按照下列顺序处理。

(1) 以合伙企业全部财产偿还债务。

(2) 合伙企业的全部财产不足以偿还到期债务时,普通合伙人应以出资之外的个人财产承担无限连带责任。普通合伙人由于承担连带责任,所清偿数额超过合伙协议约定的分担比例时,该合伙人有权就超过部分向其他未承担或者未足额承担的合伙人追偿。确定普通合伙人债务分担比例的方式,与合伙企业的损益分配方式一致,但该分担比例不能对抗债权人。

有限合伙人仅以出资额为限对合伙企业债务承担有限责任。第三人有理由相信有限合伙人为普通合伙人并与其交易的,该有限合伙人对该笔交易承担与普通合伙人同样的责任。有限合伙人未经授权以有限合伙企业名义与他人进行交易,给有限合伙企业或者其他合伙人造成损失的,该有限合伙人应当承担赔偿责任。

(3) 合伙企业解散后仍然没有偿还的债务,由普通合伙人继续承担无限连带责任。

【大家讲坛 2-12】

赵、钱、孙共同出资 100 万元设立 A 普通合伙企业,赵出资 30%并主持日常经营,合伙协议中约定三人根据投资比例分配企业损益。2022 年底,B 银行要求 A 企业偿还贷款本息合计 40 万元。但 A 企业账面上已无现金,财产也所剩无几。于是 B 银行找到赵,要求他承担全部债务责任。赵想继续合伙企业的经营,就向 B 银行偿还了 40 万元,然后要求钱、孙分担其超出 30%的部分。

B 银行的清偿要求和赵的分担要求是否合法?

【解析】B 银行和赵的要求合法。①普通合伙企业不能偿还到期债务的,合伙人承担无限连带责任,所以 B 银行可以要求任何一个合伙人偿还全部债务,赵有义务全部清偿。②按照合伙协议,在合伙企业内部赵只承担 30%的偿还责任,其偿还超过约定比例的部分有权要求钱、孙按合伙协议分担。

2) 特殊的普通合伙企业的债务清偿

除《合伙企业法》对特殊的普通合伙企业的专门规定外,其适用有关普通合伙企业的规定。确定特殊的普通合伙企业的债务责任,取决于造成合伙企业损失的合伙人执业时的主观心理状态。合伙人在执业活动中因故意或者重大过失造成合伙企业债务的,应当承担无限责任或者无限连带责任,其他合伙人以其在合伙企业中的财产份额为限承担责任;非因故意或者重大过失造成的,由全体合伙人承担无限连带责任。所谓重大过失,是指明知可能造成损失而轻率地作为或者不作为的心态。

部分合伙人执业活动中因故意或者重大过失造成合伙企业债务的,以合伙企业财产对外承担责任后,该合伙人应当按照合伙协议的约定对给合伙企业造成的损失承担赔偿责任。

【大家讲坛 2-13】

甲、乙、丙投资设立特殊的普通合伙企业 D 会计师事务所，2022 年 2 月承接 A 公司 2021 年年度财务会计报告审计项目，该项目由甲、乙负责。因设计和实施审计程序严重不当，甲、乙签字出具的审计报告错误地确认了一笔价值 1.5 亿元的虚假利润，A 公司部分投资人因信任这份审计报告购进 A 公司股票，结果损失巨大。2022 年 4 月，丙负责 B 公司的资产评估项目，未能严格按照执业准则准确评估部分资产的公允价值，给 B 公司造成 20 万元的经济损失。A 公司投资人和 B 公司要求 D 会计师事务所承担赔偿责任。

D 会计师事务所如何向 A 公司投资人和 B 公司承担赔偿责任？

【解析】①如果没有证据证明甲、乙的行为是出于故意，那么应认定其审计工作出现重大过失，应该由甲、乙对此项业务承担无限连带赔偿责任，丙以其在合伙企业中的财产份额为限承担责任。②丙基本上能按照执业准则实施业务，但执业态度不严谨，其资产评估工作应认定出现一般过失，应该由全体合伙人对此项业务的赔偿承担无限连带责任。

3) 合伙人种类的转变及其债务责任

除合伙协议另有约定外，普通合伙人转变为有限合伙人，或者有限合伙人转变为普通合伙人，应当经全体合伙人一致同意。有限合伙人转变为普通合伙人的，对其作为有限合伙人期间有限合伙企业发生的债务承担无限连带责任。普通合伙人转变为有限合伙人的，对其作为普通合伙人期间合伙企业发生的债务承担无限连带责任。

当合伙人性质转变后，有限合伙企业仅剩有限合伙人的，应当解散；有限合伙企业仅剩普通合伙人的，转为普通合伙企业。

3. 合伙人个人债务的清偿

合伙人发生与合伙企业无关的个人债务，应先以其自有财产清偿。合伙人自有财产不足以清偿的，该合伙人可以以其从合伙企业中分取的收益用于清偿；债权人也可以依法请求人民法院强制执行该合伙人在合伙企业中的财产份额用于清偿。

人民法院强制执行合伙人的财产份额时，应当通知全体合伙人。强制执行普通合伙人的份额，其他合伙人有优先购买权；强制执行有限合伙人的份额，其他合伙人在同等条件下有优先购买权。其他合伙人未购买，又不同意将该财产份额转让给他人的，依法为该合伙人办理退伙结算，或者办理削减该合伙人相应财产份额的结算。

合伙人个人债务的债权人不得以其债权抵销其对合伙企业的债务，也不得代位行使该合伙人在合伙企业中的权利。

【大家讲坛 2-14】

甲是 A 普通合伙企业的合伙人，欠合伙企业以外的乙 10 万元，无力用个人财产清偿，即使用甲从 A 合伙企业分得的收益仍不够偿还。乙想代替甲行使在 A 合伙企业的权利，转让甲在 A 合伙企业的财产份额用于清偿，遭到 A 合伙企业反对。因为乙也有欠 A 合伙企业的部分货款未能偿还，所以乙又想用甲的欠款抵销该债务。

乙的想法是否有法律依据？

【解析】乙的想法没有法律依据。债权人乙不得代位行使甲在合伙企业中的权利，无权处置甲在企业中的财产份额，也不能用对甲的债权抵销其对合伙企业的债务。乙应通过请求法院强制执行甲在合伙企业的财产份额用于清偿，或继续要求甲用个人财产清偿。

> **法智箴言**
>
> 　　企业的合伙人是同呼吸、共命运的整体，个人利益依赖于集体利益，只有企业兴旺才有个人事业的成功。每个合伙人应该把集体利益放在个人利益之上，在处理合伙事务时，应相互尊重、以诚相待、同心协力、同舟共济，实现合作共赢。

2.3.7　合伙企业的解散

1. 合伙企业的解散

合伙企业的解散，指合伙企业终止活动，使其民事主体资格消灭的行为。合伙企业有下列情形之一的，应当解散：合伙期限届满，合伙人决定不再经营；合伙协议约定的解散事由出现；全体合伙人决定解散；合伙人已不具备法定人数满 30 天；合伙协议约定的合伙目的已经实现或者无法实现；依法被吊销营业执照、责令关闭或者被撤销；法律规定的其他原因。

2. 合伙企业的清算

1) 确定清算人

合伙企业解散，依法由清算人进行清算。确定清算人按下列顺序：①清算人应由全体合伙人担任；②如果不能由全体合伙人担任清算人，经全体合伙人过半数同意可以自企业解散之日起 15 日内指定 1 名或数名合伙人，或者委托第三人担任清算人；③自合伙企业解散事由出现之日起 15 日内未确定清算人的，合伙人或者其他利害关系人可以申请人民法院指定清算人。

2) 通知和公告

清算人自被确定之日起 10 日内将合伙企业解散事项通知债权人，并于 60 日内在报纸上公告。债权人应当自接到通知书之日起 30 日内，未接到通知书的自公告之日起 45 日内，向清算人申报债权。债权人申报债权，应当说明债权的有关事项，并提供证明材料。清算人应当对债权进行登记。

3) 财产清偿顺序

合伙企业解散的，合伙企业财产清偿按如下顺序进行。

(1) 合伙企业的财产首先用于支付合伙企业的清算费用。清算费用包括：管理合伙企业财产的费用；处分合伙企业财产的费用；清算过程中的通告、调查、诉讼等费用。

(2) 支付合伙企业的清算费用后的清偿顺序如下：①支付职工工资、社会保险费用和法定补偿金；②缴纳所欠税款；③清偿企业债务。其中，法定补偿金主要是指法律法规所规定的应当支付给职工的补偿金，如《中华人民共和国劳动合同法》规定的解除劳动合同的补偿金。合伙企业财产依法清偿后仍有剩余时，剩余财产的分配方式与合伙企业的损益分配方式一致。

4) 清算期间和清算后投资人的责任

清算期间，合伙企业不得开展与清算无关的经营活动。

合伙企业不能清偿到期债务的，债权人可以依法向人民法院提出破产清算申请，也可以要求普通合伙人清偿。合伙企业依法被宣告破产的，普通合伙人对合伙企业债务仍应承担无限连带责任。合伙企业注销后，原普通合伙人对合伙企业存续期间的债务仍应承担无限连带责任。

5) 注销登记

清算结束，清算人应当编制清算报告，经全体合伙人签名、盖章后，在15日内向企业登记机关报送清算报告，申请办理合伙企业注销登记。经企业登记机关注销登记，合伙企业终止。

【大家讲坛 2-15】

某普通合伙企业经营期间，吸收甲入伙。甲入伙前合伙企业已负债20万元。甲入伙1年后退伙，甲退伙前合伙企业新增债务10万元。甲退伙后半年，合伙企业经营状况仍无好转，又增债务100万元，企业只好解散。企业以全部财产清偿债务后，尚有80万元债务不能清偿。甲应对该企业的哪些债务承担责任？

【解析】甲作为普通合伙企业的新合伙人，对入伙前合伙企业的20万元债务承担无限连带责任；对其退伙前发生的合伙企业新增债务10万元债务承担无限连带责任；对退伙后合伙企业产生的债务没有清偿责任。

同步训练

一、单项选择题

1. 李甲设立个人独资企业"李甲洗衣店"，下列关于该企业法律问题的说法正确的有(　　)。
   A. 如李甲申请登记时，明确表示以其家庭共有财产作为出资，则其家庭成员都是投资人
   B. 如李甲让其子李乙负责企业管理，则应认定为以家庭共有财产作为企业的出资
   C. 如李甲决定解散企业，则在解散后5年内对企业存续期间的债务仍应承担偿还责任
   D. 如李甲死后，该企业由其子李乙与其女李丙共同继承，则该企业必须分立为两家个人独资企业

2. 甲普通合伙企业经营助动车业务，张某是合伙人之一。张某看好助动车业务，想自己设立乙个人独资企业经营此业务。下列有关张某设立乙企业的表述正确的有(　　)。
   A. 张某经其他合伙人一致同意，可以设立乙企业
   B. 张某可以设立乙企业，除非合伙协议禁止此种行为
   C. 张某如不执行合伙企业事务，就可以设立乙企业
   D. 张某只要是该企业的合伙人，就不能设立乙企业

3. 注册会计师甲、乙、丙共同出资设立一个特殊的普通合伙制的会计师事务所。甲、乙在某次审计业务中，因故意出具不实审计报告，人民法院判决由会计师事务所赔偿当事人80万元。对此，下列有关该赔偿责任承担的表述中正确的是(　　)。
   A. 甲、乙、丙均承担无限连带责任
   B. 以该会计师事务所的全部财产为限承担责任
   C. 甲、乙、丙均以其在会计师事务所中的财产份额为限承担责任
   D. 甲、乙承担无限连带责任，丙以其合伙份额为限承担责任

4. 甲、乙合伙成立一个收购电器的丙普通合伙企业，甲用一辆卡车出资。后因急于偿还个人债务，甲擅自将该卡车卖给不知情的丁。下列说法正确的是(　　)。

 A. 甲对自己出资的卡车有权独立处理

 B. 甲将自己出资的卡车出售给丁，该买卖合同无效

 C. 丁在丙合伙企业追认后才取得该卡车的所有权

 D. 丁无须丙企业的追认即可取得该卡车的所有权

5. 2023年1月，甲、乙、丙设立一普通合伙企业。2023年2月，甲与戊结婚。2023年7月，甲因车祸去世。甲除戊外没有其他亲人，合伙协议对合伙人资格取得或丧失未作约定。下列选项正确的是(　　)。

 A. 合伙企业中甲的财产份额属于夫妻共同财产

 B. 戊依法自动取得合伙人地位

 C. 经乙、丙一致同意，戊取得合伙人资格

 D. 只能由合伙企业向戊退还甲在合伙企业中的财产份额

6. 甲、乙、丙共同出资设立一个普通合伙企业，在合伙企业存续期间，甲拟以其在合伙企业中的财产份额出质借款。下列有关甲出质行为的表述中错误的有(　　)。

 A. 无须经乙、丙同意，甲可以出质

 B. 经乙、丙同意，甲可以出质

 C. 未经乙、丙同意，甲私自出质的行为无效

 D. 甲私自出质给善意第三人造成损失的，由甲承担赔偿责任

7. 自然人甲、乙、丙设立某普通合伙企业。合伙协议约定甲、乙各出资30万元，丙出资90万元，但未约定利润分配事项。当年合伙企业拟分配利润时，甲、乙按期完成出资义务，丙到期仅出资60万元。三人未能就此次利润分配方案达成一致，则此次他们应(　　)分配利润。

 A. 按1∶1∶1的比例　　　　　　　B. 按1∶1∶2的比例

 C. 按1∶1∶3的比例　　　　　　　D. 按1∶1∶4的比例

二、多项选择题

1. 张平设立个人独资企业"福帝"豆制品加工厂，2023年5月，为减少经营风险，其打算将加工厂改换成一人有限公司形式。对此，下列观点表述错误的是(　　)。

 A. 因投资人仍为张平一人，故加工厂不必进行清算即可变更登记为一人有限公司

 B. 新成立的一人有限公司仍可继续使用"福帝"字号

 C. 张平为设立一人有限公司，须一次足额缴纳其全部出资额

 D. 张平必须将一人有限公司的财产独立于自己私人的财产

2. 付某创办甲个人独资企业，聘请了乙为总经理，管理企业生产和销售，但原材料采购事务由付某亲自决定，则下列行为(　　)不违反法律规定。

 A. 因向丙公司购买货物，乙未请示付某，用甲企业的机床提供担保

 B. 乙未经付某同意，与不知情的丁签订了原材料采购合同，付某得知后不承认该合同效力

 C. 乙因家庭生活需要，经付某同意后以优惠价从甲企业购买了几件产品

D. 付某决定解散甲企业，要求乙协助进行清算

3. 甲、乙、丙、丁四人共同出资设立普通合伙企业，委托合伙人丁单独执行企业事务。下列表述中，符合法律规定的有(　　)。

　　A. 丁对外代表该合伙企业
　　B. 丁执行企业事务的后果由合伙企业承担
　　C. 丁向甲转让丁在该合伙企业中的部分财产份额时，应当通知乙、丙二人
　　D. 甲、乙、丙无权检查丁执行该合伙企业事务的情况

4. 李某以20万元加入某有限合伙企业，成为有限合伙人。后该企业的另一名有限合伙人退出，只剩李某一个有限合伙人。不久，李某因遇车祸重伤，成为植物人。对此，下列表述错误的是(　　)。

　　A. 对李某入伙前该合伙企业的债务，李某以20万元为限承担责任
　　B. 如李某因负债累累而丧失偿债能力，该合伙企业有权要求其退伙
　　C. 因李某已成为植物人，故该合伙企业有权要求其退伙
　　D. 因李某已成为植物人，故该有限合伙企业应转为普通合伙企业

5. 甲、乙、丙共同出资设立一家普通合伙企业，由甲担任合伙事务执行人。一次，丙为向丁借钱，将自己对企业的出资的一辆小车出质给丁作为担保。下列对该质押的说法正确的有(　　)。

　　A. 对该出质行为，甲、乙二人均可一票否决
　　B. 该出质行为无效，合伙企业应向丁赔偿损失
　　C. 如果丁是善意第三人，就可取得该小车质权
　　D. 当法院强制执行该车辆用于丙对丁清偿时，甲、乙享有优先购买权

6. 某普通合伙企业有甲、乙、丙3个合伙人，合伙协议约定合伙人之间利润分配和亏损分担的比例是5∶3∶2。该合伙企业欠丁货款25万元，合伙企业财产价值为15万元。丁在得到15万元合伙企业财产后，剩余10万元货款可以要求(　　)。

　　A. 甲全部偿还
　　B. 甲偿还7万元，乙偿还3万元
　　C. 丙全部偿还
　　D. 甲偿还5万元，乙偿还3万元，丙偿还2万元

7. 甲、乙、丙开办一个普通合伙企业，拟聘任王某担任经理。在合伙企业没有其他约定的情况下，下列说法中正确的有(　　)。

　　A. 聘任王某需经全体合伙人一致同意
　　B. 合伙企业应和王某签订聘用合同
　　C. 王某可以在其职权范围内以合伙企业名义签订合同
　　D. 王某可以自主决定开展有利于企业的新业务

解决几个大问题

1. 胡某 2022 年 10 月设立一家从事网络游戏服务的个人独资企业，注册资本 15 万元。方某看好该企业前景，就与胡某签订协议，约定方某投资 20 万元，二人作为出资人共同经营该企业。2023 年 6 月，因市场形势不好，企业负债 50 万元，胡某决定解散个人独资企业。方某得知后，认为胡某擅自解散企业，不尊重合作伙伴。胡某认错，但要求方某和自己一起偿还企业债务，方某又说企业是胡某一个人去登记的，债当然还是胡某一个人还。请回答下列问题并说明理由：

(1) 胡某允许他人投资并共同经营企业是否合法？
(2) 胡某是否可以自行解散企业？
(3) 企业的债务是否由胡某单独清偿？

2. 2021 年 5 月，张某、李某、王某三人各出资 3 万元、6 万元、9 万元合伙开办甲普通合伙企业，约定按出资比例分担盈亏。2022 年 10 月，甲企业出现亏损，李某提出退伙。征得张、王二人的同意，李某退伙并取走 2 万元，但甲企业对合伙的盈亏未做结算。2022 年底甲企业亏损严重，张某、王某决定解散企业，对企业进行了清算，各分得企业剩余资产 1 万元和 3 万元，但对企业的债务未做处理。2023 年 2 月，债权人夏某获悉甲企业解散后，要求张某偿还甲企业去年 7 月的欠款 8 万元。张某认为，按合伙协议其只需要承担债务的 1/6，其余部分应由李某、王某承担。夏某找到王某，王某只愿以分得的 3 万元为限承担债务。夏某找到李某，李某则以自己早已退伙为由拒绝承担。请问：

(1) 张某对夏某索债的答复是否正确？
(2) 王某对夏某索债的答复是否正确？
(3) 李某拒绝向夏某清偿的理由能否成立？
(4) 甲企业的债务应如何清偿？
(5) 合伙人之间如何分担债务责任？

3. 2021 年 10 月，甲、乙、丙、丁共同投资设立了 A 有限合伙企业，甲、乙为普通合伙人，分别出资 15 万元和 20 万元；丙、丁为有限合伙人，分别出资 30 万元和 25 万元。合伙人约定由甲执行合伙企业事务，但超过 15 万元的业务应由合伙人共同决定。合伙协议未约定合伙事务表决办法，也未约定合伙份额出质的事项。

2021 年 8 月，甲以 A 企业的名义向 B 公司购买 20 万元货物。乙认为甲越权签订合同，且损害了合伙企业的利益，要求合伙企业作出决议，撤销甲的合伙企业事务执行权。B 公司不知道甲是越权签约。

2021 年 12 月，乙、丙因个人借款以自己在 A 企业中的部分合伙份额出质，其他合伙人对此不知情。

2022 年 4 月，丁退伙，退伙结算时从合伙企业取得 22 万元财产。

2022 年 6 月，A 企业吸收戊作为普通合伙人入伙，戊出资 13 万元。

2022 年 8 月，C 公司要求 A 企业偿还 6 月份所欠款项 100 万元。

2022 年 12 月，丙因个人债务到期不能清偿，债权人庚申请人民法院强制执行丙在 A 企业中的财产份额用于清偿其债务。人民法院强制执行丙在 A 企业中的全部财产份额后，甲、乙、庚决定 A 企业以现有企业组织形式继续经营。

根据上述材料，回答下列问题，并说明理由：

(1) 甲以 A 企业的名义与 B 公司签订的合同是否有效？

(2) 合伙人讨论撤销甲的合伙企业事务执行权时，应当如何表决？

(3) 乙的质押行为是否有效？

(4) 如果 A 企业的全部财产不足以清偿 C 公司的债务，对不足以清偿的部分，哪些合伙人应当承担清偿责任？

(5) 人民法院强制执行丙在 A 企业中的全部财产份额后，其他合伙人决定 A 企业以现有企业组织形式继续经营是否合法？

教学班的学生自由组合为若干小组，模拟一次合伙企业的创立会议。首先，小组成员复习合伙企业法的基本知识，重点研究和整理有关合伙企业的建立、管理、责任、分配方面的内容，上网查询办理合伙企业登记的要求和制度。然后，每个小组成员分别扮演各种出资形式的合伙人，召开一次或数次合伙企业的创立会议，提出各自入伙的要求和对未来企业经营的建议。最后，在多次协商的基础上拟订一份合伙协议并经全体合伙人一致同意通过。

推荐书目：

1. 《合伙创业手册：架构·分配·风险》，陈福录著，法律出版社，2020 年版。
2. 《创业第一年要考虑的 16 件事》，王承业著，立信会计出版社，2017 年版。

推荐资源：

1. 进入中国大学慕课官网搜索"经济法"关键字，获得课程资源。
2. 进入网易云课堂官网搜索"经济法"关键字，获得课程资源。

第 3 章 公司法律制度

◎ **任务清单**

序号	任务	要求
1	公司的分类	了解
2	公司法人财产权和股东权	掌握
3	公司的设立方式、程序和公司登记事项	理解
4	公司的股东会和董事会	理解
5	公司的监事会和经理	了解
6	公司董事、监事、高级管理人员的资格和义务	掌握
7	国家出资公司	了解
8	有限责任公司的股权	掌握
9	股份有限公司的股票	理解
10	公司的财务会计和利润分配	掌握
11	公司的变更与终止	了解

◎ **法律法规提示**

《中华人民共和国公司法》(2023 年 12 月 29 日),《中华人民共和国市场主体登记管理条例》(2021 年 4 月 14 日),《最高人民法院关于适用〈中华人民共和国公司法〉若干问题的规定(二)》(2020 年 12 月 23 日),《最高人民法院关于适用〈中华人民共和国公司法〉若干问题的规定(三)》(2020 年 12 月 23 日)。

《中华人民共和国公司法》

《中华人民共和国市场主体登记管理条例》

《最高人民法院关于适用〈中华人民共和国公司法〉若干问题的规定(二)》

《最高人民法院关于适用〈中华人民共和国公司法〉若干问题的规定(三)》

◎ 思考题

甲、乙、丙三家公司作为发起人，准备设立注册资本为 2 千万元的 A 股份有限公司，每股面值人民币 1 元。三家公司分别认缴 200 万股，其余股份向社会公开募集，待募集的出资缴纳完毕后，发起人再实缴出资。三家发起人制定了公司章程，建立了组织机构，公司名称待设立登记后再定。如果其他条件已具备，他们去申请公司设立登记能否获准？

思考题解析

3.1 公司概述

公司是由股东出资并以其出资额或者所持股份为限对公司承担责任，公司以其全部财产对公司债务承担责任的企业法人。我国公司适用《中华人民共和国公司法》(以下称《公司法》)。

3.1.1 公司的分类

1. 有限责任公司和股份有限公司

公司按企业财产组织形式分为有限责任公司和股份有限公司。

有限责任公司，是指由股东出资设立的，以其认缴的出资额为限对公司承担责任，公司以其全部资产对公司的债务承担责任的企业法人。

股份有限公司，是指公司将全部资本分为等额股份，股东以其认购的股份为限对公司承担有限责任、公司以其全部资产对公司债务承担责任的企业法人。《公司法》对股份有限公司未规定事项依有限责任公司的规定。

2. 本公司和分公司

公司按内部管辖关系分为本公司和分公司。

分公司是公司依法设立的以本公司名义进行经营活动，其法律后果由本公司承担的分支机构。相对分公司而言，设立分公司的公司称为本公司或总公司。分公司没有自己独立的名称、健全的组织机构、独立的财产，并非真正意义上的公司。但取得营业执照的公司分支机构，具有相对独立的民事主体资格，可以在总公司授权范围内以自己的名义从事经营活动。分公司不具有法人资格，其民事责任由本公司承担；也可以先由其财产承担，不能承担的部分由本公司承担。

3. 母公司和子公司

公司按控制关系分为母公司和子公司。

母公司是指持有其他公司一定比例的股权，或根据协议能够实际控制其他公司的公司。子公司是指一定比例的股权被另一公司持有，或根据协议受到另一公司实际控制的公司。母子公司之间虽然存在控制和被控制关系，但它们都具有法人资格，在法律上是彼此独立的企业。

4. 公众公司和非公众公司

股份有限公司按股票发行对象分为公众公司和非公众公司。

公众公司是指向不特定对象公开转让股票，或向特定对象发行或转让股票导致股东人数超过200人的股份有限公司。公众公司分为上市公司和非上市公众公司，上市公司是指所发行股票在证券交易所公开上市交易的股份有限公司；反之，称为非上市公众公司。非公众公司是指仅有特定对象持有股份且股东人数少于200人的股份有限公司。

【大家讲坛3-1】

甲公司在杭州注册登记，在宁波开设了乙分公司，甲公司授权乙分公司独立经营，自负盈亏。后乙分公司因负债被债权人起诉至人民法院。债权人了解到乙分公司无法偿还全部债务，遂向人民法院申请追加甲公司为被执行人。甲公司认为乙分公司应该独立承担债务，自己没有义务为乙公司还债。

甲公司是否有义务为乙公司还债？

【解析】甲公司有义务为乙公司还债。乙分公司不是法人，应由其总公司即甲公司承担偿还责任。

3.1.2 公司法人财产及相关权利

1. 公司法人财产

公司法人财产是指公司设立时由股东出资构成的公司资本和公司存续期间所获财产的总和。公司资本即注册资本，是公司设立时在登记机关登记的财产数额，非经法律程序不能随意改变；而公司法人财产数额则会随公司经营活动的盈亏或其他经济行为发生变化。

2. 公司法人财产权

公司资本由股东出资构成，股东原财产所有权在公司中转换为公司法人财产权和股东权，实行两权分离。公司对上述财产和公司存续期间取得的财产，独立享有的占有、使用、收益和处分的权利，就是公司法人财产权。公司行使法人财产权，就是公司独立以自己的名义进行经营活动和承担民事责任。但是，法律对法人财产权的行使有如下限制。

1) 对投资对象的限制

公司可以向其他企业投资。法律规定公司不得成为对所投资企业的债务承担连带责任的出资人的，从其规定。如国有独资公司、上市公司不得成为合伙企业的普通合伙人。

2) 对投资、担保行为的限制

公司向其他企业投资或者为他人提供担保，依照公司章程的规定，由董事会或股东会决议。法律对上述投资或者担保的数额没有限制，但公司章程对投资或者担保的总额、单项投资或者担保的数额有限额规定的，不得超过公司章程的限制。

公司为公司股东或实际控制人提供担保，必须经股东会决议。被担保的股东或者受实际控制人支配的股东，不得参加该事项表决，该项表决由出席会议的其他股东所持表决权过半数通过。实际控制人是指通过投资关系、协议或者其他安排，能够实际支配公司行为的人。

【大家讲坛 3-2】

甲有限责任公司有 5 个股东，其中乙公司持有甲公司 35%的股权。2023 年 5 月 9 日，公司股东会商议为乙公司 500 万元的贷款提供保证担保事宜。会上有两个股东认为该项担保数额太大，股东会不能对该事项作出决议。乙公司和另外两个股东认为公司章程对此种担保没有数额限制的规定，以合计 70%的股权投赞成票，于是股东会通过了提供该项担保的决议。

甲公司股东会可以商议上述担保事项并通过相关决议吗？

【解析】甲公司股东会可以对该事项作出决议。但对该事项表决时，被担保人乙公司不得参与表决，则合法赞成票的股权比例为 35%，仍然超过出席会议的其他股东所持表决权的半数，股东会可以通过提供该项担保的决议。

3.1.3 股东及相关权利

1. 股东

股东是指对公司出资或持有公司股份的人。无论是因出资或认购股份，还是通过转让或继承等方式成为公司股东，除另有约定外，股东依据所持出资额或股份比例享有权利和承担义务。

股东可以是自然人，也可以是法人或非法人组织。但是，自然人作为发起人股东应当具备完全行为能力；法律禁止设立公司的自然人，不能作为公司的股东。对公司发起人的国籍和住所有要求的，应当遵守有关规定。

现实经营中，很多出资人会基于各种原因选择由他人代持其股权。实际出资人与名义出资人约定，由名义出资人代持股权，在股东名册等公司登记信息上出现，作为名义股东(显名股东)，而由实际出资人(隐名股东)出资并享有投资权益。

2. 股东权

股东权是指股东因持有公司股权或股份而对公司享有的权利。公司资本由股东出资构成，但股东不再直接控制和支配这部分财产，而因其投资行为对公司享有资产收益、参与重大决策、选择管理者等权利。

1) 表决权

股东可以自己出席或者委托代理人出席股东会，对会议事项有表决权。股东行使表决权，一般按照一股一票或者出资比例行使，法律另有规定的除外。

2) 选举权和被选举权

股东有权通过股东会选举公司的董事或者监事，也有权在符合法定任职资格的条件下，被选举为公司的董事或者监事。

3) 依法转让出资额或者股份的权利

法律禁止股东从公司抽逃资产，但允许股东转让其出资或者股份，以转移投资风险或者收回投资并获得相应利益。

4) 知情权

公司应当将公司章程、股东名册、股东会会议记录、董事会会议记录、监事会会议记录、财务会计报告等文件置备于本公司，股东有权查阅、复制。

有限责任公司股东或者股份有限公司连续 180 日以上单独或者合计持有公司 3%以上股份

的股东要求查阅公司会计账簿、会计凭证的，应当向公司提出书面请求，说明目的。公司有合理根据认为股东查阅会计账簿有不正当目的，可能损害公司合法利益的，可以拒绝提供账簿。公司拒绝提供查阅的，股东可以向人民法院提起诉讼。

5) 建议和质询权

股东有权对公司的经营提出建议和质询；股东会要求董事、监事、高级管理人员列席会议的，董事、监事、高级管理人员应当列席并接受股东质询。

6) 新股优先认购权

公司新增注册资本时，有限责任公司的股东在同等条件下有权优先按照实缴的出资比例认缴出资；股份有限公司的股东在公司章程规定或者股东会决议决定股东享有优先认购权时，才享有优先认购权。

7) 利润分配请求权

股东有权按照出资或者持股比例请求分得公司利润，但全体股东另有约定或公司章程另有规定的除外。

8) 提议召开临时股东会的权利

有限责任公司代表 1/10 以上表决权的股东，可以提议召开临时股东会。股份有限公司单独或者合计持有 10%以上股份的股东，可以提议召开临时股东会。

9) 临时提案权

股份有限公司单独或者合计持有公司 1%以上股份的股东，可以在股东会会议召开 10 日前提出临时提案并书面提交董事会；董事会应当在收到提案后两日内通知其他股东，并将该临时提案提交股东会审议。

10) 股权收购请求权

股东会做出对股东利益产生重大影响的决议时，对该决议持有异议的股东，有权要求公司以合理价格收购其所持股权(股份)。

11) 申请解散公司权

公司继续存续会使股东利益受到重大损失，通过其他途径不能解决的，持有公司全部股东表决权 10%以上的股东，可以请求人民法院解散公司。

12) 财产分配请求权

公司终止后，股东有权请求分配公司清偿债务后的剩余财产。

13) 股东诉讼权

(1) 股东直接诉讼。

董事、高级管理人员违反法律法规或者公司章程的规定，损害股东利益的，股东可以向人民法院提起诉讼。

(2) 股东代表诉讼。

股东代表诉讼指公司的合法权益受到不法侵害，而公司却怠于起诉违法行为人，具备法定资格的股东以自己的名义起诉违法行为人，所获损害赔偿归于公司。具体内容如下。

董事、高级管理人员执行职务违反法律法规或者公司章程的规定，给公司造成损失的，有限责任公司的股东、股份有限公司连续 180 日以上单独或者合计持有公司 1%以上股份的股东，可以书面请求监事会向人民法院提起诉讼；监事有上述情形的，前述股东可以书面请求董事会向人民法院提起诉讼。

监事会或者董事会收到前述股东书面请求后拒绝提起诉讼,或者自收到请求之日起30日内未提起诉讼,或者情况紧急、不立即起诉将会使公司利益受到难以弥补的损害的,前述股东有权为了公司的利益以自己的名义直接向法院起诉。

他人侵犯公司合法权益,给公司造成损失的,前述股东可以依照以上规定起诉。

【大家讲坛3-3】

杨某持有甲有限责任公司10%的股权,该公司未设立董事会和监事会。杨某发现公司董事何某(持有该公司90%股权)将公司产品低价出售给其妻开办的公司,遂书面向公司监事姜某反映,姜某出于私情未予过问。于是杨某提请召开临时股东会会议,要求解除何某的董事职务,公司不予回应,杨某遂要求公司以合理的价格收购自己的股权。

杨某有权提请召开临时股东会会议吗?杨某可以要求公司以合理的价格收购股权吗?杨某可以为了公司的利益起诉董事何某吗?

【解析】①杨某持有公司1/10以上表决权,可以提议召开临时股东会会议;②公司拒绝召开股东会会议不属于股东行使收购请求权的情形,杨某不能要求公司收购股权;③在监事姜某拒绝提起诉讼的情况下,杨某可以自己的名义对董事何某提起诉讼。

3. 滥用股东权的法律责任

1) 损害公司或者其他股东利益

公司股东应当遵守法律和公司章程,依法行使股东权,不得滥用股东权损害公司或者其他股东的利益。如果滥用股东权给公司或者其他股东造成损失,应当依法承担赔偿责任,例如,控股股东利用表决权优势通过仅使自己获益的股东会决议,损害公司及其他股东利益。

2) 损害公司债权人利益

公司以其全部资产对公司债务独立承担民事责任,一般不涉及股东个人财产;股东以其认缴的出资额或认购的股份为限对公司承担责任,并不直接对公司债务承担责任。

当公司股东滥用公司法人独立地位和股东有限责任以逃避公司债务,严重损害公司债权人利益的,法律否认公司的独立地位和股东的有限责任,要求相关股东对公司债务承担连带责任。例如,公司股东将公司财产混同于其个人财产或抽逃公司资产,致使公司无法清偿债务的,该股东应对公司债务承担连带责任。

股东利用其控制的两个以上公司实施上述行为的,各公司应当对任一公司的债务承担连带责任。只有一个股东的公司,股东不能证明公司财产独立于股东自己的财产的,应当对公司债务承担连带责任。

3.2 公司的设立

3.2.1 公司设立条件和方式

1. 公司的设立条件

公司的设立条件如表3-1所示。

表 3-1 公司的设立条件

序号	有限责任公司	股份有限公司
1	由 1 个以上 50 个以下股东出资设立，可以设立一人有限责任公司	发起人为 1 人以上 200 人以下，其中须有半数以上的发起人在中国境内有住所，可以设立一人股份有限公司
2	设立时的股东可以签订设立协议	发起人应当签订发起人协议
3	由股东共同订立公司章程	由发起人共同订立公司章程

2. 公司的设立方式

公司的设立方式包括发起设立和募集设立。发起设立，是指由公司设立时的股东(以下简称设立人)或发起人认购设立公司时应发行的全部股份而设立公司。募集设立，是指由发起人认购设立公司时应发行股份的一部分，其余股份向特定对象募集或者向社会公开募集股份（公开发行股票）而设立公司。

设立有限责任公司股东只能采取发起设立方式，设立股份有限公司可以采取发起设立或者募集设立的方式。

3.2.2 公司设立程序

1. 签订设立协议或发起人协议

为设立公司而签署公司章程、向公司认缴出资并履行公司设立职责的人，应当认定为公司设立人或发起人。有限责任公司设立时的股东可以签订设立协议，股份有限公司的发起人应当签订发起人协议，明确各自在公司设立过程中的权利和义务。设立协议或发起人协议一般包括以下内容：各设立人或发起人的基本情况；将成立公司的宗旨、目的；公司注册资本总额；各设立人或发起人认缴的数额及方式等。

2. 申请公司名称

公司名称由申请人自主申报，申请人可以委托其他自然人或者中介机构代其办理公司登记，包括公司名称申请事宜。

申请人可以通过企业名称申报系统或者在登记机关服务窗口提交有关信息和材料，对拟定的公司名称进行查询、比对和筛选，选取符合法律规定的公司名称。登记机关对通过企业名称申报系统提交完成的公司名称予以保留，保留期为 2 个月，申请人应当在保留期届满前办理公司登记。

非公司市场主体的名称申请事宜也应遵守上述规定。

3. 订立公司章程

公司章程是公司依法订立的，规定公司名称、注册资本、经营范围、管理制度等重大事项，调整公司内部关系和经营行为的公司规范性文件。

1) 订立

有限责任公司由设立时的股东共同订立公司章程；股份有限公司由发起人共同订立公司章程，然后由公司成立大会通过。国有独资公司章程由履行出资人职责的机构订立。

2) 内容

有限责任公司章程应当载明下列事项：公司名称和住所；公司经营范围；公司注册资本；

股东的姓名或者名称；股东的出资额、出资方式和出资日期；公司的机构及其产生办法、职权、议事规则；公司法定代表人；股东会会议认为需要规定的其他事项。

股份有限公司章程应当载明下列事项：公司名称和住所；公司经营范围；公司设立方式；公司注册资本、已发行的股份数和设立时发行的股份数，面额股的每股金额；发行类别股的，每一类别股的股份数及其权利和义务；发起人的姓名或者名称、认购的股份数、出资方式；董事会的组成、职权和议事规则；公司法定代表人的产生、变更办法；监事会的组成、职权和议事规则；公司利润分配办法；公司的解散事由与清算办法；公司的通知和公告办法；股东会认为需要规定的其他事项。

3) 效力

公司章程对公司、股东、董事、监事、高级管理人员、法定代表人具有约束力，他人因信任公司章程与公司进行经济交往依法得到保护。

4. 认缴出资

1) 出资方式

缴纳出资是股东的法定责任，不得以发起人协议的约定、公司章程规定或股东会决议免除。股东可以用货币出资，也可以用实物、知识产权、土地使用权、股权、债权等能够用货币估价并可依法转让的非货币财产作价出资，但是股东不得以劳务、信用、自然人姓名、商誉、特许经营权或者设定担保的财产等作价出资。

股东以货币出资的，应当将货币出资足额存入公司在银行开设的账户；股东以非货币财产出资的，应当如实评估作价，并依法办理其财产权的转移手续。

2) 出资要求

有限责任公司股东的出资额、出资方式和出资日期由公司章程规定，股东应当按期足额缴纳公司章程规定的各自所认缴的出资额。全体股东认缴的出资额由股东按照公司章程的规定自公司成立之日起 5 年内缴足。公司成立后，应当向股东签发出资证明书和置备股东名册。出资证明书是确认股东出资的凭证，记载于股东名册的股东可以依名册主张行使股东权利。

发起设立股份有限公司的，发起人应当认足公司章程规定的公司设立时应发行的股份。募集设立股份有限公司的，发起人认购的股份不得少于公司章程规定的公司设立时应发行股份总数的 35%，法律另有规定的，从其规定；在发起人认购的股份缴足前，不得向他人募集股份。发起人应当在公司成立前按照其认购的股份全额缴纳股款。公司应当制作股东名册并置备于公司。

【大家讲坛 3-4】

吴某与黄某等 4 人约定开一家公司，吴某和其他两人提供了注册资本、营业场地，黄某为该公司成立四处奔走，租赁设备、招聘员工、办理公司登记手续，使公司于 2022 年 10 月顺利成立。该公司不设董事会，吴某担任该公司总经理，黄某担任该公司的副总经理。2023 年 8 月，吴某与黄某发生严重矛盾，宣布免去黄某的副总经理职务。黄某认为自己为公司成立付出辛勤劳动，应该是公司股东之一，吴某不能擅自解除自己的副总经理职务。

黄某是公司股东吗？吴某可以解除黄某职务吗？

【解析】①黄某不是公司股东，而是公司员工。虽然他为公司付出辛勤劳动，但是没有对公司出资。②吴某为该公司的唯一董事，有权行使董事会职权，解除黄某副总经理职务。

3) 出资责任

(1) 有限责任公司股东的出资责任如下。

第一，不按规定缴纳出资的责任。

股东未按期足额缴纳出资的，除应当向公司足额缴纳外，还应当对给公司造成的损失承担赔偿责任。

有限责任公司设立时，股东未按照公司章程规定实际缴纳出资，或者实际出资的非货币财产的实际价额显著低于所认缴的出资额的，设立时的其他股东与该股东在出资不足的范围内承担连带责任。

第二，抽逃出资的责任。

公司成立后，股东不得抽逃出资。符合下列情形之一的为股东抽逃出资：通过虚构债权债务关系将其出资转出；制作虚假财务会计报表虚增利润进行分配；利用关联交易将出资转出；其他未经法定程序将出资抽回的行为。

抽逃出资的股东应当向公司返还出资本息；给公司造成损失的，负有责任的董事、监事、高级管理人员应当与该股东承担连带赔偿责任。

(2) 股份有限公司发起人的出资责任如下。

第一，不按规定缴纳出资的责任。

股东未按期足额缴纳出资的，除应当向公司足额缴纳外，还应当对给公司造成的损失承担赔偿责任。

发起人不按照其认购的股份缴纳股款，或者作为出资的非货币财产的实际价额显著低于所认购的股份的，其他发起人与该发起人在出资不足的范围内承担连带责任。

第二，返还股款和利息的责任。

公司设立过程中出现以下情形，认股人可以按照所缴股款并加算银行同期存款利息，要求发起人返还：公司设立时应发行的股份未募足；发行股份的股款缴足后，发起人在30日内未召开成立大会。

第三，抽逃出资的责任。

发起人、认股人缴纳股款或者交付非货币财产出资后，除未按期募足股份、发起人未按期召开成立大会或者成立大会决议不设立公司的情形外，不得抽回其股本。股份有限公司发起人、认股人抽逃出资的责任，适用法律对有限责任公司股东的规定。

【大家讲坛3-5】

张三、李四、王五于2021年3月出资设立A有限责任公司，2022年4月该公司又吸收赵六入股。2023年10月，该公司经营严重亏损，在清理公司资产用于还债时发现，张三在公司设立时作为出资的原材料的实际价值为120万元，明显低于其认缴的300万元。如何处理张三出资不实的问题？

【解析】张三作为出资的原材料的实际价值明显低于其认缴的数额，应当由张三补足差额；公司设立时的股东李四、王五对该差额部分承担连带责任。赵六是公司成立后入股的，对此不承担责任。

5. 选举董事和监事

设立有限责任公司和发起设立股份有限公司的，股东或发起人认足公司章程规定的出资后，应当选举董事和监事；募集设立股份有限公司的，由创立大会选举董事和监事。

以下程序 6~10 是募集设立股份有限公司才须经过的程序。

6. 作出公开发行股票决议

申请公开发行股票的公司(以下称发行人)董事会应当依法就本次发行股票的具体方案、本次募集资金使用的可行性及其他必须明确的事项作出决议，并提请股东大会批准。

发行人股东大会通过发行股票事项决议后，应当制作包括招股说明书在内的注册申请文件。招股说明书是股份有限公司公开发行股票时，就募股事宜发布的书面通告。招股说明书由发起人制作，应当附有公司章程。

7. 签订承销协议和代收股款协议

公司向社会公开募集股份，应当由依法设立的证券公司承销，并签订承销协议；应当同银行签订代收股款协议。

8. 审核和注册

公开发行股票应向证券监督管理机关申报，国务院证券监督管理机关经审查认为发行人在发行条件和信息披露等方面符合相关规定，对发行人公开发行股票申请予以注册。

发行人公开发行股票获准注册，不表明证券监督管理机关对该股票的投资价值或者投资者的收益作出实质性判断或者保证，也不表明证券监督管理机关对注册申请文件的真实性、准确性、完整性作出保证。

9. 缴纳募集股款

公开发行股票获准注册后，发起人公告招股说明书，向社会公开发行股票，认股人按照所认购股数缴纳股款。向社会公开发行股票的股款缴足后，应当经依法设立的验资机构验资并出具证明。

10. 召开成立大会

发起人应当自公司设立时应发行股份的股款缴足之日起 30 日内主持召开公司成立大会。成立大会由发起人、认股人组成。成立大会应当有持有表决权过半数的认股人出席，方可举行。另外，发起设立股份有限公司成立大会的召开和表决程序，由公司章程或者发起人协议规定。

公司成立大会行使下列职权：审议发起人关于公司筹办情况的报告；通过公司章程；选举董事、监事；对公司的设立费用进行审核；对发起人用于抵作股款的财产的作价进行审核；发生不可抗力或者经营条件发生重大变化直接影响公司设立的，可以作出不设立公司的决议。

成立大会对上述事项作出决议，必须经出席会议的认股人所持表决权过半数通过。

11. 设立登记

1) 申请设立

设立有限责任公司，可以由全体股东指定的代表或者委托的代理人向登记机关申请设立登记。股份有限公司董事会应当授权代表，于成立大会结束后 30 日内向登记机关申请设立登记。

公司设立分公司，应当向分公司所在地的登记机关申请登记。

2) 审查和受理

公司登记机关收到登记申请后，应当对申请材料是否齐全、是否符合法定形式进行审查，作出是否受理的决定。

3) 作出登记决定

登记机关对决定受理的登记申请，应当根据情况在规定的期限内作出是否准予登记的决定。作出准予公司设立登记决定的，应当告知申请人自决定之日起 10 日内，领取营业执照。营业执照签发日期，为公司成立之日。公司营业执照应当载明公司的名称、住所、注册资本、经营范围、法定代表人姓名等事项。公司登记机关可以发给电子营业执照，其与纸质营业执照具有同等法律效力。

3.2.3 公司登记事项

市场主体应当依法办理登记，未经登记不得以市场主体名义从事经营活动。公司登记机关应当将法定公司登记事项通过国家企业信用信息公示系统向社会公示。未经核准变更登记，公司不得擅自变更登记事项。登记事项未经登记或者未经变更登记，不得对抗善意相对人。

非公司市场主体的主要登记事项和公司登记事项基本相同。

1. 公司名称

公司名称是公司具有法律资格的文字符号，是其区别于其他市场主体的识别标志。公司名称经登记机关通过后方可使用，在规定的范围内享有独占、专用的权利。

1) 基本规定

(1) 公司名称应当使用规范汉字，民族自治地方的公司名称可以同时使用本民族自治地方通用的民族文字。

(2) 公司只准登记一个名称，在同一登记机关，申请人拟定的公司名称中的字号不得与同行业企业已经登记或者在保留期内的相同，有投资关系的除外。

(3) 有投资关系或者经过授权的公司，其名称中可以含有另一个企业的名称或者其他法人、非法人组织的名称。

(4) 有限责任公司必须在公司名称中标明"有限责任公司"或者"有限公司"字词；股份有限公司必须在公司名称中标明"股份有限公司"或者"股份公司"字词。

(5) 分支机构名称应当冠以其所从属公司名称，并缀以"分公司""分厂""分店"等字词。

2) 组成部分

公司名称依次由以下部分组成。

(1) 所属的行政区划名称，即公司所在地县级以上地方行政区划名称。跨省、自治区、直辖市经营的企业，其名称可以不含行政区划名称。

(2) 字号，即公司的特有名称。字号应当由两个以上的字组成，可以使用自然人投资人的姓名作为字号。县级以上地方行政区划名称、表示行业或者经营特点的字词不得作为字号，另有含义的除外。

(3) 行业或者经营特点，应当根据公司主营业务和国民经济行业分类标准标明。

(4) 组织形式，应当标明"有限责任公司"或"股份有限公司"。

> **法智箴言**
>
> 公司名称可以体现独特的经营理念,但也要依法循规,不能随心所欲。企业名称不得有下列情形:损害国家尊严或利益;损害社会公共利益或妨碍社会公共秩序;使用或变相使用党、政、军、群团组织名称及其简称、特定称谓和部队番号;含有淫秽、赌博、迷信、恐怖、暴力的内容;含有民族、种族、宗教、性别歧视的内容;可能使公众受骗或者产生误解等。

2. 经营范围

经营范围即市场主体经营的商品种类或服务项目,包括一般经营项目和许可经营项目。市场主体登记实行"先照后证"制度,市场主体领取营业执照时可以自主申请从事一般经营项目,无须公司登记机关以外的政府主管部门批准。如果从事许可经营项目,则在领取营业执照后到相关政府主管部门取得经营许可证。例如,要开一家餐馆,取得营业执照后可以先采购原材料、招聘员工等,待从食品监督管理部门取得《食品经营许可证》后方可从事食品经营活动。

公司可以修改公司章程,改变经营范围,但是应当办理变更登记。

3. 住所或者主要经营场所

一个公司可以有多个经营场所,但只能登记一个住所。公司以其主要办事机构所在地为住所,公司向住所地登记机关办理登记。电子商务平台内的自然人经营者可以根据国家有关规定,将电子商务平台提供的网络经营场所作为经营场所。

4. 注册资本

注册资本是指公司成立时登记的资本总额。有限责任公司的注册资本为在登记机关登记的全体股东认缴的出资额;法律对有限责任公司注册资本实缴、股东出资期限另有规定的,从其规定。股份有限公司的注册资本为在公司登记机关登记的已发行股份的股本总额。有限责任公司变更为股份有限公司时,折合的实收股本总额不得高于公司净资产额。

现行《公司法》没有规定注册资本最低限额,但其他法律对特定公司注册资本最低限额另有规定的,从其规定。例如《中华人民共和国商业银行法》规定:设立全国性商业银行的注册资本最低限额为 10 亿元人民币,设立城市商业银行的注册资本最低限额为 1 亿元人民币。

5. 法定代表人姓名

公司的法定代表人是按照公司章程,代表公司行使职权的负责人。按照公司章程的规定,法定代表人由代表公司执行公司事务的董事或者经理担任。担任法定代表人的董事或者经理辞任的,视为同时辞去法定代表人。

法定代表人以公司名义从事的民事活动,其法律后果由公司承受。公司章程或者股东会对法定代表人职权的限制,不得对抗善意相对人。

6. 有限责任公司股东、股份有限公司发起人的姓名或者名称

此外,下列事项应当向登记机关办理备案:公司章程;经营期限;有限责任公司股东或者股份有限公司发起人认缴的出资数额;公司董事、监事、高级管理人员等。

> **【大家讲坛 3-6】**
>
> 　　张三、李四、王五准备开一家经营美发产品的有限责任公司，三人共出资 50 万元，公司管理机构确定在 A 县，申请的公司名称为"A 县飞发走丝美发有限责任公司"。三人约定张三为董事，李四为总经理，王五为监事，指定赵六为公司法定代表人。该公司的登记事项有哪些问题？
>
> 　　**【解析】** 赵六不能担任公司法定代表人，应由公司章程确定由董事张三或总经理李四担任。该公司字号"飞发走丝"虽然与"非法走私"谐音，但只要有其他合理解释就是合法的，不能当然认定其损害公序良俗。

3.3　公司的组织机构

　　公司组织机构是具体行使公司法人财产权，负责公司经营活动的公司内部管理机构，包括股东会、董事会、监事会和经理机构。

3.3.1　股东会

　　股东会是由全体股东组成的公司的权力机构。

1. 股东会的职权

　　股东会行使下列职权：选举和更换董事、监事，决定有关董事、监事的报酬事项；审议批准董事会的报告；审议批准监事会的报告；审议批准公司的利润分配方案和弥补亏损方案；对公司增加或者减少注册资本作出决议；对发行公司债券作出决议；对公司合并、分立、解散、清算或者变更公司形式作出决议；修改公司章程；公司章程规定的其他职权。

　　只有一个股东的公司不设股东会，股东作出上述事项的决定时，应当采用书面形式，并由股东签名或者盖章后置备于公司。

　　有限责任公司股东对上述事项以书面形式一致表示同意的，可以不召开股东会会议，直接作出决定，并由全体股东在决定文件上签名或者盖章。有限责任公司股东会可以授权董事会对发行公司债券作出决议。

2. 股东会的形式

　　有限责任公司股东会会议分为定期会议和临时会议。定期会议应当按照公司章程规定按时召开；代表 1/10 以上表决权的股东、1/3 以上的董事或者监事会提议开临时会议的，应当召开。

　　股份有限公司股东会会议分为年会和临时会议。股东会年会应当每年召开一次。上市公司的年会应当于上一会计年度结束后的 6 个月内举行。有下列情形之一的，应当在两个月内召开临时股东会：董事人数不足《公司法》规定人数或者公司章程所定人数的 2/3 时；公司未弥补的亏损达实收股本总额 1/3 时；单独或者合计持有公司 10%以上股份的股东请求时；董事会认为必要时；监事会提议召开时；公司章程规定的其他情形。

3. 股东会的召集和主持

　　有限责任公司的首次股东会会议由出资最多的股东召集和主持，股份有限公司由发起人召集和主持召开公司成立大会。之后的股东会会议的召集和主持顺序如表 3-2 所示。

表 3-2 股东会会议的召集和主持顺序

序号	股份有限公司	有限责任公司
1	由董事会召集,董事长主持	
2	董事长不能或不履行职务的,由副董事长主持	
3	副董事长不能或不履行职务的,由半数以上董事共同推举一名董事主持	
4	董事会不能或不履行召集会议职责的,监事会应当及时召集和主持	董事会不能或不履行召集会议职责的,由监事会召集和主持
5	监事会不召集和主持的,连续 90 日以上单独或合计持有公司 10%以上股份的股东可以自行召集和主持	监事会不召集和主持的,代表 1/10 以上表决权的股东可以自行召集和主持

公司股东会、董事会、监事会召开会议和表决可以采用电子通信方式,公司章程另有规定的除外。

4. 股东会的决议

除《公司法》有规定的外,有限责任公司股东会的议事方式和表决程序由公司章程规定。有限责任公司股东会会议由股东按照出资比例行使表决权;但是公司章程另有规定的除外。股东会作出决议,应当经代表过半数表决权的股东通过。股东会对以下特别事项的决议,应当经代表 2/3 以上表决权的股东通过:修改公司章程;增加或者减少注册资本;公司合并、分立、解散;变更公司形式。

有限责任公司股东会应当对所议事项的决定作成会议记录,出席会议的股东应当在会议记录上签名或者盖章。

股份有限公司股东出席股东会会议,所持每一股份有一表决权,类别股股东除外。公司持有的本公司股份没有表决权。股东委托代理人出席股东会会议的,应当明确代理人代理的事项、权限和期限;代理人应当向公司提交股东授权委托书,并在授权范围内行使表决权。股东会作出决议,应当经出席会议的股东所持表决权过半数通过;对特别事项(与有限责任公司的规定相同)的决议,应当经出席会议的股东所持表决权的 2/3 以上通过。

股份有限公司股东会应当对所议事项的决定作成会议记录,主持人、出席会议的董事应当在会议记录上签名。会议记录应当与出席股东的签名册及代理出席的委托书一并保存。

【大家讲坛 3-7】

某有限责任公司股东甲、乙、丙、丁分别持有公司 5%、20%、35%和 40%的股权,该公司章程未对股东行使表决权及股东会决议方式作出规定。某天,甲提议召开公司股东会临时会议,丁认为自己作为最大的股东才有权提议召开,甲没有这个权利。在丁的提议下,公司召开了股东会讨论增加公司注册资本的问题,乙和丁表示同意,股东会即通过该决议。

哪位股东可以单独提议召开股东会临时会议?股东会会议通过增加公司注册资本的决议是否合法?

【解析】①乙、丙、丁的表决权都超过 1/10,都有权单独提议召开临时股东会会议;②公司作出增加注册资本的决议,必须经代表 2/3 以上表决权的股东通过,乙和丁合计表决权没有满足法律的要求,该公司通过的增加注册资本的决议不合法。

3.3.2 董事会和经理

董事会是由依法产生的董事组成，执行股东会决议，在股东会闭会期间行使经营决策权的机构。

1. 董事会的组成

1) 董事会成员

董事会设董事长一人，可以设副董事长；有限责任公司的董事长、副董事长的产生办法由公司章程规定；股份有限公司的董事长和副董事长由董事会以全体董事的过半数选举产生。

董事会成员为 3 人以上，其成员中可以有公司职工代表；职工人数 300 人以上的，除依法设监事会并有公司职工代表的外，其董事会成员中应当有公司职工代表。董事会中的职工代表由公司职工通过职工代表大会、职工大会或者其他形式民主选举产生。

2) 审计委员会

公司可以按照公司章程的规定在董事会中设置由董事组成的审计委员会，行使监事会的职权。公司董事会成员中的职工代表可以成为审计委员会成员。

股份有限公司的审计委员会成员为 3 名以上，过半数成员不得在公司担任除董事以外的其他职务，且不得与公司存在任何可能影响其独立客观判断的关系。审计委员会作出决议，应当以一人一票的表决方式，经审计委员会成员的过半数通过。审计委员会的议事方式和表决程序，除《公司法》有规定的外，由公司章程规定。公司可以按照公司章程的规定在董事会中设置其他委员会。

2. 董事的任期

董事任期由公司章程规定，但每届任期不得超过 3 年。董事任期届满，连选可以连任。

董事任期届满未及时改选，或者董事在任期内辞职导致董事会成员低于法定人数的，在改选出的董事就任前，原董事仍应当依照法律和公司章程的规定履行职务。

3. 董事会的职权

董事会对股东会负责，行使下列职权：召集股东会会议，并向股东会报告工作；执行股东会的决议；决定公司的经营计划和投资方案；制订公司的利润分配方案和弥补亏损方案；制订公司增加或者减少注册资本及发行公司债券的方案；制订公司合并、分立、解散或者变更公司形式的方案；决定公司内部管理机构的设置；决定聘任或者解聘公司经理及其报酬事项，并根据经理的提名决定聘任或者解聘公司副经理、财务负责人及其报酬事项；制定公司的基本管理制度；公司章程规定或者股东会授予的其他职权。

公司章程对董事会职权的限制不得对抗善意相对人。

4. 董事会的召集和召开

董事会会议由董事长召集和主持；董事长不能或者不履行职务的，由副董事长召集和主持；副董事长不能或者不履行职务的，由半数以上董事共同推举一名董事召集和主持。

有限责任公司董事会的议事方式，除《公司法》有规定的外，由公司章程规定。

股份有限公司董事会每年度至少召开两次会议，每次会议应当于会议召开 10 日前通知全体董事和监事。代表 1/10 以上表决权的股东、1/3 以上董事或者监事会，可以提议召开董事会临时会议。董事长应当自接到提议后10日内,召集和主持董事会会议。董事会召开临时会议,可以另定召集董事会的通知方式和通知时限。

5. 董事会的决议

董事会会议应当有过半数的董事出席方可举行。董事会作出决议,应当以一人一票的表决方式经全体董事的过半数通过。董事会应当对所议事项的决定作成会议记录,出席会议的董事应当在会议记录上签名。

有限责任公司董事会的表决程序,除《公司法》有规定的外,由公司章程规定。

股份有限公司召开董事会会议,应当由董事本人出席;董事因故不能出席,可以书面委托其他董事代为出席,委托书中应载明授权范围。董事应当对董事会的决议承担责任,董事会的决议违反法律法规或者公司章程、股东会决议,致使公司遭受严重损失的,参与决议的董事对公司负赔偿责任。但经证明在表决时曾表明异议并记载于会议记录的,该董事可以免除责任。

6. 股东会、董事会决议的效力

公司股东会、董事会的决议内容违反法律法规的无效。有下列情形之一的,公司股东会、董事会的决议不成立:未召开股东会、董事会会议作出决议;股东会、董事会会议未对决议事项进行表决;出席会议的人数或者所持表决权数未达到《公司法》或者公司章程规定的人数或者所持表决权数;同意决议事项的人数或者所持表决权数未达到《公司法》或者公司章程规定的人数或者所持表决权数。

【大家讲坛3-8】

天久股份有限公司董事会共有9名董事。某天,该公司召开董事会会议时,仅有甲、乙、丙、丁、戊5名董事出席,其余4名董事缺席。会议表决前,丁因故提前退席,亦未委托他人代为表决。会议最终由4名董事一致作出一项决议。

天久股份有限公司董事会的该决议是否具备法律效力?

【解析】该公司董事会虽然有过半数的董事出席,但作出的决议未经全体董事的过半数通过,该决议不成立。

7. 经理

经理是由董事会聘任的,负责公司日常经营管理活动的高级管理人员。

有限责任公司可以设经理,股份有限公司应该设经理,由董事会决定聘任或者解聘。公司董事会可以决定由董事会成员兼任经理。规模较小或者股东人数较少的公司,可以不设董事会,设一名董事,可以由该董事兼任公司经理。

经理对董事会负责,列席董事会会议,根据公司章程的规定或者董事会的授权行使职权。

3.3.3 监事会

监事会是由依法产生的监事组成,对董事和经理的经营管理行为及对公司财务进行监督的机构。公司可以按照公司章程的规定在董事会中设置由董事组成的审计委员会,行使监事会的职权,不设监事会或者监事。规模较小或者股东人数较少的公司,可以不设监事会,设一名监事，行使监事会的职权。经全体股东一致同意，有限责任公司也可以不设监事。

1. 监事会的组成

监事会成员为 3 人以上。董事、高级管理人员不得兼任监事。监事会设主席一人，股份有限公司监事会可以设副主席，监事会主席和副主席由全体监事过半数选举产生。

监事会成员应当包括股东代表和适当比例的公司职工代表，其中职工代表的比例不得低于 1/3，具体比例由公司章程规定。监事会中的职工代表由公司职工通过职工代表大会、职工大会或者其他形式民主选举产生。

2. 监事的任期

监事的任期每届为 3 年。监事任期届满，连选可以连任。监事任期届满未及时改选，或者监事在任期内辞职导致监事会成员低于法定人数的，在改选出的监事就任前，原监事仍应当依照法律和公司章程的规定，履行监事职务。

3. 监事会的职权

监事会行使下列职权：检查公司财务；对董事、高级管理人员执行公司职务的行为进行监督，对违反法律法规、公司章程或者股东会决议的董事、高级管理人员提出解任的建议；当董事、高级管理人员的行为损害公司的利益时，要求董事、高级管理人员予以纠正；提议召开临时股东会会议，在董事会不履行法律规定的召集和主持股东会会议职责时召集和主持股东会会议；向股东会会议提出提案；依法对董事、高级管理人员提起诉讼；公司章程规定的其他职权。

监事可以列席董事会会议，并对董事会决议事项提出质询或者建议。监事会发现公司经营情况异常，可以进行调查；必要时，可以聘请会计师事务所等协助其工作。

监事会可以要求董事、高级管理人员提交执行职务的报告。董事、高级管理人员应当如实向监事会提供有关情况和资料，不得妨碍监事会或者监事行使职权。

4. 监事会的召集和决议

监事会主席召集和主持监事会会议；监事会主席不能或者不履行职务的，由监事会副主席召集和主持；监事会副主席不能或者不履行职务的，由过半数的监事共同推举一名监事召集和主持。

有限责任公司监事会每年度至少召开一次会议，股份有限公司监事会每 6 个月至少召开一次会议；监事可以提议召开临时监事会会议。

监事会的议事方式和表决程序，除《公司法》有规定的外，由公司章程规定。监事会决议应当以一人一票的表决方式经半数以上监事通过。监事会应当对所议事项的决定作成会议记录，出席会议的监事应当在会议记录上签名。

【大家讲坛 3-9】

紫云有限公司设有股东会、董事会和监事会。近期公司的几次投标均失败，董事会对此的解释是市场竞争激烈，对手强大。但监事会认为原因是董事狄某将紫云公司的标底暗中透露给其好友的公司。

监事会对此情形有权采取哪些处理措施？

【解析】董事狄某擅自披露紫云公司秘密，监事会有权提议召开临时股东会会议，对狄某提出解任建议；对董事狄某行为导致的公司经营的异常情况进行调查，必要时可以聘请专业人员协助调查。

3.3.4 上市公司组织机构的特别规定

1. 股东会特别决议事项

上市公司在 1 年内购买、出售重大资产或者向他人提供担保的金额超过公司资产总额 30% 的，应当由股东会作出决议，并经出席会议的股东所持表决权的 2/3 以上通过。

2. 独立董事和审计委员会

独立董事是指不在公司担任除董事之外的其他职务，并与其所受聘的上市公司及其主要股东不存在可能妨碍其独立客观判断的关系的董事。上市公司设独立董事，董事会成员中应当至少包括 1/3 独立董事。独立董事任期与该上市公司其他董事任期相同，任期届满，连选可以连任，但是连任时间不得超过 6 年。独立董事应当独立履行职责，不受上市公司主要股东、实际控制人或者其他与上市公司存在利害关系的单位或个人的影响。

> **法智箴言**
>
> 独立董事对上市公司及全体股东负有诚信与勤勉义务，应当认真履行职责，维护公司整体利益，保护中小股东的合法权益。国家通过改革，推动独立董事权责更加匹配、职能更加优化、监督更加有力、选任管理更加科学，更好发挥上市公司独立董事制度在完善中国特色现代企业制度、健全企业监督体系、推动资本市场健康稳定发展方面的重要作用。

上市公司在董事会中设置审计委员会的，董事会对下列事项作出决议前应当经审计委员会全体成员过半数通过：聘用、解聘承办公司审计业务的会计师事务所；聘任、解聘财务负责人；披露财务会计报告；国务院证券监督管理机构规定的其他事项。

3. 董事会秘书

上市公司设董事会秘书，负责公司股东会和董事会会议的筹备、文件保管及公司股东资料的管理，办理信息披露事务等事宜。董事会秘书是上市公司高级管理人员，由董事会聘任并对董事会负责，是上市公司与证券交易所之间的指定联络人。

4. 董事关联关系事项

上市公司董事与董事会会议决议事项所涉及的企业或者个人有关联关系的，该董事应当及时向董事会书面报告。有关联关系的董事不得对该项决议行使表决权，也不得代理其他董事行使表决权。该董事会会议由过半数的无关联关系董事出席即可举行，董事会会议所作决议须经无关联关系董事过半数通过。出席董事会会议的无关联关系董事人数不足 3 人的，应将该事项提交上市公司股东会审议。

5. 控股子公司事项

上市公司控股子公司不得取得该上市公司的股份。上市公司控股子公司因公司合并、质权行使等原因持有上市公司股份的,不得行使所持股份对应的表决权,并应当及时处分相关上市公司股份。

【大家讲坛 3-10】

星煌公司是一家上市公司,现董事长吴某就星煌公司向诚然公司的投资之事召开董事会会议。因董事梁某的妻子在诚然公司任副董事长,部分董事认为公司不宜投资诚然公司。在董事会表决时,梁某没有参加,委托董事长吴某代其投票。而后又发现出席会议的数位董事投资了诚然公司,参会的无关联关系董事只有两人,于是董事们对此事发生争执。

董事梁某可以行使表决权吗?星煌公司董事会可以决议投资诚然公司吗?

【解析】①董事梁某的妻子是诚然公司的副董事长,梁某与决议事项存在关联关系,不能对该事项决议行使表决权,董事长吴某也不能代梁某就该事项表决。②董事会不能对此投资作出决议,因为出席董事会会议的无关联关系董事人数不足 3 人,应将该事项提交公司股东会审议。

3.3.5 公司董事、监事、高级管理人员的资格和义务

1. 任职资格

《公司法》对公司董事、监事、高级管理人员的任职资格没有直接规定,而是列举了禁止任职的情形。不过,其他法律对上述人员有任职资格规定的,从其规定。

有下列情形之一的,不得担任公司的董事、监事、高级管理人员:无民事行为能力或者限制民事行为能力;因贪污、贿赂、侵占财产、挪用财产或者破坏社会主义市场经济秩序,被判处刑罚,或者因犯罪被剥夺政治权利,执行期满未逾 5 年,被宣告缓刑的,自缓刑考验期满之日起未逾两年;担任破产清算的公司、企业的董事或者厂长、经理,对该公司、企业的破产负有个人责任的,自该公司、企业破产清算完结之日起未逾 3 年;担任因违法被吊销营业执照、责令关闭的公司、企业的法定代表人,并负有个人责任的,自该公司、企业被吊销营业执照、责令关闭之日起未逾 3 年;个人因所负数额较大债务到期未清偿被人民法院列为失信被执行人。

公司违反上述规定选举、委派董事、监事或者聘任高级管理人员的,该选举、委派或者聘任无效。公司董事、监事、高级管理人员在任职期间出现上述所列情形的,公司应当解除其职务。

高级管理人员是指公司的经理、副经理、财务负责人、上市公司董事会秘书和公司章程规定的其他人员。

2. 义务

1) 基本义务

董事、监事、高级管理人员对公司负有忠实义务,应当采取措施避免自身利益与公司利益冲突,不得利用职权牟取不正当利益;对公司负有勤勉义务,执行职务应当为公司的最大利益尽到管理者通常应有的合理注意。公司的控股股东、实际控制人不担任公司董事但实际执行公司事务的,也应遵守上述规定。

股东会要求董事、监事、高级管理人员列席会议的,董事、监事、高级管理人员应当列席

并接受股东的质询。

2) 禁止性义务

公司董事、监事、高级管理人员不得有下列行为：侵占公司财产、挪用公司资金；将公司资金以其个人名义或者以其他个人名义开立账户存储；利用职权贿赂或者收受其他非法收入；接受他人与公司交易的佣金归为己有；擅自披露公司秘密；违反对公司忠实义务的其他行为。

3) 限制性义务

(1) 董事、监事、高级管理人员，直接或者间接与本公司订立合同或者进行交易，应当就与订立合同或者进行交易有关的事项向董事会或者股东会报告，并按照公司章程的规定经董事会或者股东会决议通过。

(2) 董事、监事、高级管理人员，不得利用职务便利为自己或者他人谋取属于公司的商业机会。但是，有下列情形之一的除外：向董事会或者股东会报告，并按照公司章程的规定经董事会或者股东会决议通过；根据法律法规或者公司章程的规定，公司不能利用该商业机会。

(3) 董事、监事、高级管理人员未向董事会或者股东会报告，并按照公司章程的规定经董事会或者股东会决议通过，不得自营或者为他人经营与其任职公司同类的业务。

董事会对上述(1)~(3)事项决议时，关联董事不得参与表决，其表决权不计入表决权总数。出席董事会会议的无关联关系董事人数不足3人的，应当将该事项提交股东会审议。

4) 法律责任

公司董事、监事、高级管理人员违反法律禁止性或限制性规定所得的收入，应当归公司所有；执行公司职务时违反法律法规或者公司章程的规定，给公司造成损失的，应当承担赔偿责任。公司的控股股东、实际控制人指示董事、高级管理人员从事损害公司或者股东利益的行为的，与该董事、高级管理人员承担连带责任。

董事、高级管理人员执行职务，给他人造成损害的，公司应当承担赔偿责任；董事、高级管理人员存在故意或者重大过失的，也应当承担赔偿责任。

【大家讲坛3-11】

甲有限责任公司的总经理荣某打算把自己闲置的一辆奥迪轿车出售给本公司。荣某认为这个交易数额不大，自己就可以拍板，只要依法办理轿车过户手续就行，但公司部分董事、股东却认为这项交易不能进行。

此交易是否可以进行？

【解析】荣某作为公司高级管理人员与本公司进行交易，应当将该交易向董事会或者股东会报告，并按照公司章程的规定经董事会或者股东会决议通过，方可以进行。

3.4 国家出资公司

3.4.1 国家出资公司概述

国家出资公司指国家出资的国有独资公司、国有资本控股公司，可以是有限责任公司或者股份有限公司。

国家出资公司,由国务院或者地方人民政府分别代表国家依法履行出资人职责,享有出资人权益。国务院或者地方人民政府可以授权国有资产监督管理机构或者其他部门、机构代表本级人民政府对国家出资公司履行出资人职责(被授权的机构、部门以下统称为履行出资人职责的机构)。

国家出资公司中中国共产党的组织,按照中国共产党章程的规定发挥领导作用,研究讨论公司重大经营管理事项,支持公司的组织机构依法行使职权。

国家出资公司除法律特别规定外,适用《公司法》的一般规定。

国有独资公司章程由履行出资人职责的机构制定。

> **法智箴言**
>
> 国有企业的性质是全民所有制企业,由国家对其资本拥有所有权或者控制权。我国国有和国有控股企业在有关国计民生的领域占据主导地位,是国民经济发展的中流砥柱。

3.4.2 国有独资公司组织机构的特别规定

1. 股东会

国有独资公司不设股东会,由履行出资人职责的机构行使股东会职权。履行出资人职责的机构可以授权公司董事会行使股东会的部分职权,但公司章程的制定和修改,公司的合并、分立、解散、申请破产,增加或者减少注册资本,分配利润,应当由履行出资人职责的机构决定。

2. 董事会和经理

国有独资公司董事会成员由履行出资人职责的机构委派;但是,董事会成员中的职工代表由公司职工代表大会选举产生。董事会成员中,应当过半数为外部董事,并应当有公司职工代表。

董事会设董事长一人,可以设副董事长。董事长、副董事长由履行出资人职责的机构从董事会成员中指定。

国有独资公司的经理由董事会聘任或者解聘。经履行出资人职责的机构同意,董事会成员可以兼任经理。

国有独资公司的董事、高级管理人员,未经履行出资人职责的机构同意,不得在其他有限责任公司、股份有限公司或者其他经济组织兼职。

国有独资公司在董事会中设置由董事组成的审计委员会行使监事会职权的,不设监事会或者监事。

【大家讲坛 3-12】

甲公司是国有独资公司,董事会制定了公司章程,董事会一致决定由董事长高某担任公司总经理,并将上述事项报国有资产监督管理机构备案。

> 甲公司董事会上述行为是否合法?
> 【解析】甲公司董事会上述行为不合法。①国有独资公司章程应由国有资产监督管理机构制定;②董事会成员可以兼任经理,但要经国有资产监督管理机构同意。

3.5 股权转让

股权转让,是指公司股东将自己持有的股权让与受让人,受让人取得该股权而成为公司股东或增加其持有公司股权份额的法律行为。

3.5.1 有限责任公司的股权转让

1. 股权转让的要求

1) 股东之间相互转让

有限责任公司的股东之间只要协商一致,即可相互转让全部或者部分股权。但是公司章程对股东之间股权转让另有规定的,从其规定。

2) 股东向股东之外的人转让

股东向股东以外的人转让股权的,应当将股权转让的数量、价格、支付方式和期限等事项书面通知其他股东,其他股东在同等条件下有优先购买权。股东自接到书面通知之日起 30 日内未答复的,视为放弃优先购买权。两个以上股东行使优先购买权的,协商确定各自的购买比例;协商不成的,按照转让时各自的出资比例行使优先购买权。公司章程对股权转让另有规定的,从其规定。

已认缴出资但出资期限未届满,股东转让股权的,由受让人承担缴纳该出资的义务;受让人未按期足额缴纳出资的,转让人对受让人未按期缴纳的出资承担补充责任。未按照公司章程规定的出资日期缴纳出资或者作为出资的非货币财产的实际价额显著低于所认缴出资额,股东转让股权的,转让人与受让人在出资不足的范围内承担连带责任;受让人不知道且不应当知道存在上述情形的,由转让人承担责任。

3) 股权的强制转让

人民法院依照法律规定的强制执行程序转让股东股权的,应当通知公司及全体股东,其他股东在同等条件下有优先购买权。其他股东自人民法院通知之日起满 20 日不行使优先购买权的,视为放弃优先购买权。

4) 股权的继承

自然人股东死亡后,其合法继承人可以继承股东资格,但公司章程另有规定的除外。

2. 股权转让的程序

股权转让的出让方与受让方应当签订股权转让协议。股东(出让方)转让股权应当书面通知公司,请求变更股东名册;需要办理变更登记的,应当请求公司向公司登记机关办理变更登记。

股权转让后，公司应当及时注销原股东的出资证明书，向新股东签发出资证明书，并相应修改公司章程和股东名册中有关股东及其出资额的记载。

> **【大家讲坛3-13】**
>
> 某有限责任公司共有甲、乙、丙3名股东。因甲无法偿还个人到期债务，A法院拟依强制执行程序变卖其股权偿债，通知乙、丙上述情况并告知他们在同等条件下有优先购买权。乙、丙认为这次变卖没有征得公司和他们的同意，损害了公司和股东的合法利益。
>
> 乙、丙的观点是否正确？
>
> 【解析】乙、丙的观点不正确，法院按照强制执行程序转让股东股权的，应当通知公司及全体股东，无须公司和股东同意。

3. 股权的收购

有限责任公司出现下列情形之一的，对股东会决议投反对票的股东，可以请求公司按照合理价格收购其所持股权：公司连续5年不向股东分配利润，而该公司5年连续盈利，并且符合法律规定的分配利润条件；公司合并、分立、转让主要财产；公司章程规定的营业期限届满或者章程规定的其他解散事由出现，股东会会议通过决议修改章程使公司存续。

自股东会决议作出之日起60日内，股东与公司不能达成股权收购协议的，股东可以自股东会决议作出之日起90日内向人民法院提起诉讼。

公司的控股股东滥用股东权利，严重损害公司或者其他股东利益的，其他股东有权请求公司按照合理的价格收购其股权。

公司因上述情形收购的本公司股权，应当在6个月内依法转让或者注销。

3.5.2 股份有限公司的股票及其发行、转让

1. 股票的概念和种类

股份有限公司的注册资本划分为若干股份，股票是股份有限公司签发的证明股东所持股份的凭证，是股份的表现形式。股票通常的分类如下。

1) 普通股和类别股

普通股是公司发行的每一股享有一个表决权、按持股比例分配利润或剩余资产的股份。普通股是股票的基本形式。

公司可以按照公司章程的规定发行下列与普通股权利不同的类别股：优先或劣后分配利润或剩余资产的；每一股的表决数多于或少于普通股的；转让须经公司同意等转让受限的；国务院规定的其他类别股。

2) 记名股票和无记名股票

记名股票指在股票票面和股东名册上记载股东姓名的股票；反之为无记名股票。我国公司发行的股票，应当为记名股票。

3) 面额股和无面额股

面额股是公司发行的票面上记载一定金额的股票，且每一股的金额相等。

无面额股是公司发行的票面上不记载金额，只注明股份数量或占总股份比例的股票。

4) 内资股和外资股

内资股指在我国境内公司发行,以人民币认购和买卖的股票,该股票在中国上市称为A股。

外资股目前有两类:一是在我国境内公司发行,以外币认购和买卖的股票,该股票在中国上市称为B股;二是境内公司向境外投资者募集并在境外上市的股票,一般以境外上市地的英文名称中的第一个字母标称其种类,如在美国纽约上市的N股等。

2. 股票的发行

股份的发行,实行公平、公正的原则,同类别的每一股份应当具有同等权利。同次发行的同类别股份,每股的发行条件和价格应当相同;认购人所认购的股份,每股应当支付相同价额。

1) 面额股和无面额股的发行

公司的全部股份,根据公司章程的规定择一采用面额股或者无面额股。采用面额股的,每一股的金额相等。面额股股票的发行价格可以按票面金额,也可以超过票面金额,但不得低于票面金额。无面额股票发行价格不受票面金额的约束。

公司可以根据公司章程的规定将已发行的面额股全部转换为无面额股或者将无面额股全部转换为面额股。采用无面额股的,应当将发行股份所得股款的1/2以上计入注册资本。

2) 类别股的发行

发行类别股的公司,应当在公司章程中载明以下事项:类别股分配利润或者剩余财产的顺序;类别股的表决权数;类别股的转让限制;保护中小股东权益的措施;股东会认为需要规定的其他事项。

公开发行股份的公司不得发行以下类别股:每一股的表决权数多于或者少于普通股的股份;转让须经公司同意等转让受限的股份。公开发行前已发行的除外。

公司发行以下类别股的,对于监事或者审计委员会成员的选举和更换,类别股与普通股每一股的表决权数相同:优先或者劣后分配利润或者剩余财产的股份;每一股的表决权数多于或者少于普通股的股份。

发行类别股的公司,股东会决议的特别事项(参见3.3.1 股东会)可能影响类别股股东权利的,除应当经出席会议的股东所持表决权的2/3以上通过外,还应当经出席类别股股东会议的股东所持表决权的2/3以上通过。公司章程可以对需经类别股股东会议决议的其他事项作出规定。

3) 新股的发行

公司发行新股由股东会作出决议。公司章程或者股东会可以授权董事会在3年内决定发行不超过已发行股份50%的股份,但以非货币财产作价出资的应当经股东会决议。董事会决定发行新股的,董事会决议应当经全体董事2/3以上通过。

向社会公开发行股票(参见3.2.2 公司设立程序)。

3. 股票的转让

股东可以向其他股东或股东以外的人转让股票,公司章程对股票转让有限制的,按照公司章程的规定进行。

1) 转让方式

股东转让股票,应当在依法设立的证券交易场所进行或者按照国务院规定的其他方式进行。股票由股东以背书方式或者法律规定的其他方式转让;上市公司的股票,依照证券法律法规和证券交易所交易规则上市交易。

自然人股东死亡后,其合法继承人可以继承股东资格;但是,股票转让受限的股份有限公司的章程另有规定的除外。

2) 转让限制

公司公开发行股份前已发行的股份,自公司股票在证券交易所上市交易之日起1年内不得转让。法律法规或者国务院证券监督管理机构对上市公司的股东、实际控制人转让其所持有的本公司股份另有规定的,从其规定。

公司董事、监事、高级管理人员应当向公司申报所持有的本公司的股份及其变动情况,转让其所持本公司股份应遵守如下限制:自公司股票上市交易之日起1年内不得转让;在就任时确定的任职期间每年转让的股份不得超过其所持有本公司股份总数的25%;离职后半年内,不得转让其所持有的本公司股份。公司章程可以对公司董事、监事、高级管理人员转让其所持有的本公司股份作出其他限制性规定。

股份在法律规定的限制转让期限内出质的,质权人不得在限制转让期限内行使质权。

4) 股票的收购

(1) 有下列情形之一的,对股东会该项决议投反对票的股东可以请求公司按照合理的价格收购其股份,公开发行股份的公司除外:公司连续5年不向股东分配利润,而公司该5年连续盈利,并且符合《公司法》规定的分配利润条件;公司转让主要财产;公司章程规定的营业期限届满或者章程规定的其他解散事由出现,股东会通过决议修改章程使公司存续。

股东与公司不能达成股权收购协议的处理办法,与有限责任公司的规定相同。

公司因上述第一项情形收购的本公司股份,应当在6个月内依法转让或者注销。

(2) 公司不得收购本公司股份,但有表3-3所示情形之一的除外。

表3-3 收购本公司股份的情形

序号	可收购情形	收购要求
1	减少公司注册资本	(1) 经股东大会决议 (2) 应当自收购之日起10日内注销 (3) 上市公司应当通过公开的集中交易方式进行
2	与持有本公司股份的其他公司合并	(1) 经股东大会决议 (2) 应当在收购后6个月内转让或者注销
3	股东因对股东会作出的公司合并、分立决议持异议,要求公司收购其股份	应当在收购后6个月内转让或者注销
4	将股份用于员工持股计划或者股权激励	(1) 可以依照公司章程的规定或者股东大会的授权,经2/3以上董事出席的董事会会议决议 (2) 公司合计持有的本公司股份数不得超过本公司已发行股份总额的10% (3) 应当在收购后3年内转让或者注销 (4) 上市公司应当通过公开的集中交易方式进行
5	将股份用于转换上市公司发行的可转换为股票的公司债券	
6	上市公司为维护公司价值及股东权益必须收购的股份	
	上市公司收购本公司股份的,应当依照《证券法》的规定履行信息披露义务	

(3) 为防止变相违规收购本公司股份，公司不得接受本公司的股票作为质押权的标的。

【大家讲坛3-14】

峰顺股份有限公司于2022年7月21日在某证券交易所挂牌上市。2022年12月20日，公司发布公告：公司董事、监事和高管人员在首次公开发行股份前持有的本公司股份自2023年9月21日起可以转让，但每年不得超过其所持股份总数的25%；公司发起人在公司成立时持有的本公司股份自2023年4月21日起可以对外转让。股东大会通过决议，同意公司视股价情况收购本公司已发行股份的3%用于本公司员工股权激励计划。

峰顺股份有限公司的上述决议事项是否符合法律的规定？

【解析】①如果用于员工股权激励加上其他两个法定事项收购的本公司股份，没有超过本公司已发行股份总额的10%，是合法的。②董事、监事和高管人员所持本公司股份自股票上市交易之日起超过1年允许转让合法，并且公司章程可以对公司上述人员转让本公司股份作出"每年不得超过其所持股份总数的25%"的限制性规定。③发起人持有的公司公开发行股份前已发行的股份，自公司股票上市交易之日起未超过1年，允许转让不合法。

3.5.3 公司债券

1. 公司债券与公司股票

公司债券是公司发行的约定按期还本付息的有价证券。基于公司债券的发行，在债券的持有人和发行人之间形成了以还本付息为内容的债权债务法律关系。

公司债券与公司股票的比较见表3-4。

表3-4 公司债券与公司股票的比较

公司债券	公司股票
持有人对于公司享有民法上债权人的权利，但无权参与公司经营管理	持有人是公司的股东，其投入公司的财产成为公司财产，可以参与经营管理，但公司并不因此向股东负债
到约定期限，不论公司是否有盈利，持有人对公司享有按照约定给付利息的请求权	持有人必须在公司有盈利时才能请求分配利润
债券持有人的债权请求权优先于股票持有人的公司剩余财产分配请求权	公司解散时，持有人必须在公司清偿全部债务后，方可请求分配公司剩余财产
利率一般不变，期限固定，市场价格也较稳定，风险较小	无偿还期限，易受公司经营状况、银行利率、供求关系等多种因素影响，价格和股利收益常有变动，风险较大

2. 公司债券的种类

1) 记名债券和无记名债券

记名债券是指在公司债券和债券持有人名册上记载债权人姓名或者名称的债券；反之为无记名债券。记名债券凭身份证明、签章等特定凭证领取本息，不记名债券领取本息仅以债券为凭证。我国公司债券应当为记名债券。

2) 可转换债券和不可转换债券

可转换公司债券即可转换为股票的公司债券，当具备转换条件时，公司应当向债券持有人换发为股票；反之为不可转换公司债券。凡在发行债券时未作出转换规定的，均为不可转换债券。

3) 上市债券和非上市债券

上市的公司债券是指发行后可以在依法设立的证券交易所挂牌交易的公司债券；反之为非上市的公司债券，债券持有人只能以其他方式交易该债券。

3. 公司债券的发行

公司债券可以公开发行，也可以非公开发行。公开发行公司债券，应当经国务院证券监督管理机构注册，公告公司债券募集办法。

股份有限公司经股东会决议，或者经公司章程、股东会授权由董事会决议，可以发行可转换为股票的公司债券，并规定具体的转换办法。上市公司发行可转换公司债券，应当经国务院证券监督管理机构注册。

发行可转换债券的，公司应当按照其转换办法向债券持有人换发股票，但债券持有人是否转换股票有选择权。法律法规另有规定的除外。

4. 公司债券的转让

公司债券由债券持有人以背书方式或者法律规定的其他方式转让，转让价格由转让人与受让人约定。公司债券在证券交易所上市交易的，按照证券交易所的交易规则转让。

3.6 公司的其他制度

3.6.1 公司财务会计

公司财务会计是以货币为主要计量单位，对公司财务和经营状况进行记录核算，为公司管理者和其他利害关系人提供准确公司财务信息的活动。其他利害关系人是指公司股东、债权人、投资者、交易方、政府部门等。

1. 公司财务会计报告

财务会计报告，是公司对外提供的，反映公司一定时期财务状况、经营状况和营利能力的文件，主要由资产负债表、利润表、现金流量表和附注构成。公司应当依法建立本公司的财务会计制度，依法编制财务会计报告。

1) 主要内容

(1) 资产负债表。资产负债表是表示公司在一定会计期间财务状况的主要会计报表，反映公司资产规模、需偿还债务和股东权益的情况。

(2) 利润表。利润表是表示企业在一定会计期间经营成果的会计报表，反映公司运用资产的营利能力。

(3) 现金流量表。现金流量表是反映公司在一定期间的现金和现金等价物流入和流出状况的会计报表，有利于判断公司的现金流量和资金周转情况。

2) 编制、验证和公示

公司应当在每一会计年度终了时编制财务会计报告。公司财务会计报告应当由董事会负责编制，并对其真实性、完整性和准确性负责。公司除法定的会计账簿外，不得另立会计账簿，不得以任何个人名义开立账户存储公司资金。

公司应当依法聘用会计师事务所对财务会计报告进行审查验证，即审计。公司聘用、解聘承办公司审计业务的会计师事务所，依照公司章程的规定，由股东会、董事会或者监事会决定。公司应当向聘用的会计师事务所提供真实、完整的会计凭证、会计账簿、财务会计报告及其他会计资料，不得拒绝、隐匿、谎报。

公司应当依法披露有关财务会计资料。有限责任公司应当按照公司章程规定的期限将财务会计报告提交股东。股份有限公司的财务会计报告应当在召开股东会年会的20日前置备于本公司，供股东查阅；公开发行股票的股份有限公司必须依法公告其财务会计报告。

2. 公司利润

公司利润是指公司在一定会计期间的经营成果，即总收益与总成本相抵后的差额。如果总收益大于总成本，其净额为盈利；如果总收益小于总成本，其净额为亏损。

1) 利润的种类

(1) 营业利润，反映公司营业活动的成果，是各类业务收入减去各类成本、费用、税金、损失后的余额。

(2) 投资净收益，反映公司投资活动的成果，是投资收益和投资损失相抵后的余额。

(3) 营业外收支净额，反映与公司正常生产经营无关的活动所形成的收支，是非货币性资产交换、债务重组、政府补助、捐赠所得等营业外收入和支出相抵后的余额。

2) 利润的分配

公司应按如下顺序分配利润：①弥补以前年度亏损；②缴纳企业所得税；③弥补税前利润弥补亏损后仍存在的亏损；④提取法定盈余公积金；⑤提取任意盈余公积金；⑥向股东分配利润。

企业纳税年度发生的亏损，准予向以后年度结转，用以后年度的所得弥补，但结转年限最长不得超过5年。因此，对超过5年仍未弥补完的亏损是不能再用税前利润弥补的，应用缴纳所得税后的利润继续弥补。

在弥补以前年度亏损、缴纳所得税、提取法定公积金前不得分配利润；公司当年无利润的不得分配；公司持有的本公司股份不得分配利润。公司违反《公司法》向股东分配利润的，股东应当将违反规定分配的利润退还公司；给公司造成损失的，股东及负有责任的董事、监事、高级管理人员应当承担赔偿责任。

公司弥补亏损和提取公积金后所余税后利润，有限责任公司按照股东实缴的出资比例分配，但全体股东约定不按照出资比例分配的除外；股份有限公司按照股东持有的股份比例分配，但公司章程另有规定的除外。

公司向股东分配的利润称为股息或红利，合称股利。股息是股东定期按一定的利率从公司分得的盈利，红利则是在公司分派股息之后按持股比例向股东分配的剩余利润。股利的具体发放形式主要有现金、股票、财产。

【大家讲坛 3-15】

2023 年 1 月，自然人甲和乙设立丙有限责任公司，双方约定甲出资 4 万元，乙出资 2 万元，对盈余分配无特别约定。截至 2023 年底，甲实际缴付出资 1 万元，乙足额缴付出资，公司拟向股东分配盈余 9 万元。

甲可以分得的利润有多少？

【解析】如果无特别约定，有限责任公司按照股东实缴的出资比例分配利润，甲实际缴付出资 1 万元，占全部实际缴付出资的 1/3，可以分到 3 万元利润。

3. 公司公积金

1) 公积金的种类

公积金是公司在资本之外保留的资金金额，分为盈余公积金和资本公积金。

盈余公积金是公司从缴纳企业所得税后的利润中提取的积累资金，又分为法定公积金和任意公积金。公司分配当年税后利润时，应提取利润的 10% 列入法定公积金；当法定公积金累计额达到公司注册资本金额 50% 时，可不再提取。法定公积金不足以弥补以前年度亏损的，在提取法定公积金之前，应当先用当年利润弥补亏损。在提取法定公积金后，经股东会决议，还可以从税后利润中提取任意公积金。

资本公积金是在公司的生产经营之外，直接由资本、资产本身及其他原因形成的公积金，来源于股份有限公司发行股份所得溢价款和法律规定的其他收入。

2) 公积金的用途

(1) 弥补公司亏损。公司的亏损按照国家税法规定，可以用缴纳所得税前的利润弥补；超过税前利润弥补期限仍未补足的亏损，可以用公司税后利润弥补；税后利润仍不足弥补的，可以用公司的公积金弥补。公积金弥补公司亏损，应当先使用任意公积金和法定公积金；仍不能弥补的，可以按照规定使用资本公积金。

(2) 扩大公司生产经营。公司可以根据生产经营的需要，用公积金来扩大生产经营规模。

(3) 增加公司注册资本。公司为了实现增加资本的目的，可以将公积金的一部分转为注册资本。用任意公积金转增注册资本的，法律没有限制；用法定公积金转增注册资本时，转增后所留存的该项公积金不得少于转增前公司注册资本的 25%。

【大家讲坛 3-16】

德丰有限责任公司注册资本为 700 万元，2021 年之前公司没有亏损，2021 年公司亏损 100 万元，2022 年公司税前利润 300 万元，法定公积金累计额 310 万元。在缴纳 25% 的企业所得税后，德丰公司决定先提取法定公积金，然后向股东分配利润。

德丰公司 2022 年度应提取多少法定公积金？

【解析】2022 年公司税前利润先弥补 2021 年的亏损 100 万元，余额 200 万元缴纳 25% 的企业所得税后，还剩余 $200 - 200 \times 25\% = 150$ 万元。法定公积金按照税后利润的 10% 提取，即 $150 \times 10\% = 15$ 万元。

3.6.2 公司合并、分立、增资、减资

1. 公司合并

公司合并是指两个以上的公司依照法定程序,合并为一个公司的行为。

1) 合并方式

(1) 新设合并,是指两个以上的公司合并设立一家新公司,合并后原公司解散。

(2) 吸收合并,是指一家公司吸收其他公司,吸收其他公司的公司存续,被吸收公司解散。

2) 合并程序

(1) 合并各方签订合并协议,并编制资产负债表及财产清单。

(2) 合并各方股东会作出合并决议。

(3) 公司应当自作出合并决议之日起 10 日内通知债权人,并于 30 日内在报纸上或者国家企业信用信息公示系统公告。债权人自接到通知书之日起 30 日内,未接到通知书的自公告之日起 45 日内,可以要求公司清偿债务或者提供相应的担保。

(4) 公司合并后,应当依法向公司登记机关办理相应的变更登记、注销登记、设立登记。

3) 债务承担

新设合并后,原公司法人资格都消灭,新公司必须承继原公司的债权、债务。吸收合并后,被吸收的公司法人资格消灭,存续的公司必须承继被吸收公司的债权、债务。

2. 公司分立

公司分立是指原公司依照法定程序,分为两个以上的公司的行为。

1) 分立方式

(1) 新设分立,是指公司以其全部财产分别归入两个以上的新设公司,原公司解散。

(2) 派生分立,是指公司以其部分财产另设一个或数个新的公司,原公司存续。

2) 分立程序

公司分立的程序与公司合并的程序基本相同。

3) 债务承担

公司分立前的债务由分立后的公司承担连带责任,但在分立前与债权人就债务清偿达成的书面协议另有约定的除外。

分立的企业在承担连带责任后,各企业之间对原企业债务承担有约定的,按照约定处理;没有约定或者约定不明的,根据企业分立时的资产比例分担。

【大家讲坛 3-17】

甲公司分立为乙公司和丙公司,甲公司和其债权人书面约定,由乙公司承担甲公司全部债务的清偿责任。

上述书面约定是否合法?

【解析】该约定合法。甲公司分立前的债务由分立后的公司承担连带责任,但是甲公司在分立前可以与债权人书面协议约定由乙公司承担甲公司全部债务的清偿责任。

3. 公司增资

注册资本增加也称增资,是指公司依照法定条件和程序增加公司注册资本的行为。增资的

原因主要有公司筹集资金扩大经营规模、调整股权结构和持股比例等。

1) 公司增资的方式

实践中常见的方法增资有：由原股东或新股东认购新增注册资本或股份；将公司利润、公积金转为注册资本；将债权转换为股权，则公司负债相应消灭，注册资本增加。

2) 公司增资的程序

有限责任公司增加注册资本时，股东认缴新增出资，依照《公司法》设立有限责任公司缴纳出资的有关规定执行。股东在同等条件下有权优先按照实缴的出资比例认缴出资，但是全体股东约定不按照出资比例优先认缴出资的除外。

股份有限公司为增加注册资本发行新股时，股东认购新股，依照《公司法》设立股份有限公司缴纳股款的有关规定执行。股东不享有优先认购权，公司章程另有规定或者股东会决议决定股东享有优先认购权的除外。

增加注册资本应当由股东会作出决议，并依法向公司登记机关办理相应的变更登记。

4. 公司减资

注册资本减少也称减资，是指公司依照法定条件和程序减少注册资本的行为。公司减资的原因主要有公司缩小经营规模或停止经营项目、弥补亏损、公司分立等情形。

1) 公司减资的方式

公司减少注册资本，应当按照股东出资或者持有股份的比例相应减少出资额或者股份，法律另有规定、有限责任公司全体股东另有约定或者股份有限公司章程另有规定的除外。实践中常见的减资方式有：将部分出资款返还给股东；减少部分股份或者减少每股份金额；免除股东全部或部分缴纳出资义务。

2) 公司减资的程序

(1) 股东会作出减少注册资本的决议，并编制资产负债表及财产清单。

(2) 公司应当自作出减资决议之日起 10 日内通知债权人，并于 30 日内在报纸上或者国家企业信用信息公示系统公告。债权人自接到通知书之日起 30 日内，未接到通知书的自公告之日起 45 日内，有权要求公司清偿债务或者提供相应的担保。

(3) 依法向公司登记机关办理变更登记。

公司违反《公司法》减少注册资本的，股东应当退还其收到的资金，减免股东出资的应当恢复原状；给公司造成损失的，股东及负有责任的董事、监事、高级管理人员应当承担赔偿责任。

3.6.3 公司解散和清算

1. 公司解散

公司解散是指公司因发生公司章程或者法律规定的除破产以外的解散事由而停止经营活动，并进入清算程序的法律行为。公司解散的原因如下。

(1) 因公司章程规定的营业期限届满，或者出现公司章程规定的其他解散事由而解散。

(2) 因股东会决议而解散。

(3) 因公司合并、分立而解散。

(4) 因依法被吊销营业执照、被责令关闭或者被撤销而解散。
(5) 人民法院依法予以解散。

有下列事由之一，公司经营管理发生严重困难，继续存续会使股东利益受到重大损失，通过其他途径不能解决的，持有公司10%以上表决权的股东，可以请求人民法院解散公司：①公司持续2年以上无法召开股东会，公司经营管理发生严重困难的；②股东表决时无法达到法定或者公司章程规定的比例，持续2年以上不能作出有效的股东会决议，公司经营管理发生严重困难的；③公司董事长期冲突，且无法通过股东会解决，公司经营管理发生严重困难的；④经营管理发生其他严重困难，公司继续存续会使股东利益受到重大损失的情形。公司出现上述解散事由，应当在10日内将解散事由通过国家企业信用信息公示系统予以公示。

公司有上述第①②情形，且尚未向股东分配财产的，可以通过修改公司章程或者经股东会决议而存续。此公司章程修改或者股东会决议，有限责任公司须经持有2/3以上表决权的股东通过，股份有限公司须经出席股东会会议的股东所持表决权的2/3以上通过。

【大家讲坛3-18】
晴朗有限责任公司于2016年2月设立，公司共6名股东，其中甲股东持有20%的表决权，乙股东持有5%的表决权；自2021年以来，该公司一直无法召开股东会，公司经营管理发生严重困难，通过其他途径无法解决。2023年2月1日，甲股东和乙股东分别向法院提起申请要求解散公司。

法院是否应该受理他们的申请？

【解析】法院应当受理甲股东的申请。甲股东持有公司全部股东表决权超过10%，有资格向法院提请解散公司；乙股东持有的表决权不足10%，不能申请。

2. 公司清算

公司清算是指公司解散或被依法宣告破产后，依照一定的程序结束公司事务、收回债权、偿还债务、清理资产，并分配剩余财产、终止公司的活动。除公司因合并或分立而解散，不必进行清算外，公司解散必须经过法定清算程序。公司被依法宣告破产的，依照有关企业破产的法律实施破产清算。

1) 清算组及其组成

(1) 公司自行组织清算。

董事为公司清算义务人，应当在解散事由出现之日起15日内组成清算组。清算组由董事组成，但是公司章程另有规定或者股东会决议另选他人的除外。清算义务人未及时履行清算义务，给公司或者债权人造成损失的，应当承担赔偿责任。

(2) 人民法院指定清算组。

公司依照规定应当清算，逾期不成立清算组进行清算或者成立清算组后不清算的，利害关系人可以申请人民法院指定有关人员组成清算组进行清算。人民法院应当受理该申请，并及时组织清算组进行清算。

公司因出现法定解散事由(不包括人民法院依法予以解散的情形)，作出吊销营业执照、责令关闭或者撤销决定的部门或者公司登记机关，可以申请人民法院指定有关人员组成清算组进行清算。

人民法院受理公司清算案件，应当及时指定有关人员组成清算组。清算组成员可以从下列人员或者机构中产生：公司股东、董事、监事、高级管理人员；依法设立的会计师事务所、律师事务所、清算事务所等社会中介机构或其具备相关专业知识并取得执业资格的人员。

2) 清算组的责任与职权

清算期间，公司存续，但不得开展与清算无关的经营活动。公司财产在未按照法定程序清偿债务前，不得分配给股东。清算组成员履行清算职责，负有忠实义务和勤勉义务。清算组成员怠于履行清算职责，给公司造成损失的，应当承担赔偿责任；因故意或者重大过失给债权人造成损失的，应当承担赔偿责任。

清算组在清算期间行使下列职权：清理公司财产，分别编制资产负债表和财产清单；通知或公告债权人；处理与清算有关的公司未了结的业务；清缴所欠税款及清算过程中产生的税款；清理债权债务；分配公司清偿债务后剩余财产；代表公司参与民事诉讼活动。

3) 清算工作程序

(1) 登记债权。清算组应当自成立之日起 10 日内通知债权人，并于 60 日内在报纸上或者国家企业信用信息公示系统公告。债权人应当自接到通知书之日起 30 日内，未接到通知书的自公告之日起 45 日内，向清算组申报其债权。债权人申报债权，应当说明债权的有关事项，并提供证明材料，清算组应当对债权进行登记。

在申报债权期间，清算组不得对债权人进行清偿。

(2) 清理公司财产，制定清算方案。清算组应当对公司财产进行清理，编制资产负债表和财产清单，制定清算方案。清算方案应当报股东会或者人民法院确认。

清算组在清理公司财产、编制资产负债表和财产清单后，发现公司财产不足清偿债务的，应当依法向人民法院申请宣告破产。人民法院受理破产申请后，清算组应当将清算事务移交给人民法院指定的破产管理人。

(3) 清偿债务。公司财产依次支付清算费用、职工工资、社会保险费用和法定补偿金，然后缴纳所欠税款、清偿公司债务，还有剩余财产的，有限责任公司按照股东的出资比例分配，股份有限公司按照股东持有的股份比例分配。

(4) 公告公司终止。公司清算结束后，清算组应当制作清算报告，报股东会或者人民法院确认，并报送公司登记机关，申请注销公司登记。

同步训练

一、单项选择题

1. 甲、乙、丙分别出资 7 万元、8 万元和 35 万元，成立一家有限责任公司。其中，甲、乙的出资为现金，丙的出资为房产。公司成立后，又吸收丁出资现金 10 万元入股。半年后，该公司因经营不善，拖欠巨额债务。法院在执行中查明，丙作为出资的房产仅值 15 万元，现有可执行的个人财产 10 万元。依照《公司法》的规定，对此应(　　)。

　A. 丙以现有财产补交差额，不足部分待丙有财产时再行补足

　B. 丙以现有财产补交差额，不足部分由甲、乙补足

C. 丙以现有财产补交差额，不足部分由甲、乙、丁补足

D. 丙无须补交差额，其他股东也不负补足的责任

2. 甲、乙、丙设立丁公司，约定甲以现金出资，乙以房屋出资，丙以专利出资，并约定公司设立后可以在原范围继续使用该专利。下列有关该专利事项的说法正确的是(　　)。

A. 乙认为同为公司股东，自己当然可以使用该专利

B. 丙继续使用该专利应向丁公司支付许可费用

C. 丙继续使用该专利不超过丁公司的使用范围即可

D. 丙认为如果乙使用该项专利应获得自己许可

3. 某公司注册资本为100万元。2022年该公司提取的法定公积金累计额为60万元，提取的任意公积金累计额为40万元。当年，该公司拟用公积金转增公司资本50万元。下列有关公司拟用公积金转增资本的方案中，不符合公司法律制度规定的是(　　)。

A. 用法定公积金10万元、任意公积金40万元转增资本

B. 用法定公积金20万元、任意公积金30万元转增资本

C. 用法定公积金30万元、任意公积金20万元转增资本

D. 用法定公积金40万元、任意公积金10万元转增资本

4. 金飞是甲有限责任公司的小股东，因怀疑公司高级管理人员在经营中损害公司利益，要求查阅公司账簿调查核实相关情况。关于此事，下列说法中错误的是(　　)。

A. 金飞应当向公司提出书面申请

B. 公司有权以保守商业秘密为由拒绝金飞的查阅要求

C. 公司不能拒绝金飞聘请注册会计师协助查阅的要求

D. 被公司拒绝后，金飞可以请求法院允许自己查阅

5. 甲持有乙股份有限公司34%的股份，为第一大股东。2022年1月，乙公司召开股东会讨论其为甲向银行借款提供担保事宜。出席本次大会的股东(包括甲)所持表决权占公司发行股份总额的49%，除一名持有公司股份总额1%的小股东反对外，其余股东都同意乙公司为甲向银行借款提供担保。下列说法中正确的是(　　)。

A. 决议无效，因为出席股东大会的股东所持表决权数不足股份总额的半数

B. 决议无效，因为决议所获同意票代表的表决权数不足公司股份总额的半数

C. 决议无效，因为甲未回避表决

D. 决议无效，因为公司不得为其股东提供担保

6. 甲、乙、丙出资设立丁有限责任公司，在其设置的股东名册中记载了3人的姓名等事项，但在办理公司登记时受托的代理人遗漏了丙，导致公司登记的文件中股东只有甲乙两人。关于丙的股东资格，下列说法中正确的是(　　)。

A. 公司登记时没有丙，所以丙不能取得股东资格

B. 丙应当取得股东资格，但不能参与丁公司的分红

C. 丙已经取得股东资格，但不能对抗第三人

D. 虽然丙不能取得股东资格，但可以参与丁公司的分红

7. 当公司出现特定情形，继续存续会使股东利益受到重大损失，通过其他途径不能解决时，持有公司全部股东表决权10%以上的股东提起解散公司诉讼的，人民法院应当受理。下列各项中，属于此类特定情形的是(　　)。

A. 甲公司连续2年董事会成员频繁更换，严重影响公司日常管理
B. 乙公司由大股东控制，连续4年不分配利润
C. 丙公司股东之间发生矛盾，持续3年无法召开股东会，经营管理发生严重困难
D. 丁公司2年来一直拒绝小股东查询公司会计账簿的请求

8. 甲、乙、丙、丁4人成立一个有限责任公司，公司章程约定公司营业期限为10年。3年后，甲想将自己的股权对外转让，乙、丙同意，丁反对。因乙、丙的股权比例合计只有30%，股东会议未能通过甲的转让事项。公司营业期限届满后又召开了股东会，乙、丙、丁投票赞成修改公司章程使公司存续，甲投了弃权票。有关上述事件，下列说法中正确的是(　　)。
A. 因赞成票不足，甲不能对外转让股权
B. 甲对外转让股权必须书面通知其他股东
C. 如果公司得以存续，甲可以请求公司收购其股权
D. 其他股东任何情况下有权优先购买甲转让的股权

9. 东升公司有两个自然人股东，甲持股70%担任董事长，乙持股30%。一次，甲在丁公司的债权即将到期的情况下，未经股东会决议将东升公司大部分资产用于投资丙公司的一个大型项目，待债权人丁公司要求东升公司偿还货款时，东升公司能动用的资产已不足以清偿。下列说法中正确的是(　　)。
A. 甲应对丁公司承担清偿责任
B. 甲和乙按出资比例对丁公司承担清偿责任
C. 甲和乙对丁公司承担连带清偿责任
D. 只能由东升公司承担对丁公司的清偿责任

二、多项选择题

1. 甲、乙两个公司与刘某、谢某欲共同设立一注册资本为200万元的有限责任公司，他们在拟订公司章程时约定各自以如下方式出资。下列出资不合法的有(　　)。
A. 甲公司以其企业商誉评估作价80万元出资
B. 乙公司以其获得的某知名品牌特许经营权评估作价60万元出资
C. 刘某以保险金额为20万元的保险单出资
D. 谢某以其设定了抵押担保的房屋评估作价40万元出资

2. 甲公司主要经营家用电器销售业务，其总经理齐某在任职期间代理乙公司将一批空调销售给某学校。下列有关该行为的说法中正确的有(　　)。
A. 齐某的行为经甲公司股东会批准方为合法
B. 齐某的行为无须向甲公司董事会报告
C. 齐某的行为未经甲公司批准，其上述行为所得收入归甲公司
D. 甲公司可以撤销齐某的行为，其上述行为所得收入归甲公司

3. 李方为平昌公司董事长，债务人姜呈向平昌公司偿还40万元时，李方要其将该款打到自己指定的个人账户，随即李方又将该款借给刘黎，借期一年，年息12%。对此，下列表述中正确的是(　　)。
A. 该40万元的所有权，应归属于平昌公司

B. 李方因其行为已不再具有担任董事长的资格

C. 在姜呈为善意时，其履行行为有效

D. 平昌公司可要求李方返还40万元的利息

4. 甲、乙拟募集设立一股份有限公司，在获准向社会募股后实施的下列(　　)行为违法。

A. 其认股书上记载：认股人一旦认购股份就不得撤回

B. 与某银行签订承销股份和代收股款协议，由该银行代售股份和代收股款

C. 在招股说明书上告知：公司章程由认股人在创立大会上共同制订

D. 在招股说明书上告知：股款募足后将在60日内召开创立大会

5. 甲持有硕昌有限公司29%的股权，任该公司董事长；乙、丙为另外两个股东，甲拟出让其全部股权。下列说法错误的有(　　)。

A. 因甲持股比例较低，故对外转让股权必须征得乙、丙同意

B. 若公司章程限制甲转让其股权，则甲可直接修改章程使其转让行为合法

C. 甲可将其股权分割为两部分，分别转让给乙、丙

D. 甲对外转让其全部股权时，乙、丙均可就甲部分股权主张优先购买权

6. 甲股份有限公司实收注册资本1亿元，以募集方式设立。公司发起人之一赵某持有公司15%的股份，公司董事会有9名成员。甲公司因故召开临时股东大会，以下属于该会议应召开情形的是(　　)。

A. 因数位董事辞职，董事会成员还剩5人　　B. 股东赵某要求召开

C. 公司未弥补亏损达人民币2500万元　　　　D. 监事李某提议召开

7. 甲有限责任公司有三名股东甲、乙、丙，他们的出资比例为7∶2∶1。2022年初，甲提议公司注册资本增资1000万元。关于该增资事项，下列说法正确的是(　　)。

A. 三位股东不必按原出资比例增资　　　　B. 三位股东不必立即缴足增资

C. 公司不必修改公司章程　　　　　　　　D. 公司不必办理变更登记

8. 章苗向银行申请贷款，请好友曹明帮忙解决担保问题，曹明是科典有限公司的控股股东和董事长。根据科典公司章程规定，公司对外担保事项应经股东会决议。如果科典公司召开股东会会议讨论为章苗提供担保事宜，则下列说法错误的是(　　)。

A. 科典公司股东会不应通过此事项，因为这是曹明的私事

B. 科典公司股东会不应讨论此事项，公司为个人担保不合法

C. 如果股东会通过此事项，章苗就获得科典公司担保

D. 如果科典公司股东会讨论此事项，曹明不得参加表决

9. 景阳有限责任公司有三个股东，2020年3月公司决定增加注册资本220万元；2023年12月的股东会会议决定将景阳公司拆分为甲和乙两个有限责任公司。下列说法中错误的是(　　)。

A. 股东只能按照认缴出资比例优先认缴新增注册资本的出资

B. 股东会增加注册资本作出决议，应当经代表2/3以上表决权的股东通过

C. 景阳公司分立，债权人可以要求公司清偿债务或者提供相应的担保

D. 景阳公司分立前的债务由分立后的甲和乙两个公司承担连带责任

解决几个大问题

1. 甲、乙共同成立 A 有限责任公司，注册资本 200 万元。其中，甲持有 60%股权，乙持有 40%股权。2022 年 8 月 25 日，A 公司聘请李某担任公司总经理，负责公司日常经营管理。双方约定，除基本工资外，李某可从公司每年税后利润中提取 1%作为奖金。同时，A 公司股东会决议：同意李某向 A 公司增资 20 万元，其中李某以其姓名作价 10 万元出资，其余 10 万元出资以李某未来从 A 公司应分配的奖金中分期缴纳。

2023 年 1 月初，乙要求退资。经股东会同意，1 月 20 日，A 公司与乙签订退资协议，约定 A 公司向乙返还 80 万元出资款。1 月 28 日，A 公司向乙支付 80 万元后，在股东名册上将乙除名。同时，A 公司宣布减资 80 万元，并向债权人发出了通知和公告。债权人丙接到通知后，当即提出异议，认为股东出资后不得撤回，并要求 A 公司立即清偿债务。A 公司则以丙的债权尚未到期为由拒绝清偿。

根据上述内容，分别回答下列问题并说明理由：
(1) 李某可否以姓名出资？
(2) 李某以未来从 A 公司可分得的奖金分期缴纳出资款是否符合法律规定？
(3) 丙以股东出资后不得撤回为由反对乙退资的主张是否成立？
(4) 丙是否有权要求 A 公司清偿未到期债务？

2. 甲有限责任公司 2020 年 1 月由 A、B、C 公司共同出资设立，注册资本为 1000 万元。三家公司分别认缴出资 600 万元、300 万元、100 万元。公司董事会有 5 名董事，张某为董事长。张某上任后，直接任命了公司的总经理、副总经理等高级管理人员。

2022 年 6 月，甲公司股东会讨论为 A 公司的银行贷款提供担保事项，各股东都派代表参会。在表决时，A、C 公司代表赞成，B 公司代表反对，股东会通过了该项决议。

2022 年 9 月，C 公司拟将自己的全部股权对外转让给 D 公司，就该事项书面通知 A、B 公司征求同意，但两家公司自接到书面通知之日起 40 日内未予以答复。

2022 年 11 月，甲公司股东会通过了公司分立决议，在股东会表决时投反对票的 B 公司请求甲公司以合理的价格收购其股权，但 B 公司与甲公司在 60 日内未能达成股权收购协议。

根据上述资料，回答下列问题并说明理由：
(1) 张某任命公司高级管理人员是否合法？
(2) 2022 年 6 月股东会决议能否通过？
(3) C 公司是否可以转让自己的出资？
(4) 如果 B 公司坚持要求甲公司收购股权，应如何采取法律行为？

3. 信恒有限责任公司 2020 年 11 月成立，注册资本 3000 万元，股东甲、乙、丙、丁、戊分别实缴出资 30%、25%、20%、15%、10%。5 人约定，公司设立后的 3 年内税后利润，甲分配 40%，其他 4 位股东每人各得 15%，此后按照实际出资比例分配公司利润。公司由丙担任董事长和法定代表人，甲和乙为董事，丁为总经理。

2021 年 7 月，丙召集并主持了公司的股东会会议，作出以下决议：①董事长签订金额超过 100 万元的合同由董事会批准；②因有一名监事辞职，决定由戊担任公司监事。

2021 年 10 月，丙未经董事会批准，擅自以信恒公司名义与荣丰物业公司签订了一份价值

300万元的物业外包合同。荣丰公司不知道丙的行为未经信恒公司董事会批准。

2022年8月，丙违反公司章程规定，未经公司董事会讨论，将信恒公司承建的工程违法转包给没有建筑资质的个人承包。在工程建设过程中，丙也未切实对该工程质量、账务收支进行监管，致使工程资金被个人滥用，导致信恒公司代个人承担了相应的民事责任，且难以挽回损失。信恒公司起诉请求丙赔偿信恒公司损失150余万元。

2022年12月，在未报告董事会、股东会的情况下，总经理丁促成信恒公司与春元建材公司签订建材购买合同，而丁是春元公司的大股东。

根据上述资料，回答下列问题并说明理由：

(1) 5位股东关于公司设立后的3年内利润分配的约定是否有效？
(2) 2021年7月召开的公司股东会会议是否有不合法之处？
(3) 信恒公司与荣丰公司的物业外包合同是否有效？
(4) 信恒公司起诉丙的法律依据是什么？
(5) 丁在购买建材的业务中是否存在违法行为？

上海某餐饮管理有限公司的门店经营范围为"热食类食品制售"，当地市场监督管理局进行市场检查时发现该店在店内及美团外卖平台制售配有生黄瓜丝的凉皮，但该店未取得冷食类食品制售许可，依法对该店罚款5000千元。针对上述事件，同学们思考一下市场监督管理局的处罚是否有法律依据？受到处罚后，该店是否可以继续正常经营？

同学们还可以通过查询资料或向企业登记部门咨询、了解：如果经营药店、书店、旅馆、娱乐场馆、废品收购站、汽车维修店，或者图文制作店，是否需要办理经营许可证？到哪个政府主管部门办理许可证？

推荐书目：
1.《创业者的公司法》，云闯著，法律出版社，2022年版。
2.《案例公司法》，葛伟军编著，法律出版社，2018年版。

推荐资源：
1. 进入中国大学慕课官网搜索"经济法"关键字，获得课程资源。
2. 进入网易云课堂官网搜索"经济法"关键字，获得课程资源。

第 4 章

企业破产法律制度

◎ 任务清单

序号	任务	要求
1	破产原因	掌握
2	破产申请的条件和受理	掌握
3	管理人的职责	了解
4	债务人财产的范围及其清理	理解
5	破产债权的范围和申报规定	理解
6	债权人会议的组织及其职权	了解
7	重整程序	掌握
8	和解程序	了解
9	破产费用和共益债务	了解
10	破产财产的分配	掌握

◎ 法律法规提示

《中华人民共和国企业破产法》(2006 年 8 月 27 日),《最高人民法院关于适用〈中华人民共和国企业破产法〉若干问题的规定(一)》(2011 年 8 月 29 日),《最高人民法院关于适用〈中华人民共和国企业破产法〉若干问题的规定(二)》(2020 年 12 月 23 日)。

《中华人民共和国企业破产法》

《最高人民法院关于适用〈中华人民共和国企业破产法〉若干问题的规定(一)》

《最高人民法院关于适用〈中华人民共和国企业破产法〉若干问题的规定(二)》

◎ 思考题

因楚雄公司严重资不抵债，债权人甲公司申请其破产，法院受理并指定了管理人。经管理人调查，楚雄公司目前财产情况如下：①享有未到期债权 120 万元；②已设定抵押的房产价值 800 万元；③购买的价值 75 万元的车辆正在运输途中，但未付清货款；④租赁乙公司 60 元万的设备，租赁期未满；⑤机器、成品、原料、办公设备共计 570 万元；⑥账面现金 4 万元。以上各项哪些构成债务人财产？

思考题解析

4.1 破产法概述

4.1.1 破产法及其适用范围

1. 破产法的立法目的

破产或破产制度是指对丧失清偿能力的债务人，由法院强制清算并执行其全部财产，公平清偿全体债权人的法律制度。我国的破产法主要指《中华人民共和国企业破产法》(以下简称《企业破产法》)，《企业破产法》没有规定的，适用民事诉讼法的有关规定。以挽救债务人、避免破产为目的的重整、和解等法律制度，与破产制度有着密切的关系，所以《企业破产法》包括重整程序和和解程序的法律规定。

通常，在债务人具有清偿能力而不履行债务或对债务有争议时，如果只是个别债权人起诉债务人企业，债权人通过民事债权制度、民事诉讼与执行制度得到公平清偿可能性较大。但如果存在较多债权人，而债务人企业没有足够清偿能力，仅靠上述法律制度就不足以公平实现全体债权人的债权。因为，先受偿的债权人可能获得全额清偿，而其他债权人则可能获得不完全清偿甚至一无所获。

另外，债务人企业想避免破产，或者想以和解方式一并了结所有债务，通过一般民事诉讼制度，很难与所有债权人逐个达成协议。所以，要公正公平解决债务清偿问题，就必须有一种特别的实现债权的法律制度来调整，这就是破产制度。

2. 破产法的适用范围

企业法人的破产适用《企业破产法》，企业法人以外的组织的清算可参照适用《企业破产法》规定的程序。商业银行、证券公司、保险公司等金融机构具备破产原因的，国务院金融监督管理机构可以向人民法院提出对该金融机构进行重整或者破产清算的申请。

另外，已确认的债权才能依照《企业破产法》得到清偿，当事人间的实体权利、义务争议，如债是否存在、数额多少等则应在破产法之外通过民事诉讼、仲裁等方式解决，之后方可进入破产程序。

法智箴言

企业达到破产界限或是无法预测和控制的市场风险所导致，或是企业管理者经营决策的重大失误所导致，不能因此必然降低对该企业和企业管理者的商业道德评价。他们是商业上的失败者，不一定是道德和法律上的作恶者，所以法律给予他们重振旗鼓的机会。

4.1.2 破产原因

1. 破产原因的概念

破产原因又称破产界限，是指法院认定债务人丧失债务清偿能力，据以启动破产程序、宣告债务人破产的法律事实，即引起破产程序发生的原因。《企业破产法》规定的"企业法人不能清偿到期债务，并且资产不足以清偿全部债务或者明显缺乏清偿能力的"就是破产原因。对此，应做如下理解。

1) 不能清偿到期债务且资产不足以清偿全部债务

不能清偿到期债务，是指债务人对请求偿还的到期债务，持续无法全部清偿的法律事实。这里的到期债务是指债务人依法成立且已到偿还期限，债权人提出清偿要求，双方无争议的债务；或者通过法院、仲裁机构作出生效裁判已确定的债务。

资产不足以清偿全部债务即资不抵债，是指企业的全部资产总额不足以偿付其全部债务总额。当债务人的资产负债表，或者审计报告、资产评估报告等显示其全部资产不足以偿付全部负债的，就可以认定债务人资产不足以清偿全部债务，但有相反证据足以证明债务人资产能够偿付全部负债的除外。

同时满足"不能清偿到期债务"和"资产不足以清偿全部债务"这两个条件，就可以认定债务人达到破产界限，这主要适用于债务人申请破产的案件。

2) 不能清偿到期债务且明显缺乏清偿能力

明显缺乏清偿能力，指债务人不能以任何方式清偿债务的法律事实。即使债务人现有资产确系不能清偿全部债务，也存在债务人凭借信用、经营能力等其他偿还因素完全清偿的可能。相反，债务人账面资产大于负债，却可能对到期债务缺乏现实支付能力。

所以，债务人账面资产虽大于负债，但存在下列情形之一的，应当认定其明显缺乏清偿能力：因资金严重不足或者财产不能变现等原因，无法清偿债务；法定代表人下落不明且无其他人员负责管理财产，无法清偿债务；经人民法院强制执行，无法清偿债务；长期亏损且经营扭亏困难，无法清偿债务；导致债务人丧失清偿能力的其他情形。

同时满足"不能清偿到期债务"和"明显缺乏清偿能力"这两个条件，就可以认定债务人达到破产界限，这主要适用于债权人申请破产的案件。

【大家讲坛 4-1】

中康房地产公司因房地产市场萎缩，公司的商品房难以变现，不能清偿到期债务。面对大批债权人要求偿债的情况，公司董事长兼总裁吴某却潜逃海外，公司管理陷入混乱，已出售房屋因质量问题纠纷不断，市场信誉每况愈下。债权人天一公司已申请法院强制执行中康房地产公司还款，仍无法获得完全清偿，于是向法院申请对其进行破产清算，但中康公司以其账面资产大于负债为由表示异议。

天一公司可以提出哪些证据来证明中康公司达到破产界限？

【解析】中康公司已经不能清偿到期债务，天一公司可以提供中康公司存在以下明显缺乏清偿能力情形的证据：公司的商品房难以变现，不能清偿到期债务；公司董事长兼总裁吴某潜至海外，公司管理陷入混乱；天一公司已申请法院强制执行中康公司财产，仍无法获得完全清偿。

4.2 破产申请的提出和受理

4.2.1 破产申请的提出

只要符合法律规定的条件，当事人即可申请债务人破产，是否发生破产原因由法院审查判定。

1. 申请当事人

1) 债权人

只要债务人不能清偿到期债务，债权人就可以向法院提出破产申请，无须考虑债务人是否资不抵债，这有利于债权人举证。政府税务机关、社会保险机构作为债权人可以申请债务人破产。破产企业的职工作为债权人也可以申请债务人企业破产，破产申请应经职工代表大会或者全体职工会议决议通过。

债务人已解散但未清算或者未在合理期限内清算完毕，债权人申请债务人破产清算的，除债务人在法定异议期限内举证证明其未出现破产原因外，人民法院应当受理。

2) 债务人

债务人不能清偿到期债务，且资产不足以清偿全部债务或明显缺乏清偿能力，可以向法院提出破产申请。可见，由债务人自己提出破产申请的条件高于债权人，除了不能清偿到期债务外，还必须证明自己的财产状况达到资不抵债或明显缺乏清偿能力的界限。

3) 清算人

清算人代表企业提出申请。企业法人已解散但未清算或者未清算完毕，资产不足以清偿债务的，为保护全体债权人的利益，依法负有清算责任的清算人应当向人民法院申请破产清算。《公司法》也规定，清算组织在清算时发现公司财产不足以清偿债务的，有义务向人民法院申请破产。

2. 破产申请文件

当事人向人民法院提出破产申请，应当提交破产申请书和债务人不能清偿到期债务的有关证据。破产申请书应当载明：申请人、被申请人的基本情况；申请目的；申请的事实和理由；人民法院认为应当载明的其他事项。

债务人提出申请的，还应当向人民法院提交财产状况说明、债务清册、债权清册、有关财务会计报告、职工安置预案或对职工的补偿方案、职工工资的支付和社会保险费用的缴纳情况。清算人或金融监督管理机构提出申请的，由其向人民法院提交上述文件。

【大家讲坛 4-2】

丽江春晓文化公司由罗宾和 3 位好友共同设立，注册资本已按公司章程要求全部到位。由于前期开拓市场投入大量资金却收效甚微，公司已负债过千万，此时公司全部资产只剩不到 400 万元，罗宾他们想尽快了结公司的全部事务。公司的十多个债权人虽然没有申请丽江春晓公司破产，但频繁上门要求还债。罗宾他们的压力非常大，想主动申请丽江春晓文化公司破产，你认为这个想法是否行得通？

【解析】丽江公司的想法可行。丽江公司确系不能清偿到期债务，如果能向法院提交证明自己资不抵债或明显缺乏清偿能力的证据或文件，可以向法院提出破产申请。

4.2.2 破产申请的受理

1. 对破产申请的审查和受理

1) 审查

法院收到破产申请后应当及时对申请人的主体资格、债务人的主体资格和破产原因，以及有关材料和证据等进行审查。债权人提出破产申请的，人民法院应当自收到申请之日起 5 日内通知债务人。通知中应告知债务人不得转移资产、逃避债务，不得进行任何有碍于公平清偿的行为。

债务人对债权人提出的破产申请有异议的，应当自收到人民法院的通知之日起 7 日内向人民法院提出，并提交相关的证据材料。人民法院应当自异议期满之日起 10 日内裁定是否受理。除上述情形外，人民法院应当自收到破产申请之日起 15 日内裁定是否受理。

债务人对债权人的申请未在法定期限内向人民法院提出异议，或者异议不成立的，人民法院应当依法裁定受理破产申请。

2) 受理

人民法院裁定受理破产申请的，应当在裁定自作出之日起 5 日内送达申请人。债权人提出申请的，人民法院应当自裁定作出之日起 5 日内送达债务人。债务人应当自裁定送达之日起 15 日内，向人民法院提交财产状况说明、债务清册、债权清册、有关财务会计报告，以及职工工资的支付和社会保险费用的缴纳情况。

3) 不受理

人民法院裁定不受理破产申请的，应当将裁定自作出之日起 5 日内送达申请人并说明理由。申请人对裁定不服的，可以自裁定送达之日起 10 日内向上一级人民法院提起上诉。人民法院受理破产申请后，债权人、债务人等又提出重整或和解申请，人民法院裁定不受理该申请的，按照上述程序处理。

人民法院受理破产申请后至破产宣告前，经审查发现债务人未发生破产原因的，可以裁定驳回申请。申请人对裁定不服的，可以自裁定送达之日起 10 日内向上一级人民法院提起上诉。

在整个破产程序中，当事人可以提起上诉的仅限于"不予受理"和"驳回破产申请"两个裁定。当事人对人民法院的其他裁定如宣告破产、破产财产分配方案等不服，都不能提起上诉。

2. 法院指定管理人和公告

人民法院裁定受理破产申请的，应当同时指定管理人，并在裁定受理破产申请之日起 25 日内通知已知债权人，并予以公告。

3. 受理破产案件的法律效力

1) 债务人有关人员的义务

自人民法院受理破产申请的裁定送达债务人之日起至破产程序终结之日，债务企业有关人员承担下列义务：妥善保管其占有和管理的财产、印章和账簿、文书等资料；根据人民法院、管理人的要求进行工作，并如实回答询问；列席债权人会议并如实回答债权人的询问；未经人民法院许可，不得离开住所地；不得新任其他企业的董事、监事、高级管理人员。上述所称"企业有关人员"是指企业的法定代表人，经法院决定，可以包括企业的财务管理人员和其他经营管理人员。

2) 债务人对个别债权人的清偿

人民法院受理破产申请后，债务人对个别债权人的债务清偿无效，不论债务是何种原因引起，也不论债务是否到期。但债务人以其财产向债权人提供物权担保的，在担保物市场价值内向债权人所做的债务清偿，不受上述规定限制，因为担保债权人享有对担保物的优先受偿权。

3) 向管理人清偿债务或交付财产

人民法院受理破产申请后，债务人的债务人或者财产持有人应当向管理人清偿债务或者交付财产。上述义务人明知或应知人民法院已经受理破产申请，仍向债务人清偿债务或者交付财产，使债权人受到损失的，不免除其向管理人清偿债务或者交付财产的义务。

4) 双方当事人都未履行完毕的合同

人民法院受理破产申请后，管理人对破产申请受理前成立且债务人和对方当事人都未履行完毕的合同有权决定解除或者继续履行，并通知对方当事人。管理人自破产申请受理之日起两个月内未通知对方当事人，或者自收到对方当事人催告之日起 30 日内未答复的，视为解除合同。管理人决定继续履行合同的，对方当事人应当履行，但有权要求管理人提供担保。管理人不提供担保的，视为解除合同。管理人这种对合同的选择履行权只能行使一次，不得在作出决定后反悔。

5) 有关债务人财产的保全措施和执行程序

人民法院受理破产申请后，有关债务人财产的保全措施应当解除，执行程序应当中止，有关财产计入债务人财产。这里的保全措施，是指法院或行政机关为保障将来的诉讼活动、行政行为的顺利执行，对当事人的财产或者争议的标的物采取的查封、扣押、冻结等强制措施。保全措施既包括法院在民事诉讼中采取的保全措施，也包括海关、税务、市场监管等机关在行政行为中采取的保全措施。

有关债务人的民事诉讼，人民法院已作出生效民事判决或调解但尚未执行完毕的，受理破产申请后，执行程序应当中止，债权人凭生效的法律文书向受理破产案件的人民法院申报债权。这里应当中止的执行程序，是针对无物权担保债权的。有物权担保的债权人对担保物的执行不会损害其他债权人的利益，原则上不中止，除非当事人申请的是重整程序。

6) 已开始而尚未终结的有关民事诉讼或仲裁

人民法院受理破产申请后，已经开始而尚未终结的有关债务人的民事诉讼或者仲裁应当中止；在管理人接管债务人的财产、掌握诉讼情况后，该诉讼或者仲裁继续进行。破产案件受理前债权人提起的，要求债务人的股东或次债务人偿还债务的诉讼，要求债务人的股东、实际控制人、董事、高级管理人员承担出资不实或抽逃出资责任的诉讼，以及对债务人财产提起的个别诉讼,仍需要在破产程序之外通过民事诉讼或者仲裁程序确定债务人责任。

7) 受理破产申请后的民事诉讼

人民法院受理破产申请后,有关债务人的民事诉讼,债权人只能向受理破产申请的人民法院提起。当事人约定仲裁解决纠纷的,仍应当通过仲裁方式解决。

【大家讲坛 4-3】

2022年7月,甲、乙两公司签订一份买卖合同,约定履行时间为2022年12月5日。2022年10月,法院受理了债务人甲公司的破产申请。10月31日,甲公司管理人收到了乙公司关于是否继续履行该买卖的催告,但直至12月初仍未答复。在此情形下,乙公司是否应当继续履行合同?如果甲公司管理人决定继续履行合同,乙公司应当如何应对?

【解析】①甲公司管理人自收到乙公司催告之日起30日内未答复,视为解除合同,无须继续履行;②如果甲公司管理人决定继续履行合同,乙公司应当履行,但有权要求甲公司管理人提供担保。

4.3 管理人和债务人财产

4.3.1 管理人

管理人是指法院受理破产案件后,由法院指定的,全面接管债务人企业并负责其财产的保管、清理、估价、处理和分配等破产清算事务的人员或组织。

1. 管理人的职责

管理人应当勤勉尽责,忠实执行职务,履行以下职责:接管债务人的财产、印章和账簿、文书等资料;调查债务人财产状况,制作财产状况报告;决定债务人的内部管理事务;决定债务人的日常开支和其他必要开支;在第一次债权人会议召开之前,决定继续或者停止债务人的营业;管理和处分债务人的财产;代表债务人参加诉讼、仲裁或者其他法律程序;提议召开债权人会议;人民法院认为管理人应当履行的其他职责。

管理人依法执行职务,向人民法院报告工作,经人民法院许可可以聘用必要的工作人员。管理人接受债权人会议和债权人委员会的监督,应当列席债权人会议,向债权人会议报告职务执行情况,并回答询问。管理人未依法勤勉尽责,忠实执行职务的,人民法院可以处以罚款;给债权人、债务人或者第三人造成损失的,依法承担赔偿责任。

2. 管理人的指定

人民法院可以指定有关部门、机构的人员组成的清算组,或者指定依法设立的律师事务所、会计师事务所、清算事务所等社会中介机构担任管理人。人民法院根据债务人的实际情况,可以在征询有关社会中介机构的意见后,指定该机构具备相关专业知识并取得执业资格的人员担任管理人。管理人没有正当理由,不得拒绝法院的指定;管理人辞去职务应当经人民法院许可,没有正当理由不得辞去职务。

个人有下列情形之一的,不能担任管理人:因故意犯罪受过刑事处罚;曾被吊销相关专业执业证书；与本案有利害关系；人民法院认为不宜担任管理人的其他情形。

中介机构、清算组织及其派出人员与债务人、债权人有"利害关系"，可能影响其忠实履行管理人职责的，不应担任管理人。

3. 管理人的更换

债权人会议认为管理人不能依法、公正执行职务或者有其他不能胜任职务情形的，可以申请人民法院予以更换。

【大家讲坛4-4】

千叶公司因不能清偿到期债务，被债权人百草公司申请破产，法院指定甲律师事务所为管理人。甲律师事务所业务繁多，不能每次都派人到千叶公司的债权人会议现场，债权人会议也不太了解甲律师事务所的履职情况。但债权人会议发现，甲律师事务所数次不当处分千叶公司的财产，却仍要求足额获得报酬，因而认为甲律师事务所不能胜任职务，决定罢免其管理人资格，另聘管理人。

债权人会议是否有权更换管理人？

【解析】如果债权人会议认为管理人不能胜任职务，无权决定罢免管理人资格并另聘管理人，但有权申请法院更换管理人。

4.3.2 债务人财产的范围及其清理

1. 债务人财产的范围

债务人财产包括破产申请受理时属于债务人的全部财产，以及破产申请受理后至破产程序终结前债务人取得的财产。除债务人所有的货币、实物外，债务人依法享有的可以用货币估价并可以依法转让的债权、股权、知识产权、用益物权等财产或财产权益，法院均应认定为债务人财产。

债务人已依法设定担保物权的特定财产，属于债务人财产，担保物权消灭时或实现担保物权后的剩余部分也可用于破产清偿。

债务人对按份享有所有权的共有财产的相关份额，或者共同享有所有权的共有财产的相应财产权利，以及依法分割共有财产所得部分，均应认定为债务人财产。

债务人财产在破产宣告后称为破产财产。

2. 债务人财产的收回

管理人依法收回的财产，应归入债务人财产。

1) 对注册资金投入不足的追收

人民法院受理破产申请后，债务人的出资人尚未完全履行出资义务的，管理人应当要求该出资人缴纳所认缴的出资，而不受出资期限的限制。出资人依照公司章程或者合同约定缴纳出资，是其必须履行的法定义务。

管理人可以依据《公司法》代表债务人起诉，要求发起人、负有监督股东履行出资义务的董事和高级管理人员，以及协助抽逃出资的其他股东、董事、高级管理人员或者实际控制人，对股东违反出资义务或抽逃出资行为承担责任。

2) 对董事、监事和高管人员侵占财产的追收

债务人的董事、监事和高级管理人员利用职权从企业获取的非正常收入和侵占的企业财产，管理人应当追回。这里的"非正常收入"指：在债务人出现破产原因的情况下，上述人员获得的绩效奖金、普遍拖欠职工工资情况下获取的工资性收入、其他非正常收入。

3) 对被债权人占有的属于债务人的财产的追收

人民法院受理破产申请后，管理人可以通过清偿债务或者提供为债权人接受的担保，取回质物、留置物；上述债务清偿或者替代担保，在质物或者留置物的价值低于被担保的债权额时，以该质物或者留置物当时的市场价值为限。

4) 对次债务人债权的追收

人民法院受理破产申请后，债务人的债务人或者财产持有人应当向管理人清偿债务或者交付财产。债务人在被宣告破产时未到期的债权视为已到期，属于破产财产，但应当减去未到期利息。

5) 对被撤销行为和认定无效行为的财产的追收

对被撤销行为和认定无效行为的财产的追收，相关内容详见本章 4.3.3。

3. 他人财产的取回权

债务人被宣告破产后，管理人要对债务人占有、使用、与他人共有等在债务人控制下的各种财产逐一进行核查，分清哪些财产是属于债务人的，哪些财产是权利人可以通过管理人取回的。

1) 一般取回权

法院受理破产申请后，债务人占有的不属于债务人的财产，权利人可以通过管理人取回。权利人的财产可以基于仓储、运输、租赁、借用、承揽等原因被债务人合法占有，也可能因侵权行为、不当得利等原因被债务人非法占有。

(1) 权利人取回原财产。

一般取回权在破产案件受理后形成，其行使不受当事人原约定条件、期限的限制，也不受破产程序限制(重整程序除外)，在无争议时权利人无须通过诉讼程序，而是通过管理人取回财产。但一般取回权的行使通常只限于取回原财产。权利人在行使取回权时，如果有保管、托运、加工等费用未向债务人支付的，此时应向管理人支付，否则管理人可以拒绝其取回相关财产。

(2) 原财产被违法转让。

如果债务人将占有的他人财产违法转让给第三人，第三人已善意取得财产所有权，原权利人无法取回该财产的；或者第三人已向债务人支付了转让价款但未能善意取得财产所有权，原权利人依法追回转让财产，向第三人已支付对价而产生债的。上述两种情形都按照以下规定处理：①转让行为发生在破产申请受理前的，原权利人的财产损失形成的债权，作为普通破产债权；②转让行为发生在破产申请受理后的，因管理人或者相关人员执行职务导致原权利人损害产生的债务，作为共益债务。

(3) 原财产毁损或灭失。

如果在破产案件受理前，原财产已被债务人毁损或灭失，权利人的取回权消灭，只能以该财产价值额作为破产债权要求清偿。因该财产毁损或灭失而获得保险金、赔偿金、代偿物，如果还尚未交付给债务人，或者代偿物虽已交付给债务人但能与债务人财产予以区分的，权利人有权要求取回就此获得的保险金、赔偿金、代偿物，称为代偿取回权。

2) 出卖人取回权

人民法院受理破产申请时，出卖人已将买卖标的物向作为买受人的债务人发运，债务人尚未收到且未付清全部价款的，出卖人可以取回在运途中的标的物。但是，管理人可以支付全部价款，请求出卖人交付标的物。

如果买受人在破产申请受理时尚未付清货款，同时也没有收到标的物，通常未取得标的物的所有权。此时若不允许出卖人对运输途中的标的物行使取回权，待管理人收到标的物后，会将其纳入破产财产。而出卖人未收到的价款，就只能作为破产债权受偿，其所得可能会大大少于应收的价款，这样做对出卖人显然有失公平。

【大家讲坛 4-5】

甲公司按合同约定，在购买人乙公司尚未付清全部货款的情况下，将货物发运给乙公司。该批货物还在途中时，乙公司的债权人向法院申请乙公司破产，且法院已裁定受理。甲公司得到消息，要求承运人立刻将该货物运回。乙公司管理人则认为，货已发出，乙公司就取得该批货物的所有权，未付清的款项甲公司可以去申报破产债权。

那么这批货物属于谁？

【解析】①乙公司未付清货款且未收到该货物时，甲公司可以取回在运货物，货物属于甲公司。但乙公司的管理人在支付全部价款情况下，可以请求甲公司交付货物，交付后属于乙公司。②如果该批货物运到乙公司后，即属于破产申请受理后至破产程序终结前债务人乙公司取得的财产，则甲公司尚未收到的货款构成对乙公司的破产债权。

4. 破产抵销权

破产抵销权是指债权人在破产申请受理前对债务人(破产人)负有债务的，无论是否已到清偿期限，无论债务标的、给付种类是否相同，均可在破产财产最终分配前向管理人主张相互抵销。通过抵销，免除了当事人双方抵消部分的实际履行义务，实际上使债权人可以在抵销范围内得到优先和全额的清偿。

破产法上的抵销权只能由债权人向管理人提出，管理人不得主动抵销债务人与债权人的互负债务，但抵销使债务人财产受益的除外。为防止个别债权人滥用破产抵销权导致可分配破产财产减少，损害多数债权人利益，有下列情形之一的不得抵销。

(1) 债务人的债务人在破产申请受理后取得他人对债务人的债权的。破产债权一般只能获得其债权名义数额一定比例的清偿，甚至得不到清偿，但当它用于抵销债务时，却可能获得全额清偿。如果债务人的债务人在破产申请受理后低价收买破产债权以抵销须全额偿付的债务，相当于债务人违法对个别债权人单独清偿。

(2) 债权人已知债务人有不能清偿到期债务或者破产申请的事实，对债务人负担债务的；但是，债权人因为法律规定或者有破产申请 1 年前所发生的原因而负担债务的除外。债权人已知债务人上述情形，有意购买债务人的财产造成负债，后又恶意地不予清偿，待到破产程序启动后，再用其原本不能获得完全清偿的破产债权与该项债务进行抵销。

(3) 债务人的债务人已知债务人有不能清偿到期债务或者破产申请的事实，对债务人取得债权的；但是，债务人的债务人因为法律规定或者有破产申请 1 年前所发生的原因而取得债权的除外。债务人的债务人已知债务人上述情形，可能有意低价购买债务人的债权，待到破产程序启动后，用低价购买的破产债权与本应向债务人完全清偿的债务进行抵销。

(4) 债务人股东的破产债权，不得与其欠缴债务人的出资或者抽逃的出资相抵销。破产债权有可能得不到完全清偿，在债务人进入破产程序时，如果允许股东将这样的破产债权冲抵应缴出资，实际上是允许股东可以不足额地缴纳法律和企业章程中规定其应当全额缴纳的出资额。类似地，债务人股东因滥用股东权损害公司利益而对债务人所负债务，也不能以其破产债权相抵销。

【大家讲坛 4-6】
张某曾于 2021 年 10 月 5 日从乙企业受让对甲企业的债权 20 万，2022 年 3 月 15 日张某欠甲企业货款 30 万元。2023 年 1 月 4 日甲企业被人民法院受理破产申请，张某又于 2023 年 1 月 6 日取得丙企业对甲企业的债权 10 万元。在债权申报期内，张某向甲企业管理人申请，以上述两项债权抵销其对甲企业的 30 万元债务。

张某的债权抵销申请是否有法律依据？

【解析】①张某要求用从乙企业受让的债权抵销对甲企业的债务，有法律依据，因为该受让债权的行为发生在破产申请 1 年前；②张某要求用从丙企业受让的债权抵销对甲企业的债务，没有法律依据，因为该受让债权的行为发生在破产申请受理后。

4.3.3 破产撤销权与无效行为制度

因债务人行为被认为不恰当减少破产财产，损害债权人利益时，管理人有权申请法院撤销或认定为无效，追回相应财产；原财产不存在的，应折价赔偿。

1. 破产撤销权

在破产案件受理前的法定期间，管理人有权申请法院撤销债务人以下行为，并追回财产。

1) 受理前 1 年内的可撤销行为

人民法院受理破产申请前 1 年内，涉及债务人财产的下列行为，管理人有权请求人民法院予以撤销：①无偿转让财产的；②以明显不合理的价格进行交易的；③对没有财产担保的债务事后补充提供财产担保的，但不包括债务人在可撤销期间内设定债务的同时提供的财产担保；④对未到期的债务提前清偿的；⑤放弃债权的。出现上述①②⑤情形时，管理人未行使破产撤销权的，债权人可依据《民法典》提起诉讼，行使合同撤销权追回此财产，归入债务人财产。

2) 受理前 6 个月内的可撤销行为

人民法院受理破产申请前 6 个月内，债务人不能清偿到期债务，并且资产不足以清偿全部债务或者明显缺乏清偿能力，仍对个别债权人进行清偿的，管理人有权请求人民法院予以撤销。

2. 债务人的无效行为

债务人的无效行为是指债务人以下行为：为逃避债务而隐匿、转移财产；虚构债务或者承认不真实的债务。该行为从开始起就没有法律约束力，管理人有权向法院申请认定该行为无效，并收回被隐匿、转移财产。

在破产程序终结之日起 2 年内，债权人可以行使破产撤销权或者申请认定债务人行为无效而追回财产。在此期间追回的财产，应当按照破产财产分配方案，对全体债权人进行追加分配。破产程序终结之日起 2 年后，追回的财产不再用于对全体债权人清偿，而是用于对追回财产的债权人个别清偿。

【大家讲坛 4-7】

2022 年 1 月 8 日，陈某向何某借款 60 万元并出具借条，借条上载明由华诚公司为该笔借款承担连带担保责任，保证期间为借款到期之日起 2 年，华诚公司在担保人落款处盖章。2022 年 9 月 17 日，人民法院裁定受理对华诚公司的破产申请。随后，何某向华诚公司管理人申报债权，管理人不予认定，认为华诚公司在人民法院受理破产申请前 1 年内无偿转让财产，要求撤销华诚公司提供的上述担保。

华诚公司提供的上述担保是否应当被撤销？

【解析】华诚公司提供的担保不应被撤销。债务人不恰当减少破产财产的行为应被撤销，但华诚公司为陈某提供的是保证担保而非财产担保，仅是增加了或有债务，并未减少破产财产，不属于无偿转让财产行为。

4.4 债权人相关会议

4.4.1 债权人会议

债权人会议是维护债权人共同利益，表达债权人共同意志，协调债权人行为的组织。

1. 债权人会议的成员及其表决权

1) 成员

(1) 债权人。依法申报债权的债权人为债权人会议的成员，有权参加债权人会议，享有表决权。凡是申报债权者均有权参加第一次债权人会议，参与对债权的核查、确认，并可依法提出异议。

(2) 职工和工会代表。债权人会议应当有债务人的职工和工会的代表参加，对有关事项发表意见，维护职工权益。因职工劳动债权属优先债权，所以职工和工会代表在债权人会议上通常没有表决权。如果债权人会议决议影响职工劳动债权优先受偿的，职工和工会代表应有表决权。

(3) 债权人会议主席。债权人会议设主席一人，由人民法院在有表决权的债权人中指定，通常由在破产程序中无优先权的大债权人担任。由单位出任债权人会议主席的，该单位应指定一名常任代表履行主席职务，且一般情况下不应更换。债权人会议主席依法行使职权，负责债权人会议的召集、主持等工作。

(4) 列席人员。经人民法院决定，债务人的管理人、法定代表人、财务管理人员和其他经营管理人员应履行法定义务或职务，列席债权人会议。列席人员不属于会议正式成员，没有表决权。

2) 表决权

(1) 第一次债权人会议以后的会议，只有债权得到确认的申报人才有权行使表决权。

(2) 因债权存在争议而未被列入债权表的，如果已经提起债权确认诉讼，可以参加债权人会议。但债权尚未确定的债权人，除人民法院能够为其行使表决权而临时确定债权额的情况外，不得行使表决权。

(3) 对债务人的特定财产享有担保的债权人，未放弃优先受偿权的，对通过和解协议、破产财产分配方案事项不享有表决权，因为这两个事项不影响上述债权人的利益。

(4) 尚未代替债务人向他人清偿债务的保证人或者其他连带债务人，虽然可以以其对债务人的将来请求权申报债权，但不能行使表决权。

(5) 附生效条件但条件未成就的债权可以申报，但不能行使表决权。

2. 债权人会议的职权

债权人会议行使下列职权：核查债权；申请人民法院更换管理人，审查管理人的费用和报酬；监督管理人；选任和更换债权人委员会成员；决定继续或者停止债务人的营业；通过重整计划；通过和解协议；通过债务人财产的管理方案；通过破产财产的变价方案；通过破产财产分配方案；人民法院认为应当由债权人会议行使的其他职权。债权人会议所议事项的决议应作成会议记录。

债权人会议虽享有法定职权，但其所作出的相关决议一般由管理人负责执行。

3. 债权人会议的决议

1) 召集

第一次债权人会议由人民法院召集，自债权申报期限届满之日起15日内召开。以后的债权人会议，在人民法院认为必要时，或者管理人、债权人委员会、占债权总额1/4以上的债权人向债权人会议主席提议时召开。召开债权人会议，管理人应当提前15日通知已知的债权人。

2) 决议

债权人会议的决议，由出席会议的有表决权的债权人过半数通过，并且其所代表的债权额占无财产担保债权总额的1/2以上。但是，法律对债权人会议通过和解协议与重整计划的决议另有规定的除外。

债权人可以委托代理人出席债权人会议，行使表决权。代理人出席债权人会议，应当向人民法院或者债权人会议主席提交债权人的授权委托书。

债权人会议的决议，对于在该决议事项上有表决权的全体债权人均有约束力。债权人认为债权人会议的决议违反法律规定，损害其利益的，可以自债权人会议作出决议之日起15日内，请求人民法院裁定撤销该决议，责令债权人会议依法重新作出决议。

4. 人民法院对有关事项的裁定

(1) 债务人财产的管理方案和破产财产的变价方案，经债权人会议表决未通过的，由人民法院裁定。

(2) 破产财产的分配方案经债权人会议二次表决仍未通过的，由人民法院裁定。

(3) 任何债权人对上述第(1)项人民法院作出的裁定不服的，债权额占无财产担保债权总额

1/2 以上的债权人对上述第(2)项人民法院作出的裁定不服的，可以自裁定宣布之日或者收到通知之日起 15 日内向该人民法院申请复议。复议期间不停止裁定的执行。

> **【大家讲坛 4-8】**
> A 公司向人民法院申请破产，法院受理本案两个半月后主持召开了第一次债权人会议，审查各债权人的主体资格及权益，并通报清算工作的情况和进程等。法院指定了最大的债权人甲担任债权人会议主席。债权人乙认为债权人会议主席应选举产生，不同意甲担任。债权人丙、丁认为戊的债权享有抵押担保，不能参加债权人会议。
> 乙、丙、丁的意见是否正确？
> **【解析】**乙、丙、丁的意见是错误的。①债权人会议设主席由人民法院在有表决权的债权人中指定，通常由无优先权的大债权人担任；②债权人戊的债权有抵押担保，享有优先受偿权，但其仍能参加债权人会议，只是对部分事项没有表决权。

4.4.2 债权人委员会

债权人委员会是在破产程序进行期间，代表债权人会议监督管理人行为和破产程序进行，保障债权人会议职能有效执行的组织。

1. 债权人委员会的设立

债权人委员会，由债权人会议根据案件具体情况决定是否设置。债权人委员会中的债权人代表由债权人会议选任、罢免，债权人委员会中还应当有一名债务人企业的职工代表或者工会代表。债权人委员会的成员人数原则上应为奇数，最多不得超过 9 人，成员应当经人民法院书面认可。

2. 债权人委员会的职权

债权人委员会行使下列职权：监督债务人财产的管理和处分；监督破产财产分配；提议召开债权人会议；债权人会议委托的其他职权。债权人委员会的成员应当依法正确履行职责，公平维护债权人的正当权益，如有违法渎职行为，应当承担相应的法律责任。

债权人委员会执行职务时，有权要求管理人、债务人的有关人员对其职权范围内事务作出说明或者提供有关文件。管理人、债务人的有关人员违反法律规定拒绝接受监督的，债权人委员会有权就监督事项请求人民法院作出决定。人民法院接到债权人委员会的请求，应当在 5 日内作出决定。

管理人实施下列行为，应当及时报告债权人委员会：涉及土地、房屋等不动产权益的转让；探矿权、采矿权、知识产权等财产权的转让；全部库存或者营业事务的转让；借款；设定财产担保；债权和有价证券的转让；履行债务人和对方当事人均未履行完毕的合同；放弃权利；担保物的收回；对债权人利益有重大影响的其他财产处分行为。未设立债权人委员会的，管理人实施上述行为应当及时报告人民法院。

> **【大家讲坛 4-9】**
> 祺航公司向法院申请破产，法院受理并指定甲为管理人。债权人会议决定设立债权人委员会。现德泰公司因经营需要，欲受让祺航公司的部分土地和房屋。甲管理人认为这项交易对祺航公司清偿债务非常有利，于是代表祺航公司与德泰公司协商这项交易。部分债权人认为应该

先召开债权人会议决议该转让事宜,还有的债权人认为如此重大的交易应该直接报告法院。甲管理人应该首先向谁报告上述事项?

【解析】债权人会议已设立债权人委员会,管理人实施涉及土地、房屋等不动产权益转让的行为,应当及时报告债权人委员会。

4.5 破产债权

4.5.1 破产债权的范围

破产债权,一般指在破产申请受理前发生的,经依法申报并确认,从破产财产中获得公平清偿的财产请求权。

1. 破产申请受理前成立的无财产担保债权

无财产担保债权又称普通债权。破产申请受理前成立的无财产担保债权不论是否到期、是否附条件、是否有担保人、发生原因为何,都属于破产债权。

2. 破产申请受理前成立的有财产担保债权

对债务人特定财产享有担保的债权也属于破产债权,原则上可以不通过破产清算程序而获得优先受偿。债权人放弃优先受偿权的债权,以及行使优先受偿权未能完全受偿的部分,构成普通债权。

3. 职工劳动债权

职工劳动债权包括债务人所欠职工的工资和医疗费用、伤残补助、抚恤费用,所欠的应当划入职工个人账户的基本养老保险、基本医疗保险费用,以及法律规定应当支付给职工的补偿金。

4. 社会保障债权

职工社会保险费用划入个人账户的属于职工劳动债权,划入社会公共账户的部分属于社会保障债权。

5. 税款债权

税款债权即债务人所欠税款构成的财产请求权。

6. 破产申请受理后成立的债权

管理人或者债务人依法解除双方均未履行完毕合同的,对方当事人可以就合同解除所产生的损害赔偿请求权申报债权。

【大家讲坛 4-10】

2023 年 3 月 2 日,甲市法院裁定星岛大酒店进入破产程序,并发出债权申报公告。乙女士称自己于 2022 年 3 月被该酒店保安人员殴打致伤,要求赔偿医疗费 8500 元;甲市公安局称该酒店为违法活动提供条件,2022 年 2 月 6 日对其罚款 1 万元,该酒店尚未缴纳;2021 年 5 月,该酒店向丙公司借用一辆小轿车,现丙公司要求返还。上述请求哪些可以构成破产债权?

【解析】乙女士的损害赔偿请求权可以构成破产债权;甲市公安局罚款缴纳的要求不能构成破产债权;丙公司可以对小轿车行使取回权,不属于破产债权。

4.5.2 破产债权的申报

1. 债权申报的一般规定

1) 依法申报债权

债权人未依破产法规定申报债权的,不得依破产法规定的程序行使权利。债权人申报债权时,应当书面说明债权的数额和有无财产担保,并提交有关证据。有财产担保的债权也必须申报,其真实性和数额要经债权人会议的审查确认和法院的认可。

2) 按期申报债权

债权人应当在人民法院确定的债权申报期限内向管理人申报债权。人民法院受理破产申请后,应当确定债权人申报债权的期限。债权申报期限自人民法院发布受理破产申请公告之日起计算,最短不得少于 30 日,最长不得超过 3 个月。在法律规定的期间内,人民法院可以根据案件具体情况确定申报债权的期限。

3) 补充申报债权

在人民法院确定的债权申报期限内,债权人未申报债权的,可以在破产财产最后分配前补充申报;但是,此前已进行的分配,不再对其补充分配。补充申报的债权人对其申报债权前已经进行完毕的各项破产活动如债权人会议所作出的各项决议,不得再提出异议。

4) 职工劳动债权的申报

职工劳动债权免于申报,由管理人调查后列出清单并予以公示。职工对清单记载有异议的,可以要求管理人更正;管理人不予更正的,职工可以向人民法院提起诉讼。职工劳动债权计算到解除劳动合同时为止。

5) 税款债权和社会保障债权的申报

税款债权和社会保障债权由人民法院向政府相关机关发送通知,要求其按期申报债权。

2. 债权申报的特殊规定

1) 未到期的债权

未到期的债权,在破产申请受理时视为到期,可以申报。

2) 附条件、附期限的债权

人民法院受理案件时,所附生效条件或者解除条件未成就的债权,可以申报,破产财产分配时视条件变化决定是否获得分配。附有终止期限的债权,只要人民法院受理案件时,当事人所约定的终止期限未到,就当然构成破产债权;附有生效期限的债权,因其债权已经成立,即使在人民法院受理破产案件时所约定的生效期限未到,仍有权申报债权。

3) 附利息的债权

附利息的债权自破产申请受理时起停止计息,未附利息的债权以本金申报。

4) 诉讼、仲裁未决的债权

所争议的债权只有在人民法院或者仲裁机构作出生效判决或者仲裁决定后,其债权才能确定。如果该债权与人民法院受理的破产案件债务人债务相联系，债权人在诉讼或者仲裁未决的情况下，仍可以申报债权。

5) 连带债权

申报的债权是连带债权的，应当说明。连带债权人可以由其中一人代表全体连带债权人申报债权，也可以共同申报债权。

6) 涉及连带债务的债权

人民法院受理债务人破产案件后，债权人有权选择先向进入破产程序的债务人追偿，也可以在破产程序外直接要求负连带责任的保证人或连带债务人向其清偿债务。

如果债务人的保证人或者其他连带债务人已经代替债务人清偿债务的，以其对债务人的求偿权申报债权；尚未代替债务人清偿债务的，以其对债务人的将来请求权申报债权。参加破产程序未得到彻底清偿的债权人，如果在破产程序终结后向保证人或连带债务人要求清偿，保证人或连带债务人履行保证或连带责任后，本应向债务人追偿，但此时破产财产的分配程序已终结，无法及时申报债权。因此，法律允许保证人或带债务人预先行使求偿权，但是债权人已向管理人申报全部债权的除外。

如果债务人、保证人或连带债务人数人均被裁定进入破产程序的，其债权人有权就全部债权分别在各破产案件中申报债权，以保障债权人能够在各破产案件中充分实现债权，但债权人的受偿额不得超出其债权总额。

7) 破产申请受理后的债权

管理人或者债务人依法解除双方均未履行完毕的合同，对方当事人就损害赔偿请求权申报债权以实际损失为限，违约金不得作为破产债权申报。

8) 委托合同的债权

债务人是委托合同的委托人，被裁定适用破产法规定的程序，受托人不知该事实，继续处理委托事务的，受托人以由此产生的请求权申报破产债权。如果受托人已知该事实，但为了债务人即全体债权人利益，在无法向管理人移交事务的紧急情况下继续处理委托事务的，由此产生的请求权作为共益债务优先受偿；但在无必要的情况下继续处理委托事务，不当增加委托费用与报酬数额的，不能作为破产债权。

9) 票据债权

债务人是票据的出票人，被裁定适用破产法规定的程序，该票据的付款人继续付款或者承兑的，付款人以由此产生的请求权申报债权。如果票据的出票人与付款人之间的关系存在委托付款关系，且付款人承担到期无条件付款责任的，付款人所付金额及其产生的费用，应当由出票人负担。

【大家讲坛4-11】

甲公司向乙银行贷款本息共计100万元，由A公司作为保证人，并以甲公司价值40万元的厂房作为向乙银行的抵押担保。其后，甲公司因严重资不抵债向法院申请破产。法院裁定受理破产申请，并指定了破产管理人。乙银行申报了100万债权，其他债权人表示反对，认为乙银行只能获得40万元的优先分配，剩余60万债权不能申报。

乙银行是否可以申报100万元债权？如果乙银行不申报债权，该债权谁可以申报？

【解析】①乙银行可以申报，在优先受偿40万元后，剩余60万债权作为普通债权受偿；

②如果乙银行不申报债权,保证人 A 公司尚未代替甲公司清偿债务的,以其对甲公司的将来求偿权申报债权;A 公司已经代替甲公司清偿债务的,以其对甲公司的求偿权申报债权。

4.5.3 破产债权的确认

债权人申报的债权经审查确认后,才能取得破产案件的债权人地位,在破产程序中行使权利。已发生法律效力的裁判确认的债权,一般不进行审核确认,直接列入债权确认表中;未经发生法律效力的裁判所确认的债权或有争议的债权,应审核确认。

1. 债权审查

管理人收到债权申报材料后,应当登记造册,对申报的债权的性质、数额、担保财产、是否超过诉讼时效期间、是否超过强制执行期间等情况进行审查。管理人必须将申报的债权全部登记在债权表上,不允许以债权超过诉讼时效或不能成立等为由拒绝记入债权登记表。管理人进行实质审查后,应将各项债权的认定结果附在提交第一次债权人会议的债权登记表后,供核查使用。债权表和债权申报材料由管理人保存,供利害关系人查阅。

2. 债权核查

管理人依法编制的债权登记表,应当提交第一次债权人会议核查。首先由管理人宣读被核查债权的申报登记情况及有关证据材料,并由该债权人进行说明。然后由管理人、债务人、其他债权人等利害关系人陈述意见,由该债权人解释,有疑问者可继续进行询问。经核查后,管理人、债务人、其他债权人等的无异议的债权,列入债权确认表。

3. 债权确认

管理人、债务人、债权人对债权表记载的债权无异议的,债权表由人民法院裁定确认,其确认具有与生效判决同等的法律效力;债务人、债权人对债权表记载的债权有异议的,可以向受理破产申请的人民法院提起诉讼。

4.6 重整与和解制度

4.6.1 重整与和解制度概述

1. 重整与和解的概念

重整是指债务人已经或可能发生破产原因,不对其进行清算,而是在法院主持下由债务人与债权人达成协议,由债务人在一定期限内进行业务重组与债务调整,以恢复经营、避免破产的法律程序。

和解是指发生破产原因的债务人,为避免破产清算,与债权人达成经法院认可的延期偿债或债务减免协议的法律程序。

重整与和解的流程见图 4-1。

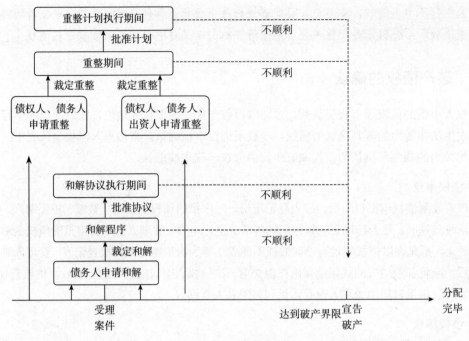

图 4-1 重整与和解的流程

2. 重整与和解的区别

重整与和解的区别见表 4-1。

表 4-1 重整与和解的区别

项目	重整程序	和解程序
申请人	可以由债权人、债务人或其出资人提出	只能由债务人提出
申请原因	债务人已经或可能发生破产原因	债务人已经发生破产原因
目的	恢复经营能力、清理债务、避免破产	清理债务、避免破产
措施	重整计划除债务调整外,还包括具体经营方案	和解协议主要是债务数额或清偿期限的调整
效力	重整计划对所有当事人均具有强制执行力;对债务人享有的财产担保权暂停行使	和解协议没有强制执行力;对没有放弃优先权的有财产担保的债权人没有约束力
适用	程序复杂、费用高、耗时长	程序相对简捷、成本低

4.6.2 重整申请与重整期间及其债务人营业

1. 重整申请

债务人发生破产原因或者有明显丧失清偿能力可能的,可以依照《企业破产法》的规定进行重整。

(1) 破产申请受理前,债务人或者债权人可以直接向人民法院申请对债务人进行重整。

(2) 债权人申请对债务人进行破产清算的,在人民法院受理破产申请后、宣告债务人破产前,债务人或者出资额占债务人注册资本 10%以上的出资人,可以向人民法院申请重整。

如果因债务人或者清算人申请而进入破产程序，说明债务人已经清楚地知道自己已无恢复"生机"的可能；企业法人的清算需依法经出资人同意，所以出资人也很清楚债务人的状况。在此种情况下，债务人或出资人再申请重整是不合情理的，而由债权人申请重整，应该不违背立法精神。

(3) 国务院金融监督管理机构可以向人民法院提出对金融机构进行重整的申请。

债务人提出重整申请，除应提交《企业破产法》规定的材料外，还应当提交债务人通过重整程序能够持续经营、偿还债务、摆脱困境的重整可行性报告。人民法院经审查，认为重整申请符合《企业破产法》规定的，应当裁定债务人重整，并予以公告。

2. 重整期间及其债务人营业

自人民法院裁定债务人重整之日起至重整程序终止，为重整期间。重整期间，即仅指重整申请受理至重整计划草案得到债权人会议分组表决通过及人民法院审查批准的期间，不包括重整计划得到批准后的执行期间。在重整期间，相关当事人须遵守以下规定。

(1) 重整期间，经债务人申请，人民法院批准，债务人可以在管理人的监督下自行管理财产和营业事务。此时，管理人应当向债务人移交财产和营业事务，管理人履行监督职责。管理人负责管理财产和营业事务的，可以聘任债务人的经营管理人员负责营业事务。

(2) 重整期间，对债务人的特定财产享有的担保权暂停行使，以便重整的顺利进行。但是，对企业重整无保留必要的担保财产，经债务人或管理人同意，担保权人可以行使担保权。担保物有损坏或者价值明显减少的可能，足以危害担保权人权利的，担保权人可以向人民法院请求恢复行使担保权。

(3) 债务人或者管理人为继续营业而借款的，可以为该借款设定担保。

(4) 债务人合法占有的他人财产，该财产的权利人在重整期间要求取回的，应当符合事先约定的条件。

(5) 重整期间，债务人的出资人不得请求投资收益分配；债务人的董事、监事、高级管理人员不得向第三人转让其持有的债务人的股权，但经人民法院同意的除外。

【大家讲坛4-12】

人民法院裁定东湖公司重整，并批准其自行管理财产和营业事务。重整期间，东湖公司为继续营业向A银行借款，并以厂房作为抵押；因拖欠B公司修理费10万元，B公司留置了东湖公司的一辆汽车，并准备变卖该车辆实现债权；东湖公司向股东支付红利共计15万元。

东湖公司的上述行为是否合法？

【解析】东湖公司为继续营业借款并提供抵押担保合法；重整期间，B公司留置权暂停行使，不能变卖车辆实现债权；重整期间，东湖公司不应向股东分配利润。

4.6.3 重整计划

1. 重整计划的提出

1) 草案的制作

债务人自行管理财产和营业事务的，由债务人制作重整计划草案。管理人负责管理财产和营业事务的，由管理人制作重整计划草案。草案应当包括下列内容：债务人的经营方案；债权分类；债权调整方案；债权受偿方案；重整计划的执行期限；重整计划执行的监督期限；有利于债务人重整的其他方案。经营方案可以是延期偿还、减免债务、债权转股权等有关债权债务的措施，还可以是改进经营管理、变更注册资本、发行债券、转让股权、资产与业务重组等方案。

2) 草案的提交

债务人或者管理人应当自人民法院裁定债务人重整之日起 6 个月内，同时向人民法院和债权人会议提交重整计划草案。期限届满，经债务人或者管理人请求，有正当理由的，人民法院可以裁定延期 3 个月。

2. 重整计划的表决

在重整计划草案提请表决之前，债务人或管理人应当向债权人等利害关系人履行详尽的说明义务，利害关系人认为债务人或管理人说明不充分的，可以要求债务人或管理人补充说明或接受询问。

在债权人会议上，依照债权种类分组对重整计划草案进行表决。

1) 表决组的划分

根据当事人在重整计划中的不同利益，将债权人划分为普通债权(无担保债权)、担保债权、职工劳动债权、税款债权几种表决组。

人民法院在必要时可以决定在普通债权组中设小额债权组，还可以根据案件具体情况决定设置其他组别，但是表决组别的设置不得损害表决结果的公平性。重整计划草案涉及出资人权益调整事项的，应当设出资人组，按照出资比例对该事项进行表决。

2) 债权人会议表决

人民法院应当自收到重整计划草案之日起 30 日内召开债权人会议，对重整计划草案进行表决。债务人或者管理人应当在债权人会议上就重整计划草案作出说明，并回答询问。债务人的出资人代表可以列席讨论重整计划草案的债权人会议。

出席会议的同一表决组的债权人过半数同意重整计划草案，并且其所代表的债权额占该组债权总额的 2/3 以上，即为该组通过重整计划草案。各表决组均通过重整计划草案时，重整计划即为通过。

3. 重整计划的批准

1) 一般程序

自重整计划通过之日起 10 日内，债务人或者管理人应当向人民法院提出批准重整计划的申请。人民法院经审查认为重整计划符合法律规定，无恶意损害部分债权人利益的内容，应当自收到申请之日起 30 日内裁定批准，终止重整程序，并予以公告。

2) 强制程序

部分表决组未通过重整计划草案，债务人或者管理人可以同未通过草案的表决组协商。该表决组可以在协商后再表决一次，但双方协商的结果不得损害其他表决组的利益。

未通过重整计划草案的表决组拒绝再次表决或者再次表决仍未通过，但债务人或者管理人认为重整计划草案公平合理并具有可行性，可以申请人民法院批准。人民法院认为重整计划草案符合法定条件，应裁定批准。

4. 重整计划的效力

(1) 人民法院受理破产申请或裁定重整后，其他民事执行程序和破产程序中止。人民法院批准重整计划后，上述中止的程序应当终结。

(2) 经人民法院裁定批准的重整计划，对债务人和全体债权人均有约束力。不论债权人对债务人享有何种债权，债权人是否参加债权人会议或者是否同意重整计划，其债权的受偿条件、期限、方式等，均应按照重整计划的规定执行，不得要求债务人清偿重整计划之外的债务。

(3) 债权人未依法申报债权的，在重整计划执行期间不得行使权利；在重整计划执行完毕后，可以按照重整计划规定的同类债权的清偿条件行使权利。

(4) 依法申报债权的债权人对债务人的保证人和其他连带人所享有的权利，不受重整计划的影响，可以依据原合同约定行使。

(5) 按照重整计划减免的债务，自重整计划执行完毕时起，债务人不再承担清偿责任。

5. 重整程序的终止

(1) 重整期间，有下列情形之一的，经管理人或者利害关系人请求，人民法院应当裁定终止重整程序，并宣告债务人破产：债务人的经营状况和财产状况继续恶化，缺乏挽救的可能性；债务人有欺诈、恶意减少债务人财产或者其他显著不利于债权人的行为；由于债务人的行为致使管理人无法执行职务。

(2) 债务人或者管理人未按期提出重整计划草案的，人民法院应当裁定终止重整程序，并宣告债务人破产。

(3) 重整计划草案未获得通过且不能获得法院强制批准，或者已通过的重整计划未获得批准的，人民法院应当裁定终止重整程序，并宣告债务人破产。

(4) 人民法院经审查认为重整计划草案符合《企业破产法》规定的，应当自收到申请之日起 30 日内裁定批准，终止重整程序，并予以公告。

6. 重整计划的执行、监督与终止

1) 重整计划的执行

重整计划经人民法院批准后，不论由管理人还是由债务人制订重整计划，均由债务人负责执行，已接管财产和营业事务的管理人应当向债务人移交财产和营业事务。

2) 重整计划的监督

自人民法院裁定批准重整计划之日起，在重整计划规定的监督期内，由管理人监督重整计划的执行。在监督期内，债务人应当向管理人报告重整计划执行情况和债务人财务状况。监督期届满时，管理人应当向人民法院提交监督报告，自监督报告提交之日管理人的监督职责终止。经管理人申请，人民法院可以裁定延长对重整计划执行的监督期限。

3) 重整计划执行的终止

债务人不能执行或者不执行重整计划的，人民法院经管理人或者利害关系人请求，应当裁定终止重整计划的执行，并宣告债务人破产。

人民法院裁定终止重整计划执行的，债权人在重整计划中作出的债权调整的承诺失去效力，但为重整计划的执行提供的担保继续有效。债权人因执行重整计划所受的清偿仍然有效，债权未受清偿的部分作为破产债权。在重整计划执行中已经接受清偿的债权人，只有在其他同顺位债权人与自己所受的重整清偿达到同一比例时，才能继续接受破产分配。

【大家讲坛 4-13】

思瑞公司不能清偿到期债务，债权人向法院申请破产清算，法院受理并指定了管理人。随后，持股 20%的股东甲认为若引进投资者乙公司，思瑞公司仍有生机，于是向法院申请重整。债权人则普遍担心重整的可靠性，要求必须附有乙公司的投资承诺，并且重整计划草案必须征得债权人同意。

股东甲和债权人的观点谁的符合法律规定？

【解析】股东甲的观点符合法律规定。①股东甲作为出资额占债务人注册资本 10%以上的出资人，可以向人民法院申请重整，并非一定要附有新的投资承诺；②重整计划草案应当提交债权人会议表决通过，如果债权人会议没有通过重整计划草案，债务人或者管理人认为草案公平合理并具有可行性，可以申请人民法院强制批准。

4.6.4 和解程序

1. 和解申请

债务人发生破产原因后，可以直接向人民法院申请和解；也可以在人民法院受理破产申请后、宣告债务人破产前，向人民法院申请和解。与破产清算可由多类主体提出申请不同，和解申请只能由债务人提出，法院也不能依职权直接宣告和解程序的开始。

债务人申请和解，应当提出和解协议草案。

2. 和解申请的审查与表决

人民法院经审查认为和解申请符合法律规定的，应当受理其申请，裁定和解，予以公告，并召集债权人会议讨论和解协议草案。对债务人的特定财产享有担保权的权利人，和解程序对其无约束力，自人民法院裁定和解之日起可以行使权利。

债权人会议通过和解协议的决议，由出席会议的有表决权的债权人过半数同意，并且其所代表的债权额占无财产担保债权总额的 2/3 以上。对债务人的财产享有担保权的债权人，对此事项无表决权。

【大家讲坛 4-14】

甲公司被裁定进入和解程序，有 5 位债权人申报债权，人民法院确认的债权情况有：A 债权额为 100 万元；B 债权额为 50 万元；C 债权额为 300 万元，有甲公司房产作为抵押；D 债权 400 万元；E 债权 350 万元。现债权人会议正讨论和解协议，在什么情况下可以通过和解协议？

【解析】至少有 3 位债权人同意，并且他们代表的表决权应当在 900 万元无财产担保债权总额中占 600 万元以上，才可以通过和解协议。

3. 和解协议的批准

债权人会议通过和解协议的，由人民法院裁定认可，终止和解程序，并予以公告。管理人应当向债务人移交财产和营业事务，并向人民法院提交执行职务的报告。和解协议草案经债权人会议表决未获得通过，或者已经债权人会议通过的和解协议未获得人民法院认可的，人民法院应当裁定终止和解程序，并宣告债务人破产。

因债务人的欺诈或者其他违法行为而成立的和解协议，人民法院应当裁定无效，并宣告债务人破产。有上述情形的，和解债权人因执行和解协议所受的清偿，在其他债权人所受清偿同等比例的范围内，不予返还。

人民法院受理破产申请后，债务人与全体债权人就债权债务的处理自行达成协议的，可以请求人民法院裁定认可，并终结破产程序。

4. 和解协议的效力

(1) 人民法院受理破产申请或裁定和解后，其他民事执行程序和破产程序中止。人民法院批准和解协议后，上述中止的程序应当终结。

(2) 经人民法院裁定认可的和解协议，对债务人与全体和解债权人均有约束力。对于债权人，和解协议的效力及于对债务人享有无财产担保债权的债权人全体，和解协议生效之前产生的债权人只能按和解协议受偿，不得要求或接受债务人和解协议之外的清偿。

对于债务人，首先是和解程序结束后，除了和解协议中另有限制规定外，债务人因执行和解协议而恢复行使企业财产管理权。其次是债务人应忠实地按照和解协议的内容履行，禁止债务人与任何债权人达成超出和解协议以外的约定。

(3) 和解债权人未依法申报债权的，在和解协议执行期间不得行使权利；在和解协议执行完毕后，可以按照和解协议规定的清偿条件行使权利。

(4) 和解债权人对债务人的保证人和其他连带债务人所享有的权利，不受和解协议的影响。和解债权人对债务人所做的债务减免或延期偿还的让步，效力不及于债务人的保证人或连带债务人，他们仍应按原来合同的约定或法定责任承担保证或连带责任。

(5) 按照和解协议减免的债务，自和解协议执行完毕时起，债务人不再承担清偿责任。

5. 和解协议的执行

和解协议没有强制执行的效力，债务人不能执行或者不执行和解协议的，人民法院经和解债权人请求，应当裁定终止和解协议的执行，并宣告债务人破产。

人民法院裁定终止和解协议执行的，和解债权人在和解协议中作出的债权调整的承诺失去效力。为和解协议的执行提供的担保继续有效。和解债权人因执行和解协议所受的清偿仍然有效，和解债权未受清偿的部分作为破产债权，只有在其他债权人同自己所受的清偿达到同一比例时，才能继续接受分配。

4.7 破产清算程序

4.7.1 破产宣告

1. 破产宣告的概念

破产宣告是法院依据当事人的申请或法定职权裁定，宣布债务人破产以清偿债务的活动。债务人被宣告破产后，债务人称为破产人，债务人财产称为破产财产，人民法院受理破产申请时对债务人享有的债权称为破产债权。

人民法院依法宣告债务人破产,应当自裁定作出之日起5日内送达债务人和管理人,自裁定作出之日起10日内通知已知债权人,并予以公告。

2. 破产宣告事由

《企业破产法》规定的破产宣告事由比较复杂,事由可能出现在不同的程序进程或阶段,归纳如下(参见本章4.1和4.6部分)。

(1) 债务人达到《企业破产法》规定的破产界限。

(2) 与重整有关的事由。其包括:债务人在重整期间因出现不利于债权人的法定事由,被人民法院终止重整程序;债务人或管理人未在规定的期限提出重整计划草案;重整计划草案未获通过或批准;债务人不能执行或者不执行重整计划,人民法院终止重整计划。

(3) 与和解有关的事由。其包括:债务人和债权人未达成和解协议;和解协议草案未获通过或认可;和解协议因违法行为被人民法院裁定无效;债务人不能执行或者不执行和解协议,人民法院终止和解协议的执行。

> **法智箴言**
>
> 2022年12月15日,国家发展和改革委员会的《"十四五"扩大内需战略实施方案》提出,在全国范围内……建立企业破产案件简化审理模式,开展个人破产制度改革试点。通过建立人性化、法治化的个人破产制度,让诚实且不幸的破产个人依法免除债务,实现重生,会更有利于经济的健康运行和社会的和谐稳定。

4.7.2 破产费用和共益债务

1. 破产费用和共益债务的概念

在破产程序中,为保证破产程序顺利进行而支出的必要费用,称为破产费用。人民法院受理破产申请后发生的下列费用,为破产费用:破产案件的诉讼费用;管理、变价和分配债务人财产的费用;管理人执行职务的费用、报酬和聘用工作人员的费用。

破产案件受理后,为全体债权人共同利益发生的应由债务人财产负担的债务,称为共益债务。人民法院受理破产申请后发生的下列债务,为共益债务:因管理人或者债务人请求对方当事人履行双方均未履行完毕的合同所产生的债务;债务人财产受无因管理所产生的债务;因债务人不当得利所产生的债务;为债务人继续营业而应支付的劳动报酬和社会保障费用及由此产生的其他债务;管理人或相关人员执行职务致人损害所产生的债务;债务人财产致人损害所产生的债务。

破产费用与共益债务是"为债权的债权",其受偿不仅优先于普通破产债权,而且优先于经法院确认的有担保的债权,因为它实际上是为保障所有破产债权而产生的特殊债权。

经债权人会议决议通过,或者第一次债权人会议召开前经人民法院许可,管理人或者自行管理的债务人可以为债务人继续营业而借款。提供借款的债权人可以主张参照共益债务优先于普通破产债权清偿,但不能优先于有财产担保债权。

2. 破产费用和共益债务的支付

破产费用和共益债务由债务人财产随时清偿；债务人财产不足以清偿所有破产费用和共益债务的，先行清偿破产费用；债务人财产不足以清偿所有破产费用或者所有共益债务的，按照比例清偿。

债务人财产不足以清偿破产费用的，管理人应当提请人民法院终结破产程序。人民法院应当自收到请求之日起 15 日内裁定终结破产程序，并予以公告。

在提出破产申请时，如果发现债务人财产不足以支付破产费用，人民法院确认其属实后，应当受理破产案件，并作出破产宣告，同时作出终结破产程序的裁定。

【大家讲坛 4-15】

康泰公司因资产不足以清偿全部到期债务，法院裁定其重整。管理人为维持公司运行，向齐某借款 20 万元支付水电费和安保费，约定如 1 年内还清就不计利息。1 年后康泰公司未还款，还因不能执行重整计划被法院宣告破产。齐某要求康泰公司优先返还本金 20 万元和逾期还款的利息，管理人认为齐某不享有任何意义上的优先权，应与普通债权同等受偿。

康泰公司如何向齐某清偿？

【解析】管理人为债务人继续营业而产生的债务属于共益债务，齐某的债权享有优先权，应由债务人财产随时清偿；附利息的债权自破产申请受理时起停止计息，齐某只能主张返还借款本金 20 万元。

4.7.3 破产财产的管理、变价、分配及提存

1. 破产财产的管理

管理人应当勤勉尽责、妥善管理债务人财产，因过错造成财产损失的，应承担赔偿责任。债务人财产的管理方案经债权人会议表决未通过的，由人民法院裁定。

2. 破产财产的变价

管理人应当及时拟订破产财产变价方案，提交债权人会议讨论；债权人会议表决未通过的，由人民法院裁定。管理人应当按照债权人会议通过的或者人民法院裁定的破产财产变价方案，适时变价出售破产财产。

变价出售破产财产应当通过拍卖进行，但是债权人会议另有决议的除外，如经债权人会议决议，可以进行实物、债权或股权分配。破产企业可以全部或者部分变价出售，企业变价出售时，可以将其中的无形资产和其他财产单独变价出售。依法不能拍卖或者限制转让的财产，应当按照国家规定的方式处理。

3. 破产财产的分配

管理人应当及时拟订破产财产分配方案，提交债权人会议讨论。债权人会议通过破产财产分配方案后，由管理人将该方案提请人民法院裁定认可；经债权人会议二次表决仍未通过的，由人民法院裁定。破产财产的分配应当以货币分配方式进行。但是，债权人会议另有决议的除外。破产财产在优先清偿破产费用和共益债务后，依照下列顺序清偿。

(1) 破产人所欠职工的工资和医疗、伤残抚恤费用，所欠的应当划入职工个人账户的基本

养老保险、基本医疗保险,以及法律、行政法规规定应当支付给职工的补偿金。

(2) 破产人欠缴的除前项规定以外的社会保险费用和破产人所欠税款。

(3) 普通破产债权。

破产财产不足以满足同一顺序的清偿要求的,按照比例分配。

根据《商业银行法》的规定,商业银行破产清算时,在支付清算费用、所欠职工工资和劳动保险费用后,应当优先支付个人储蓄存款的本金和利息。

破产财产分配方案经人民法院裁定认可后,由管理人执行。管理人实施分配,应当通知所有债权人。对债权人留有明确姓名或名称、地址、银行账户,无须债权人受领行为即可交付的,管理人应当在通知后直接将破产财产分配额交付债权人。

4. 破产财产的提存

未能及时分配的破产财产,应当由管理人提存。

(1) 无法通知且无法直接交付的债权人未受领的破产财产分配额,管理人应当提存。债权人自最后分配公告之日起满 2 个月仍不领取的,视为放弃受领分配的权利,管理人或者人民法院应当将提存的分配额分配给其他债权人。

(2) 对于附生效条件或者解除条件的债权,管理人应当将其分配额提存。在最后分配公告日,生效条件未成就或者解除条件成就的,应当分配给其他债权人;在最后分配公告日,生效条件成就或者解除条件未成就的,应当交付给债权人。

(3) 破产财产分配时,对于诉讼或者仲裁未决的债权,管理人应当将其分配额提存。自破产程序终结之日起满 2 年仍不能受领分配的,人民法院应当将提存的分配额分配给其他债权人。

【大家讲坛 4-16】
甲公司被宣告破产,该公司现有资产价值共计 1600 万元。确认的破产债权为:乙银行债权 500 万元,有甲公司价值 400 万元的房产作为抵押;税款债权 100 万元;丙公司债权 2500 万元;职工债权 150 万元。另外,该案还发生破产费用和共益债务共计 50 万元。请为该破产案件拟订破产财产分配方案。

【解析】破产财产分配顺序为:①支付破产费用和共益债务 50 万元;②抵押的房产优先向乙银行清偿 400 万元,未能清偿的 100 万元作为普通债权;③余额 1150 万元破产财产先清偿职工债权 150 万元,然后支付税款 100 万元;④余额 900 万元破产财产按 900/(100+2500)的比例分别清偿乙银行 100 万元和丙公司 2500 万元的普通债权。

4.7.4 破产程序的终结

1. 破产程序终结的事由

已发生破产原因的债务人,因存在阻止破产程序继续进行的法定事由而终止已开始的破产程序。《企业破产法》规定的破产程序终结事由比较复杂,事由可能出现在不同的程序进程或阶段,归纳如下(见图 4-2)。

(1) 债务人与债权人自行达成协议。人民法院受理破产申请后,债务人与全体债权人就债权债务的处理自行达成协议的，可以请求人民法院裁定认可，并终结破产程序。

(2) 破产宣告前终结事由。破产宣告前，有下列情形之一的，人民法院应当裁定终结破产程序，并予以公告：因和解、重整顺利完成；因债务人消除破产原因，如债务人已清偿全部到期债务，第三人为债务人提供足额担保或者为债务人清偿全部到期债务。

(3) 破产宣告后终结事由。因债务人的破产财产不足以支付破产费用的、破产财产分配完毕或破产人无财产可供分配的，管理人应当请求人民法院裁定终结破产程序。

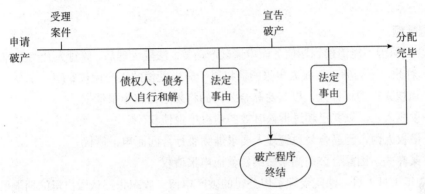

图 4-2　破产程序终结事由

2. 管理人的职责

破产人无财产可供分配的，管理人应当请求人民法院裁定终结破产程序。破产人有财产可供分配的，管理人在最后分配完结后，应当及时向人民法院提交破产财产分配报告，并提请人民法院裁定终结破产程序。人民法院应当自收到管理人终结破产程序的请求之日起 15 日内作出是否终结破产程序的裁定。裁定终结的，应当予以公告。

管理人应当自破产程序终结之日起 10 日内，持人民法院终结破产程序的裁定，向破产人的原登记机关办理注销登记。管理人于办理注销登记完毕的次日终止执行职务，存在诉讼或者仲裁未决情况时，管理人应当继续履行职务。

3. 追加分配

因债务人财产不足以清偿破产费用、破产人无财产可供分配、破产财产分配完毕等原因而被法院终结破产程序的，自破产程序终结之日起 2 年内，管理人依法取得的下列财产，债权人可以请求人民法院按照破产财产分配方案进行追加分配。

(1) 追回"受理破产申请前 1 年内，因债务人可撤销行为"所流失的财产。

(2) 追回"受理破产申请前 6 个月内，因债务人可撤销行为"所流失的财产。

(3) 追回"因债务人逃避债务的无效行为"所流失的财产。

(4) 追回因"债务人的董事、监事和高级管理人员利用职权从企业获取的非正常收入和侵占的企业财产"。

(5) 发现破产人有应当供分配的其他财产的，如破产程序中纠正错误支出而被收回的钱款、因破产人的债权被予以确认后应当享有的债权、破产财产分配完毕后因合同的履行而获得的收益等。

具有上述情形，但财产数量不足以支付分配费用的，不再进行追加分配，由人民法院将其上交国库。

4. 破产人的保证人和其他连带债务人的责任

破产人的保证人和其他连带债务人，在破产程序终结后，对债权人依照破产清算程序未受清偿的债权依法继续承担清偿责任。

同步训练

一、单项选择题

1. 晶合公司因不能清偿到期债务而申请破产清算。法院受理后，管理人开始受理债权人的债权申报。对此，下列哪一债权人申报的债权属于应当受偿的破产债权？（ ）

   A. 债权人甲的保证人，以其对晶合公司的将来求偿权申报债权

   B. 债权人乙，以其已超过诉讼时效的债权申报债权

   C. 债权人丙，因晶合公司管理人要求继续履行合同而申报债权

   D. 某海关，因晶合公司尚未缴纳罚款而申报债权

2. 2022年1月1日，法院受理了甲公司的破产申请。股东张三认缴出资的期限已经届满，但仍有100万元出资未向公司缴纳。根据公司章程规定，股东李四的出资期限为2022年10月1日。对此，下列说法正确的是（ ）。

   A. 管理人有权要求张三向公司缴纳出资

   B. 管理人不应要求李四向公司缴纳出资

   C. 公司欠张三100万元货款，张三可主张以其出资债务与公司对其负债抵销

   D. 公司欠李四100万元货款，李四可主张以其出资债务与公司对其负债抵销

3. 2022年9月，X市人民法院受理了本市甲公司诉Y市乙公司合同纠纷一案。2022年12月，Y市人民法院受理了债务人乙公司的破产申请，此时，甲、乙公司之间的合同纠纷尚未审结。下列关于该合同纠纷案的表述中正确的是（ ）。

   A. 应当终止审理

   B. 应当移送至Y市人民法院继续审理

   C. 应当中止审理，并由甲公司向管理人申报债权

   D. 应当中止审理，在管理人接管乙公司财产后由X市人民法院继续审理

4. 某企业被人民法院受理破产申请后，该企业在人民法院受理破产申请前1年内发生的下列行为中，管理人有权请求人民法院予以撤销的是（ ）。

   A. 以市场价向关联企业转让一套关键生产设备

   B. 对关联企业的一项贷款合同提供保证担保

   C. 通过受让方式取得关联企业对外享有的一笔劳务费

   D. 对关联企业的一项无担保债权提供了质押担保

5. A公司因管理混乱经营陷入困境，于2022年3月经法院裁定进入破产程序，B律师事务所被指定为破产管理人。2022年5月底，经债权人会议决议，成立债权人委员会。C公司与破产管理人接洽，准备受让A公司全部的库存和营业事务。关于本案，下列表述中错误的是（ ）。

A. 债权人委员会应包含一名A公司的职工代表或工会代表
B. B律师事务所宜就与C公司合作之事事先制作财产变价方案并提交债权人会议通过
C. B律师事务所的方案未被债权人会议通过的，其可以提交给债权人委员会进行表决
D. B律师事务所在实施与C公司的合作方案前，应报告债权人委员会

6. 甲公司于2019年12月向乙公司借款3000万元，借期3年，年利率10%，丙公司为保证人，承担一般保证责任。2021年9月1日，甲公司被裁定进入破产程序，2022年4月1日，丙公司也被裁定进入破产程序，关于本题下列说法中错误的是(　　)。

   A. 乙公司申报的债权自2021年9月起停止计息
   B. 在甲公司的破产程序中，如乙公司不申报债权，丙公司可以用将来求偿权申报债权
   C. 乙公司可在债权总额范围内分别向甲公司和丙公司申报债权
   D. 乙公司可以其债权总额分别向甲公司和丙公司申报债权

7. 甲公司因严重资不抵债，不能清偿到期债务，向人民法院申请破产，人民法院裁定受理了该破产申请。根据企业破产法律制度的规定，下列各项中，属于债务人财产的是(　　)。

   A. 甲公司购买的但尚未支付货款的一批在途货物
   B. 甲公司从乙公司租用的一台设备
   C. 甲公司已经抵押给丙银行的办公楼
   D. 甲公司根据代管协议合法占有的委托人丁公司的两处房产

8. 兴业公司破产申请被法院受理后，经债权人会议决议通过，管理人向甲公司借款继续兴业公司的营业，但之后兴业公司仍被宣告破产。下列说法正确的是(　　)。

   A. 破产申请受理后，管理人借款必须经债权人委员会通过
   B. 甲公司的债权仅优先于普通债权清偿
   C. 甲公司的债权可优先于有财产担保债权清偿
   D. 破产申请受理后，兴业公司应停止一切经营活动

二、多项选择题

1. 某破产企业有11位债权人，债权总额为1200万元。其中，债权人甲、乙的债权额共为300万元，有破产企业的房产做抵押，现债权人都出席债权人会议，讨论破产财产的处理和分配方案。下列可能无法通过分配方案的情形有(　　)。

   A. 有7位债权人同意，其代表的无担保债权额为600万元
   B. 有6位债权人同意，其代表的无担保债权额为400万元
   C. 有5位债权人同意，其代表的无担保债权额为400万元
   D. 有4位债权人同意，其代表的无担保债权额为600万元

2. A公司未能偿还对B公司的债务，B公司向人民法院申请A公司破产。以下能构成法院受理A公司破产申请理由的是(　　)。

   A. A公司对B公司的债务尚未到期
   B. A公司虽未能偿还对B公司的债务，但该债务由C公司提供连带保证
   C. A公司账面资产超过负债，只是实物资产难以变现，未达到资不抵债的程度
   D. A公司账面资产超过负债，但法定代表人下落不明，而其他人无法管理资产

3. 尚友有限公司因经营管理不善，决定依照《企业破产法》进行重整。下列关于重整计划

草案说法正确的是(　　)。

  A. 尚友公司自行管理财产与营业事务时，可以制作重整计划草案

  B. 债权人会议按法定债权分类分组对重整计划草案进行表决

  C. 出席会议的同一表决组的债权人过半数同意即为该组通过重整计划草案

  D. 三分之二以上表决组通过重整计划草案，重整计划即为通过

4. 甲公司因负债被申请破产，A 法院受理了破产申请。其后，相应的机关和当事人实施了以下行为，其中违法的是(　　)。

  A. 乙法院委托拍卖行拍卖1年前查封的甲公司的土地

  B. 甲公司为维持生产经营向某公司支付10万元货款

  C. 税务机关通知银行直接从甲公司账上扣缴税款5万元

  D. 甲公司以自己的债权抵销了所欠某公司的债务8万元

5. 2022 年 10 月，顺达公司经营管理发生严重困难，且公司大额债务即将到期，便以缺乏债务清偿能力为由申请破产。对此，下列说法错误的是(　　)。

  A. 顺达公司可以选择向法院申请重整、和解或破产

  B. 法院受理破产后，破产管理人由债权委员会指定

  C. 顺达公司在2022年5月对个别债权人清偿了到期债务，管理人有权请求法院撤销

  D. 2022年2月顺达公司向乙公司提前支付了本该2022年8月支付的货款，管理人可以请求法院撤销

6. 开度公司因不能清偿到期债务，被债权人申请破产，法院指定甲律师事务所为管理人。下列说法中正确的是(　　)。

  A. 甲律师事务所在案件审理过程中有权决定继续或者停止开度公司的营业

  B. 甲律师事务所有权管理和处分开度公司的财产

  C. 如甲律师事务所不能胜任职务，债权人会议有权罢免其管理人资格

  D. 甲律师事务所可以因担任管理人而获得报酬

7. A 公司因经营不善，资产已不足以清偿全部债务，经申请进入破产程序。关于破产债权的申报，下列表述正确的是(　　)。

  A. 甲对A公司的债权虽未到期，仍可以申报

  B. 乙对A公司的债权因附有条件，故不能申报

  C. 丙对A公司的债权虽然诉讼未决，仍可以申报

  D. 职工丁对A公司的伤残补助请求权，应予以申报

8. 甲公司因经营不善被法院受理重整，法院指定 A 律师事务所担任管理人。为了维持公司运营，A 律师事务所代表甲公司向股东张三借款 50 万元。债权人会议推选甲公司总经理王某担任破产管理人，且债权人会议全票通过甲公司向股东李四借款 100 万元，并用甲公司楼房设定抵押的决议。对上述事实，下列说法正确的是(　　)。

  A. 债权人会议有权选择公司经理王某担任破产管理人

  B. 张三的借款优先于普通债权受偿

  C. 张三的借款优先于李四的债权受偿

  D. 李四的借款优先于普通债权受偿

解决几个大问题

1. 2022年9月5日，人民法院受理债权人对债务人甲公司提出的破产申请。随后，甲公司及甲公司股东张某(出资额占甲公司注册资本的比例为15%)均向人民法院提出重整申请，甲公司同时提出自行管理财产和营业事务的申请。9月18日，人民法院裁定甲公司重整，批准甲公司自行管理财产和营业事务，并指定乙会计师事务所为管理人。

甲公司提出的重整计划草案调减了出资人的相应权益，须债权人会议出资人组对此进行表决。甲公司共有股东20人，其中12名股东赞成重整计划草案，合计出资比例为70%；4名股东反对重整计划草案，合计出资比例为15%；其余股东未参加表决。重整期间，甲公司所欠丙银行一笔借款到期，该笔借款以甲公司正在使用的一台生产设备为抵押担保(办理了抵押登记)，丙银行要求将该设备变卖以实现其抵押权。

重整期间，甲公司擅自将存放于公司仓库的一批贵重原材料转移给其关联企业，部分债权人将此情况报告了管理人乙会计师事务。乙事务所对此置之不理，认为人民法院已批准甲公司自行管理财产和营业事务，乙事务所不再负有管理义务。

根据上述内容，分别回答下列问题并说明理由：

(1) 张某是否有资格向人民法院提出重整申请？
(2) 重整计划草案是否通过了出资人组表决？
(3) 重整期间，丙银行能否就甲公司抵押的设备实现抵押权？
(4) 乙会计师事务所关于"不再负有管理义务"的观点是否正确？

2. 2022年10月5日，人民法院裁定受理债务人景阳公司的破产申请，破产管理人查明景阳公司如下有关情况。

(1) 全部财产的变现价值为2000万元。其中包括：数控机床价值250万元，已作为向甲银行贷款的抵押担保；管理人发现景阳公司于2022年3月8日无偿转让140万元的财产，遂向人民法院申请予以撤销，并将该财产全部追回；公司厂房价值800万元，已用于对乙公司500万元债务的抵押担保。

(2) 拖欠职工工资和社会保险费用共计200万元、欠缴税款100万元；管理人于2022年11月10日解除了景阳公司与丙公司所签的一份买卖合同，给丙公司造成了120万元的经济损失。

(3) 人民法院的诉讼费用30万元，管理人报酬20万元，为继续营业而支付的职工工资及社会保险40万元。

根据上述资料回答以下问题并说明理由：

(1) 哪些属于破产费用或共益债务？
(2) 管理人是否有权请求人民法院撤销景阳公司的无偿转让财产行为？
(3) 丙公司是否可以就其120万元的经济损失申报债权？
(4) 如果甲银行、乙公司都不愿意放弃优先受偿权，在债权人会议讨论破产财产分配方案时是否享有表决权？
(5) 请为该案拟定破产财产的分配方案。

深圳的梁某于 2018 年开始创业，经营期间分别向 13 家银行、网络贷款公司借贷，债务总额达 75 万余元。2021 年 3 月 1 日，我国首部个人破产法规《深圳经济特区个人破产条例》正式施行。因无法清偿借款，2021 年 3 月 10 日，梁某向深圳市中级人民法院申请个人破产。

以往我国只允许企业破产，个人破产还是新鲜事。同学们可以查询梁某破产案件的情况和《深圳经济特区个人破产条例》的内容，重点思考如下问题：个人申请破产的条件和应提交的文件；对债务人日常生活和消费的影响；债务人申报和豁免的财产；债务偿还和对债务人的免责考察；对自己将来创业风险和责任的启发。

推荐书目：
1.《破产全流程实务操作指引》，黄金华编著，中国法制出版社，2020 年版。
2.《破产典型案例剖析与实务指南》，崔峰主编，法律出版社，2023 年版。

推荐资源：
1. 进入中国大学慕课官网搜索"经济法"关键字，获得课程资源。
2. 进入网易云课堂官网搜索"经济法"关键字，获得课程资源。

第 5 章
物权法律制度

◎ **任务清单**

序号	任务	要求
1	物和物权的概念和分类	了解
2	物权法律制度的基本原则	了解
3	物权变动、动产交付、不动产登记	掌握
4	所有权的取得、善意取得、拾得遗失物	理解
5	共有、建筑物区分所有权	掌握
6	土地承包经营权、建设用地使用权、地役权	掌握
7	抵押权、质权、留置权	理解
8	占有的分类和效力	掌握

◎ **法律法规提示**

《中华人民共和国民法典·物权编》(2020 年 5 月 28 日),《不动产登记暂行条例》(2019 年 3 月 24 日)。

《中华人民共和国民法典·物权编》　《不动产登记暂行条例》

◎ 思考题

甲将自己的三间私房出租给乙，后甲因做生意急需资金，对乙表示欲将此房出卖。乙表示愿意购买，与甲签订购房协议，约定房价为 10 万元，1 个月内付清。不久，乙依约付清房款，但因甲外出做生意，过户手续一直未办理。后丙听说此事，表示愿意以 12 万元购买。甲即要求乙补交 2 万元，乙坚决反对提价，认为自己已经交清房款，房子已属于自己所有，甲无权要求补交房款。甲见状，即将房子以 12 万元的价格卖给了丙，并办理了过户手续。丙据此限期要求乙腾房。乙认为自己买房在先，而且租期尚未届至，因此拒绝腾房。你认为，此房的所有权应属于谁？理由是什么？丙是否有权要求乙腾房？理由是什么？

思考题解析

5.1 物权通则

5.1.1 物权一般规定

《民法典》第二编"物权"调整因物的归属和利用产生的民事关系。该编分五分编20章，共258条。物权法律制度对坚持和完善国家基本经济制度，完善社会主义市场经济体制，激发全社会的创造活力，增进财产的利用效益，实现物尽其用具有重要作用。

1. 物

1) 物的概念

所谓物就是存在于人身之外，能满足权利主体的利益需求，并能为权利主体实际控制或支配的物质实体。民法上的物具有以下特征：物存在于人体之外；物能满足人们社会生活的需要；物能为人们所实际控制或支配；物以有体物为限；物须有确定的界限或范围。

2) 物的种类

(1) 动产与不动产。这是以物能否移动及移动是否会损害其价值为标准而做的分类。动产是能够移动且不损害其价值的物，如桌子、电视机等。不动产是指性质上不能移动或虽可移动但移动则会减损其价值的物，包括土地及其定着物，如房屋等。

(2) 特定物与种类物。这是根据物是否有独立特征或是否被权利人指定而特定化所做的分类。特定物是指具有独立特征或被权利人指定，不能以他物替代的物，包括独一无二的物和从一类物中指定而特定化的物。前者如名人的一幅字迹等；后者如从一批机器设备中挑选出来的某一台等。种类物是指以品种、质量、规格或度量衡确定，不需具体指定的物，如级别、价格相同的大米等。

(3) 主物与从物。根据两个独立的物在用途上存在的主从关系，物分为主物与从物。主物是指独立存在，与其他物结合使用，并在其中发挥主要效用的物。在两个独立物结合使用中处于附属地位，起辅助和配合作用的是从物。例如马和马鞍，马是主物，马鞍是从物。一般而言，主物的处分及于从物，主物的效力及于从物。

(4) 原物与孳息。根据两物之间的渊源关系可将物分为原物与孳息。原物是指作为本体而依其自然属性或法律规定可产生新物的物。孳息则是从原物中产生的新物，如鸡下的蛋，存款的利息。从原物中产生的物必须与原物相分离，才可以称为孳息；如果未与原物相分离，则是原物的组成部分，如在果树上的果实，是该果树的组成部分。孳息包括天然孳息和法定孳息。前者是原物根据自然规律产生的物，如幼畜。后者是原物依法律规定产生，如利息、股利、租金等。

天然孳息，由所有权人取得；一物之上既有所有权人，又有用益物权人的，因该物产生的天然孳息由用益物权人取得，当事人另有约定的，按照约定。法定孳息，当事人有约定的，按照约定取得；没有约定或者约定不明确的，按照交易习惯取得。

【大家讲坛5-1】
小吴学习了关于原物与孳息的知识，举出了下列几种情形下的孳息：①母鸡下的蛋；②鸡蛋孵出的小鸡；③出租柜台所得租金；④山羊身上的羊毛。
小吴列举的孳息都对吗？为什么？
【解析】①和③属于孳息。原因是：孳息与原物在物理上必须分离，羊毛没有从羊身上分离，两者属于整体与部分的关系，故山羊身上的羊毛不是山羊的孳息；孳息是相对于原物而言的，无原物即无孳息，鸡蛋孵出的小鸡不属于鸡蛋的孳息，而属于鸡蛋的转化物。

(5) 消耗物与非消耗物。这是根据物使用后的形态是否发生变化而做的划分。消耗物，是指不能重复使用，一经使用即改变其原有形态、性质的物。非消耗物是指经反复使用不改变其形态、性质的物。米、谷、烟、酒等为消耗物。货币(金钱)不能由同一人重复使用，亦为消耗物。衣服、书籍、房屋、汽车等为非消耗物。

此外，物还可分流通物、限制流通物与禁止流通物；可分物与不可分物；单一物、合成物与集合物等。

2. 物权

1) 物权的概念

物权是指权利人对特定的物享有直接支配和排他的权利，包括所有权、用益物权和担保物权。

2) 物权的分类

根据物权的权利主体是否为财产所有人，可将物权分为所有权和他物权；根据他物权的设立目的，他物权分为用益物权和担保物权；根据物权的客体不同，可将物权分为动产物权和不动产物权；根据物权产生的根据不同，物权分为意定物权和法定物权。

3. 物权法律制度调整对象与基本原则

1) 物权法律制度调整对象

《民法典》第二百零五条规定，物权编调整物的归属和利用而产生的民事关系。"归属"是指某项财产归属于谁，即所有权。"利用"是指利用他人的财产的权利，包括用益物权和担保物权。用益物权，是"利用"他人财产的"使用价值"，即对他人的不动产进行占有、使用、收益的权利。担保物权，是"利用"他人财产的"交换价值"。

2) 物权法律制度的基本原则

物权法律制度的基本原则，是指对物权法律规范规则具有指导意义的基本准则。

(1) 平等保护原则。物权主体的法律地位平等，其享有的所有权和他物权受到侵害后，应当受到物权法的平等保护。《民法典》第二百零六规定，国家实行社会主义市场经济，保障一切市场主体的平等法律地位和发展权利。第二百零七条规定，国家、集体、私人的物权和其他权利人的物权受法律平等保护，任何组织和个人不得侵犯。

(2) 物权法定原则。物权的种类和内容由法律规定，不允许当事人依其意思设定与法律规定不同的物权。如法律规定动产质押须移转占有，当事人就不能创设不移转占有的动产质押。

(3) 一物一权原则。一物之上只能设定一个所有权，或一物之上不得设立两个以上内容相冲突的物权。一物之上可以并存数个不相冲突的物权，如所有权与他物权，数个担保物权，用益物权与担保物权均可以并存。

(4) 公示公信原则。所谓公示，是指物权的权利状态必须通过一定的公示方法向社会公开，使第三人知道权利状态。不动产的权利状态通过登记公示，动产的权利状态通过占有公示。所谓公信，是指当物权依据法律规定进行了公示，基于对公示的信赖而从事相关交易，即使该公示存在错误，法律也承认其交易行为有效，以保护交易安全。

公示原则与公信原则共同作用于当事人之间物权变动的过程，从而保护交易活动的安全。公示原则的作用主要在于使人"知"，而公信原则的作用则在于使人"信"。

法智箴言

孟子说："民之为道也，有恒产者有恒心，无恒产者无恒心。"自古以来，财产就与人的主体性密切相连，产权更是稳定人心、推动发展的"定盘星"。经济主体财产权的有效保障和实现是经济社会持续健康发展的基础。产权保护是激发和动员全体社会成员创造财富的动力源泉，而物权制度是产权保护的基石。

【大家讲坛 5-2】

甲、乙为夫妻，共有一处房产无人居住，但房产证上及房产局的登记簿上均只记载甲一人的名字。现甲、乙闹离婚。一日，甲背着乙与第三人丙签订了一份房屋买卖合同。丙将房款交与甲，并与甲一起办理了房产过户登记手续。一段时间后乙才得知此事，诉至人民法院，要求丙返还房屋。

如果你是法院的法官，你会如何处理？

【解析】法院对乙要求丙返还房屋的诉讼请求不予支持。因为房产证上及房产局的登记簿上均只记载甲一人的名字，基于公示公信原则，丙取得该房屋的所有权。

5.1.2 物权变动

1. 物权变动的概念与类型

1) 物权变动的概念

所谓物权变动，指物权的设立、移转、变更和消灭。物权的设立是指创设一个新的物权，如当事人约定设定抵押权；物权的移转是指将已存在的物权在民事权利主体之间转让，比如房屋所有权的出让；物权的变更是指在不变更物权主体的前提下改变物权的内容，比如改变土地使用权的期限或者内容；物权的消灭指物权的终止。

2) 物权变动的类型

(1) 非基于法律行为发生的物权变动。此种物权变动不以当事人的意思表示为要素，根据

《民法典》的相关规定，非基于法律行为发生的物权变动主要有：因人民法院、仲裁委员会的法律文书或者人民政府的征收决定等，导致物权设立、变更、转让或者消灭的，自法律文书生效或者人民政府的征收决定等生效时发生效力。因继承取得物权的，自继承开始时发生效力。因合法建造、拆除房屋等事实行为设立或者消灭物权的，自事实行为成就时发生效力。上述三种情形的物权变动虽不以登记为要件，但获得权利的主体在处分该物权时，仍应当依法办理登记。未经登记，不发生物权变动效力。

(2) 基于法律行为发生的物权变动。此种物权变动要以当事人的意思表示为要素，这是物权变动最主要的类型，适用物权公示公信原则，并与不动产登记制度和动产交付制度紧密联系。

2. 不动产物权登记

1) 不动产物权登记的含义与效力

所谓不动产物权登记，即经权利人申请，国家专职部门将申请人的不动产物权变动事项记载于国家不动产物权登记簿的事实，简称为不动产登记。

《民法典》第二百零九条规定，不动产物权的设立、变更、转让和消灭，经依法登记，发生效力；未经登记，不发生效力，但是法律另有规定的除外。依法属于国家所有的自然资源，所有权可以不登记。据此，我国不动产物权变动原则上采用登记生效原则，即不登记不发生不动产变动。但未办理物权登记的，不影响合同效力。某些他物权的变动不以登记为生效要件，而以登记为对抗要件。如土地承包经营权、地役权均自合同生效时设立，未经登记，不得对抗善意第三人。

2) 不动产登记的类型

(1) 初始登记。初始登记是指不动产的所有权人依法在规定的时间内对其权利进行的第一次登记，如房屋建成后明确房屋所有权的登记。

(2) 他项权利登记。所有权登记之外的其他登记一般称之为他项权利登记，如在不动产上创设建设用地使用权、抵押权等。

(3) 变更登记和涂销登记。变更登记主要包括不动产物权主体的变更登记和不动产物权内容的变更登记。前者如房屋所有权因买卖而移转的登记；后者如建设用地使用权的权利人变更土地使用目的的登记。涂销登记，是指消灭物权的登记，包括权利人抛弃其不动产物权的登记和不动产自然灭失的登记等。

(4) 更正登记与异议登记。更正登记是消除登记权利与真正权利不一致的状态，避免第三人依据不动产登记簿取得物权的行为。权利人、利害关系人认为不动产登记簿记载的事项错误的，可以申请更正登记。不动产登记簿记载的权利人书面同意更正或有证据证明登记确有错误的，登记机构应予以更正。

异议登记是指利害关系人对不动产登记簿记载的权利提出异议并记入登记簿的行为，是在更正登记不能获得权利人同意后的补救措施。异议登记使得登记簿上所记载的权利失去正确性推定的效力，因此异议登记后第三人不得主张基于登记而产生的公信力。异议登记申请人应在异议登记之日起 15 日内起诉，不起诉的，则异议登记失效。异议登记不当，造成权利人损害的，权利人可以向申请人请求损害赔偿。

(5) 预告登记。预告登记是为了保全关于物权变动的请求权而将此权利进行的登记。依据《民法典》第二百二十一条的规定，当事人签订买卖房屋的协议或者其他不动产物权的协议，为保障将来实现物权，按照约定可以向登记机构申请预告登记。预告登记后，未经预告登记的权利人同意，处分该不动产的，不发生物权效力。预告登记后，债权消灭或者自能够进行不动产登记之日起 90 日内未申请登记的，预告登记失效。

【大家讲坛 5-3】

王某与一房地产公司签订商品房预售合同，预购商品房一套，并向登记机关申请办理了预告登记。随后该房地产公司将王某选购的商品房以更高价格销售给不知情的张某，并与张某依法办理了不动产权属证书。

王某能否取得该房屋的所有权？

【解析】王某与房地产公司的商品房预售合同进行了预告登记。预告登记后，未经王某同意，处分该不动产的，不发生物权效力，因此，房地产公司出卖房屋的行为，不发生所有权变动，王某可以取得该房屋的所有权。

3) 登记机关

《民法典》第二百一十条规定了统一的登记制度：不动产登记，由不动产所在地的登记机构办理。国家对不动产实行统一登记制度。统一登记的范围、登记机构和登记办法，由法律、行政法规规定。

登记机构不得有下列行为：要求对不动产进行评估；以年检等名义进行重复登记；超出登记职责范围的其他行为。不动产登记费按件收取，不得按照不动产的面积、体积或者价款的比例收取。因登记错误，给他人造成损害的，登记机构应当承担赔偿责任。登记机构赔偿后，可以向造成登记错误的人追偿。

4) 登记簿和不动产权属证书

不动产登记簿，即记载不动产物权事项的专用簿册。不动产物权的设立、变更、转让和消灭，依照法律规定应当登记的，自记载于不动产登记簿时发生效力。不动产登记簿是物权归属和内容的根据，不动产登记簿由登记机构管理。权利人、利害关系人可以申请查询、复制登记资料，登记机构应当提供。

不动产权属证书是权利人享有该不动产物权的证明。不动产权属证书记载的事项，应当与不动产登记簿一致；记载不一致的，除有证据证明不动产登记簿确有错误外，以不动产登记簿为准。

【大家讲坛 5-4】

甲将自己的房屋卖给乙，双方于 2021 年 4 月 1 日签订了房屋买卖合同，乙当日向甲交付了 200 万元的房款，但双方未办理产权过户登记。2021 年 4 月 20 日，甲又将该房屋卖给了丙，双方签订了房屋买卖合同，并于 4 月 30 日办理了产权过户登记。

两份房屋买卖合同是否都有效？谁能够取得该房屋的所有权？

【解析】本题中的两份房屋买卖合同都有效，买卖合同不以登记作为有效条件。不动产物权的变动，经依法登记，发生效力；未经登记，不发生效力，因此，丙基于登记取得该房屋的所有权。甲、乙之间的买卖合同自 4 月 1 日成立时生效，但由于未办理登记，乙不能取得该房屋的所有权，但乙可以基于有效的买卖合同要求甲承担违约责任。

3. **动产的物权变动**

动产物权的设立和转让，自交付时发生效力，但法律另有规定的除外。根据该条规定，动产物权的变动以交付为要件。另外,《民法典》第二百二十五条规定,船舶、航空器和机动车等物权的设立、变更、转让和消灭,未经登记,不得对抗善意第三人。因此船舶、航空器和机动车等动产的变动仍以交付为要件,而不以登记为要件。但登记具有对抗效力,即船舶、航空器和机动车等交付后未登记的,不能对抗善意第三人。

在法律上,交付是指将物或物之凭证移转给他人占有的行为。交付通常指现实交付,即由物权受让人直接占有标的物的交付。除此之外,还有以下几种交付方式。

1) 简易交付

简易交付,即动产物权设立和转让前,权利人已经依法占有该动产,物权自法律行为生效时发生效力,此即为简易交付。如受让人已经通过寄托、租赁、借用等方式实际占有了动产,则当双方当事人关于所有权转移的合意生效时,即完成标的物的交付。

2) 指示交付

所谓指示交付,又称返还请求权的让与,是指动产物权设立和转让前,第三人依法占有该动产的,负有交付义务的人可以通过转让请求第三人返还原物的权利代替交付。

3) 占有改定

所谓占有改定,是指动产物权的让与人与受让人之间特别约定,标的物仍然由出让人继续占有,而受让人则取得对标的物的间接占有以代替标的物的现实交付。如此,在双方达成物权让与合意时,视为已经交付。

【大家讲坛 5-5】

(1) 2023 年 5 月 4 日,甲将自家的耕牛出租给乙使用 2 个月。5 月 10 日,乙提出要买此耕牛,甲表示同意。双方在买卖合同中约定,转让价款为 1000 元,一个月后交付款项。

(2) 2023 年 5 月 4 日,甲将自家的耕牛出租给乙使用 2 个月。5 月 10 日,甲将该耕牛卖给丙,丙当日付款,甲当日通知乙租赁期限届满后将耕牛直接交给丙。

(3) 2023 年 3 月 10 日,甲将耕牛卖给乙,乙当日付款,双方当日又约定,由于正值春耕农忙季节,耕牛先由甲使用,5 月 10 日甲再将耕牛交给乙。

以上三种情况各属于何种形式的交付?

【解析】第(1)种情形属于简易交付,甲、乙之间的买卖合同于 5 月 10 日生效,耕牛的所有权自买卖合同生效时转移。第(2)种情形属于指示交付,丙于 5 月 10 日取得该耕牛的所有权。第(3)种情形属于占有改定,耕牛的所有权自 3 月 10 日转移。

5.2 所有权

5.2.1 所有权概述

1. 所有权的概念

所有权,是指所有人依法对自己的不动产或者动产享有的占有、使用、收益和处分的权利。所有权具有完整性、排他性、永久性等特征。

2. 所有权的权能

在学理上,占有、使用、收益和处分通常被称为所有权的 4 项基本积极权能;排除他人干涉被称为所有权的消极权能。

1) 所有权的积极权能

(1) 占有权能。占有权能是指所有权人对标的物予以实际管理和控制的权利。对物的占有权能是实现对物的使用、收益的基础,因而占有是所有权的一项必不可少的效力。

(2) 使用权能。使用权能是指依照物的自然性能或用途对其加以利用的权利。使用权能不同于作为他物权的使用权(如建设用地使用权):使用权能仅仅是一项权能,必须包括在一项权利内,不能独立转让;而使用权是一种独立权利,可以单独转让。

(3) 收益权能。收益权能是指民事主体通过合法途径获取基于财产而产生的物质利益,包括孳息和利润。

(4) 处分权能。处分权能是指依法对物进行处置,从而决定物之命运的权能,包括事实上的处分和法律上的处分。前者是指对物的改变、改造或毁损等,如拆除房屋等。后者是指通过某种法律行为处置财产,从而使所有权发生变动,如出卖房屋等。

2) 所有权的消极权能

所有权的消极权能,是指所有权人在法律规定的范围内,排除他人对其所有物加以干涉的权能。排除他人干涉的权能在没有他人干涉时,这种权能并不体现,故称其为消极权能。

3. 征收与征用

公民、法人及非法人组织所有的财产不可侵犯,根据《中华人民共和国宪法》(以下简称《宪法》)的规定,国家只有在基于公共利益需要时,才能依法对财产进行征收或者征用。

1) 征收

征收是指国家为了公共利益的需要而依法强制取得原属于私人或者集体财产的所有权或者他物权的行为。根据《民法典》第二百四十三条的规定,为了公共利益的需要,依照法律规定的权限和程序可以征收集体所有的土地和组织、个人的房屋及其他不动产。征收集体所有的土地,应当依法及时足额支付土地补偿费、安置补助费以及农村村民住宅、其他地上附着物和青苗等的补偿费用,并安排被征地农民的社会保障费用,保障被征地农民的生活,维护被征地农民的合法权益。

征收组织、个人的房屋及其他不动产,应当依法给予征收补偿,维护被征收人的合法权益;征收个人住宅的,还应当保障被征收人的居住条件。

2) 征用

征用是指国家为了公共利益的需要而依法强制取得原属于私人或者集体所有的财产的使用权的行为。根据《民法典》第二百四十五条规定,因抢险救灾、疫情防控等紧急需要,依照法律规定的权限和程序可以征用组织、个人的不动产或者动产。被征用的不动产或者动产使用后,应当返还被征用人。组织、个人的不动产或者动产被征用或者征用后毁损、灭失的,应当给予补偿。征收和征用,除了适用于所有权外,还可以适用于用益物权,如土地承包经营权、建设用地使用权、宅基地使用权等。

征收与征用都是为了公共利益的需要,按法定权限,经法定程序并给予补偿的强制性行为,但两者有明显区别，如表 5-1 所示。

表 5-1 征收与征用的区别

项目	征收	征用
法律效果	所有权转移，不存在财产返还	所有权不转移，用后返还
适用对象	土地、房屋等不动产	动产与不动产
适用条件	公共利益	抢险救灾、疫情防控等紧急需要

5.2.2 所有权的种类

在我国，所有权的种类主要有国家所有权、集体组织所有权和私人所有权等。

1. 国家所有权

国家所有权是国家对国有财产的占有、使用、收益和处分的权利。国家所有权是社会主义全民所有制在法律上的表现。城市土地、矿藏、水流、海域，野生动植物资源，无线电频谱资源，国防资产，森林、山岭、草原、荒地、滩涂等自然资源，属于国家所有，但法律规定属于集体所有的除外；法律规定属于国家所有的农村和城市郊区的土地及铁路、公路、电力设施、电信设施和油气管道等基础设施，属于国家所有；法律规定属于国家所有的文物，属于国家所有。这些财产有的只能作为国家所有权的客体，如矿藏、水流等。

国有财产的行使，除法律另有规定的以外，均由国务院代表国家行使所有权。具体实施则由占有国有财产的各级国家机关和企事业单位行使：国家机关对其直接支配的不动产和动产，享有占有、使用及依照法律和国务院的有关规定处分的权利。国家举办的事业单位对其直接支配的不动产和动产，享有占有、使用及依照法律和国务院的有关规定收益、处分的权利。国家出资的企业，由国务院、地方人民政府依照法律、行政法规规定分别代表国家履行出资人职责，享有出资人权益。

2. 集体所有权

集体所有权是指劳动群众集体组织占有、使用、收益和处分其财产的权利。其客体可以是法律规定的国家专有财产以外的其他任何财产。例如，集体组织可以享有土地、森林、山岭、草原、荒地、滩涂等的所有权。

劳动群众集体组织所有权的各项权能可以由集体组织自己行使，也可以将其所有权的权能转移给个人行使。集体所有的土地和森林、山岭、草原、荒地、滩涂等，依照下列规定行使所有权：属于村农民集体所有的，由村集体经济组织或者村民委员会代表集体行使所有权；分别属于村内两个以上农民集体所有的，由村内各该集体经济组织或者村民小组代表集体行使所有权；属于乡镇农民集体所有的，由乡镇集体经济组织代表集体行使所有权。

3. 私人所有权

私人所有权是私人依法享有的占有、使用、收益和处分其生产资料和生活资料的权利。根据《民法典》第二百六十六条的规定，私人对其合法的收入、房屋、生活用品、生产工具、原材料等不动产和动产享有所有权。合法的储蓄、投资及其收益受法律保护。私人的合法财产受法律保护，禁止任何单位和个人侵占、哄抢、破坏。

5.2.3 所有权的取得

所有权的取得，是指民事主体依据一定的法律事实而获取某物的所有权。所有权的取得分为原始取得与继受取得两种。

1. 原始取得

所谓原始取得，是指根据法律规定，最初取得财产的所有权或不依赖于原所有人的意思而取得财产的所有权。原始取得的方式有：劳动生产、征收、先占、孳息、添附、时效取得、善意取得、拾得遗失物、发现埋藏物等。本部分主要介绍善意取得、拾得遗失物和添附。

1) 善意取得

善意取得，是指动产或者不动产的无权处分人，将其占有的动产或者不动产转让给第三人，如果受让人取得该财产时出于善意，则受让人依法取得对该动产或者不动产的所有权或他物权。善意取得包括了所有权的善意取得与他物权的善意取得。在善意取得中，受让人取得财产所有权是基于法律的规定，而非当事人之间的法律行为，因此善意取得是原始取得。

善意取得的构成要件包括：受让人受让财产时主观上为善意；无权处分人以合理的价格转让；转让的财产必须是依法可以流通的动产或不动产；转让财产依照法律规定应当登记的已经登记，不需要登记的已经交付给受让人。

善意取得的法律效果为：原所有人丧失标的物所有权，而受让人则基于善意取得而获得标的物所有权。让与人处分他人的财产的非法所得，应作为不当得利返还给原所有人。如果返还不当得利不足以补偿原所有人损失的，原所有人有权请求让与人赔偿损失以弥补不足部分。

【大家讲坛 5-6】

2022 年 4 月 1 日，甲(所有权人)将自己的相机出租给乙，租期为 1 年。7 月 1 日，乙将相机作价 3000 元卖给丙，丙付款后，乙向丙交付了相机。

甲、乙、丙之间的法律效果是怎样的？

【解析】①乙作为承租人基于租赁合同对甲的相机构成有权占有，但无权处分；②丙在取得该相机时，首先推定丙为善意，除非权利人甲能够提出反证；③受让人丙为善意，支付了合理对价，且相机已交付，丙基于善意取得制度取得该相机所有权；④甲丧失该相机的所有权，无权请求丙返还相机；⑤由于甲已丧失相机所有权，不能要求乙返还原物，只能要求乙承担赔偿责任或返还不当得利。

2) 拾得遗失物

遗失物，是指他人不慎丧失占有的动产，遗失物并非无主物。拾得遗失物是指发现他人遗失物并占有的法律事实。

拾得遗失物，应当返还权利人。拾得人应当及时通知权利人领取，或者送交公安等有关部门。有关部门收到遗失物，知道权利人的，应当及时通知其领取；不知道的，应当及时发布招领公告。遗失物自发布招领公告之日起 1 年内无人认领的，归国家所有。拾得人在返还拾得物时，可以要求支付必要费用，但不得要求支付报酬。遗失人悬赏寻找遗失物的，领遗失物时应当按照承诺履行义务。拾得人在遗失物送交有关部门前，有关部门在遗失物被领取前，应当妥善保管遗失物。因故意或者重大过失致使遗失物毁损、灭失的，应当承担民事责任。拾得人侵占遗失物的，无权请求保管遗失物等支出的费用，也无权请求权利人按照承诺履行义务。

如果遗失物通过转让为他人所占有时，其处理规则是：权利人有权向无处分权人请求损害赔偿，或者自知道或者应当知道受让人之日起2年内向受让人请求返还原物。如果受让人通过拍卖或者向具有经营资格的经营者购得该遗失物，权利人请求返还原物时应当支付受让人所付的费用。权利人向受让人支付所付费用后，有权向无处分权人追偿。

拾得漂流物、发现埋藏物或者隐藏物的，参照适用关于遗失物的规则。法律另有规定的，依照其规定。

【大家讲坛5-7】

甲有钻石手表一块，某天不慎丢失。乙拾得后以5000元出售给丙。后来，甲偶然发现丙手上戴的手表就是自己丢失的钻石手表。于是要求丙返还，丙认为自己是支付价款才得到的手表，不同意返还。

根据《民法典》有关拾得遗失物的制度，甲能否要回自己的手表？

【解析】①即使丙是善意，支付了合理对价，且手表已交付，丙也不能善意取得该手表所有权，因为拾得遗失物不适用善意取得制度；②甲并未丧失对该手表的所有权，因此，甲有权要求乙赔偿损害，或者"自知道丙之日起2年内"要求丙返还原物；③甲是基于其"所有权"要求丙返还原物的，一般情况下，丙应当向甲无偿返还原物，之后，丙可以向乙追回5000元；④如果丙通过拍卖或向具有经营资格的经营者购得该手表(通过正规渠道购得)，丙也不能取得该手表的所有权，但甲要求丙返还原物时，甲应当向丙先支付5000元，然后甲再找乙追偿。

3) 添附

添附，包括附合、混合和加工，是指将不同所有人的物结合成为一个新的物或在他人的物上加工使之成为新的物的法律事实。因添附而产生的物的归属，有约定的，按照约定；没有约定或者约定不明确的，依照法律规定；法律没有规定的，按照充分发挥物的效用及保护无过错当事人的原则确定。因一方当事人的过错或者确定物的归属造成另一方当事人损害的，应当给予赔偿或者补偿。

法智箴言

拾金不昧是中华民族的传统美德，也是良好道德风尚的具体体现。拾得遗失物应当返还，不仅是社会的道德要求，也是一项法律义务。拾得遗失物不予返还，构成不当得利。遗失物价值达到一定数额，拒不返还的，则可能构成侵占罪。失主通过悬赏广告寻找遗失物时，拾得人有权主张获得报酬，失主不得以拾得遗失物应当返还为由拒绝支付，因为悬赏广告体现了失主的意思，不履行悬赏广告的承诺，有违诚信原则。

2. 继受取得

继受取得，又称传来取得，是指通过某种法律行为或根据法律的规定从原所有人处取得某项财产的所有权。继受取得主要包括买卖、赠与、互易、继承等。

5.2.4 建筑物区分所有权

1. 建筑物区分所有权的概念

建筑物区分所有权,是指多个所有人共同拥有一幢建筑物时,各个所有人对其在构造上和使用上具有独立性的建筑物部分(专有部分)所享有的所有权和对供全体或部分所有人共同使用的建筑物部分(共有部分)所享有的共有权,以及基于建筑物的管理、维护和修缮等共同事务而产生的管理权(成员权)的总称。

建筑物区分所有权不同于共有,其根本属性仍是单独所有,共有部分及管理权依附于专有部分。建筑物区分所有权人转让其专有权时,其他建筑物区分所有权人不享有优先购买权。

2. 建筑物区分所有权的内容

1) 业主专有权

专有权,又称专有所有权,是指建筑物区分所有人对专属于自己的、在构造和使用上具有独立性的建筑物专有部分所享有的所有权。业主对其建筑物专有部分享有占有、使用、收益和处分的权利。业主行使权利不得危及建筑物的安全,不得损害其他业主的合法权益,如业主对专有部分装修时,不得拆除房屋内的承重墙等。业主不得违反法律、法规及管理规约,将住宅改变为经营性用房。业主将住宅改变为经营性用房的,除遵守法律及管理规约外,应当经有利害关系的业主同意。

2) 业主共有权

业主共有权是指业主对专有部分以外的共有部分,如电梯、过道、楼梯、水箱、外墙面、水电气的主管线等享有的占有、使用及收益的权利。

建筑区划内的道路,属于业主共有,但属于城镇公共道路的除外;建筑区划内的绿地,属于业主共有,但属于城镇公共绿地或明示属于个人的除外。

建筑区划内的其他公共场所、公用设施和物业服务用房,属于业主共有;占用业主共有的道路或者其他场地用于停放汽车的车位,属于业主共有。建筑区划内规划用于停放汽车的车位、车库,其归属遵循约定。用于停放汽车的车位、车库应当首先满足业主的需要。

业主对专有部分以外的共有部分既享有权利,又承担义务,不得以放弃权利而不履行义务。业主转让建筑物内的住宅、经营性用房,其对共有部分享有的权利一并转让。

3) 共同管理权

所谓共同管理权,是指业主基于专有部分的所有权,从而对业主的共同财产和共同事务进行管理的权利。

业主可以设立业主大会,选举业主委员会。业主依法共同决定物业管理的重大事项。业主大会和业主委员会的决定,对全体业主具有约束力。但该决定侵犯部分业主合法权益的,该部分业主可以请求人民法院予以撤销。依据《民法典》第二百七十八条的规定,下列事项由业主共同决定:①制定和修改业主大会议事规则;②制定和修改管理规约;③选举业主委员会或更换业主委员会成员;④聘请和解聘物业服务企业或者其他管理人;⑤使用建筑物及其附属设施的维修资金;⑥筹集建筑物及其附属设施的维修资金;⑦改建、重建建筑物及其附属设施;⑧改变共有部分的用途或者利用共有部分从事经营活动;⑨有关共有和共同管理权利的其他重大事项。对于上述事项的表决,应当由专有部分面积占比 2/3 以上的业主且人数占比 2/3

以上的业主参与表决。决定第⑥项至第⑧项规定的事项，应当经参与表决专有部分面积 3/4 以上的业主且参与表决人数 3/4 以上的业主同意。决定其他事项，应当经参与表决专有部分面积过半数的业主且参与表决人数过半数的业主同意。业主可以自行管理其建筑物及其附属设施，也可以委托物业服务企业或者其他管理人管理。物业管理公司应接受业主的监督，并及时答复业主对物业服务情况提出的询问。对建设单位聘请的物业服务企业或者其他管理人，业主有权依法更换。

业主应当遵守管理规约。业主大会和业主委员会，对任意弃置垃圾、排放污染物或者噪声、违反规定饲养动物、违章搭建、侵占通道、拒付物业费等损害他人合法权益的行为，有权依照法律法规及管理规约要求行为人停止侵害、消除危险、排除妨碍、赔偿损失。业主对侵害自己合法权益的行为，可以依法向人民法院提起诉讼。

【大家讲坛 5-8】

某开发商经批准开发居民高层公寓楼，先后有四百多位客户与该开发商签订购房合同，并在依约缴纳全部购房款、取得相关产权证的前提下入住该公寓楼。后开发商将该楼顶部出租给个体户陈某，每年租金 1 万元，陈某利用楼顶空间栽种花卉。由于用水浇灌花卉引起楼层渗漏，引起马某等居民的不满。因与开发商协商不成，马某等联名按购房合同的仲裁条款申请仲裁，要求开发商终止与陈某的合同，停止侵害，赔偿损失。

马某等人的请求是否合理？为什么？

【解析】 马某等有权要求开发商停止侵害，赔偿损失。既然马某等居民各自拥有房屋的产权，即形成建筑物区分所有权的法律关系。依建筑物区分所有权的理论，楼层顶部作为各区分所有权人的共用部分，由各区分所有权人共同享有所有权。由于开发商并无相应的所有权，所以并不享有楼层顶部的共有权，而出租行为也因所有权人的拒不承认而归于无效。故应责令开发商停止侵害，并赔偿相应损失。

5.2.5 共有

共有，是指两个或两个以上的民事主体共同享有一个财产所有权的法律制度。共有的主体称为共有人；共有的客体称为共有物；各共有人之间的共同权利与共同义务的关系称为共有关系。共有包括按份共有和共同共有。

1. 按份共有

1) 按份共有的概念

按份共有，亦称分别共有，是指两个或两个以上的人对同一项财产按照份额享有所有权。共有人对共有的不动产或者动产没有约定为按份共有或者共同共有，或者约定不明确的，除共有人具有家庭关系等外，视为按份共有。

2) 按份共有的内部关系

(1) 共有物的占有、使用和收益。各共有人依其份额对共有物进行占有、使用、收益。按份共有人对共有财产享有的份额依照其约定，没有约定或者约定不明确的，按出资额确定，不能确定出资额的，视为等额享有。根据共有物的性质，全体共有人不能同时对共有物进行占有、使用、收益时，应由共有人对占有、使用、收益的方法进行协商，并按协商一致的方法处理。

(2) 共有物的处分。在按份共有关系存续期间，共有人对共有物的处分包括两种：一是对其享有的份额的处分；二是对整个共有物的处分。

按份共有人转让其享有的共有的不动产或者动产份额时，应当将转让条件及时通知其他共有人，其他共有人在同等条件下享有优先购买的权利并在合理期限内行使。两个以上其他共有人主张行使优先购买权的，协商确定各自的购买比例；协商不成的，按照转让时各自的共有份额比例行使优先购买权。是否为"同等条件"，应当综合共有份额的转让价格、价款履行方式及期限等因素确定。在共有人抛弃其应有份额后，该应有份额应归属于其他共有人。

共有人对共有物的处分，包括事实上的处分与法律上的处分。事实上的处分如抛弃共有财产、对共有财产做重大修缮等。法律上的处分如出卖、赠与、投资等。处分共有的不动产或者动产及对共有的不动产或者动产做重大修缮、变更性质或者用途的，应当经占份额 2/3 以上的按份共有人同意，但是共有人之间另有约定的除外。

(3) 共有物的管理及费用负担。共有人按照约定管理共有的不动产或者动产；没有约定或者约定不明确的，各共有人都有管理的权利和义务。共有人对共有物的管理费用及其他负担，有约定的，按照其约定；没有约定或者约定不明确的，按份共有人按照其份额负担，共同共有人共同负担。如果某一共有人支付费用超过其份额所应负担的部分，有权请求其他共有人按其份额偿还所应负担的部分。

3) 按份共有的外部关系

各共有人对于外部的侵害，可以为共有人全体的利益向侵权人主张权利。共有人对于第三人的义务，在共有人与第三人发生的民事法律关系中，除法律另有规定或者第三人知道共有人不具有连带债权债务关系的以外，共有人应负连带义务或承担连带责任。例如共有人对于第三人有共同侵权行为，则共有人之间应对第三人负连带责任。共有人中的一人或数人在代替其他共有人履行义务或承担责任后，有权请求其他共有人偿还其应当承担的部分。

4) 共有物的分割

在按份共有关系存续期间，共有人约定不得分割共有财产的，依其约定，但共有人有重大理由需要分割的，可以请求分割。没有约定或约定不明确的，按份共有人可以随时要求分割。因分割对其他共有人造成损害的，应当给予赔偿。

共有人在分割共有物时，可以协商确定分割方式。在不损害物的价值的前提下，可以选择采用实物分割、变价分割、作价补偿等方法。共有人分割所得的不动产或动产有瑕疵的，其他共有人应当按照份额分担损失。

【大家讲坛 5-9】

2022 年，李某与张某共同出资购买了两辆东风牌汽车从事长途贩运，其中，李某出资 10 万元，张某出资 6 万元，约定盈亏按照出资比例分担。2 年中，双方盈利均按约定比例做了分配。2023 年，李某趁张某外出，将一辆车以 9 万元的价格出售给王某，双方办理了车辆过户手续，张某回来后，不同意卖车，要求李某追回该车，李某则认为，自己当初出资 10 万元，应该对汽车有更大的处置权，因而认为自己有权出售汽车。张某诉至法院，要求王某返还购买的车辆。

张某的诉讼请求能否得到法院的支持？

【解析】张某和李某对这两辆汽车形成按份共有关系。李某未经张某同意出售共有物，属于无权处分，在无权处分情形下，若王某购买汽车时是善意，并符合善意取得的其他条件，则王某取得该汽车所有权，张某无权要求王某返还汽车。若王某购买汽车时是恶意，则王某不能取得该汽车的所有权，张某有权要求王某返还汽车。

2. 共同共有

1) 共同共有的概念

共同共有，是指两个或两个以上的民事主体基于共同关系，对某项财产不分份额地共同享有权利并承担义务。共同共有主要包括夫妻共有、家庭共有、遗产分割前的共有等。

2) 共同共有的内外部关系

共同共有人的权利及于共有物的全部。对于共有物的占有、使用、收益、处分权的行使，应当得到全体共有人的同意。如果根据法律的规定或合同的约定，某个或某些共有人有权代表全体共有人管理共有财产，则该共有人可以依法或依合同对共有财产进行管理。在共同共有关系存续期间，部分共有人擅自处分共有财产，一般无效。但第三人善意、有偿取得该财产的，应当维护第三人的合法权益；对其他共有人的损失，由擅自处分共有财产的人赔偿。

对于共有物的管理费用及其他费用应当共同负担。因共有的不动产或者动产产生的债权债务，对外共有人享有连带债权、承担连带债务。

3) 共有物的分割

共同共有关系存续期间，各共有人一般不得请求分割共有物。但是，共同共有人在共有的基础丧失或有重大理由需要分割时可以请求分割，因分割给其他共同共有人造成损害的，应当予以赔偿。

共同共有财产的分割，有协议的，按协议处理；没有协议的，按等分原则处理，并考虑共有人对共有财产的贡献大小，适当照顾共有人的生产、生活的实际需要等情况。除此之外，分割共同共有财产还应遵守法律关于该共同共有关系的规定，如法定继承中分割共同继承的遗产，应按照《民法典》中继承编规定的遗产分配原则进行。

5.2.6 相邻关系

相邻关系是指两个或两个以上相互毗邻的不动产的所有人或使用人，在行使不动产的所有权或使用权时，因相邻各方应当给予便利和接受限制而发生的权利义务关系。主张相邻关系的当事人，既可以是不动产的所有人，也可以是不动产的使用人。相邻关系的实质是相邻不动产所有人或使用人行使权利的延伸或限制。

相邻关系的种类主要包括：因用水、排水产生的相邻关系；因通行而产生的相邻关系；因修建施工、防险产生的相邻关系；因通风、采光而产生的相邻关系等。

处理相邻关系应遵循的原则有：有利生产，方便生活；团结互助，公平合理；尊重历史和习惯；赔偿合理损失。

> **法智箴言**
>
> "远亲不如近邻"。融洽的邻里关系不仅是建设和谐社会的基础,也能让人们的生活和工作更加舒心、安心、温馨。邻里关系处理以和为贵,相互尊重、相互理解、相互帮助,在合理的限度内给予他人一定的便利。权益受到侵害,也要理性对待,冷静化解风波。邻里成仇,互不相让,只能是两败俱伤。
>
> 退一步海阔天空,让他三尺又何妨?

5.3 用益物权

用益物权是指对他人所有的不动产或者动产,依法享有占有、使用和收益的权利。用益物权包括土地承包经营权、建设用地使用权、宅基地使用权、地役权和居住权。

5.3.1 土地承包经营权

1. 土地承包经营权的概念

土地承包经营权,是指土地承包经营权人以从事农业生产为目的,依法对其承包经营的耕地、林地、草地等享有占有、使用和收益的权利。《中华人民共和国农村土地承包法》第三条第二款规定,农村土地承包采取农村集体经济组织内部的家庭承包方式,不宜采取家庭承包方式的荒山、荒沟、荒丘、荒滩等农村土地,可以采取招标、拍卖、公开协商等方式承包。可见,农村土地承包的方式分为两种,一种是家庭承包;另一种是其他方式的承包。

2. 家庭承包

1) 设立

土地承包经营权通过订立承包合同方式确立,《民法典》第三百三十三条第一款规定,土地承包经营权自土地承包经营权合同生效时设立。土地承包经营权合同一旦生效,承包方即取得土地承包经营权,既不需要登记,也不需要交付。登记机构应当向土地承包经营权人发放土地承包经营权证、林权证等证书,并登记造册,确认土地承包经营权。此处的登记发证仅仅是确认土地承包经营权,并非取得土地承包经营权的必要条件。登记发证是登记机关的一项法定义务。

2) 流转

在承包经营期限范围内,承包权人有权根据法律规定,采取互换、转让等方式流转土地承包经营权,流转的期限不得超过承包期的剩余期限。未经依法批准,不得将承包的土地用于非农建设。土地承包经营权的互换、转让,当事人可以向登记机构申请登记;未经登记,不得对抗善意第三人。

土地承包经营权人可以自主决定依法采取出租、入股或者其他方式向他人流转土地经营权。土地经营权人有权在合同约定的期限内占有农村土地,自主开展农业生产经营并取得收益。流转期限为5年以上的土地经营权,自流转合同生效时设立。当事人可以向登记机构申请土地经营权登记;未经登记,不得对抗善意第三人。

3) 承包期限

承包经营权的期限因承包经营的对象不同而不同：耕地的承包期为 30 年；草地的承包期为 30~50 年；林地的承包期为 30~70 年。承包期届满，由土地承包经营权人依照农村土地承包的法律规定继续承包。

3. 其他方式的承包

农村土地承包原则上采取农村集体经济组织内部的家庭承包方式。但对于不宜采取家庭承包方式的荒山、荒沟、荒丘、荒滩等农村土地，可以采取招标、拍卖、公开协商等方式承包(简称"其他方式的承包")。以其他方式的承包取得的土地承包经营权可以转让、入股、抵押或者以其他方式流转。

> **法智箴言**
>
> "三权分置"是指形成农村集体土地所有权、承包权、经营权三权分置，经营权流转的格局，是继家庭联产承包责任制后农村土地制度改革的又一重大制度创新。"三权分置"是农村基本经营制度的自我完善，符合生产关系适应生产力发展的客观规律，有利于明晰土地产权关系，维护农民集体、承包农户、经营主体的权益，促进土地资源合理利用，构建新型农业经营体系，发展多种形式适度规模经营。

5.3.2 建设用地使用权

1. 建设用地使用权的概念

建设用地使用权，是指民事主体依法对国家所有的土地享有占有、使用和收益的权利，有权利用该土地建造建筑物、构筑物及其附属设施。建设用地使用权可以在土地的地表(如建造住宅)、地上(如建造高架桥)或者地下(如建造地铁)分别设立。

2. 建设用地使用权的设立

1) 设立方式

(1) 出让。出让是指国家在国有土地上为受让人创设建设用地使用权，受让人向国家支付出让金的行为。出让的方式主要有招标、拍卖、双方协议等方式，双方协议属于非公开竞价方式，而招标、拍卖属于公开竞价方式。鉴于公开竞价更能保证建设用地使用权出让的公开、公平、公正，《民法典》规定，工业、商业、旅游、娱乐和商品住宅等经营性用地及同一土地有两个以上意向用地者的，应当采取招标、拍卖等公开竞价的方式出让。无论采取何种方式出让，当事人均须签订书面出让合同。土地使用权出让最高年限按下列用途确定：居住用地 70 年；工业用地 50 年；教育、科技、文化、卫生、体育用地 50 年；商业、旅游、娱乐用地 40 年；综合或者其他用地 50 年。住宅建设用地使用权期限届满的，自动续期。续期费用的缴纳或者减免，依照法律、行政法规的规定办理。非住宅建设用地使用权期限届满后的续期，依照法律规定办理。该土地上的房屋及其他不动产的归属，有约定的，按照约定；没有约定或者约定不明确的，依照法律、行政法规的规定办理。

(2) 划拨。建设用地使用权的划拨，是指国家无偿在国有土地上为土地使用人创设建设用地使用权的行为。采取划拨方式的，应当遵守法律、行政法规关于土地用途的规定。根据《中华人民共和国城市房地产管理法》第二十四条规定，国家机关用地和军事用地，城市基础设施用地和公益事业用地，国家重点扶持的能源、交通、水利等项目用地，法律、行政法规规定的其他用地确属必需的，可以由县级以上人民政府依法批准划拨。以划拨方式取得的建设用地使用权，除法律、行政法规另有规定外，无使用期限限制。

2) 设立登记

无论是出让还是划拨，均应向登记机构申请建设用地使用权登记，建设用地使用权自登记时设立。登记机构应当向建设用地使用权人发放建设用地使用权证书。

3. 建设用地使用权的流转

除法律另有规定的以外，建设用地使用权可以转让、互换、出资、赠与或者抵押。

建设用地使用权转让、互换、出资或者赠与时，附着于该土地上的建筑物、构筑物及其附属设施一并处分。当建筑物、构筑物及其附属设施转让、互换、出资或者赠与的，该建筑物、构筑物及其附属设施占用范围内的建设用地使用权一并处分，即建设用地使用权与附着在土地上的建筑物采取"房随地走、地随房走、房地一体"的流转规则。

【大家讲坛5-10】

甲从开发商乙处购得住宅用商品房一套，建设用地使用权期限为70年，于2050年12月31日到期。

住宅建设用地使用权期间届满后，甲的建设用地使用权和住宅所有权是否需要经不动产登记机构批准续期？

【解析】住宅建设用地使用权期间届满的，自动续期，不需要经不动产登记机构批准；住宅所有权具有永久性，不存在续期的问题。

5.3.3 居住权

1. 居住权的概念

居住权是指居住权人以满足生活居住的需要，有权按照合同约定或遗嘱，对他人的住宅享有占有、使用的用益物权。这是《民法典》在物权编中新增设立的一种用益物权类型。

2. 居住权的设立和消灭

设立居住权，当事人应当采用书面形式订立居住权合同。居住权合同一般包括下列条款：当事人的姓名或者名称和住所、住宅的位置、居住的条件和要求、居住权期限、解决争议的方法。《民法典》对居住权的设立采取的是登记生效主义。设立居住权的，应当向登记机构申请居住权登记。居住权自登记时设立。以遗嘱方式设立居住权的，也要申请居住权登记。

居住权期限届满或者居住权人死亡的，居住权消灭。居住权消灭的，应当及时办理注销登记。

3. 居住权人的权利和义务

居住权人有权按照合同约定，对他人的住宅享有占有、使用的用益物权，以满足生活居住的需要。居住权无偿设立，但是当事人另有约定的除外。约定需要支付使用费的，居住权人应支付使用费。居住权不得转让、继承。设立居住权的住宅不得出租，但是当事人另有约定的除外。

5.3.4 地役权

1. 地役权的概念

地役权是指地役权人为了自己使用土地的方便或者土地利用价值的提高，按照合同约定利用他人的不动产的权利。其中为他人土地利用提供便利的土地称为供役地，而享有地役权的土地称为需役地。实践中常见的地役权有通行地役权、引水地役权、排水地役权、铺设管线地役权、眺望地役权等。

2. 地役权与相邻关系

在民事法律关系中，地役权与相邻权是两个容易混淆的概念。地役权与相邻权都是以邻人的不动产为自己的不动产提供便利。但是两者存在诸多区别，如表 5-2 所示。

表 5-2 地役权与相邻关系的区别

项目	地役权	相邻关系
性质	独立的用益物权	不是独立的民事权利，是所有权的扩张或限制
产生方式	约定产生，登记能对抗善意第三人	法定产生，不需要登记
目的	提高需役地的效益	为相邻一方提供必要便利，维护正常生活和生产
是否相邻	不以相互毗邻为条件	一般以相互毗邻为条件
是否无偿	有偿或无偿	无偿

3. 地役权的设立和消灭

1) 地役权的设立

地役权采用书面合同形式设立，自合同生效时，地役权发生效力。当事人要求登记的，可以向登记机构申请地役权登记；未经登记，不得对抗善意第三人。地役权的期限由当事人约定，但不得超过土地承包经营权、建设用地使用权等用益物权剩余的期限。地役权人有权依据合同约定的利用目的和方法利用供役地，同时尽量减少对供役地权利人物权的限制。

2) 地役权的消灭

地役权除因设定期限届满、抛弃、混同等原因消灭外，还可因供役地权利人解除地役权合同而使地役权消灭。依照《民法典》第三百八十四条规定，地役权人违反法律规定或者合同约定，滥用地役权；有偿利用供役地，约定的付款期间届满后在合理期限内经两次催告未支付费用，供役地权利人有权解除地役权合同。

4. 地役权与其他用益物权的关系

土地所有权人享有地役权或者负担地役权的，设立土地承包经营权、宅基地使用权等用益物权时，该土地用益物权人继续享有或者负担已设立的地役权；土地上已设立土地承包经营权、建设用地使用权、宅基地使用权等权利的，未经上述用益物权人同意，土地所有权人不得设立地役权；需役地及需役地上的土地承包经营权、建设用地使用权部分转让时，转让部分涉及地役权的，受让人同时享有地役权；供役地及供役地上的土地承包经营权、建设用地使用权部分转让时，转让部分涉及地役权的，地役权对受让人具有约束力；地役权不得单独抵押。

5.3.5 宅基地使用权

《民法典》规定的用益物权还包括宅基地使用权，即农村居民对集体所有的土地占有和使用，自主利用该土地建造住房及其附属设备，以供居住的地上权。关于宅基地使用权的取得、行使和转让，多规定在土地管理法等法律法规中。

5.4 担保物权

5.4.1 担保物权概述

1. 担保物权的概念

担保物权，是指为确保债权的实现而设定的，以直接取得或者支配特定财产的交换价值为内容的权利。我国典型担保物权包括抵押权、质权、留置权。

2. 担保物权的特征

(1) 以确保债务履行为目的。担保物权的设立，是为了保证主债务的履行，使得债权人对于担保财产享有优先受偿权，所以它是对主债权效力的加强和补充。

(2) 变价受偿性。担保物权人在债务人不履行到期债务或发生当事人约定的实现担保物权的情形，可将标的物通过拍卖等方式加以出卖，从卖得的价金中优先受偿。

(3) 物上代位性。担保物权的效力及于其标的物的代替物。担保期间，担保财产毁损、灭失或者被征收等，担保物权人可以就保险金、赔偿金或者补偿金等优先受偿。

(4) 从属性。所谓从属性，是指担保物权以主债的成立为前提，随主债的转移而转移，并随主债的消灭而消灭。抵押权人就债权的处分及于抵押权，不得将抵押权让与他人而自己保留债权；也不得将债权让与他人而自己保留抵押权；更不得将债权与抵押权分别让与两人。

(5) 不可分性。所谓担保物权的不可分性，是指担保物权所担保的债权的债权人得就担保物的全部行使其权利。债权一部分消灭，债权人仍就未清偿债权部分对担保物全部行使权利；担保物一部分灭失，残存部分仍担保债权全部。

法智箴言

　　担保物权制度关系到社会、经济的稳定运行，是优化营商环境的重要保障。为优化营商环境提供法治保障，《民法典》物权编进一步完善了担保物权制度，对促进资金循环流转、改善营商环境带来了极大便利。如放开了对抵押物转让的限制，大大节约了交易成本、提高了融资便利度；扩大了担保合同的范围，将其拓展到"其他具有担保功能的合同"，以顺应未来金融创新的需求，为未来经济社会发展过程中创新担保方式提供法律依据。

5.4.2 抵押权

1. 抵押的概念

抵押，是指为担保债务的履行，债务人或第三人不转移财产的占有，将该财产抵押给债权人，债务人不履行到期债务或者发生当事人约定的实现抵押权的情形，债权人有权就该财产优先受偿。债务人或者第三人为抵押人，债权人为抵押权人，提供担保的财产为抵押财产。

2. 抵押权的设立

1) 抵押合同

抵押权的设定应当由双方当事人签订抵押合同。抵押合同的当事人为抵押人和抵押权人。抵押权人即债权人，抵押人是提供抵押财产的人，既可能是债务人，也可能是第三人。抵押合同应当采用书面形式。抵押权人在债务履行期限届满前，与抵押人约定债务人不履行到期债务时抵押财产归债权人所有的，只能依法就抵押财产优先受偿。

2) 抵押登记

抵押登记的效力有两种情形。一是登记要件主义，即登记是抵押权的设立条件，不登记不产生抵押权。根据《民法典》的规定，以不动产设定抵押的，应当办理抵押物登记。抵押权自登记之日起设立。二是登记对抗主义，即登记与否，不影响抵押权的设立，但不登记不能对抗第三人。根据《民法典》的规定，以动产设定抵押的，抵押权自抵押合同生效时设立。未经登记，不得对抗善意第三人。

【大家讲坛5-11】

王某向李某借款 50 万元，以自己所有的房屋作为抵押，李某与王某签订了书面形式的抵押合同，但是未办理抵押权登记。之后，王某将该房屋卖给张某，并办理了房屋过户手续。

李某对该房屋是否享有抵押权？李某是否有权根据抵押合同要求王某承担违约责任？

【解析】以房屋抵押的，应当办理抵押权登记，抵押权自登记时设立。李某虽然与王某签订了书面的抵押合同，但未办理抵押权登记，所以李某对该房屋不享有抵押权。李某虽然与王某未办理抵押权登记，但是不影响抵押合同的效力，因此李某与王某之间的抵押合同有效，李某有权根据抵押合同要求王某承担违约责任。

3. 抵押财产

抵押财产是指抵押人用以设定抵押权的财产。可抵押的财产包括：建筑物和其他土地附着物；建设用地使用权；海域使用权；生产设备、原材料、半成品、产品；正在建造的建筑物、船舶、航空器；交通运输工具；法律、行政法规未禁止抵押的其他财产。

不得抵押的财产包括：土地所有权；宅基地、自留地、自留山等集体所有土地的使用权，但是法律规定可以抵押的除外；学校、幼儿园、医疗机构等为公益目的成立的非营利法人的教育设施、医疗卫生设施和其他公益设施；所有权、使用权不明或者有争议的财产；依法被查封、扣押、监管的财产；法律、行政法规规定不得抵押的其他财产。

4. 抵押权的效力

1) 抵押权的担保范围

抵押权的担保范围包括主债权及其利息、违约金、损害赔偿金、实现抵押权的费用。

2) 抵押权对抵押财产的效力

抵押权对抵押财产的效力是指当抵押权人实现抵押权时,可就哪些财产优先受偿。抵押权设定前为抵押物的从物的,抵押权效力及于抵押物的从物。原则上抵押权的效力不及于抵押物的孳息。但债务人不履行到期债务或者发生当事人约定的实现抵押权的情形,致使抵押财产被人民法院依法扣押的,自扣押之日起抵押权人有权收取该抵押财产的天然孳息或者法定孳息,但抵押权人未通知应当清偿法定孳息的义务人的除外。建设用地使用权抵押后,该土地上新增的建筑物不属于抵押财产。该建设用地使用权实现抵押权时,应当将该土地上新增的建筑物与建设用地使用权一并处分,但新增建筑物所得的价款,抵押权人无权优先受偿。

3) 抵押权对抵押权人的效力

(1) 保全抵押物。抵押人的行为足以使抵押财产价值减少的,抵押权人有权请求抵押人停止其行为。抵押财产价值减少的,抵押权人有权请求恢复抵押财产的价值,或提供与减少的价值相应的担保。

(2) 放弃抵押权或者变更抵押权的顺位。抵押权人可以放弃抵押权或者抵押权的顺位。抵押权人与抵押人可以协议变更抵押权顺位及被担保的债权数额等内容。但抵押权的变更,未经其他抵押权人书面同意,不得对其他抵押权人产生不利影响。债务人以自己的财产设定抵押,抵押权人放弃该抵押权、抵押权顺位或者变更抵押权的,其他担保人在抵押权人丧失优先受偿权益的范围内免除担保责任,但是其他担保人承诺仍然提供担保的除外。

(3) 优先受偿权。在债务人不履行债务时,抵押权人可以与抵押人协议以抵押财产折价或者以拍卖、变卖该抵押财产所得的价款优先于普通债权人受偿。

4) 抵押权对抵押人的效力。

(1) 抵押物的占有权。抵押设定以后,除法律和合同另有约定以外,抵押人有权继续占有抵押物。

(2) 抵押物的转让。抵押期间,抵押人可以转让抵押财产。当事人另有约定的,按照其约定。抵押财产转让的,抵押权不受影响。抵押人转让抵押财产的,应当及时通知抵押权人。抵押权人能够证明抵押财产转让可能损害抵押权的,可以请求抵押人将转让所得的价款向抵押权人提前清偿债务或者提存。转让的价款超过债权数额的部分归抵押人所有,不足部分由债务人清偿。

(3) 抵押物的出租。抵押权设立前抵押财产已经出租并转移占有的,原租赁关系不受该抵押权的影响。

5. 抵押权的实现

1) 抵押权实现的条件

抵押权实现的条件有:存在有效的抵押权;债务人不履行到期债务或发生当事人约定的实现抵押权的情形;未超过法定期间(抵押权人应当在主债权诉讼时效期间行使抵押权)。

2) 抵押权实现的方法

债务人不履行到期债务或者发生当事人约定的实现抵押权的情形,抵押权人可以与抵押人协议以抵押财产折价或者以拍卖、变卖该抵押财产所得的价款优先受偿。协议损害其他债权人利益的,其他债权人可以请求人民法院撤销该协议。抵押权人与抵押人未就抵押权实现方式达成协议的,抵押权人可以请求人民法院拍卖、变卖抵押财产。抵押财产折价或者变卖的,应当参照市场价格。

3) 清偿顺序

同一财产向两个以上债权人抵押的,拍卖、变卖抵押财产所得的价款依照下列规定清偿:抵押权已经登记的,按照登记的时间先后确定清偿顺序;抵押权已经登记的先于未登记的受偿;抵押权未登记的,按照债权比例清偿。同一财产既设立抵押权又设立质权的,拍卖、变卖该财产所得的价款按照登记、交付的时间先后确定清偿顺序。动产抵押担保的主债权是抵押物的价款,标的物交付后 10 日内办理抵押登记的,该抵押权人优先于抵押物买受人的其他担保物权人受偿,但是留置权人除外。

6. 特殊抵押

1) 最高额抵押

最高额抵押是指为担保债务的履行,债务人或者第三人对一定期间内将要连续发生的债权提供担保财产的,债务人不履行到期债务或者发生当事人约定的实现抵押权的情形,抵押权人有权在最高债权额限度内就该担保财产优先受偿的情形。

抵押权人的债权在下列情况下确定:约定的债权确定期间届满;没有约定债权确定期间或者约定不明确,抵押权人或者抵押人自最高额抵押权设立之日起满 2 年后请求确定债权;新的债权不可能发生;抵押权人知道或者应当知道抵押财产被查封、扣押;债务人、抵押人被宣告破产或者解散;法律规定债权确定的其他情形。

抵押权人实现最高额抵押权时,如果实际发生的债权余额高于最高限额,以最高限额为限,超过部分不具有优先受偿的效力;如果实际发生的债权余额低于最高限额,以实际发生的债权余额为限对抵押物优先受偿。

2) 浮动抵押

浮动抵押是指企业、个体工商户、农业生产经营者可以将现有的及将有的生产设备、原材料、半成品、产品抵押,债务人不履行到期债务或者发生当事人约定的实现抵押权的情形,债权人有权就抵押财产确定时的动产优先受偿。浮动抵押合同生效时设立;未经登记,不得对抗善意第三人。浮动抵押不得对抗正常经营活动中已支付合理价款并取得抵押财产的买受人。

浮动抵押的抵押财产自下列情形之一发生时确定:债务履行期届满,债权未实现;抵押人被宣告破产或者解散;当事人约定的实现抵押权的情形;严重影响债权实现的其他情形。

5.4.3 质押权

所谓质押,是指债务人或者第三人将其动产或权利移交债权人占有,将该财产作为债的担保,当债务人不履行债务或者发生当事人约定的实现质权的情形,债权人有权依法以该财产变价所得优先受偿。质押分为动产质押与权利质押。

1. 动产质押

1) 动产质押的概念

动产质押,是指为担保债务的履行,债务人或者第三人将其动产出质给债权人占有的,债务人不履行到期债务或者发生当事人约定的实现质权的情形，债权人有权就该动产优先受偿。债务人或者第三人为出质人，债权人为质权人，交付的动产为质押财产。

2) 动产质押的设立

(1) 质押合同。设定动产质押，出质人和质权人应当订立书面质押合同。质押合同一般包括下列条款：被担保债权的种类和数额；债务人履行债务的期限；质押财产的名称、数量等情况；担保的范围；质押财产交付的时间、方式。质权人在债务履行期限届满前，与出质人约定债务人不履行到期债务时质押财产归债权人所有的，只能依法就质押财产优先受偿。

(2) 交付。质权自质物移交给质权人占有时设立。出质人根据合同约定应当交付质物，拒绝交付的，质权人依据质权合同可要求交付质物；造成损失的，可要求损害赔偿；质权人交付的质物，与合同约定的质物不一致的，以实际交付的质物为质押财产。

3) 动产质押的效力

动产质押的担保债权范围包括：原债权、利息、违约金、损害赔偿金、保管担保的财产和实现担保物权的费用。

动产质权的效力及于质物的从物，但是从物未随同质物移交质权人占有的，质权的效力不及于从物。动产质押设立后，在主债务清偿以前，质权人有权占有质物，并有权收取质物所生的孳息。收取的孳息应当先充抵收取孳息的费用。质权的效力及于质押财产的代位物，如赔偿金、补偿金和保险金。

债务人不履行到期债务或者发生当事人约定的实现质权的情形，质权人可以与出质人协议以质押财产折价，也可以就拍卖、变卖质押财产所得的价款优先受偿。质押财产折价或者变卖的，应当参照市场价格。质押财产折价或者拍卖、变卖后，其价款超过债权数额的部分归出质人所有，不足部分由债务人清偿。

出质人可以请求质权人在债务履行期届满后及时行使质权；质权人不行使的，出质人可以请求人民法院拍卖、变卖质押财产。出质人请求质权人及时行使质权，因质权人怠于行使权利造成出质人损害的，由质权人承担赔偿责任。

【大家讲坛5-12】

自然人甲与自然人乙是好友，甲因扩大店面急需资金向乙借款10万元，乙要求甲提供担保，甲将自己的奥迪车出质给乙，乙因自己不会开车，要求甲将该车开回。后甲向自然人丙借款10万元，又将该车出质给丙。丙对该车进行了占有。该奥迪车的价值为50万元。在丙占有期间，因丁向丙租用该车，丙未经甲同意，即与丁签订了租赁合同。

本案中，甲、乙之间的质押合同是否生效？乙对该车是否享有质权？甲和丙之间存在何种法律关系？丙是否有权出租该车？

【解析】①甲乙之间质押合同已生效。质权自质物移交给质权人占有时设立，因该车未交付给乙，乙对该车不享有质权。②出质人甲以自己的财产为债权人丙提供质押担保，双方签订了质押合同，且将质物奥迪车交付于丙占有，质权设立，故甲与丙之间存在质权法律关系。质权设立后，质物的所有权仍属出质人，质权人仅享有质物的占有权。未经出质人甲的同意，不得将质物奥迪车出租给丁。

2. 权利质押

1) 权利质押的概念

权利质押是为了担保债权清偿,就债务人或第三人所享有的权利设定的质押。

2) 票据、债券、存款单、仓单、提单的质押

以汇票、支票、本票、债券、存款单、仓单、提单出质的,质权自权利凭证交付质权人时设立。没有权利凭证的,质权自有关部门办理出质登记时设立。

汇票、支票、本票、债券、存款单、仓单、提单的兑现日期或者提货日期先于主债权到期的,质权人可以兑现或者提货,并与出质人协议将兑现的价款或者提取的货物提前清偿债务或者提存。

3) 基金份额、股权质押

以基金份额、股权出质的,质权自办理出质登记时设立。基金份额、股权出质后,不得转让,但经出质人与质权人协商同意的除外。出质人转让基金份额、股权所得的价款,应当向质权人提前清偿债务或者提存。

4) 知识产权的质押

以注册商标专用权、专利权、著作权等知识产权中的财产权出质的,质权自办理出质登记时设立。知识产权中的财产权出质后,出质人不得转让或者许可他人使用,但经出质人与质权人协商同意的除外。出质人转让或者许可他人使用出质的知识产权中的财产权所得的价款,应当向质权人提前清偿债务或者提存。

5) 应收账款质押

应收账款是指因对外销售商品、材料、提供劳务及其他原因,应向购货单位或接受劳务的单位及其他单位收取的款项。以应收账款出质的,质权自办理出质登记时设立。应收账款出质后,不得转让,但经出质人与质权人协商同意的除外。出质人转让应收账款所得的价款,应当向质权人提前清偿债务或者提存。

5.4.4 留置权

留置权是指债权人合法占有债务人的动产,在债务人不履行到期债务时债权人有权依法留置该财产,并就该财产优先受偿的权利。债权人为留置权人,占有的动产为留置财产。

1. 留置权的成立要件

1) 留置权成立的积极要件

(1) 债权人占有债务人的动产。这里"债务人的动产"应理解为基于债务关系由债权人占有的财产,并非仅指债务人所有的财产。因此,在债权人善意占有第三人的财产上亦可成立留置权,例如某人将借来的手表送到表店修理,符合其他要件时,表店就可以对此表行使留置权。

(2) 占有的动产与债权属于同一法律关系,但企业之间留置的除外。企业之间留置权的成立,不以同一债权债务关系为要件。

(3) 债权已届清偿期且债务人未按规定期限履行义务。

2) 留置权成立的消极要件

(1) 须留置财产与对方交付财产前或交付财产时所为指示不相抵触。债务人与债权人在合

同中明确表示债权人不得留置标的物时,债权人不得留置。

(2) 须留置债务人财产不违反法律规定、公共秩序或善良风俗,如债权人不能留置他人的居民身份证等。

(3) 须留置财产与债权人所承担义务不相抵触。若债权人在合同中的义务即是交付标的物,则债权人不得以债务人不履行义务为由行使留置权,否则与其所承担义务的本旨相悖。

2. 留置权的效力

1) 留置权所担保债权的范围

一般而言,凡与留置权属同一法律关系的债权,均属留置权担保的范围。因此,原债权、利息、迟延利息、实行留置权的费用及债权人因保管留置物所支出的必要费用,均为留置权所担保债权的范围。

2) 留置权标的物的范围

留置权效力所及标的物的范围,除留置物本身外,一般应包括从物、孳息、代位物。留置权人对所留置财产的从物,依"从随主"原则,可以行使留置权。留置权人在留置标的物期间,可以收取留置物的孳息,该孳息应当先充抵收取孳息的费用。

3) 留置权对留置权人的效力

留置权人的权利主要包括:留置物的占有权、留置物孳息收取权、必要费用求偿权、优先受偿权等。义务主要包括:保管留置物、不得擅自使用或为其他处分行为、返还留置物等。

4) 留置权对留置物所有人的效力

留置物所有人的权利主要包括:损害赔偿请求权、留置物返还请求权、留置物的处分权等。义务主要包括:支付留置权人保管留置物花费的费用,因留置物之隐蔽瑕疵致留置权人损害时,负有赔偿损失的义务。

3. 留置权的实现

1) 留置标的物

债权人在其债权没有得到清偿时,有权留置债务人的财产。留置权人与债务人应当约定留置财产后的债务履行期限;没有约定或者约定不明确的,留置权人应当给债务人 60 日以上履行债务的期限,但鲜活易腐等不易保管的动产除外。

2) 优先受偿

债务人超过规定期限仍不履行其债务时,留置权人可依法以留置物折价或拍卖、变卖所得价款优先受偿。留置财产折价或者拍卖、变卖后,其价款超过债权数额的部分归债务人所有,不足部分由债务人清偿。同一动产上已设立抵押权或者质权,该动产又被留置的,留置权人优先受偿。同一动产上已设立抵押权或者质权,该动产又被留置的,留置权人优先受偿。

4. 留置权的消灭

留置权具有物权性和担保性,因此,物权消灭的一般原因如标的物灭失、混同、抛弃,以及担保物权消灭的一般原因如主债权消灭,对留置权均适用。另外,根据《民法典》第四百五十七条的规定,留置权人对留置资产丧失占有或者留置权人接受债务人另行提供担保的,留置权消灭。

【大家讲坛 5-13】

甲公司租用了某校两台电脑,在使用过程中电脑损坏,遂送到乙公司维修。当甲的员工去取修好的电脑时,乙以甲尚欠半年前一台空调的修理费 800 元为由,扣留了两台电脑,并要求甲在 3 天内付清空调修理费。一个月后,甲既不来取电脑,也不付空调修理费,于是乙通过一拍卖行拍卖了其中一台电脑,得款 5000 元,乙扣下 800 元空调修理费后,将余款和另一台电脑交还给了甲。

乙公司的做法在法律上有无不妥?请说明理由。

【解析】乙公司的做法在法律上有不妥之处。根据《民法典》第四百五十条的规定,留置财产为可分物的,留置财产的价值应当相当于债务的金额。两台电脑属于可分物,每台电脑的价值远超过修理费 800 元,乙公司只需要留置其中一台电脑即可,留置两台电脑的做法不妥。根据《民法典》第四百五十三条的规定,留置权人与债务人应当约定留置财产后的债务履行期限;没有约定或者约定不明确的,留置权人应当给债务人 60 日以上履行债务的期限,但是鲜活易腐等不易保管的动产除外。电脑不属于鲜活易腐动产,乙公司要求甲在 3 天内付清空调修理费的做法不妥。

5.5 占有

5.5.1 占有的概念

所谓占有,是指民事主体对物进行管领而形成的事实状态。只要客观上的控制状态形成且主观上有占有的意思即构成占有。对物的管领之人,称占有人;被管领之物,称占有物。占有的标的物是物,物之外的财产权的占有为准占有。

根据《民法典》第四百五十八条的规定,基于合同关系等产生的占有,有关不动产或者动产的使用、收益、违约责任等,按照合同约定;合同没有约定或约定不明确的,依照有关法律规定。因此,占有的适用,只有在其他法律未规定的情形下,才能适用物权编占有制度的规定。

5.5.2 占有的种类

按占有意思的不同,分为自主占有与他主占有;依占有人是否直接占有标的物,分为直接占有与间接占有;根据占有是否有本权,分为有权占有与无权占有;根据占有人的主观心态对无权占有可进一步分为善意占有与恶意占有;按是否受指示而为占有,分为自己占有和占有辅助。

5.5.3 占有的效力

占有的效力是占有制度的核心,其主要包括以下三种。

1. 事实推定效力

事实推定效力有二:其一,如无相反证明,推定占有为自主、善意、和平、公然的占有;其二,在占有前后的两个时期,有占有证据的,推定其为继续占有。

2. 权利推定效力

权利推定效力，是指占有人在占有物上行使的权利，推定为占有人合法享有的权利。至于占有人是否真正有此权利，在第三人举证破除法律推定前在所不问。

3. 无权占有人与返还请求权人的关系

无权占有人与返还请求权人的关系，是指无权占有人返还占有物时，与返还请求权人所发生的权利和义务关系。

1) 善意占有人的权利义务

不动产或者动产被占有人占有的，权利人可以请求返还原物及其孳息，但善意占有人可请求权利人支付其维护该不动产或者动产支出的必要费用。善意占有人占有的不动产或者动产毁损、灭失，该不动产或者动产的权利人请求赔偿的，占有人应当将因毁损、灭失取得的现存利益，如保险金、赔偿金或者补偿金等返还给权利人。

2) 恶意占有人的义务

恶意占有人返还占有物时应当返还占有物及其所生的孳息，如果孳息灭失，应赔偿损失。占有的不动产或者动产毁损、灭失，该不动产或者动产的权利人请求赔偿的，恶意占有人应当将因毁损、灭失取得的保险金、赔偿金或者补偿金等返还给权利人，权利人的损害未得到足够弥补的，恶意占有人还应当赔偿损失。

5.5.4　占有的法律保护

1. 自力救济权

占有人在其占有受到侵害时享有自力救济权。一是自力防御权，该权利由直接占有人或其辅助占有人行使，一般间接占有人无此权利；二是自力取回权，是指对于已经完成的占有侵夺，占有人有权取回被侵夺的财物，如占有人的动产被他人非法侵害时，占有人可以当场或者追踪取回。

2. 占有保护请求权

当占有人的占有被非法侵害时，占有人可直接对侵害人行使占有保护请求权，也可以向人民法院起诉。《民法典》第四百六十二条规定，占有的不动产或者动产被侵占的，占有人有权请求返还原物；对妨害占有的行为，占有人有权请求停止侵害、排除妨害或者消除危险；因侵占或者妨害造成损害的，占有人有权请求损害赔偿。占有人返还原物的请求权，自侵占发生之日起 1 年内未行使的，该请求权消灭。该条规定的救济不但适用于有权占有，也适用于无权占有。其中 1 年的期间属于除斥期间，且仅适用于占有人返还原物的请求权。所有权人行使返还原物的请求权通常不受时间限制。损害赔偿的请求权，仍适用一般诉讼时效的规定。

同步训练

一、单项选择题

1. 下列各项中，不属于民法上物的有(　　)。

　　A. 无线电频谱　　B. 水流　　C. 海域　　D. 阳光

2. 甲将自己所有的一套书卖给乙，但甲还想留阅一段时间，遂又与乙达成协议，借阅该书一个月，乙表示应允。乙取得该套书所有权的交付方法为（   ）。

    A. 占有改定   B. 简易交付   C. 指示交付   D. 拟制交付

3. 王某与一房地产公司签订商品房预售合同，预购商品房一套，并向登记机关申请办理了预告登记。随后该房地产公司将王某选购的商品房以更高价格销售给不知情的张某，并与张某依法办理了房屋所有权证书。下列说法中正确的是（   ）。

    A. 王某不能取得该房屋的所有权，因为房地产公司已经与张某依法办理了房屋所有权证书

    B. 王某不能取得该房屋的所有权，只能追究开发商的违约责任

    C. 王某可以取得该房屋的所有权，因为房屋进行了预告登记

    D. 以上均不正确

4. 杜某上班途中拾得一个皮包，内装提货单、现金等财物。杜某在现场等候了一会儿，未见失主，就携包上班。次日杜某见到报纸上登了一则启事。写明"如有拾得者，酬谢××元。"杜某见失主所寻的正是自己拾得的皮包，便将皮包返还给失主。但在杜某向失主索要酬金时，被失主拒绝。杜某应当享有的权利和承担的义务是（   ）。

    A. 无偿归还拾得物，因为我国法律未规定拾得人有获得报酬的权利

    B. 无偿归还拾得物，有权要求失主偿还因此而支出的费用，但无权获得报酬

    C. 归还拾得物，有权要求失主支付2000元的酬金

    D. 归还拾得物，有权要求失主给予拾得人所要求的报酬

5. 甲家的承包地被乙家的承包地所包围，在承包时，有一条小路通往甲家的承包地，甲为了拓宽道路，与乙签订了一份协议，拓宽道路一丈，甲一次性支付给乙5000元。甲通过该合同所取得的权利为（   ）。

    A. 土地使用权   B. 相邻权   C. 地上权   D. 地役权

6. 中州公司依法取得某块土地建设用地使用权并办理报建审批手续后，开始了房屋建设并已经完成了外装修。对此，下列说法中正确的是（   ）。

    A. 中州公司因为享有建设用地使用权而取得了房屋所有权

    B. 中州公司因为事实行为而取得了房屋所有权

    C. 中州公司因为法律行为而取得了房屋所有权

    D. 中州公司尚未进行房屋登记，因此未取得房屋所有权

7. 2023年3月2日，苏某为了庆祝自己和其他作者合著的新书大卖，邀请其他作者一起前往海河大饭店聚餐。前往饭店前，苏某在海鲜市场张某处购买了一只大海螺。后交给海河大饭店加工，厨师何某剥开后发现海螺里有一颗橙色的椭圆形大珍珠。那么，珍珠归（   ）所有。

    A. 苏某   B. 张某   C. 海河大饭店   D. 何某

8. 甲公司有一批货物存放在乙公司的仓库，后来丙公司声称甲公司拖欠其15万元货款未归还，便强行将该批货物拉走抵债。下列说法中正确的是（   ）。

    A. 甲公司有权要求丙返还货物

    B. 乙有权要求丙返还货物，该权利的存续期间为3年

    C. 丙的行为属于行使留置权

D. 丙的行为属于行使自力取回权

二、多项选择题

1. 根据物权法律制度的有关理论，下列选项中属于民法意义上孳息的有（　　）。
   A. 母牛腹中的小牛　　　　　　　　B. 苹果树上长着的苹果
   C. 母鸡生的鸡蛋　　　　　　　　　D. 每月出租房屋获得的租金

2. 根据《民法典》关于建筑物区分所有权的有关规定，下列选项中，应当经参与表决专有部分面积 3/4 以上的业主且参与表决人数 3/4 以上的业主同意才能通过的事项有（　　）。
   A. 选举业主委员会　　　　　　　　B. 使用建筑物及其附属设施的维修资金
   C. 改建、重建建筑物及其附属设施　D. 筹集建筑物及其附属设施的维修资金

3. 甲对乙负有 50 万元的债务，甲所提供的下列担保方式中合法有效的是（　　）。
   A. 甲将自己的一幢价值50万元的房屋不转移占有质押给乙
   B. 甲将自己的一幢价值50万元的房屋抵押给乙
   C. 甲的朋友丙将自己的一幢价值50万元的房屋抵押给乙担保甲债务的履行
   D. 甲将自己的一幢价值50万元的房屋抵押给乙，约定可以不办理抵押登记

4. 甲因向乙借款而将自己的房屋抵押给乙，双方签订了抵押合同，并且甲将该房屋的产权证交付于乙，但因当地登记部门的原因而未登记。后甲又以该产权证的复印件与丙签订了抵押合同，并办理了抵押登记。后甲逾期未偿还债务。关于此案例，下列说法中正确的是（　　）。
   A. 乙对甲的房屋享有抵押权　　　　B. 丙优先于乙对甲的房屋享有优先权
   C. 乙优先于丙对甲的房屋行使抵押权　D. 丙对甲的房屋享有抵押权

5. 画家吴某因要自费办画展，向朋友肖某借了 5 万元，并将自己的两幅代表画作质押给肖某，并要肖某好好保管别示于人，还钱时归还两幅画，肖某对吴某的画享有的权利有（　　）。
   A. 对画的占有权　　　　　　　　　B. 动产质权
   C. 著作财产权的质权　　　　　　　D. 优先购买权

6. 季大与季小兄弟二人，成年后各自立户，季大一直未婚。季大从所在村集体经济组织承包耕地若干。关于季大的土地承包经营权，下列说法中正确的是（　　）。
   A. 自土地承包经营权合同生效时设立
   B. 如季大转让其土地承包经营权，则未经变更登记不发生转让的效力
   C. 如季大死亡，则季小可以继承该土地承包经营权
   D. 如季大死亡，则季小可以继承该耕地上未收割的农作物

7. 魏某年满九旬，儿女不在身边，多年由邻居方某照顾，魏某为了表示感谢，立遗嘱将房屋赠与方某，又担心儿女反对，后咨询律师，与方某签订合同，设立居住权。下列说法中正确的是（　　）。
   A. 方某死后，居住权可以继承
   B. 设立居住权，不可以转让或出租
   C. 设立居住权应当向登记机构申请居住权登记，居住权自登记时设立
   D. 可以口头或书面订立合同

8. 某小区徐某未获得规划许可证和施工许可证便在自住房前扩建一个门面房，挤占小区人

行通道。小区其他业主多次要求徐某拆除未果后,将该门面房强行拆除,毁坏了徐某自住房屋的墙砖。关于拆除行为,下列说法中正确的是( )。

A. 侵犯了徐某门面房的所有权
B. 侵犯了徐某的占有权
C. 其他业主应恢复原状
D. 其他业主应赔偿徐某自住房屋墙砖毁坏的损失

解决几个大问题

1. 甲公司于2021年10月10日通过拍卖方式拍得位于北京郊区的一块工业建设用地;同年10月15日,甲公司与北京市土地管理部门签订《建设用地使用权出让合同》;同年10月21日,甲公司缴纳全部土地出让金;同年11月5日,甲公司办理完毕建设用地使用权登记,并获得建设用地使用权证。2021年11月21日,甲公司与相邻土地的建设用地使用权人乙公司签订书面合同,该合同约定:甲公司在乙公司的土地上修筑一条机动车道,以利于交通方便;使用期限为20年;甲公司每年向乙公司支付8万元费用。该合同所设立的权利没有办理登记手续。2022年1月28日,甲公司以取得的上述建设用地使用权作抵押,向丙银行借款5000万元,借款期限3年。该抵押权办理了登记手续。此后,甲公司依法办理了各项立项、规划、建筑许可、施工许可等手续之后开工建设厂房。2022年5月,因城市修改道路规划,政府提前收回甲公司取得的尚未建设厂房的部分土地,用于市政公路建设。甲公司在办理建设用地使用权变更登记手续时,发现登记机构登记簿上记载的建设用地使用权面积与土地使用权证上的记载不尽一致。

根据本题所述内容,回答下列问题:
(1) 甲公司于何时取得建设用地使用权?并说明理由。
(2) 甲公司与乙公司订立合同拟设立的是何种物权?该物权是否已设立?并说明理由。
(3) 甲公司与乙公司的合同订立后,如果甲公司不支付约定的费用,乙公司在何种条件下有权解除合同?
(4) 甲公司在建造的厂房已经完工,未办理房屋所有权证的情况下,是否取得该房屋所有权?并说明理由。
(5) 甲公司建造的厂房是否属于丙银行抵押权涉及的抵押物范围?并说明理由。丙银行如何实现自己的抵押权?
(6) 在政府提前收回甲公司部分建设用地使用权的情况下,丙银行能否就甲公司获得的补偿金主张权利?并说明理由。
(7) 登记簿上的记载与土地使用权证上的记载不一致的,以何者为准?

2. 2021年1月15日,甲公司从银行贷款30万元人民币,约定2022年4月15日还本付息。银行要求甲公司提供担保,甲公司提出以其位于东阳区的一办事机构的房屋设定抵押,作为按期偿还贷款的担保。2021年8月,位于东阳区的甲公司的办事机构因业务需要,在紧邻原办事机构的房屋旁又增建了三间平房作为仓库。2022年4月15日,甲公司没有偿还30万元贷款,银行几次催告,甲公司仍以无力偿还为由不予偿还。

根据本题所述内容，回答下列问题：

(1) 甲公司与银行之间签订的房屋抵押合同，可否以口头方式签订？为什么？

(2) 甲公司与银行之间订立的该房屋抵押权，是否必须进行抵押登记？为什么？

(3) 甲公司以其办事机构的房屋设定抵押时，该房屋占用范围内的国有土地使用权是否要一并设定抵押？为什么？

(4) 甲公司紧临原办事机构新建的三间平房是否属于抵押的财产？为什么？

(5) 在甲公司无力偿还贷款的情况下，银行可以以什么样的方式实现其债权？

(6) 假设甲公司用于抵押的房屋原有一附属的车库，该车库属甲公司的子公司乙公司所有，那么银行能否对该车库行使抵押权？

3. 甲为了能在自己的房子里欣赏远处的风景，便与相邻的乙书面约定：乙不能在自己的土地上建设高层建筑；作为补偿，甲每年支付给乙4000元。但双方并没有对该合同办理登记。两年后，乙将该建设用地使用权转让给不知情(善意第三人)的丙。丙在该土地上建了一座高楼，因此，与甲发生纠纷。问：

(1) 甲与乙签订的乙不能在自己土地上建设高层建筑的协议的性质是什么？是否有效？为什么？

(2) 甲有没有权利不让丙建造高楼？为什么？

(1) 教学班的学生分若干小组，利用周末时间，分别调查附近不同小区物业服务企业，了解物业服务的内容、物业服务的难点、物业服务企业与业主关系等。之后，各小组汇合调研情况，撰写一份关于小区物业服务企业运行情况的研究报告。

(2) 在中国庭审公开网(http://tingshen.court.gov.cn/)上选择物权纠纷相关案例进行观看，了解庭审程序和所涉及的相关法律争点。

推荐书目：

1. 《物权法精讲：体系解说与实务解答》，吴光荣著，中国民主法制出版社，2023年版。
2. 《中华人民共和国民法典物权编案例注释版(第五版)》，中国法制出版社，2021年版。

推荐资源：

1. 进入中国大学慕课官网搜索"经济法"关键字，获得课程资源。
2. 进入网易云课堂官网搜索"经济法"关键字，获得课程资源。

第 6 章 合同法律制度

◎ 任务清单

序号	任务	要求
1	合同的概念与分类	了解
2	要约与承诺	理解
3	缔约过失责任	理解
4	合同有效的要件、无效合同、可撤销合同与效力待定合同	理解
5	双务合同的履行抗辩权	掌握
6	代位权和撤销权	理解
7	保证与定金	掌握
8	合同的变更、转让和终止	理解
9	违约责任的承担方式	掌握
10	买卖合同、赠与合同、借款合同、租赁合同、承揽合同、运输合同	掌握

◎ 法律法规提示

《中华人民共和国民法典·合同编》(2020年5月28日),《最高人民法院关于适用〈中华人民共和国民法典〉合同编通则若干问题的解释》(2023年5月23日)。

《中华人民共和国民法典·合同编》

《最高人民法院关于适用〈中华人民共和国民法典〉合同编通则若干问题的解释》

◎ 思考题

甲、乙两公司签订钢材购买合同，合同约定：乙公司向甲公司提供钢材，总价款 500 万元。甲公司预支价款 200 万元。在甲公司即将支付预付款前，得知乙公司因经营不善，无法交付钢材，并有确切证据证明。于是，甲公司拒绝支付预付款，除非乙公司能提供一定的担保。乙公司拒绝提供担保。为此，双方发生纠纷并诉至法院。你认为，甲公司拒绝支付余款是否合法？甲公司的行为若合法，甲公司行使的是什么权利？行使该权利必须具备什么条件？

思考题解析

6.1 合同与合同编

6.1.1 合同的概念与分类

1. 合同的概念

合同也称契约、协议。根据《民法典》第四百六十四条的规定，合同是民事主体之间设立、变更、终止民事法律关系的协议。

2. 合同的分类

基于一定标准，合同可划分成不同类型。以合同法或其他法律是否对合同赋予特定名称为标准，合同分有名合同与无名合同；以当事人是否相互负有对价义务为标准，合同分为单务合同与双务合同；以当事人取得权益是否须支付相应代价为标准，合同分为有偿合同与无偿合同；以合同成立是否需要现实给付为标准，合同分为诺成合同与实践合同；以订约目的和法律效力为标准，合同分为预约合同和本约合同；以合同成立是否必须符合一定的形式为标准，合同分为要式合同与不要式合同；以两个或者多个合同相互间的主从关系为标准，合同分为主合同与从合同；以时间因素在合同履行中所处的地位为标准，合同分为一时性合同与继续性合同；以合同约束的对象为标准，合同分为束己合同与涉他合同等。

3. 合同的相对性

《民法典》第四百六十五条规定，依法成立的合同，仅对当事人具有法律约束力，但是法律另有规定的除外。这是关于合同相对性及其例外的规定。

1) 合同相对性的含义

合同相对性是指合同只在特定的合同当事人之间发生法律拘束力，只有合同当事人一方能基于合同向对方提出请求或提起诉讼，而不能向与其无合同关系的第三人提出合同上的请求，也不能擅自为第三人设定合同上的义务。

2) 合同相对性的体现

合同相对性主要体现为：主体的相对性，即合同关系只能发生在特定的主体之间，一般不涉及第三人；内容的相对性，是指除法律另有规定或合同另有约定以外，只有合同当事人才享有合同所规定的权利，承担合同规定的义务；违约责任的相对性，是指违约责任只在特定当事人之间，即合同关系的当事人之间发生，合同关系以外的人不承担违约责任。《民法典》第五百九十三条规定，当事人一方因第三人的原因造成违约的，应当依法向对方承担违约责任。当事人一方和第三人之间的纠纷，依照法律规定或者按照约定处理。

3) 合同相对性的例外

合同相对性的例外主要表现在以下几个方面。①租赁权的物权化。我国《民法典》第七百二十五条规定，租赁物在承租人按照租赁合同占有期限内发生所有权变动的，不影响租赁合同的效力。出租方将财产所有权转移给第三方时，租赁合同对新的所有权方继续有效。②债的保全制度。此制度赋予债权人对债务人或相关第三人享有一定的权利——代位权和撤销权。③涉及第三人利益的合同。该合同是指订约人并非为自己而是为他人设定权利的合同，如指定第三人为受益人的保险合同。

6.1.2 合同编概述

1. 合同编的调整范围

合同编调整平等主体的自然人、法人、非法人组织之间因合同产生的民事关系。婚姻、收养、监护等有关身份关系的协议，适用有关该身份关系的法律规定；没有规定的，可以根据其性质参照适用《民法典》合同编的规定。

2. 合同编的基本内容

合同制度是市场经济的基本法律制度。《民法典》第三编"合同"在原《中华人民共和国合同法》(以下简称《合同法》)的基础上，贯彻全面深化改革的精神，坚持维护契约、平等交换、公平竞争，促进商品和要素自由流动，完善合同制度。合同编共3个分编、29章、526条，主要内容如下。

第一分编为通则，规定了合同编的调整范围与适用、合同的订立、效力、履行、保全、变更和转让、终止、违约责任等一般性规则。第二分编为典型合同。典型合同在市场经济活动和社会生活中应用普遍。为适应现实需要，合同编在原《合同法》规定的买卖合同、供用电(水、气、热力)合同、赠与合同、借款合同、租赁合同、融资租赁合同、承揽合同、建设工程合同、运输合同、技术合同、保管合同、仓储合同、委托合同、行纪合同、居间合同15种典型合同的基础上，增加了4种典型合同：一是吸收了担保法中关于保证的内容，增加了保证合同；二是适应我国保理行业发展和优化营商环境的需要，增加了保理合同；三是针对物业服务领域的突出问题，增加了物业服务合同；四是根据原《中华人民共和国民法通则》中有关个人合伙的规定，增加了合伙合同。第三分编为准合同，分别对无因管理和不当得利的一般性规则作了规定。无因管理、不当得利与合同规则同属债发生的原因，又与合同规则有所区别，因此称之为"准合同"。

法智箴言

契约自由作为近代私法的三大基本原则之一，是私法自治的必然结果，是合同法律制度的灵魂和生命。契约自由包括缔约自由、合同内容自由、变更自由、选择合同方式自由等。当然，任何自由都不是绝对的，契约自由也是如此。契约作为一种民事法律行为，还要受到诚实信用、公序良俗等民法基本原则的限制。

6.2 合同的订立

合同订立,是指缔约双方为意思表示并达成合意,建立合同关系的行为。合同的订立是合同双方动态行为和静态协议的统一,它既包括缔约双方在达成协议之前接触和洽谈的整个动态的过程,也包括双方达成合意、确定合同的主要条款之后所形成的协议。

6.2.1 合同订立程序

订立合同可以采取要约、承诺的方式或者其他方式。只要当事人意思表示真实一致,合同即可成立。

1. 要约

1) 要约的概念

要约是希望与他人订立合同的意思表示。发出要约的人为要约人,接受要约的人为受要约人。在商业实践中,要约常被称作发盘、出盘、发价、报价等。

2) 要约的构成要件

(1) 要约是特定合同当事人的意思表示。要约的目的在于订立合同,要约人必须能够确定,以便受要约人向要约人作出承诺。作为要约人只要能够特定即可,并不一定需要知道要约人的具体情况,如自动售货机,消费者不需要了解谁为真正的要约人,只要投入货币,作出承诺,便会完成交易。

(2) 向特定或不特定的相对人发出。合同因相对人的承诺而成立,所以要约必须向希望与其订立合同的相对人发出。相对人可以特定,亦可不特定,如自动售货机、悬赏广告所针对的相对人即是不特定的。

(3) 要约须具有缔约的目的。要约应表明,一经受要约人承诺,要约人即受该意思表示的约束,并与之建立合同关系。

(4) 要约的内容必须确定和完整。所谓确定,是指要约的内容必须明确清楚,不能模棱两可、产生歧义。所谓完整,是指要约的内容必须满足构成一个合同所必备的条件,但并非要事无巨细、面面俱到,只要其内容具备使合同成立的基本条件即可。

3) 要约邀请

要约邀请,又称要约引诱,是希望他人向自己发出要约的意思表示。其目的不是订立合同,而是邀请相对人向其为要约的意思表示。

拍卖公告、招标公告、招股说明书、债券募集说明书、基金招募说明书、商业广告和宣传寄送的价目表等,性质为要约邀请。但若商业广告和宣传的内容符合要约的,构成要约。

【大家讲坛 6-1】

某商场搞促销,广告内容如下:2022年2月6日,本商场进行10周年店庆,为答谢新老顾客,推出一元某款冰箱10台,售完为止。该日凌晨就有顾客排队在商场门口等候,9点营业时间一到,前几位顾客便直冲入冰箱卖场,不问价格就占住该款冰箱,要求卖家兑现一元承诺。卖家以"一元冰箱已被顾客电话订购"为由拒绝执行广告中的承诺。

该商场广告是属于要约邀请还是属于要约？

【解析】根据《民法典》第四百七十三条第二款的规定，商业广告和宣传的内容符合要约条件的，构成要约。该商场的广告，内容具体明确，符合要约的条件，属于要约。

4) 要约的生效时间

以对话方式作出的意思表示，相对人知道其内容时生效。以非对话方式作出的意思表示，到达相对人时生效。采用数据电文形式订立合同，收件人指定特定系统接收数据电文的，该数据电文进入该特定系统的时间，视为到达时间；未指定特定系统的，相对人知道或应当知道该数据电文进入系统时生效。当事人对采取数据电文形式的意思表示的生效时间另有约定的，按照其约定。

5) 要约的撤回与撤销

要约的撤回，是指要约人在要约生效之前使要约不发生法律效力的行为。由于撤回要约不会损害相对人的利益，因此，要约可以撤回。撤回要约的通知应当在要约到达受要约人之前或者与要约同时到达受要约人。

要约的撤销，是指要约到达受要约人之后，受要约人同意之前，要约人取消要约从而使要约归于消灭的行为。要约可以撤销，但要约人确定了承诺期限或以其他形式明示要约不可撤销的，或受要约人有理由认为要约是不可撤销的，并已为履行合同做了合理准备工作的，要约不得撤销。撤销要约的意思表示以对话方式作出的，该意思表示的内容应当在受要约人作出承诺之前为受要约人所知道；撤销要约的意思表示以非对话方式作出的，应当在受要约人作出承诺之前到达受要约人。

6) 要约的失效

要约的失效又称为要约的消灭，是指要约丧失法律效力，要约人与受要约人均不再受其约束。要约失效的情形有：拒绝要约的通知到达要约人；要约人依法撤销要约；承诺期限届满，受要约人未作出承诺；受要约人对要约的内容作出实质性变更。

2. 承诺

1) 承诺的概念

所谓承诺，是指受要约人同意接受要约的全部条件以缔结合同的意思表示。在商业交易中，承诺称作"接盘"。在一般情况下，承诺生效后合同即告成立。

2) 承诺的构成要件

(1) 承诺必须由受要约人作出。受要约人是要约人选定的交易相对方，受要约人进行承诺的权利是要约人赋予的，只有受要约人才有承诺的资格。如果要约是向不特定人发出的，则不特定人中的任何人均可以作出承诺。

(2) 承诺须向要约人作出。承诺是对要约的同意，是受要约人与要约人订立合同，当然要向要约人作出。

(3) 承诺的内容须与要约保持一致。承诺必须是对要约完全的、单纯的同意，这在学理上称为"镜像规则"。如果受要约人对要约的内容作出实质性变更，为新要约。有关合同标的、数量、质量、价款或者报酬、履行期限、履行地点和方式、违约责任和解决争议方法等内容的变更，是对要约内容的实质性变更。承诺对要约的内容作出非实质性变更的，除要约人及时表示反对或者要约表明承诺不得对要约的内容作出任何变更的以外，该承诺有效，合同的内容以承诺的内容为准。

【大家讲坛 6-2】

甲建筑公司向乙、丙、丁、戊水泥厂分别发函,称"急需××号水泥 1000 吨,每吨价格 300 元,货到付款。"乙水泥厂收到函件后立即回函"函件到,即日发出。"丙水泥厂收到函件后,未直接回函,但当即组织车队运输该型号水泥 1000 吨,给甲送过去。丁收到函件后,立即回函"同意发货,款到即发。"戊收到函件后,立即回函"同意发货,价格为 300.01 元/吨。"上述乙、丙、丁、戊的行为是否构成承诺?

【解析】甲的函件内容具体明确为要约,该要约到达生效;乙是以通知的方式表示完全同意,为承诺;丙是以实际行动的方式表示承诺;丁更改了要约的实质内容,是一份新的要约;戊的回函总体上与甲的要约内容一致,并无实质性改变,原则上也是一份合格的承诺;如果甲收到戊的信函后,及时表示反对,戊的行为就不是承诺,而是一份新的要约了。

(4) 承诺必须在要约的有效期内作出。如果要约规定了承诺期限,则承诺应在规定的承诺期限内作出,如果要约未规定承诺期限,则承诺应当在合理的期限内作出。

3) 承诺期限

承诺应当在要约确定的期限内到达要约人。要约没有确定承诺期限的,承诺应当依照下列规定确定:要约以对话方式作出的,应当即时作出承诺,但当事人另有约定的除外;要约以非对话方式作出的,承诺应当在合理期限内到达。所谓合理期限,是指依通常情形可期待承诺到达的期间,一般包括要约到达受要约人的期间、受要约人作出承诺的期间、承诺通知到达要约人的期间。

4) 承诺的生效时间

承诺自通知到达要约人时生效。承诺不需要通知的,根据交易习惯或者要约的要求而作出承诺的行为时生效;采用数据电文形式订立合同,收件人指定特定系统接收数据电文的,该数据电文进入该特定系统的时间,视为承诺到达时间;未指定特定系统的,相对人知道或者应当知道该数据电文进入其系统时生效。当事人对采用数据电文形式的意思表示的生效时间另有约定的,按照其约定。承诺生效时合同成立。

5) 承诺的撤回

承诺的撤回是指受要约人阻止承诺发生法律效力的意思表示。由于承诺一经送达要约人即发生法律效力,合同即成立,所以撤回承诺的通知应当在承诺通知到达之前或与承诺通知同时到达要约人。如果撤回承诺的通知晚于承诺的通知到达要约人,则承诺已经生效,合同已成立,受要约人便不能撤回承诺。

6) 承诺的迟延

受要约人超过承诺期限发出承诺的,为迟延承诺,除要约人及时通知受要约人该承诺有效的以外,迟延的承诺应视为新要约。受要约人在承诺期限内发出承诺,按照通常情形能够及时到达要约人,但因其他原因使承诺到达要约人时超过承诺期限的,为迟到承诺,除要约人及时通知受要约人因承诺超过期限不接受该承诺的以外,迟到的承诺为有效承诺。

3. 合同成立的时间与地点

1) 合同成立的时间

承诺生效时合同成立,这是大部分合同成立的时间标准。当事人采用合同书形式订立合同的,自当事人均签名、盖章或者按指印时合同成立。在签名、盖章或者按指印之前,当事人一方已经履行主要义务,对方接受时,该合同成立。法律、行政法规规定或者当事人约定合同应当采用书面形式订立，当事人未采用书面形式但是一方已经履行主要义务，对方接受时，该合同成立。当事人采用信件、数据电文等形式订立合同的，可以要求在合同成立之前签订确认书，则签订确认书时合同成立。当事人一方通过互联网等信息网络发布的商品或者服务信息符合要约条件的，对方选择该商品或者服务并提交订单成功时合同成立，但是当事人另有约定的除外。

2) 合同成立的地点

承诺生效的地点为合同成立的地点。采用数据电文形式订立合同的，收件人的主营业地为合同成立的地点；没有主营业地的，其住所地为合同成立的地点。当事人采用合同书形式订立合同的，双方当事人最后签名、盖章或者按指印的地点为合同成立的地点。

6.2.2 缔约过失责任

1. 缔约过失责任的概念

缔约过失责任，是指在订立合同的过程中，一方当事人违背诚实信用原则致使对方当事人信赖利益受到损害时，依法应当承担的赔偿责任。

2. 缔约过失责任的构成要件

1) 责任发生于合同订立阶段

当事人为订立合同而进行接触、磋商，已由一般民事主体间的关系进入特定的权利义务关系(即信赖关系)。判断当事人是否进入这一关系的标准主要是当事人之间是否有缔结合同的意图。

2) 一方当事人违反了先合同义务

所谓先合同义务，是指合同订立过程中，双方当事人根据诚实信用原则应当承担的义务，如告知、协作、忠实、保护、保密等义务。

3) 一方当事人有过错

顾名思义，缔约过失责任是过错责任，一方当事人因过错违反了先合同义务，才可能承担缔约过失责任。

4) 造成对方信赖利益的损失

所谓信赖利益损失，指相对人因信赖合同会有效成立却由于合同不成立或无效而受到的利益损失，该损失可以是财产损失，也可是非财产损失。

5) 义务违反与损失之间存在因果关系

缔约人一方当事人违反法定附随义务或先合同义务的行为与对方所受到的损失之间必须存在因果关系。

3. 缔约过失行为的类型

1) 假借订立合同，恶意进行磋商

所谓"假借"，是指根本没有与对方订立合同的意思，只是借口与对方谈判，目的是损害订约对方当事人的利益。所谓"恶意"，是指假借磋商、谈判，而故意给对方造成损害的主观心理状态。如甲知道乙有转让餐馆的意图，甲并不想购买该餐馆，但为了阻止乙将餐馆卖给竞争对手丙，却假意与乙进行了长时间的谈判。待丙买了另一家餐馆后，甲随即中断谈判。

2) 故意隐瞒与订立合同有关的重要事实或提供虚假情况

缔约当事人依诚实信用原则负有一定的告知义务，若违反此项义务，即构成欺诈，如因此致对方受到损害，应负缔约过失责任。

3) 其他违背诚实信用原则的行为

其他违背诚实信用原则的行为包括：一方当事人未尽到通知、协助、告知、照顾等义务而造成对方当事人人身或财产的损失的；在订立合同的过程中泄露或者不正当使用知悉的商业秘密的；因一方当事人的过错，致使合同被宣告无效或被撤销的；违反初步协议或许诺等。

4. 缔约过失责任的赔偿范围

缔约过失责任的形式是损害赔偿。损害赔偿的范围，是相对人因缔约过失而遭受的信赖利益损失，包括直接损失和间接损失。

1) 直接损失

直接损失主要包括：缔约费用，如为了订约而赴实地考察所支付的合理费用；准备履约和实际履约所支付的费用，如运送标的物至购买方所支付的合理费用；因缔约过失导致合同无效、被变更或被撤销所造成的实际损失；因支出缔约费用或准备履约和实际履行支出费用所失去的利息等。

2) 间接损失

间接损失主要包括：因信赖合同有效成立而放弃的获利机会损失，亦即丧失与第三人签订合同机会所蒙受的损失；利润损失，即无过错方在现有条件下从事正常经营活动所获得的利润损失；身体受到伤害而减少的误工收入；其他可得利益损失。

【大家讲坛 6-3】

甲企业与乙企业就彩电购销协议进行洽谈，其间乙采取了保密措施的市场开发计划被甲得知。甲遂推迟与乙签约，开始有针对性地吸引乙的潜在客户，导致乙的市场份额锐减。

甲的行为是否属于正常的商业竞争行为？甲是否应承担违约责任？

【解析】①甲的行为违背商业诚信，以不正当手段获取乙的商业秘密，属于不正当商业竞争行为。②甲的行为发生在合同签订之前，违反了先合同义务即保守商业秘密的义务，导致乙的市场份额减少，应承担缔约过失责任，而非违约责任。

6.3 合同的内容与形式

6.3.1 合同的内容

合同的内容，是指合同当事人的权利与义务，具体体现为合同的各项条款。

1. 合同的条款

合同的内容由当事人约定，一般包括下列条款：当事人的姓名或者名称和住所；标的；数量；质量；价款或者报酬；履行期限、地点和方式；违约责任；解决争议的方法。当事人可以参照各类合同的示范文本订立合同。

2. 合同条款的解释

1) 文义解释

文义解释是依据合同条款用语的通常含义进行解释。合同当事人的意思表示往往通过文字表现于合同条款中，因此应当从合同条款中寻求其意义。

2) 体系解释

体系解释又称整体解释，是指把全部合同条款和构成部分看作一个统一的整体，从各条款及构成部分的相互关联、所处的地位和整体联系上阐明某一合同用语的含义。

3) 目的解释

目的解释即根据合同的目的，阐明合同条款的真实含义。

4) 习惯解释

习惯解释即按交易习惯来确定合同条款的真实意思。在交易行为当地或某一领域、某一行业通常采用并为交易对方订立合同时所知道或者应当知道的做法；或当事人双方经常使用的习惯做法，可以认定为"交易习惯"。

5) 诚信解释

诚信解释即依"诚实信用原则"来确定合同条款的真实意思。诚实信用原则是现代民法确立的用以指导当事人行使权利和履行义务的基本原则，也是指导法院或仲裁机构正确解释法律行为的基本原则。

根据《民法典》第四百六十六条第二款的规定，合同文本采用两种以上文字订立并约定具有同等效力的，对各文本使用的词句推定具有相同含义。各文本使用的词句不一致的，应当根据合同的相关条款、性质、目的以及诚信原则等予以解释。

3. 格式条款

1) 格式条款的含义

格式条款，又称为标准条款、定式条款、附合合同、一般交易条款等，是指当事人为了重复使用而预先拟定，并在订立合同时未与对方协商的条款。

> **法智箴言**
>
> 格式条款某种程度上限制了接受格式条款一方的缔约自由，但其有存在的必要。对于从事大量重复交易的商品或服务供应商，不可能与每个交易方逐一就合同内容进行谈判。格式条款能简化每项合同的谈判过程，消除交易范围的不确定性、降低交易成本，提高交易效率。格式条款可以使合同各方，特别是制定标准条款的一方，提前确定并合理分配各方在合同中的风险，用合同条款限制风险的范围或防止风险的发生。当然，格式条款不能违反法律法规、公序良俗。

2) 格式条款的订立规则

《民法典》第四百九十六条第二款规定，采用格式条款订立合同的，提供格式条款的一方应当遵循公平原则确定当事人之间的权利和义务，并采取合理的方式提示对方注意免除或者限制其责任等与对方有重大利害关系的条款，按照对方的要求，对该条款予以说明。"采取合理的方式"是指提供格式条款的一方对格式条款中免除或者限制其责任的内容，在合同订立时采用足以引起对方注意的文字、符号、字体等特别标识，并按照对方的要求对该格式条款予以说明。提供格式条款的一方未履行提示或者说明义务，致使对方没有注意或者理解与其有重大利害关系的条款的，对方可以主张该条款不成为合同的内容。

格式条款有下列情形之一的，该格式条款无效：具有《民法典》第一编第六章第三节(民事法律行为无效的规定)规定的情形；合同中约定造成对方人身损害的、因故意或者重大过失造成对方财产损失的；提供格式条款一方不合理地免除或者减轻其责任、加重对方责任、限制对方主要权利；提供格式条款一方排除对方主要权利。

3) 格式条款的解释

格式条款的解释规则主要有三：一是通常理解规则，对格式条款的解释应以一般人的、惯常的理解为准，而不应仅以条款制作人的理解为依据；二是不利解释规则，对格式条款有两种以上解释的，应当作出不利于提供格式条款一方的解释；三是非格式条款效力优先规则，非格式条款与格式条款不一致的，应当采用非格式条款。

【大家讲坛 6-4】

飞跃公司开发的某杀毒软件，在安装程序中做了"本软件可能存在风险，继续安装视为同意自己承担一切风险"的声明。黄某购买了这款正版软件，安装时同意了该声明。其后该软件误将其电脑的操作系统视为病毒删除，导致黄某电脑瘫痪并丢失所有的文件。

黄某是否有权要求飞跃公司赔偿损失？

【解析】提供格式条款一方免除其责任，免责条款无效。本案例中的免责条款属于此类情况，无效。黄某使用该软件造成的损失，有权要求飞跃公司承担赔偿责任。

6.3.2 合同的形式

合同的形式，是指合同当事人意思表示的外在表现形式。当事人订立合同，可以采取书面形式、口头形式和其他形式。书面形式是指以合同书、信件、电报、电传、传真等可以有形地表现所载内容的形式。以电子数据交换、电子邮件等方式能够有形地表现所载内容，并可以随时调取查用的数据电文，视为书面形式。其他形式主要包括推定形式和默示形式等。推定形式，是指当事人以其行为作出意思表示；默示也可为意思表示的方式，但只有在法律有明确规定或当事人有明确约定的情况下才能适用。

6.4 合同的效力

6.4.1 合同的效力概述

1. 合同的效力的概念

合同的效力，指已经成立的合同在当事人之间产生的法律拘束力，即法律效力。"法律效力"并非说合同本身是法律，而是指由于合同当事人的意志符合法律规定，国家赋予当事人的意志以拘束力，合同当事人应严格履行，否则应承担违约责任。

2. 合同的生效

1) 合同生效的概念

合同生效是指已成立的合同因符合法律规定的有效要件而具有法律效力。合同生效不同于合同成立。合同成立是一个事实问题；合同生效是一个价值判断问题，需要考察当事人之间的合同是否符合法律的规定。

2) 合同生效的要件

合同是民事法律行为的一种，民事法律行为的生效要件就是合同的生效要件，包括行为人具有相应的民事行为能力；意思表示真实；不违反法律或者社会公共利益。同时有些合同还要求合同必须具备某一特定的形式，这是合同生效的形式要件。

3) 合同生效的时间

依法成立的合同，自成立时生效，但是法律另有规定或者当事人另有约定的除外。依照法律、行政法规的规定，合同应当办理批准等手续的，依照其规定。未办理批准等手续影响合同生效的，不影响合同中履行报批等义务条款及相关条款的效力。应当办理申请批准等手续的当事人未履行义务的，对方可以请求其承担违反该义务的责任。

6.4.2 无效合同

无效合同，是指合同虽然成立，但因其违反法律、行政法规或公共利益，不具有法律约束力的合同。无效合同自始无效，合同一旦被确认无效，就产生溯及既往的效力。

1. 合同无效的情形

合同无效的情形除包括无效民事法律行为的种类(详见第 1 章第 3 节)外，还包括《民法典》第五百零六条所规定的合同中免责条款无效的情形，即造成对方人身损害的免责条款无效，因故意或者重大过失造成对方财产损失的免责条款无效。

2. 合同无效的法律后果

合同无效的法律后果与无效民事法律行为的法律后果相同(详见第 1 章 1.3 部分)。合同部分无效，不影响其他部分效力的，其他部分仍然有效。合同无效，不影响合同中独立存在的有关解决争议方法的条款的效力。

【大家讲坛6-5】

张某为乙厂的业务员，受乙厂的委托持空白合同书前往某市采购原材料。该市的丙厂作为供货方，私下答应给张某高额回扣，请求张某以同等价格购买其厂内成色较差的原材料。张某在丙厂的诱惑下，根据丙厂的意愿签订了买卖合同。

该买卖合同的效力如何？

【解析】根据《民法典》第一百五十四条的规定，行为人与相对人恶意串通，损害他人合法权益的民事法律行为无效。该本案中的买卖合同属于恶意串通，损害第三人利益的合同，无效。

6.4.3 可撤销合同

可撤销合同是指因合同当事人意思表示的瑕疵，撤销权人可以请求人民法院或者仲裁机构予以撤销的合同。

1. 可撤销合同的类型

可撤销合同的类型与可撤销民事法律行为的类型相同(详见第 1 章 1.3 部分)。

2. 撤销权

详见第 1 章 1.3 部分的相关论述。

3. 被撤销后的法律后果

可撤销的合同在被撤销后自始无法律约束力,产生与无效合同一样的法律后果(详见无效合同的法律后果)。

【大家讲坛 6-6】

甲公司向乙公司订购奶粉一批。乙公司在订立合同时,将国产奶粉谎称为进口奶粉。甲公司事后得知实情,恰逢国产奶粉畅销,甲公司有意履行合同,于是向乙公司预付了货款。

若后来国产奶粉滞销,甲公司能否以欺诈为由请求撤销与乙公司的买卖合同?

【解析】不能。因为甲公司在知道实情后仍向乙公司预付了货款,表明其放弃撤销权,该合同成为确定有效的合同,甲公司不得撤回其放弃撤销权的意思表示。

6.4.4 效力待定的合同

效力待定的合同,是指合同订立后尚未生效,须经权利人追认才能生效的合同。效力待定的合同主要有以下几种类型。

1. 限制民事行为能力人订立的合同

根据《民法典》第十九条和第二十二条的规定,限制民事行为能力人订立的与其年龄、智力和精神健康状况不相适应的合同,为效力待定的合同,经法定代理人追认后,该合同有效。但订立的纯获利益的合同或者与其年龄、智力、精神健康状况相适应的合同,不必经法定代理人追认。法定代理人的追认权属于形成权,仅凭其单方面意思表示即可使效力待定的合同转化为有效合同。

追认权旨在保护限制民事行为能力人的合法权益。为求得平衡,法律赋予相对人催告权和撤销权。相对人可以催告法定代理人在一定时间(30 日)内予以追认。法定代理人未作表示的,视为拒绝追认。合同被追认之前,善意相对人有撤销的权利。撤销应当以通知的方式作出。其中的"善意"是指相对人在订立合同时不知道且应该不知道与其订立合同的人欠缺相应的行为能力。

2. 无权代理人订立的合同

根据《民法典》第一百七十一条的规定,行为人没有代理权、超越代理权或者代理权终止后,仍然实施代理行为,未经被代理人追认的,对被代理人不发生效力。被代理人已经开始履行合同义务或者接受相对人履行的,视为对合同的追认。相对人可以催告被代理人在 30 日内予以追认。被代理人未作表示的,视为拒绝追认。合同被追认之前,善意相对人有撤销的权利。撤销应当以通知的方式作出。

【大家讲坛 6-7】

甲为乙公司员工。某日下班后,甲利用熟悉公司环境的有利条件进入财务办公室盗出财务合同章和空白合同书,在空白合同上盖章后,冒充乙公司业务代表与丙公司洽谈业务,收取提前支付的货款后潜逃。后丙公司向乙公司催要所买货物,乙公司拒绝承认此合同。

甲与丙公司签订的合同效力如何？

【解析】该合同归于无效。甲没有代理权却以乙公司的名义与丙公司订立合同，由于乙公司拒绝追认，该合同无效。甲以盗窃方法获得乙盖有公章的合同书，不构成表见代理。

3. 超越权限订立的合同

《民法典》第五百零四条的规定，法人的法定代表人或者非法人组织的负责人超越权限订立的合同，除相对人知道或者应当知道其超越权限外，该代表行为有效，订立的合同对法人或者非法人组织发生效力。根据该规定，如果相对人知道或者应当知道法定代表人或者非法人组织的负责人超越权限订立的合同，合同的效力待定，经当事人追认后，合同有效；拒绝追认的，合同无效。

此外，根据《民法典》第五百零五条的规定，当事人超越经营范围订立的合同的效力，不得仅以超越经营范围确认合同无效。此种合同效力的判断应当依照《民法典》关于民事法律行为效力的有关规定确定。

6.5 合同的履行

合同的履行是债务人完成合同债务的行为，即债务人为给付行为。合同成立的目的在于实现合同的内容，而合同内容的实现，有赖于合同义务的履行。当合同规定的义务履行完毕，当事人订立合同的目的得以实现，合同也因目的实现而消灭。

6.5.1 合同履行的原则

合同履行的原则，是指法律规定的所有种类合同的当事人在履行合同义务的整个过程中所必须遵循的一般准则。

1. 全面履行原则

全面履行原则是指当事人应依合同约定的标的、质量、数量、期限、地点，以适当的方式，全面完成合同义务的原则。

2. 协作履行原则

协作履行原则是指在合同履行过程中，双方当事人应互助合作共同完成合同义务的原则。在合同履行的过程中，债务人比债权人更多地受全面履行等原则的约束，协作履行往往是对债权人的要求。债务人履行合同债务时，债权人应适当受领给付，创造必要条件，提供方便；债务人因故不能履行或不能完全履行合同义务时，债权人应积极采取措施防止损失扩大。

3. 绿色原则

所谓绿色原则，是指当事人在履行合同过程中，应当避免浪费资源、污染环境和破坏生态。该原则旨在实践绿色发展理念，促进生态文明建设，促进人与自然和谐共处。

> **法智箴言**
>
> 党的二十大报告强调，大自然是人类赖以生存发展的基本条件。尊重自然、顺应自然、保护自然，是全面建设社会主义现代化国家的内在要求。必须牢固树立和践行绿水青山就是金山银山的理念，站在人与自然和谐共生的高度谋划发展。合同履行中的绿色原则既是对经济交易活动的要求，也是对生态文明建设需求的回应。合同履行的绿色原则主要体现为履行中的附随义务、绿色包装义务及合同终止后的旧物回收义务等。

6.5.2 合同履行的规则

债务人在履行义务的过程中，应当遵守合同履行的基本规则。

1. 履行主体

合同履行主体不仅包括债务人，也包括债权人。除法律规定、当事人约定、性质上必须由债务人本人履行的债务以外，可以由债务人的代理人履行或债权人的代理人代为受领。当事人约定由债务人向第三人履行债务，债务人未向第三人履行债务或者履行债务不符合约定的，应当向债权人承担违约责任。法律规定或者当事人约定第三人可以直接请求债务人向其履行债务，第三人未在合理期限内明确拒绝，债务人未向第三人履行债务或者履行债务不符合约定的，第三人可以请求债务人承担违约责任；债务人对债权人的抗辩，可以向第三人主张。当事人约定由第三人向债权人履行债务，第三人不履行债务或者履行债务不符合约定的，债务人应当向债权人承担违约责任。债务人不履行债务，第三人对履行该债务具有合法利益的，第三人有权向债权人代为履行；但是，根据债务性质、按照当事人约定或者依照法律规定只能由债务人履行的除外。债权人接受第三人履行后，其对债务人的债权转让给第三人，但是债务人和第三人另有约定的除外。

2. 履行标的

合同标的是合同当事人订立合同的目的所在。合同标的的质量和数量是衡量合同标的的基本指标，因此，必须严格按约定标的履行合同。质量没有约定或者约定不明确的，按照强制性国家标准履行；没有强制性国家标准的，按照推荐性国家标准履行；没有推荐性国家标准的，按照行业标准履行；没有国家标准、行业标准的，按照通常标准或者符合合同目的的特定标准履行。在标的数量上，应全部履行，在不损害债权人利益的前提下，允许部分履行。

3. 履行价款或报酬

当事人应当按约定的价款或报酬履行。价款或者报酬没有约定或者约定不明确的，按照订立合同时履行地的市场价格履行。执行政府定价或者政府指导价的，在合同约定的交付期限内政府价格调整时，按照交付时的价格计价。逾期交付标的物的，遇价格上涨时，按照原价格执行；价格下降时，按照新价格执行。逾期提取标的物或者逾期付款的，遇价格上涨时，按照新价格执行；价格下降时，按照原价格执行。

4. 履行期限

合同履行期限是指债务人履行合同义务和债权人接受履行行为的时间。当事人应在约定的履行期限内履行债务，履行期限未约定的，债权人也可以随时要求履行，但应当给对方必要的准备时间。迟延履行的,当事人应承担迟延履行责任。债权人可以拒绝债务人提前履行债务,但提前履行不损害债权人利益的除外。提前履行债务给债权人增加的费用,由债务人负担。

5. 履行地点

履行地点是债务人履行债务、债权人受领给付的地点。合同中明确约定了履行地点的,债务人应当在该地点向债权人履行债务,债权人应当在该地点接受债务人的履行行为。如确定不了的,合同约定给付货币的,在接受货币一方所在地履行;交付不动产的,在不动产所在地履行;其他标的,在履行义务一方所在地履行。

6. 履行方式

履行方式是合同双方当事人约定以何种形式来履行义务。履行方式主要包括运输方式、交货方式、结算方式等。履行义务人应按照合同约定的方式履行。如果未约定或约定不明确的,当事人可以协议补充;协议不成的,可以根据合同的有关条款和交易习惯来确定;仍然无法确定的,按照有利于实现合同目的的方式履行。

7. 履行费用

履行费用是指债务人履行合同所支出的费用。当事人应当按照合同的约定负担费用,没有约定或者约定不明确并确定不了的,由履行义务一方负担。因债权人原因增加的履行费用,由债权人承担。

8. 电子合同标的的交付时间

通过互联网等信息网络订立的电子合同的标的为交付商品并采用快递物流方式交付的,收货人的签收时间为交付时间。电子合同的标的为提供服务的,生成的电子凭证或者实物凭证中载明的时间为提供服务时间;前述凭证没有载明时间或者载明时间与实际提供服务时间不一致的,以实际提供服务的时间为准。电子合同的标的物为采用在线传输方式交付的,合同标的物进入对方当事人指定的特定系统且能够检索识别的时间为交付时间。电子合同当事人对交付商品或者提供服务的方式、时间另有约定的,按照其约定。

6.5.3 双务合同的履行抗辩权

双务合同的履行抗辩权,是指已符合法定条件时,双务合同的一方当事人有权拒绝对方当事人的履行请求,暂时拒绝履行其债务的权利。

1. 同时履行抗辩权

同时履行抗辩权,是指双务合同的当事人没有先后履行顺序的,一方在对方未履行前,有拒绝对方请求自己履行合同的权利。《民法典》规定,当事人互负债务,没有先后履行顺序的,应当同时履行。一方在对方履行之前有权拒绝其履行请求,一方在对方履行债务不符合约定时,有权拒绝其相应的履行请求。

2. 先履行抗辩权

先履行抗辩权,又称为顺序履行抗辩权,是指当事人互负债务而有先后履行顺序时,应当先履行一方未履行之前,后履行一方有权拒绝其履行请求,先履行一方履行债务不符合合同的约定时，后履行一方有权拒绝其相应的履行请求。我国《民法典》第五百二十六条对此做了明确规定。

3. 不安抗辩权

不安抗辩权，是指双务合同中应先履行义务的一方当事人，有确切证据证明对方经营状况严重恶化，或转移财产、抽逃资金，以逃避债务，或丧失商业信誉，或有丧失或者可能丧失履行债务能力的其他情形，可以中止履行。

主张不安抗辩权的当事人如果没有确切证据而中止履行的，则应当承担违约责任。当事人行使不安抗辩权中止履行的，应当及时通知对方。对方提供适当担保的，应当恢复履行。中止履行后，对方在合理期限内未恢复履行能力且未提供适当担保的，视为以自己的行为表明不履行主要债务，中止履行的一方可以解除合同并可以请求对方承担违约责任。

【大家讲坛6-8】

2022年6月，某服装厂与某商场签订了一份买卖合同，双方约定服装厂于2023年5月1日前交付西装1000套，商场在收到西装2个月内，支付货款50万元。合同订立后，服装厂即着手进行生产，至2023年2月底生产西装800套。此时，服装厂得到消息，商场经营出现危机，为避债，将现有资金进行了转移。服装厂于2023年4月诉至法院，要求解除与商场的买卖合同。

服装厂的请求是否合理？

【解析】本案中，依据双方签订的买卖合同，服装厂负有先履行合同的义务，在其发现某商场存在转移财产、抽逃资金的情况下，可中止履行，并通知对方在一定期限内提供担保，若某商场未能在合理期限内恢复履行能力或提供担保，则可解除合同。所以服装厂不能直接要求解除合同。

6.5.4 合同的保全

合同的保全是为保护合同债权人的债权不受债务人不当行为的损害而赋予合同债权人采取一定保护措施权利的法律制度。合同的保全包括代位权与撤销权，前者是针对债务人消极不行使自己债权的行为，后者则是针对债务人积极侵害债权人债权的行为。

1. 代位权

1) 代位权的概念

代位权，是指债务人怠于行使其对第三人(次债务人)享有的到期债权或者与该债权有关的从权利，危及债权人债权实现时，债权人为保障其债权，以自己的名义代位行使债务人对次债务人的债权的权利。

2) 代位权行使的条件

(1) 债权人与债务人之间须有合法的债权债务关系(合同关系)存在。债权的存在是代位权存在的基础，如果合同关系不成立，或合同被撤销、被宣告无效、被解除等，债权人自然不应该享有代位权。

(2) 债务人须有对第三人享有可代位行使的到期债权。除债务人对第三人享有合法的到期债权外，债务人的债权不是专属于债务人自身的债权。所谓专属于债务人自身的债权，是指基于扶养关系、抚养关系、赡养关系、继承关系产生的给付请求权和劳动报酬、退休金、养老金、抚恤金、安置费、人寿保险、人身伤害赔偿请求权等权利。这些权利必须由债务人亲自行使，而不能由债权人代位行使。

债权人的债权到期前，债务人的债权或者与该债权有关的从权利存在诉讼时效期间即将届满或者未及时申报破产债权等情形，影响债权人的债权实现的，债权人可以代位向债务人的相对人请求其向债务人履行、向破产管理人申报或者作出其他必要的行为。

(3) 债务人怠于行使其到期债权并对债权人造成损害。所谓怠于行使，是指应当且能够行使权利却不以诉讼方式或者仲裁方式向次债务人(第三人)主张到期债权。且怠于行使权利必须影响到债务人的债务履行，危及债权人的债权，否则债权人不能行使代位权。

(4) 债权人代位行使的范围应以保全债权为必要。如果债权人行使债务人对第三人的一项或者某些债权，已足以保全自己的债权，则不应就债务人的其他债权行使代位权。

3) 代位权行使的方式

债权人的代位权必须通过诉讼的方式行使。在代位权诉讼中，债权人是原告，次债务人是被告，债务人为诉讼上的第三人。代位权诉讼由被告住所地人民法院管辖。债权人行使代位权所支出的必要费用(如律师代理费、差旅费等)由债务人承担。如在代位权诉讼中，债权人胜诉的，诉讼费由次债务人承担，且从实现的债权中优先支付。相对人对债务人的抗辩，可以向债权人主张。代位权行使范围以债权人的到期债权为限。

4) 代位权行使的法律效果

人民法院认定代位权成立的，由债务人的相对人向债权人履行义务，债权人接受履行后，债权人与债务人、债务人与相对人之间相应的权利义务终止。债务人对相对人的债权或者与该债权有关的从权利被采取保全、执行措施，或者债务人破产的，依照相关法律的规定处理。

【大家讲坛6-9】

甲企业借给乙企业20万元，期满未还。丙欠乙20万元货款也已到期，乙曾向丙发出催收通知书，但甲认为乙怠于行使债权，欲提起诉讼。

甲能否行使代位权？如果能行使代位权，应以谁为被告？

【解析】①甲可以行使代位权，乙向丙发出债务催收通知书，不属于以诉讼或仲裁方式向次债务人丙主张到期债权，构成怠于行使，故甲能行使代位权。②甲应以次债务人丙为被告、以债务人乙为第三人提起代位权诉讼。

2. 撤销权

1) 撤销权的概念

撤销权，是指因债务人对其财产的处理行为，对债权人造成损害的，债权人可以请求人民法院撤销债务人行为的权利。

2) 撤销权的成立要件

撤销权的成立要件，因债务人所为的行为系无偿行为或有偿行为而有不同。若为无偿行为，仅须具备客观要件；若为有偿行为，则必须同时具备客观要件与主观要件。

债务人以放弃其债权、放弃债权担保、无偿转让财产等方式无偿处分财产权益，或者恶意延长其到期债权的履行期限，影响债权人的债权实现的，债权人可以请求人民法院撤销债务人的行为。不以财产为标的的行为，因与债务人的责任财产无关，因此债权人不得撤销。基于身份关系而为的行为,如结婚、收养或解除收养、继承的承认或抛弃,债权人不得撤销。

债务人以明显不合理的低价转让财产、以明显不合理的高价受让他人财产或者为他人的债务提供担保,影响债权人的债权实现,债务人的相对人知道或者应当知道该情形的,债权人可以请求人民法院撤销债务人的行为。

3) 撤销权的行使

撤销权由债权人以自己的名义通过诉讼方式行使。债权人提起撤销权诉讼时,只以债务人为被告,未将受益人或受让人列为第三人的,人民法院可以追加该受益人或受让人为第三人。两个或两个以上债权人以同一债务人为被告,就同一标的提起撤销权诉讼的,人民法院可以合并审理。撤销权诉讼由被告住所地人民法院管辖。

撤销权应自债权人知道或者应当知道撤销事由之日起 1 年内行使,自债务人的行为发生之日起 5 年内没有行使撤销权的,该撤销权消灭。

4) 撤销权行使的效力

债务人的行为被依法撤销后,自始失去法律效力。受益人已受领债务人财产的,负有返还义务,不能返还的,应折价赔偿。受益人向债务人支付对价的,对债务人享有不当得利返还请求权。行使撤销权的债权人有权请求受益人向自己返还所受利益,并将所受利益加入债务人的一般财产,作为全体一般债权人的共同担保(无优先受偿权)。撤销权的行使范围以债权人的债权为限。债权人行使撤销权所支付的必要费用,由债务人承担。

【大家讲坛 6-10】

周某开了一个豆制品厂,因市场行情变化,经营难以为继,遂停业。2019 年 4 月 1 日将其所有设备连同厂房(总价值 5 万元),赠送给其侄子王某。李某长期向周某供应原料,周某欠李某原料款 5 万元。同年 4 月 3 日李某到周某处索款,发现该厂已经易主,遂于同年 4 月 5 日找到周某索要。这时发现周某还有私房一套,价值约 10 万元。

李某向法院提起撤销权之诉能否得到支持?

【解析】债务人无偿转让财产,对债权人造成损害的,债权人方可行使撤销权。在本案中,周某欠李某原料款 5 万元,但周某还有一套价值约 10 万元私房可供偿债,因此,周某将其豆制品厂赠送给其侄子王某,并未损害债权人李某的债权。故李某提起的撤销权之诉不能得到法院支持。

6.6 合同的担保

6.6.1 合同担保概述

1. 合同担保的概念

合同担保,实际上是合同债的担保,是促使债务人履行其债务,保障债权人利益实现的法律措施。合同的担保有一般担保和特别担保之分。一般担保,是债务人以其全部财产作为履行债务的总担保,它不是特别针对某一项合同债务,而是面向债务人成立的全部合同。特别担保,是指以债务人的特定财产或第三人的财产作为履行债务的一种担保,即通常所言之担保。合同担保具有从属性、补充性、保障性等特征。

2. 合同担保的种类

1) 人的担保

人的担保，是指在债务人的全部财产之外，又附加了第三人的一般财产作为债权实现的担保。保证是最为典型的人的担保。

2) 物的担保

物的担保，是以债务人或其他人的特定财产作为抵偿债权的标的，在债务人不履行其债务时，债权人可以将该财产变价，并从中优先受偿，使其债权得以实现的担保方式，主要包括抵押、质押、留置。这三种担保方式在物权法法律制度部分已做阐述，此处不再赘述。

3) 金钱担保

金钱担保，是在债务以外又支付一定数额的金钱，该金钱的得失与债务履行与否相联系，以促使当事人积极履行债务，保障债权实现的制度。定金是典型的金钱担保。

4) 反担保

反担保，是指为债务人担保的第三人，为了保证其追偿权的实现，要求债务人提供的担保。反担保人可以是债务人，也可以是债务人之外的其他人。

6.6.2 保证

1. 保证的概念

保证，是指第三人和债权人约定，当债务人不履行其债务时，该第三人按照约定履行债务或承担责任的行为。第三人称作保证人，保证人所负担的义务为保证债务或保证责任。保证具有从属性、无偿性、补充性等特征。

> **法智箴言**
>
> 保证的产生与债有着密不可分的联系。财产从一个主体移转给另一主体的经济流转关系的实现大多通过合同实现。合同具有相对性，财产在合同当事人之间流转必然会存在风险性，即违约行为。合同的风险性会降低交易安全，破坏交易秩序，影响财产流转，于是保证应运而生。保证是"一种十分古老同时又具有强大生命力"的以人的信用作担保之方式，有利于合同债权的实现。

2. 保证合同

保证合同，是指为保障债权的实现，保证人和债权人约定，当债务人不履行到期债务或者发生当事人约定的情形时，保证人履行债务或者承担责任的合同。保证合同可以是单独订立的书面合同，也可以是主债权债务合同中的保证条款。第三人单方以书面形式向债权人作出保证，债权人接收且未提出异议的，保证合同成立。

保证合同当事人为保证人和债权人。债权人可以是一切享有债权之人，自然人、法人或非法人组织，均无不可。保证人应具有代为清偿能力，但不能以保证人不具有代偿能力为由认定保证合同无效。除法律另有规定外，自然人、法人或者非法人组织都可以作为保证人。根据《民法典》第六百八十三条的规定，机关法人不得为保证人，但是经国务院批准为使用外国政府或者国际经济组织贷款进行转贷的除外。以公益为目的的非营利法人、非法人组织不得为保证人。

保证合同的内容一般包括被保证的主债权的种类、数额，债务人履行债务的期限，保证的方式、范围和期间等条款。

3. 保证方式

1) 一般保证和连带责任保证

依保证人承担责任方式的不同，保证分为一般保证和连带责任保证。一般保证，是指当事人在保证合同中约定，债务人不能履行债务时，由保证人承担保证责任的保证。连带责任保证，是指保证人与债务人在保证合同中约定，债务人在主合同规定的债务履行期届满没有履行债务的，债权人可以要求债务人履行债务，也可以要求保证人在其保证范围内承担保证责任。一般保证的保证人享有先诉抗辩权，连带责任保证的保证人则不享有。当事人在保证合同中对保证方式没有约定或者约定不明确的，按照一般保证承担保证责任。

所谓先诉抗辩权，是指在主合同纠纷未经审判或仲裁，并就债务人财产依法强制执行仍不能履行债务前，有权拒绝向债权人承担保证责任。但是有下列情形之一的除外：债务人下落不明，且无财产可供执行；人民法院已经受理债务人破产案件；债权人有证据证明债务人的财产不足以履行全部债务或者丧失履行债务能力；保证人书面表示放弃先诉抗辩权。

【大家讲坛 6-11】

甲欠乙 100 万元，主合同约定 2019 年 6 月 1 日前甲还款。丙为保证人，保证合同中约定："若甲不能清偿债务，由丙承担保证责任。" 2019 年 6 月 1 日过后，甲未清偿。乙于 2019 年 6 月 2 日找到丙，要求丙还款 100 万元。

丙是否可以拒绝清偿？

【解析】本案中的保证为一般保证，债权人乙应先向甲主张债权，在甲不能清偿债务时，才可以向保证人丙要求清偿。乙直接要求丙清偿债务，丙可以行使先诉抗辩权，拒绝清偿。

2) 单独保证和共同保证

从保证人的数量划分，保证分为单独保证和共同保证。单独保证是指只有一个保证人担保同一债权的保证。共同保证是指数个保证人担保同一债权的保证。同一债务有两个以上保证人的，保证人应当按照保证合同约定的保证份额，承担保证责任；没有约定保证份额的，债权人可以请求任何一个保证人在其保证范围内承担保证责任。

4. 保证担保的效力

1) 保证债务的范围

保证债务的范围，是指保证担保效力所及的范围。保证效力所及的范围分为有限保证和无限保证。前者是保证人与债权人在保证合同中明确约定保证债务范围的保证。后者是指当事人未明确约定保证债务范围的保证。当事人对保证担保的范围没有约定或者约定不明确的，保证人应当对全部债务承担责任，包括主债、利息、违约金、损害赔偿金、实现债权的费用。

2) 保证人与主债权人之间的关系

债权人对保证人享有请求承担保证责任(履行保证债务)的权利。

主债务人对债权人享有的抗辩权，保证人均享有。一般债务人应享有的权利，如保证人的主张保证合同无效、保证债务消灭的抗辩，保证人均可向债权人主张。

3) 保证人与主债务人之间的关系

保证人与主债务人的关系，主要表现为保证人的求偿权，即保证人承担保证责任后，可以向主债务人请求偿还的权利。主债务人破产时，已经履行保证债务的保证人可以其求偿权作为破产债权，参加破产程序。法院受理债务人破产案件后，债权人未申报债权的，保证人可以参加破产财产分配，预先行使追偿权。

5. 保证期间和诉讼时效

保证期间是确定保证人承担保证责任的期间，不发生中止、中断和延长。债权人与保证人可以约定保证期间，但是约定的保证期间早于主债务履行期限或者与主债务履行期限同时届满的，视为没有约定；没有约定或者约定不明确的，保证期间为主债务履行期限届满之日起 6 个月。债权人与债务人对主债务履行期限没有约定或者约定不明确的，保证期间自债权人请求债务人履行债务的宽限期届满之日起计算。

一般保证的债权人未在保证期间对债务人提起诉讼或者申请仲裁的，保证人不再承担保证责任。连带责任保证的债权人未在保证期间请求保证人承担保证责任的，保证人不再承担保证责任。

一般保证的债权人在保证期间届满前对债务人提起诉讼或者申请仲裁的，从保证人拒绝承担保证责任的权利消灭之日起，开始计算保证债务的诉讼时效。连带责任保证的债权人在保证期间届满前请求保证人承担保证责任的，从债权人请求保证人承担保证责任之日起，开始计算保证债务的诉讼时效。

6. 保证责任的免除

保证责任的免除，又称保证债务的免除，是指对已经存在的保证责任基于法律的规定或当事人的约定而加以除去的现象。保证责任免除的事由具体如下。

(1) 债权人和债务人未经保证人书面同意，协商变更主债权债务合同内容，减轻债务的，保证人仍对变更后的债务承担保证责任；加重债务的，保证人对加重的部分不承担保证责任。债权人和债务人变更主债权债务合同的履行期限，未经保证人书面同意的，保证期间不受影响。

(2) 债权人转让全部或者部分债权，未通知保证人的，该转让对保证人不发生效力。保证人与债权人约定禁止债权转让，债权人未经保证人书面同意转让债权的，保证人对受让人不再承担保证责任。

(3) 债权人未经保证人书面同意，允许债务人转移全部或者部分债务，保证人对未经其同意转移的债务不再承担保证责任，但是债权人和保证人另有约定的除外。第三人加入债务的，保证人的保证责任不受影响。

(4) 一般保证的保证人在主债务履行期限届满后，向债权人提供债务人可供执行财产的真实情况，债权人放弃或者怠于行使权利致使该财产不能被执行的，保证人在其提供可供执行财产的价值范围内不再承担保证责任。

6.6.3 定金

1. 定金的概念及种类

1) 定金的概念

定金，是以确保合同的履行为目的，依据法律规定或者当事人双方的约定，由当事人一方在合订立时或订立后、履行前，预先给付对方当事人的金钱或其他代替物。在实践中应将定金与其他形式的金钱担保加以区别。当事人交付留置金、担保金、保证金、定约金、押金或者订金等，但没有约定定金性质而当事人主张定金权利的，法院不予支持。

2) 定金的种类

(1) 立约定金，是指为保证正式订立合同而交付的定金。

(2) 成约定金，是指作为合同成立或生效要件的定金。

(3) 解约定金，是指作为保留合同解除权的代价的定金。交付定金的当事人可以放弃定金的方式来解除合同，而接受定金的当事人也可以双倍返还定金的方式来解除合同。

(4) 违约定金，是指以定金的丧失或者双倍返还作为违反主合同的补救方法而约定并交付的定金。

2. 定金合同的成立

定金应当由当事人双方约定，双方约定定金的协议为定金合同。定金合同应当采用书面形式订立。定金合同除应当具备合同有效成立的一般条件外，还须具备以下条件：

1) 应交付定金的一方向对方交付定金

定金合同为实践合同，定金合同自交付定金之日起生效。关于定金交付的时间，立约定金应于主合同成立前交付，成约定金于主合同订立时交付，违约定金和解约定金既可以在主合同成立时交付，也可以在主合同成立后、履行前交付。

2) 须主合同有效

定金合同是从合同，主合同有效，从合同才可能有效。在主合同无效或者被撤销时，定金合同不能发生效力，即使一方已交付定金，定金担保也不成立。

3) 定金数额须在法定的数额以内

定金的数额由当事人约定，但不得超过主合同标的额的 20%，超过部分不产生定金的效力。当事人可以约定一方向对方给付定金作为债权的担保。实际交付的定金数额多于或者少于约定数额的，视为变更约定的定金数额。

【大家讲坛 6-12】

全宇公司经考察发现甲市 W 区的天鹅公司有一批质优价廉的名牌电脑，遂与天鹅公司签订了一份电脑买卖合同。双方约定：全宇公司从天鹅公司购进 500 台电脑，总价款 130 万元，全宇公司先行支付 30 万元定金。

全宇公司与天鹅公司订立的合同中的定金条款的效力如何？

【解析】 全宇公司与天鹅公司订立的合同中的定金条款部分有效，部分无效。合同总价款 130 万元的 20%，即 26 万元有效；超过部分 4(=30-26) 万元无效。

3. 定金的效力

1) 立约定金

给付定金的一方拒绝订立主合同的，无权要求返还定金；收受定金的一方拒绝订立合同的，应当双倍返还定金。

2) 成约定金

交付定金的一方拒绝交付定金，合同即不成立或不生效。当事人约定交付定金作为成约条件的，给付定金的一方未支付定金，但主合同已经履行或者已经履行主要部分的，不影响主合同的成立或者生效。

3) 解约定金

给付定金的一方解除合同的，无权要求返还定金；收受定金的一方解除合同的，应当双倍返还定金。

4) 违约定金

债务人履行债务的，定金应当抵作价款或者收回。给付定金的一方不履行债务或者履行债务不符合约定，致使不能实现合同目的的，无权请求返还定金；收受定金的一方不履行债务或者履行债务不符合约定，致使不能实现合同目的的，应当双倍返还定金。当事人一方不完全履行合同的，应当按照未履行部分所占合同约定内容的比例，适用定金罚则；因不可抗力、意外事件致使主合同不能履行的，不适用定金罚则。

6.7 合同的变更、转让和终止

6.7.1 合同的变更

1. 合同的变更的概念

合同的变更有广义和狭义之分。广义的合同变更是指合同主体和内容的变更，狭义的合同变更仅指合同内容的变更。《民法典》合同编所规定的合同变更仅指合同内容的变更，合同主体的变更谓之合同的转让。

2. 合同的变更的条件

1) 原已存在有效的合同关系

无原合同关系就无变更的对象，合同的变更离不开原已存在合同关系这一前提条件。原合同若无效、被撤销，自始就不存在有效的合同关系，也就不存在合同变更。

2) 须遵守法定程序

当事人可以协商一致，变更合同；也可根据人民法院或仲裁机关的裁判变更合同，如合同成立后，合同的基础条件发生了无法预见的重大变化时，一方当事人可请求人民法院或仲裁机构变更该合同；还可根据一方当事人的意思变更合同，如在承运人将货物交付收货人之前，托运人可以要求承运人中止运输。

法律、行政法规规定变更合同应当办理批准、登记等手续的，依照其规定。当事人对合同变更的内容约定不明确的，推定为未变更。

3) 须有合同内容的变化

合同变更仅指合同的内容发生变化，不包括合同主体的变更。当然，合同变更必须是非实质性内容的变更，变更后的合同关系与原合同关系应保持同一性。

3. 合同变更的效力

合同变更的实质在于使变更后的合同代替原合同。因此，合同变更后，当事人应按变更后的合同内容履行。合同变更原则上指向将来发生效力,未变更的权利和义务继续有效,已经履行的债务不因合同的变更而失去合法性。合同的变更不影响当事人要求赔偿的权利。

6.7.2 合同的转让

合同的转让,即合同主体的变更,指当事人将合同的权利和义务全部或者部分转让给第三人,包括合同债权的转让、合同债务的承担、合同债权债务的概括移转。

1. 合同债权的转让

合同债权转让又称合同债权让与,是指债权人将合同的权利全部或者部分转让给第三人的法律制度。其中债权人是转让人,第三人是受让人。

合同债权转让应满足如下条件:第一,存在有效的合同,这是合同债权让与的前提。第二,被让与的债权须具有可让与性。根据合同性质不得转让的合同债权、按照当事人的约定不得转让的债权、依法不得转让的债权不得转让。当事人约定非金钱债权不得转让的,不得对抗善意第三人。当事人约定金钱债权不得转让的,不得对抗第三人。第三,让与人与受让人须就债权转让达成协议。第四,合同债权让与的通知。债权人转让权利的,应当通知债务人。未经通知,该转让对债务人不发生效力。债权人转让权利的通知不得撤销,但经受让人同意的除外。

债权全部让与的,受让人取代让与人而成为合同关系的新债权人,债权部分让与的,让与人和受让人共同享有债权。债权人让与权利的,受让人取得与债权有关的从权利,但该从权利专属于债权人自身的除外。受让人取得从权利不因该从权利未办理转移登记手续或者未转移占有而受到影响。债务人收到债权让与通知后,应当将受让人作为债权人而履行债务;债务人对让与人的抗辩,可以向受让人主张。债务人对让与人享有债权的,债务人可依法向受让人主张抵销。因债权转让增加的履行费用,由让与人负担。

2. 合同债务的承担

合同债务承担,是指在不改变债的内容的前提下,债权人、债务人通过与第三人订立转让债务的协议,将债务全部或部分移转给第三人承担的法律事实。合同债务承担可分为免责的债务承担和并存的债务承担。

免责的债务承担是指债务人将债务的全部或者部分转移给第三人,此种债务承担应当经债权人同意。债务人或者第三人可以催告债权人在合理期限内予以同意,债权人未作表示的,视为不同意。免责的债务承担又分全部免责的债务承担和部分免责的债务承担。前者是指债务人与第三人达成协议,将其全部债务转移给第三人;后者是指债务人与第三人达成协议,将其部分债务转移给第三人,由第三人对债权人承担该部分债务。

并存的债务承担是指债务人不脱离债的关系,第三人加入债的关系,与债务人共同承担债务。《民法典》第五百五十二条规定,第三人与债务人约定加入债务并通知债权人,或者第三人向债权人表示愿意加入债务,债权人未在合理期限内明确拒绝的,债权人可以请求第三人在其愿意承担的债务范围内和债务人承担连带债务。

债务人转移债务的,新债务人可以主张原债务人对债权人的抗辩;原债务人对债权人享有债权的,新债务人不得向债权人主张抵销。债务人转移债务的,新债务人应当承担与主债务有关的从债务(如利息债务),但是该从债务专属于原债务人自身的除外。

3. 合同债权债务的概括移转

合同债权债务的概括移转,是指原合同当事人一方将其债权债务一并移转给第三人。根据概括转移的范围,可分为全部债权债务转移和部分债权债务转移。根据《民法典》的规定,当事人一方经对方同意,可以将自己在合同中的权利和义务一并转让给第三人。合同的权利和义务一并转让的,适用债权转让、债务转移的有关规定。

在债权债务概括转移的场合,由于承受人完全取代了原当事人的法律地位,合同内容移转于新当事人,依附于原当事人的一切权利和义务,如解除权、撤销权等,都将移转于承受人。

【大家讲坛6-13】

北京工艺美术经销公司 A 与南京工艺美术公司 B 订立买卖某种工艺制品的合同。南京 B 公司经北京 A 公司同意,将债务转移给苏州子公司 C。苏州 C 子公司与北京 A 公司商定,指定由苏州画意公司 D 发货。因货物不符合要求,A 向 B、C、D 提出索赔。

A 的损失应当由谁赔偿?

【解析】应当由 C 赔偿 A 的损失。因为 B 将债务转移于 C,C 成为合同的债务人,货物不符合要求时,C 应当向 A 承担违约责任。而 C 和 D 只是约定由第三人 D 代为履行债务,D 并未成为合同的债务人,所以货物不符合要求时,D 不承担违约责任。

6.7.3 合同的终止

合同终止,是指因发生法律规定或当事人约定的情况,使当事人之间的权利和义务关系消灭,而使合同法律效力终止。合同的权利和义务终止,不影响合同中结算和清理条款的效力。合同的权利和义务终止后,当事人应当遵循诚实信用原则,根据交易习惯履行通知、协助、保密、旧物回收等义务。债权债务终止时,债权的从权利同时消灭,但是法律另有规定或者当事人另有约定的除外。合同终止的原因主要有如下几种情况。

1. 清偿

清偿,是当事人实现债权目的的行为,是指债务人根据法律的规定或合同约定履行自己的债务以解除债权债务关系的行为。清偿与履行的意义相同,只不过履行是从债的效力、债的动态方面而言的,而清偿是从债的消灭的角度而言的。

债务清偿抵充,是指债务人对同一债权人负担数项同种类债务,当债务人的履行不足清偿全部债务时,确定该履行抵充其中某宗或某几宗债务的制度。《民法典》第五百六十条规定,债务人对同一债权人负担的数项债务种类相同,债务人的给付不足以清偿全部债务的,除当事人另有约定外,由债务人在清偿时指定其履行的债务。债务人未作指定的,应当优先履行已经到期的债务;数项债务均到期的,优先履行对债权人缺乏担保或者担保最少的债务;均无担保或者担保相等的,优先履行债务人负担较重的债务;负担相同的,按照债务到期的先后顺序履行;到期时间相同的,按照债务比例履行。

债务人在履行主债务外还应当支付利息和实现债权的有关费用,其给付不足以清偿全部债务的，除当事人另有约定外，应当按照下列顺序履行：实现债权的有关费用、利息、主债务。

2. 合同的解除

合同的解除，是指合同有效成立以后，没有履行或者没有完全履行之前，双方当事人通过协议或者一方行使解除权的方式，使得合同关系终止的法律制度。合同的解除，分为合意解除与法定解除。

1) 合意解除

合意解除，是指根据当事人事先约定的或经当事人协商一致而解除合同，包括约定解除和协议解除。前者是一种单方解除，即双方在订立合同时，约定了合同当事人一方解除合同的条件。一旦该条件成就，解除权人即可通过行使解除权而终止合同。后者是以一个新的合同解除旧的合同。

2) 法定解除

法定解除，是指根据法律规定而解除合同。当事人可以解除合同的情形有：因不可抗力致使不能实现合同目的；在履行期限届满之前，当事人一方明确表示或者以自己的行为表明不履行主要债务；当事人一方迟延履行主要债务，经催告后在合理期限内仍未履行；当事人一方迟延履行债务或者有其他违约行为致使不能实现合同目的；法律规定的其他情形。

以持续履行的债务为内容的不定期合同，当事人可以随时解除合同，但是应当在合理期限之前通知对方。

【大家讲坛6-14】

甲中学定于2022年5月4日举办中学生运动会，其与乙公司订立承揽合同，要求乙将特制的在运动会开幕式上使用的大钟于2022年5月3日前送到。至2022年5月3日，乙没有送货。甲了解到乙还没有将钟装配好，根本不能保证5月4日的使用。

甲能否不经催告程序而直接解除合同？

【解析】本案的情形属于"一方迟延履行债务致使不能实现合同目的"，甲无须经过催告程序，可以直接解除合同。

3) 解除权的行使期限与规则

法律规定或者当事人约定解除权行使期限，期限届满当事人不行使的，该权利消灭。法律没有规定或者当事人没有约定解除权行使期限，自解除权人知道或者应当知道解除事由之日起1年内不行使，或者经对方催告后在合理期限内不行使的，该权利消灭。

当事人一方依法主张解除合同的，应当通知对方。合同自通知到达对方时解除；通知载明债务人在一定期限内不履行债务则合同自动解除，债务人在该期限内未履行债务的，合同自通知载明的期限届满时解除。对方对解除合同有异议的，任何一方当事人均可以请求人民法院或者仲裁机构确认解除行为的效力。当事人一方未通知对方，直接以提起诉讼或者申请仲裁的方式依法主张解除合同，人民法院或者仲裁机构确认该主张的，合同自起诉状副本或者仲裁申请书副本送达对方时解除。

4) 合同解除的法律后果

合同解除后，尚未履行的，终止履行；已经履行的，根据履行情况和合同性质，当事人可以要求恢复原状、采取其他补救措施，并有权请求赔偿损失。合同因违约解除的，解除权人可以请求违约方承担违约责任，但是当事人另有约定的除外。主合同解除后，担保人对债务人应当承担的民事责任仍应当承担担保责任，但是担保合同另有约定的除外。

> **法智箴言**
>
> "契约必须严守"的规则要求有效的合同须严格履行，但当信守合同变得显失公平或明显不经济时，恪守合同也就不再体现实质公平，便允许合同当事人在特定条件下解除合同。当然，行使解除权要遵守法律的规定或合同的约定。

3. 抵销

1) 抵销的概念

抵销是指两人互负债务时，各以其债权充当债务之清偿，而使其债务与对方的债务在对等额内相互消灭。用于抵销的债权，称为自动债权、抵销债权或主动债权。被抵销的债权，叫作受动债权或被动债权。

2) 抵销的类型

抵销分为法定抵销与合意抵销。

(1) 法定抵销，是指合同当事人互负到期债务，该债务的标的物种类、品质相同，依当事人一方的意思表示即可发生抵销的效力。法定抵销的要件如下。①双方当事人互负债务、被动债权已到期。②双方互负的债务标的物的种类、品质相同。双方当事人的给付物的种类虽然相同，但品质不同时，例如甲级刀鱼和乙级刀鱼，原则上不允许抵销，但允许以高品质的给付抵销低品质的给付。③不是不得抵销的债务。不得抵销的债务主要有：依债的性质不得抵销的债务；依约定不得抵销的债务；法律规定不得抵销的债务，如《合伙企业法》第四十一条中规定的，合伙企业某一合伙人的债权人，不得以其债权抵销其对合伙企业的债务。

当事人主张抵销的，应当通知对方。通知自到达对方时生效。抵销不得附条件或者附期限。

(2) 约定抵销，是指合同当事人经过协商一致而发生的抵销。约定抵销的要件与法定抵销不同的是，当事人互负债务的标的物种类、品质可以不相同，只要双方协商一致，也可抵销。

4. 提存

1) 提存的概念

提存是指非因可归责于债务人的原因，导致债务人无法履行债务或者难以履行债务时，债务人将标的物交由提存机关保存，以终止合同权利义务关系的行为。

2) 提存的事由

《民法典》规定，有下列情形之一，难以履行债务的，债务人可以将标的物提存：债权人无正当理由拒绝受领；债权人下落不明；债权人死亡未确定继承人、遗产管理人，或者丧失民事行为能力未确定监护人；法律规定的其他情形。标的物不适于提存或者提存费用过高的，债务人依法可以拍卖或者变卖标的物，提存所得的价款。

3) 提存成立时间和效力

债务人将标的物或者将标的物依法拍卖、变卖所得价款交付提存部门时，提存成立。提存成立的，视为债务人在其提存范围内已经交付标的物。

标的物提存后,债务人应当及时通知债权人或者债权人的继承人、遗产管理人、监护人、财产代管人。标的物提存后,毁损、灭失的风险由债权人承担。提存期间,标的物的孳息归债权人所有。提存费用由债权人负担。

债权人可以随时领取提存物,但债权人对债务人负有到期债务的,在债权人未履行债务或者提供担保之前,提存部门根据债务人的要求应当拒绝其领取提存物。债权人领取提存物的权利,自提存之日起5年内不行使而消灭,提存物扣除提存费用后归国家所有。但是,债权人未履行对债务人的到期债务,或者债权人向提存部门书面表示放弃领取提存物权利的,债务人负担提存费用后有权取回提存物。

【大家讲坛6-15】

甲与乙签订销售100台空调的合同,当甲交付时,乙以空调市场疲软为由拒绝受领,要求甲返还货款。甲将100台空调向当地公证机关提存。该批空调自提存之日起已满5年,乙仍然不领取。

请问:这100台空调应归谁所有?

【解析】债权人有领取提存物的权利,但自提存之日起5年内不行使而消灭,提存物扣除提存费用后归"国家"所有,故自提存之日起已满5年,乙仍然不领取的,100台空调扣除提存费用后归国家所有。

5. 免除

1) 免除的概念

免除是指债权人向债务人表示免除其债务,从而使债的关系归于消灭的法律行为。免除属于无偿的单方法律行为,只要债权人一方向债务人表示免除的意思,债就归于消灭。

2) 免除的方法

免除应由债权人向债务人以意思表示为之。免除可由债权人的代理人为之,也可附条件或期限。免除的意思表示自向债务人或其代理人表示后,即产生债务消灭的效果,不得撤回。

3) 免除的法律后果

免除发生债务绝对消灭的效力。主债务消灭的,主债务的从债务也归于消灭。债务全部免除的,债务全部消灭;债务一部分免除的,则仅该免除部分消灭。《民法典》第五百七十五条规定,债权人免除债务人部分或者全部债务的,债权债务部分或者全部终止,但是债务人在合理期限内拒绝的除外。主债务免除的,保证债务随之消灭。债务的免除不得损害第三人利益。

法智箴言

关于免除的性质有不同观点。一种认为,免除是契约,不能仅依一方当事人的意思表示而导致债权债务关系消灭。债权人免除债务人的债务是一种恩惠,而恩惠不能"强迫"。免除债务可能有其他动机和目的,为防止债权人滥用免除权损害债务人利益,应经债务人同意。另一种认为,免除是债权人抛弃债权的单方行为。免除使债务人享受利益,无须征得其同意。若免除须债务人同意,实质上限制了债权人对权利的处分。

6. 混同

1) 混同的概念

债的混同有广义与狭义之分。广义的混同包括三种情形：所有权与他物权归属于同一人；债权与债务归属于同一人；主债务与保证债务归属于同一人。狭义的混同仅指债权与债务归属于同一人使合同关系消灭的事实。通常所说的混同仅指狭义的混同。

2) 混同的原因

合同关系的存在，必须有债权人和债务人，当事人双方混同，合同失去存在基础，自然应当终止。

(1) 概括承受。概括承受，即债权债务概括转移于债权人或者债务人。如企业合并，合并前的两个企业之间的债权债务因同归于合并后的企业而消灭。

(2) 特定承受。特定承受，即债权人承受债务人对自己的债务，或者债务人受让债权人对自己的债权。如债权人甲与债务人乙签订合同后，甲将合同权利转让给乙。又如甲乙二人签订合同后，债务人乙的债务转移给债权人甲。

3) 混同的效力

债权和债务同归于一人的，债权债务终止，但是损害第三人利益的除外。如债权为他人质权的标的时，为保护质权人的利益，债权不因混同而消灭。

6.8 违约责任

6.8.1 违约责任概述

1. 违约责任的概念

违约责任也称为违反合同的民事责任，是指合同当事人因违反合同义务所承担的责任。《民法典》规定，当事人一方不履行合同义务或者履行合同义务不符合约定的，应当承担继续履行、采取补救措施或者赔偿损失等违约责任。

2. 违约责任的构成要件

《民法典》规定的违约责任归责原则为严格责任原则。因此只要合同当事人有违约行为存在，不问导致违约的原因，除了法定或者约定的免责事由以外，均不得主张免责。

3. 违约的种类

违约总体上分为预期违约和实际违约。

1) 预期违约

预期违约也称先期违约，分为明示预期违约和默示预期违约。

(1) 明示预期违约。明示预期违约，是指在合同有效成立后至合同约定的履行期限届满前，一方当事人明确肯定地向另一方当事人明示他将不履行合同约定的主要义务。

(2) 默示预期违约。默示预期违约，是指在合同有效成立后至合同履行期限届满前，一方当事人以其行为表明在履行期到来后将不履行或不能履行合同主要义务。《民法典》第五百七十八条规定，当事人一方明确表示或者以自己的行为表明不履行合同义务的，对方可以在履行期限届满前请求其承担违约责任。

2) 实际违约

实际违约也称届期违约，包括不履行、迟延履行和不适当履行。

(1) 不履行。不履行即完全不履行，指当事人根本未履行任何合同义务的违约情形。其包括拒绝履行和履行不能。

拒绝履行，又称毁约，是指债务人能够履行其债务而在履行期限届满时对债权人表示不履行债务。在一方拒绝履行的情况下，另一方有权要求其继续履行合同，也有权要求其承担违约金和损害赔偿责任。

履行不能，是指债务人由于某种原因不能履行其义务。违约方原则上应承担履行不能的违约责任，除非存在法定的免责事由。非违约方在请求违约方承担违约责任时，可以要求其赔偿损失，支付违约金，但不得再要求其实际履行。

(2) 迟延履行。迟延履行包括给付迟延与受领迟延。

给付迟延，是指债务人在履行期限到来时，能够履行而没有按期履行债务。给付迟延的，债务人应赔偿因迟延而给债权人造成的损失。一方迟延履行其主要债务，经催告后在合理期限内仍未履行，或一方迟延履行债务致使不能实现合同目的，当事人可以解除合同并请求赔偿损失。

受领迟延，是指债权人对于债务人的履行应当受领而不为受领。在迟延受领的情况下，债权人应依法支付违约金，因此给债务人造成损害，则应负损害赔偿责任。债务人需依法自行消灭其债务，如以提存的方式消灭债务。

(3) 不适当履行。不适当履行，是指虽有履行但履行不符合合同约定或法律规定的违约情形，包括瑕疵履行和加害给付。

瑕疵履行，是指履行质量不合格的违约情形。债权人可以请求对方承担修理、更换、重做、退货、减少价款或者报酬等违约责任。

加害给付，是指债务人因交付的标的物的缺陷而造成他人的人身、财产损害的行为。根据《民法典》第一百八十六条的规定，因当事人一方的违约行为，侵害对方人身、财产权益的，受损害方有权选择请求其承担违约责任或者侵权责任。

6.8.2 承担违约责任的方式

承担违约责任的方式主要有：继续履行、采取补救措施、赔偿损失、支付违约金、适用定金罚则等。

1. 继续履行

继续履行，又称实际履行，是指债权人在债务人不履行合同义务时，可请求人民法院或者仲裁机构强制债务人实际履行合同义务。当事人一方未支付价款、报酬、租金、利息，或者不履行其他金钱债务的，对方可以请求其支付。当事人一方不履行非金钱债务或者履行非金钱债务不符合约定的，对方可以请求履行，但法律上或者事实上不能履行，或债务的标的不适于强制履行或者履行费用过高，或债权人在合理期限内未请求履行的除外。无法实际履行致使不能实现合同目的的，人民法院或者仲裁机构可以根据当事人的请求终止合同权利义务关系，但是不影响违约责任的承担。

当事人一方不履行债务或者履行债务不符合约定，根据债务的性质不得强制履行的，对方可以请求其负担由第三人替代履行的费用。

2. 采取补救措施

采取补救措施，是债务人履行合同义务不符合约定，应当按照当事人的约定承担违约责任。对违约责任没有约定或者约定不明确，经协商无法达成一致的，受损害方根据标的的性质及损失的大小，可以合理选择请求对方承担修理、更换、重做、退货、减少价款或者报酬等违约责任。

3. 赔偿损失

赔偿损失，是指违约方依据合同的约定或者法律的规定承担赔偿对方当事人所受损失的责任。违约损害赔偿的方式以金钱赔偿为主。

赔偿损失的范围应当相当于因违约所造成的损失，包括合同履行后可以获得的利益；但是，不得超过违约一方订立合同时预见到或者应当预见到的因违约可能造成的损失。当事人一方违约后，对方应当采取适当措施防止损失的扩大。没有采取适当措施致使损失扩大的，不得就扩大的损失请求赔偿。当事人因防止损失扩大而支出的合理费用，由违约方负担。当事人一方违约造成对方损失，对方对损失的发生有过错的，可以减少相应的损失赔偿额。

4. 支付违约金

违约金，是按照当事人约定或者法律规定，一方当事人违约时应当根据违约情况向对方支付的一定数额的货币。《民法典》第五百八十五条规定，当事人可以约定一方违约时应当根据违约情况向对方支付一定数额的违约金，也可以约定因违约产生的损失赔偿额的计算方法。

约定的违约金低于造成的损失的，当事人可以请求人民法院或者仲裁机构予以增加；约定的违约金过分高于造成的损失的，当事人可以请求人民法院或者仲裁机构予以适当减少。当事人就迟延履行约定违约金的，违约方支付违约金后，还应当履行债务。

5. 适用定金罚则

关于定金罚则的规定，详见合同担保部分关于定金的阐述。

当事人在合同中既约定违约金，又约定定金的，一方违约时，对方可以选择适用违约金或者定金条款。定金不足以弥补一方违约造成的损失的，对方可以请求赔偿超过定金数额的损失。

此外，根据《民法典》第九百九十六条的规定，因当事人一方的违约行为，损害对方人格权并造成严重精神损害，受损害方选择请求其承担违约责任的，不影响受损害方请求精神损害赔偿。

6.8.3 免责事由

免责事由，又称免责条件，是指法律规定或者合同中约定的当事人对其不履行或者不适当履行合同义务免于承担违约责任的条件。

1. 不可抗力

不可抗力是指不能预见、不能避免并不能克服的客观情况。常见的不可抗力有：自然灾害，如地震、台风、洪水、海啸等；政府行为，如运输合同订立后，由于政府颁布禁运的法律，使合同不能履行；社会事件，如战争、罢工等。根据合同自由原则，当事人可以在订立不可抗力条款时，具体列举各种不可抗力的事由。

当事人一方因不可抗力不能履行合同的，根据不可抗力的影响，部分或者全部免除责任，但是法律另有规定的除外。因不可抗力不能履行合同的，应当及时通知对方，以减轻可能给对方造成的损失，并应当在合理期限内提供证明。当事人迟延履行后发生不可抗力的，不能免除其违约责任。

2. 债权人的过错

债权人过错，是指债权人对违约行为或者违约损害后果的发生或者扩大存在过错。违约责任实行严格责任，是针对违约方(债务人)而言的，债权人的过错可以成为违约方全部或者部分免除责任的依据。如在约定检验期间的买卖合同中，买受人就标的物数量或者质量不符合约定的情形怠于通知出卖人，出卖人不承担违约责任。债务人按照约定履行债务，债权人无正当理由拒绝受领的，债务人可以请求债权人赔偿增加的费用。在债权人受领迟延期间，债务人无须支付利息。

3. 免责条款

免责条款，是指合同当事人约定的排除或者限制其将来可能发生的违约责任的条款。当事人在订立合同时，可以约定免责条款，但约定的免责条款不能违反法律规定，否则无效。

此外，关于免责的事由，在具体的合同类型中也有规定，如承运人证明货物的毁损、灭失是因货物本身的自然性质或者合理损耗造成的，不承担损害赔偿责任。

6.9　典型合同

《民法典》合同编第二分编对多种有名合同或典型合同进行了规定，包括买卖合同，供用电、水、气、热力合同，赠与合同，借款合同，保证合同，租赁合同，融资租赁合同，保理合同，承揽合同，建设工程合同，运输合同，技术合同，保管合同，仓储合同，委托合同，物业服务合同，行纪合同，中介合同和合伙合同等。这里仅介绍其中6种最常见的合同。

6.9.1　买卖合同

买卖合同是出卖人转移标的物的所有权于买受人，买受人支付价款的合同。买卖合同是典型的有偿合同，其他有偿合同，法律有规定的，依照其规定；没有规定的，参照适用买卖合同的有关规定。

1. 买卖合同双方当事人的权利和义务

出卖方的主要义务有：按约定交付标的物和交付提取标的物的单证；移转标的物的所有权；承担瑕疵担保责任，包括物的瑕疵担保责任和权利瑕疵担保责任。因出卖人未取得处分权致使标的物所有权不能转移的，买受人可以解除合同并请求出卖人承担违约责任。买受人的主要义务有：按约定支付价款；受领标的物；对标的物的检验通知义务；拒收时的保管义务。

2. 标的物的风险负担和利益承受

1) 标的物的风险负担

标的物毁损、灭失的风险，在标的物交付之前由出卖人承担，交付之后由买受人承担，但是法律另有规定或者当事人另有约定的除外。因买受人的原因致使标的物不能按照约定的期限交付的，买受人应当自违反约定时起承担标的物毁损、灭失的风险。出卖人出卖交由承运人运输的在途标的物，除当事人另有约定外，标的物毁损、灭失的风险自合同成立时起由买受人承担。出卖人按照约定将标的物运送至买受人指定地点并交付给承运人后，标的物毁损、灭失的风险由买受人承担。当事人未明确约定交付地点或者约定不明确的，按照规定标的物需要运输的，自出卖人将标的物交付给第一承运人后，标的物毁损、灭失的风险由买受人承担。因标的物不符合质量要求，致使不能实现合同目的的，买受人可以拒绝接受标的物或者解除合同。买受人拒绝接受标的物或者解除合同的，标的物毁损、灭失的风险由出卖人承担。

2) 买卖合同中标的物的孳息归属

交付之前标的物产生的孳息归出卖人所有，交付之后标的物产生的孳息归买受人所有，但当事人另有约定的除外。

【大家讲坛6-16】

甲、乙企业于2022年2月1日签订一份标的额为100万元的买卖合同，根据合同约定，乙企业应于2022年2月10日前到甲企业的库房领取全部货物，但由于乙企业的原因，乙企业于2022年2月20日才领取该批货物，但2022年2月15日因甲企业的库房发生火灾，致使部分货物受损。

根据《民法典》的规定，乙企业应当自什么时间起承担标的物毁损、灭失的风险？

【解析】本题是关于买卖合同中标的物毁损、灭失的风险承担问题。根据《民法典》的有关规定，因买受人的原因致使标的物不能按照约定的期限交付的，买受人自违反约定之日起承担标的物毁损、灭失的风险。因此，乙应当自2022年2月10日起承担标的物毁损、灭失的风险。

3. 特殊买卖合同

1) 分批交付买卖

出卖人分批交付标的物的，出卖人对其中一批标的物不交付或者交付不符合约定，致使该标的物不能实现合同目的的，买受人可以就该批标的物解除合同；出卖人不交付其中一批标的物或者交付不符合约定，致使之后其他各批标的物的交付不能实现合同目的的，买受人可以就该批及之后其他各批标的物解除合同。买受人如果就其中一批标的物解除合同，该批标的物与其他各批标的物相互依存的，可以就已经交付和未交付的各批标的物解除合同。

2) 分期付款买卖

分期付款买卖是指买受人将应给付标的物的价款，在一定期限内分次交给出卖人的合同。买受人未支付到期价款的金额达到全部价款的1/5的，出卖人可以要求买受人支付全部价款或者解除合同。出卖人解除合同的，可以向买受人请求支付该标的物的使用费。

3) 凭样品买卖

凭样品买卖即以约定的样品来决定标的物质量的买卖。凭样品买卖的当事人应当封存样品，并可以对样品质量予以说明。出卖人交付的标的物应当与样品及其说明的质量相同。只要出卖人交付的标的物与样品及其说明的质量相同，就不承担瑕疵担保责任。但是若样品有隐蔽瑕疵而买受人又不知道，则即使交付的标的物与样品相同，出卖人交付的标的物的质量仍然应当符合同种物的通常标准。

4) 试用买卖

试用买卖即约定买受人先行试用标的物，然后在一定期间内再决定是否购买的买卖。试用买卖的当事人可以约定标的物的试用期间；当事人对试用期间没有约定或约定不明确，依其他办法仍不能确定试用期间的，由出卖人确定试用期间。在试用期内买受人享有自由决定是否购买的权利，在其决定购买前，标的物所有权仍属于出卖人，标的物在试用期内毁损、灭失的风险由出卖人承担。试用期间届满，买受人对是否购买标的物未做表示的，视为购买。买受人在试用期内已经支付部分价款或者对标的物实施出卖、出租、设立担保物权等行为的，视为同意购买。试用买卖的当事人对标的物使用费没有约定或者约定不明确的，出卖人无权请求买受人支付。

5) 所有权保留买卖

当事人可以在买卖合同中约定买受人未履行支付价款或者其他义务的，标的物的所有权属于出卖人。出卖人对标的物保留的所有权，未经登记，不得对抗善意第三人。当事人约定出卖人保留合同标的物的所有权，在标的物所有权转移前，买受人有未按照约定支付价款，经催告后在合理期限内仍未支付，或未按照约定完成特定条件，或将标的物出卖、出质或者做出其他不当处分等情形，造成出卖人损害的，出卖人有权取回标的物。出卖人可以与买受人协商取回标的物；协商不成的，可以参照适用担保物权的实现程序。

出卖人取回标的物后，买受人在双方约定或者出卖人指定的合理回赎期限内，消除出卖人取回标的物的事由的，可以请求回赎标的物。买受人在回赎期限内没有回赎标的物，出卖人可以以合理价格将标的物出卖给第三人，出卖所得价款扣除买受人未支付的价款及必要费用后仍有剩余的，应当返还买受人；不足部分由买受人清偿。

【大家讲坛 6-17】

某商场在促销活动期间贴出醒目告示："本商场家电一律试用 20 天，满意者付款。"王某从该商场搬回冰箱一台，试用期满后退回，商场要求其支付使用费 100 元。

商场要求王某支付使用费 100 元是否合法？

【解析】根据试用买卖的相关规定，试用期满后退回的，不需要支付使用费。因此，商场要求王某支付使用费 100 元不合法。

6.9.2 赠与合同

赠与合同是赠与人将自己的财产无偿地给予受赠人，受赠人表示接受赠与的合同。赠与合同为单务、无偿、诺成合同。

1. 赠与合同双方的权利和义务

赠与人的主要义务有：移转赠与标的物的义务，赠与人因故意或重大过失致使赠与财产毁损、灭失的，负损害赔偿责任；瑕疵担保义务，赠与人原则上不承担瑕疵担保义务，但赠与人故意不告知瑕疵或保证无瑕疵并造成受赠人损失的，应承担损害赔偿责任。受赠人的权利与义务是：受赠人有无偿取得赠与物的权利；赠与合同附义务的，受赠人须按约定履行义务。

2. 赠与合同的撤销与解除

1) 赠与合同任意撤销

任意撤销是指转移赠与财产之前，赠与人可依其意思任意撤销赠与合同。但具有救灾、扶贫等社会公益、道德义务性质的赠与合同和经过公证的赠与合同，赠与人不得撤销。赠与人不交付赠与财产的，受赠人可以请求交付。

2) 赠与合同的法定撤销

已履行的赠与合同，受赠人有如下情形的，赠与人享有法定撤销权：受赠人严重侵害赠与人或赠与人的近亲属的；受赠人对赠与人有扶养义务而不履行的；受赠人不履行赠与合同约定的义务的。赠与人的撤销权，自知道或者应当知道撤销原因之日起1年内行使。因受赠人的违法行为致使赠与人死亡或者丧失民事行为能力的，赠与人的继承人或其法定代理人可以自知道或者应当知道撤销原因之日起6个月内行使撤销权。撤销权人撤销赠与的，可以向受赠人请求返还赠与的财产。

3) 赠与义务的免除

赠与人的经济状况显著恶化，严重影响其生产经营或家庭生活的，可以不再履行赠与义务。赠与人已履行的赠与，无权要求受赠人返还。

【大家讲坛6-18】

甲曾表示将赠与乙5000元，且已实际交付乙2000元，后乙在与甲之子丙的一次纠纷中，将丙殴成重伤，丙因此要求撤销其父对乙的赠与。

丙是否有权要求撤销其父对乙的赠与？该撤销权的行使期限是6个月还是1年？

【解析】①乙将甲之子丙殴打成重伤，属于受赠人对赠与人或其近亲的故意侵害行为，赠与人甲可以撤销对乙的赠与，要求乙返还已赠与的2000元。因为乙的行为并未造成赠与人甲死亡或者丧失民事行为能力，所以丙无权要求撤销其父对乙的赠与。②赠与人甲的撤销权，自知道或者应当知道撤销原因之日起1年内行使。因受赠人违法行为致使赠与人死亡或丧失民事行为能力，赠与人的继承人或法定代理人撤销赠与的，该撤销权的行使期限是6个月。

法智箴言

财富传承常见工具主要有赠与、遗嘱、家族信托和保险。其中赠与是财富传承工具中最简单、最明确和最直接的一种方式。一般而言，赠与只需完成赠与合同的签署，并且办理完毕财产权利转移的手续即可，具有保密性强、操作简单等优点。但赠与是财富传承工具，可能存在如下缺点：赠与人失去财产控制权，财富传承的可持续性差（如受赠人有不良嗜好，挥霍财产），可能造成家族财产的外流等。

6.9.3 借款合同

借款合同是借款人向贷款人借款,到期返还借款并支付利息的合同。其中向对方借款的一方称借款人,出借钱款的一方称贷款人。

1. 当事人的权利和义务

1) 贷款人的权利和义务

贷款人的义务是按期、足额提供借款的义务。贷款人未按约定日期提供借款,造成借款人损失的,应当赔偿损失。贷款人应当按照合同约定的数额足额提供借款,借款的利息不得预先在本金中扣除。利息预先在本金中扣除的,借款人有权按照实际借款数额返还借款并计算利息。贷款人对合同订立和履行阶段所掌握的借款人的各项商业秘密有保密义务,不得泄密或不正当使用。

贷款人的权利主要有:请求返还本金和利息;监督价款的使用;停止发放借款;提前收回借款和解除合同。

2) 借款人的主要义务

借款人的主要义务有:接收借款的义务;如实申报和接受检查监督的义务;按照约定用途使用借款的义务;按期返还借款的义务;按期支付利息的义务。

借款人应当按照约定的期限支付利息。对支付利息的期限没有约定或者约定不明确,如经协商仍不能确定,借款期间不满一年的,应当在返还借款时一并支付;借款期间一年以上的,应当在每届满一年时支付,剩余期间不满一年的,应当在返还借款时一并支付。借款人应当按照约定的期限返还借款。对借款期限没有约定或者约定不明确,如经协商仍不能确定,借款人可以随时返还;贷款人可以催告借款人在合理期限内返还。借款人未按照约定的期限返还借款的,应当按照约定或者国家有关规定支付逾期利息。借款人提前返还借款的,除当事人另有约定外,应当按照实际借款的期间计算利息。

2. 自然人之间借款合同的特殊性

自然人之间借款合同的特殊性表现在:第一,自然人之间借款合同是不要式合同、实践合同;第二,自然人之间的借款合同未明确约定利息的,视为不支付利息,但如果约定了还款时间,而对方没有在还款日内还款可主张逾期利息。约定支付利息的,借款的利率可以适当高于银行的利率,但不得违反法律的相关规定。

【大家讲坛 6-19】

自然人甲与乙书面约定甲向乙借款 5 万元,未约定利息,也未约定还款期限。关于甲与乙之间的借款合同,有下列 4 种说法:①借款合同自乙向甲提供借款时生效;②乙有权随时要求甲返还借款,但应当给对方合理的时间;③乙可以要求甲按银行同期同类贷款利率支付利息;④经乙催告,甲仍不还款,乙有权主张逾期利息。

上述 4 种说法中正确的有哪些?

【解析】 自然人之间借款合同是实践合同,因此①的说法正确;未约定还款期限的,出借人可随时要求返还,但应该给对方合理时间,因此②的说法正确;未明确约定利息的,视为不支付利息,但可以主张逾期利息,因此③的说法错误,④的说法正确。

> **法智箴言**
>
> "有借有还，再借不难"。在借贷关系中，借方对贷方而言，是一种信任，贷方对借方而言是一种承诺。"遵守诺言就像保卫你的荣誉一样。"按时还款对保护个人和企业的信誉尤为重要。为了确保按时还款，借款人应该在贷款前评估自己的财务状况，制订还款计划，并严格按照计划还款。如遇困难，借款人应及时与贷款方沟通，尽早解决问题。

6.9.4 租赁合同

租赁合同是出租人将租赁物交付承租人使用、收益，承租人支付租金的合同。交付租赁物的一方为出租人，使用租赁物并支付租金的一方为承租人。

1. 租赁合同的期限

《民法典》规定租赁期限不得超过 20 年，超过 20 年的，超过部分无效。租赁合同分为定期租赁和不定期租赁。前者指合同约定明确期限的租赁。后者主要包括三种情形：其一为租赁合同中未约定租赁期限；其二为租赁期限约定为 6 个月以上，但未采取书面形式，无法确定租赁期限的，视为不定期租赁合同；其三为租赁期间届满，承租人继续使用租赁物，出租人未提出异议的，原租赁合同继续有效，但租赁期限为不定期。对不定期租赁，当事人可随时解除合同。

2. 租赁合同的效力

出租人的义务主要有：交付租赁物的义务；瑕疵担保责任；维修义务；负担税赋及费用返还义务；接受租赁物和返还押金或担保物。承租人的义务主要有：按约定使用收益的义务；妥善保管租赁物的义务；支付租金和返还租赁物的义务；不得随意对租赁物进行改善或在租赁物上增设他物；不得随意转租，未经出租人同意转租的，出租人可以解除合同。

当事人未依照法律、行政法规规定办理租赁合同登记备案手续的，不影响合同的效力。

3. 租赁合同的特别效力

1) 买卖不破租赁

租赁物在租赁期间发生所有权变动的，租赁合同对新的所有权人继续有效，承租人不需要与其签订新的租赁合同。新的所有权人应遵守原租赁合同的租金约定，不得提高租金。

2) 房屋承租人的优先购买权

所谓房屋承租人的优先购买权，是指出租人出卖房屋的，应当在出卖之前的合理期限内通知承租人，承租人享有以同等条件优先购买的权利。根据《民法典》的规定，出租人出卖租赁房屋的，应当在出卖之前的合理期限内通知承租人，承租人享有以同等条件优先购买的权利；但是，房屋按份共有人行使优先购买权或者出租人将房屋出卖给近亲属的除外。出租人履行通知义务后，承租人在 15 日内未明确表示购买的，视为承租人放弃优先购买权。出租人委托拍卖人拍卖租赁房屋的，应当在拍卖 5 日前通知承租人。承租人未参加拍卖的，视为放弃优先购买权。出租人未通知承租人或者有其他妨害承租人行使优先购买权情形的，承租人可以请求出租人承担赔偿责任。但是,出租人与第三人订立的房屋买卖合同的效力不受影响。

【大家讲坛 6-20】

冯某与张某口头约定将一处门面房租给张某,租期 2 年,租金每月 1000 元。合同履行 1 年后,张某向冯某提出能否转租给翁某,冯某表示同意。张某遂与翁某达成租期 1 年、月租金 1200 元的口头协议。翁某接手后,擅自拆除了门面房隔墙,冯某得知后欲收回房屋。有以下 4 种说法:①冯某与张某间的租赁合同为不定期租赁;②张某将房屋转租后,冯某有权按每月 1200 元向张某收取租金;③冯某有权要求张某恢复原状或赔偿损失;④冯某有权要求翁某承担违约责任。

以上 4 种说法中哪些是正确的?

【解析】根据《民法典》的规定,租赁期限 6 月以上的,应当采用书面形式。未采用书面形式的,视为不定期租赁。冯某与张某口头约定将一处门面房租给张某,租期 2 年,因此,租赁合同应当视为不定期租赁。故①的说法是正确的。在租赁合同中,承租人经出租人同意,可以将租赁物转租给第三人。承租人转租的,承租人与出租人之间的租赁合同继续有效,第三人对租赁物造成损失的,承租人应当赔偿损失。在本案例中,张某经过冯某的同意,将门面转租给了翁某,此时,张某和翁某的转租合同和张某与冯某的门面租赁合同都是有效的,冯某有权按每月 1000 向张某收取租金,张某有权按每月 1200 元向翁某收取租金,故②的说法错误。翁某接手后,擅自拆除门面房隔墙,张某应当承担违约责任,冯某有权要求张某恢复原状或赔偿损失,故③的说法正确,④的说法错误。

6.9.5 承揽合同

承揽合同是承揽人按照定做人的要求完成工作并交付工作成果,定做人给付报酬的合同。其中,完成工作成果的一方为承揽人,接受工作成果并给付报酬的一方为定做人。承揽合同包括加工合同、定作合同、修理合同、复制合同、测试合同、检验合同等。

1. 当事人的主要义务

承揽人的义务主要有:按照合同约定,以自己的技术、设备完成所承揽的工作;按合同约定提供原材料或妥善保管定做人的材料;承揽人应按照定做人的要求保守秘密,未经定做人许可,不得留存复制品或者技术资料;接受定做人的监督检查;交付工作成果,并提交必要的技术资料和有关质量证明;瑕疵担保责任。

定做人的主要义务有:协助义务,如提供设计图纸;受领并验收工作成果;应按合同约定的数额支付报酬。

2. 承揽合同中的风险负担

工作成果须实际交付的,在工作成果交付前发生风险的,由承揽人负担;交付后发生风险的,由定做人负担。但工作成果的毁损、灭失于定做人受领迟延时发生的,则应由定做人承担该风险。工作成果无须实际交付的,在工作成果完成前发生的风险由承揽人负担;在工作成果完成后发生的风险,则由定做人负担。

定做人提供的原材料意外毁损灭失的,若当事人约定由定做人提供材料而承揽人付给费用或价款时，则材料的所有权自交付给承揽人时起转移给承揽人，承揽人应当负担风险，仍应向定做人支付约定的材料费用或价款；若当事人未约定承揽人就定做人提供的材料支付费用或价款时，该材料意外毁损灭失的风险应由定做人自己承担。

3. 承揽合同中的解除权

定做人不履行协助义务的，承揽人可催告其在合理期限内履行，定做人逾期不履行的，承揽人享有合同解除权。承揽人未经许可，将主要承揽工作交给第三人完成的，定做人可以解除合同。依照《民法典》七百八十七条的规定，定做人在承揽人完成工作前可随时解除合同，造成承揽人损失的，应当赔偿损失。

【大家讲坛 6-21】

甲汽车修理厂和乙运输公司签订一汽车大修合同，甲欲将主要的修理工作交由丙汽车修理厂，但不知这样做是否合法及效力如何，遂向某律师请教。在某律师的答复中，有以下 4 种说法：①甲可以将主要修理工作交给丙；②甲若将主要修理工作交给丙，须经乙同意；③主要修理工作交给丙后，丙的修理工作由丙向乙负责；④将主要修理工作交给丙，若未获乙同意，乙须解除合同。

以上 4 种说法中正确的有哪些？

【解析】 根据《民法典》相关规定，承揽人将其承揽的主要工作交由第三人完成的，应当经定作人同意并就该第三人完成的工作成果向定做人负责；未经定做人同意的，定做人可以解除合同。故②和④的说法正确，①和③的说法错误。

6.9.6 运输合同

运输合同是承运人将旅客或者货物从起运地点运输到约定地点，旅客、托运人或者收货人支付票款或者运输费用的合同。运输合同分为客运合同、货运合同和多式联运合同。

1. 客运合同

客运合同即旅客运输合同，是指当事人双方约定承运人将旅客及其行李安全运送到目的地，旅客为此支付运费的合同。

1) 旅客的主要义务

旅客的主要义务有：持有效客票乘运的义务；按照客票记载的时间乘坐的义务；限量携带行李的义务，超过限量携带行李的，应当办理托运手续；禁止携带或者夹带违禁物品的义务。

2) 承运人的主要义务

承运人的主要义务有：按时间和班次运输旅客的义务；告知义务，即向旅客及时告知运输中出现的不能正常进行运输的异常情况，以及有关运输安全应当注意的事项；不得变更运输工具；救助义务，即应当尽力救助患有急病、分娩、遇险的旅客；安全运送义务。实名制客运合同的旅客丢失客票的，可以请求承运人挂失补办，承运人不得再次收取票款和其他不合理费用。

2. 货运合同

货运合同即货物运输合同，是承运人按照约定的方式、时间将托运人托运的货物安全送达约定的地点，托运人或收货人为此支付运费的合同。

1) 托运人的主要义务

托运人的主要义务有：如实申报的义务；按规定提交审批、检验等文件；包装义务；托运危险物品时的义务，即托运人托运易燃、易爆、有毒等危险物品的，应按国家有关危险物品运输的规定对危险物品妥善包装，做出危险物标志和标签，并将有关危险物品的名称、性质和防范措施的书面材料提交承运人；支付运费的义务。

2) 承运人的主要义务

承运人的主要义务有：安全运输义务；通知义务，即承运人知道收货人的，应当及时通知收货人，以便收货人及时提货；按照合同约定接受托运人托运的货物并交付运输单证。

3) 收货人的主要义务

收货人的主要义务有：及时提货的义务；支付托运人未付或者少付的运费及其他费用；检验货物的义务。

3. 多式联运合同

多式联运合同，是指多式联运经营人负责以两种以上的不同运输方式，将托运人托运的货物运输到目的地交付收货人，并收取全程运输费用的合同。

联运经营人对全程运输享有承运人的权利，承担承运人的义务，可以与参加多式联运的各区段的承运人就多式联运合同的各区段的运输约定相互之间的责任，但该约定不具有对抗第三人的效力，不影响多式联运经营人对全程运输承担的义务。

多式联运经营人对运输过程中货物的毁损灭失统一承担损害赔偿责任。若能够确定货物的毁损、灭失发生于多式联运的某一运输区段，则多式联运经营人的赔偿责任和责任限额，适用调整该区段运输方式的有关法律规定；若货物毁损、灭失发生的运输区段不能确定，则多式联运经营人依照单式运输的规定承担损害赔偿责任。

【大家讲坛 6-22】

甲公司要运送一批货物给收货人乙公司，甲公司法定代表人丙电话联系并委托某汽车运输公司运输。汽车运输公司安排本公司司机刘某驾驶。运输过程中，因刘某的过失发生交通事故，致货物受损。乙公司因未能及时收到货物而发生损失。

乙公司应向谁要求承担损失？

【解析】根据《民法典》的相关规定，当事人一方因第三人的原因造成违约的，应当向对方承担违约责任。当事人一方和第三人之间的纠纷，依照法律规定或者按照约定解决。所以，乙公司应向甲公司要求承担损失。

同步训练

一、单项选择题

1. 育红学校欲组建电脑教室，分别向几个电脑商发函，称"我学校急需电脑 50 台，如你公司有货，请速告知。"华夏公司第二日即派人将电脑 50 台送到学校，而育红学校此时已决定购买另一电脑商的电脑,故拒绝接受华夏公司的电脑,由此发生纠纷。下列关于本案的表述正确的是(   )。

  A. 育红学校的发函属于要约邀请
  B. 育红学校的发函属于要约
  C. 育红学校拒绝接受华夏公司电脑应承担缔约过失责任
  D. 育红学校拒绝接受华夏公司电脑属于违约行为

  2. 甲公司与乙公司订立的买卖合同约定：甲公司向乙公司购买西服，价款总值为 9 万元，甲公司于 2020 年 8 月 1 日前向乙公司预先支付货款 6 万元，余款于 2020 年 10 月 15 日在乙公司交付西服后 2 日内一次付清。甲公司以资金周转困难为由未按合同约定预先支付货款 6 万元。2021 年 10 月 15 日，甲公司要求乙公司交付西服。根据《民法典》的规定，乙公司可以行使的权利是(   )。

  A. 同时履行抗辩权　　　　　　　　B. 后履行抗辩权
  C. 不安抗辩权　　　　　　　　　　D. 撤销权

  3. 甲公司从乙农场购入 10 头种牛，乙农场违约，将部分带有传染病的种牛交付给甲公司，致使甲公司所饲养其他奶牛大量患病造成财产损失。对此，甲公司要求乙农场承担责任的方式是(   )。

  A. 只能要求乙农场承担违约责任
  B. 只能要求乙农场承担侵权责任
  C. 要求乙农场既承担违约责任又承担侵权责任
  D. 在违约责任或侵权责任中选择其一要求乙农场承担

  4. 赵某将一匹易受惊吓的马赠给李某，但未告知此马的习性。李某在用该马拉货的过程中，雷雨大作，马受惊狂奔，将行人王某撞伤。下列关于本案的表述正确的是(   )。

  A. 应由赵某承担全部责任
  B. 应由李某承担责任
  C. 应由赵某与李某承担连带责任
  D. 应由李某承担主要责任，赵某也应承担一定的责任

  5. 甲、乙签订货物买卖合同，约定由甲代办托运。甲遂与丙签订运输合同，合同中载明乙为收货人。运输途中，因丙的驾驶员丁的重大过失导致发生交通事故，致货物受损，无法向乙按约交货。下列说法正确的是(   )。

  A. 乙有权请求甲承担违约责任　　　　B. 乙应当向丙要求赔偿损失
  C. 乙尚未取得货物所有权　　　　　　D. 丁应对甲承担责任

  6. 乙某买甲某一套房屋，已经支付 1/3 价款，双方约定余款待过户手续办理完毕后付清。后甲反悔，要求解除合同，乙不同意，起诉要求甲继续履行合同，转移房屋所有权。下列说法正确的是(   )。

  A. 合同尚未生效，甲应返还所受领的价款并承担缔约过失责任
  B. 合同无效，甲应返还所受领的价款
  C. 合同有效，甲应继续履行合同
  D. 合同有效，法院应当判决解除合同、甲赔偿乙的损失

7. 甲公司通过电视发布广告，称其有 100 辆某型号汽车，每辆价格 15 万元，广告有效期 10 天。乙公司于该则广告发布后第 5 天自带汇票去甲公司买车，但此时车已完，无货可供。下列选项中正确的是(   )。

   A. 甲构成违约 B. 甲应承担缔约过失责任
   C. 甲应承担侵权责任 D. 甲不应承担民事责任

8. 甲对乙享有 10 万元的合同债权，甲将其债权转让给丙。下列表述中正确的是(   )。

   A. 如果甲未取得乙的同意，甲与丙之间的债权转让协议无效
   B. 如果甲未通知乙，甲与丙之间的债权转让协议无效
   C. 如果甲未通知乙，甲与丙之间的债权转让协议有效，但对乙不发生效力
   D. 即使甲未通知乙，甲与丙之间的债权转让协议有效，该协议对甲、乙、丙均发生效力

二、多项选择题

1. 根据《民法典》的规定，下列要约不得撤销的有(   )。

   A. 要约人确定了承诺期限的要约
   B. 要约人明示不可撤销的要约
   C. 已经到达受要约人但受要约人尚未承诺的要约
   D. 受要约人有理由认为要约不可撤销，并且为履约做了准备的要约

2. 甲与乙签订销售空调 100 台的合同，但当甲向乙交付时，乙以空调市场疲软为由，拒绝受领，要求甲返还货款。下列说法正确的是(   )。

   A. 甲可以向有关部门提存这批空调
   B. 空调在向当地公证机关提存后，因遇火灾，烧毁5台，其损失应由甲承担
   C. 提存费用应由乙支付
   D. 若自提存之日起5年内乙不领取空调，则归甲所有

3. 根据《民法典》的规定，下列合同中，属于可撤销合同的有(   )。

   A. 以欺诈手段使对方在违背真实意思情况下订立
   B. 重大误解订立的合同
   C. 违反公序良俗的合同
   D. 显失公平的合同

4. 甲公司与某希望小学乙签订赠与合同，决定捐赠给该小学价值 2 万元的钢琴两台，后甲公司的法定代表人更换，不愿履行赠与合同。下列说法错误的是(   )。

   A. 赠与合同属于单务法律行为，故甲公司可以反悔，且不承担违约责任
   B. 甲公司尚未交付设备，故可撤销赠与
   C. 乙小学有权要求甲公司交付钢琴
   D. 若甲公司以书面形式通知乙小学不予赠与，则甲公司不再承担责任

5. 何女士提供三块木料给某家具厂定制一个衣柜，开工不久何女士觉得衣柜样式不够新潮，遂要求家具厂停止制作。家具厂认为这是个无理要求，便继续使用剩下两块木料，按原定式样做好了衣柜。下列说法正确的是(   )。

   A. 家具厂应赔偿因此给何女士造成的损失

B. 何女士应支付全部约定报酬

C. 何女士应支付部分报酬

D. 何女士应支付全部约定报酬和违约金

6. 甲商场与乙公司签订了购买800辆自行车的书面合同。合同约定：乙公司分三次发货，甲商场见货付款。第一批200辆自行车到货后，甲商场见销路不好，便以书面形式向乙公司提出取消后两批货物订购，乙公司以书面形式表示同意。本案中涉及的民事法律事实有( )。

A. 订立合同的行为　　　　　　B. 履行合同的行为

C. 变更合同的行为　　　　　　D. 解除合同的行为

7. 下列各项中，属于要约邀请的有( )。

A. 规定投标人应具有特定资质条件的招标公告

B. 某公司向一商业伙伴寄出已经签字盖章、内容完整的一份购销合同

C. 甲公司发布的包含了股价、拟募股数量等具体、确定内容的招股说明书

D. 丁某当面向孙某提出，愿将自己的手机以人民币1000元卖给他

8. 债的履行中，如果合同的履行地点不明确，依照法律规定，应该根据不同的情况确定履行地点，即( )。

A. 给付货币的，在给付货币一方的所在地履行

B. 给付货币的，在接受货币一方的所在地履行

C. 交付不动产的，在不动产的所在地履行

D. 其他标的，在接受给付一方的所在地履行

解决几个大问题

1. 2022年8月20日，甲公司和乙公司订立承揽合同一份。合同约定，甲公司按乙公司要求，为乙公司加工300套桌椅，交货时间为2022年10月1日。乙公司应在合同成立之日起10日内支付加工费10万元人民币。合同成立后，甲公司积极组织加工。但乙公司没有按约定期限支付加工费。2022年9月2日，当地消防部门认为甲公司生产车间存在严重的安全隐患，要求其停工整顿。甲公司因此将无法按合同约定期限交货。乙公司在得知这一情形后，遂于2022年9月10日向人民法院提起诉讼，要求甲公司承担违约责任。甲公司答辩称，合同尚未到履行期限，其行为不构成违约。即使其在合同履行期限届满时不能交货，也不是其责任，而是因为消防部门要求其停工，并且乙公司至今未能按合同约定支付加工费，其行为已构成违约，因此提起反诉，要求乙公司承担违约责任。假如你是法官，该案应如何处理？

2. 2021年2月10日，甲公司与乙公司签订一份购买1000台A型微波炉的合同，约定由乙公司2021年3月10日前办理托运手续，货到付款。

乙公司如期办理了托运手续，但装货时多装了50台B型微波炉。

甲公司于2021年3月13日与丙公司签订合同，将处于运输途中的前述合同项下的1000台A型微波炉转卖给丙公司，约定货物质量检验期为货到后10天内。

2021年3月15日，上述货物在运输途中突遇山洪暴发，致使100台A型微波炉受损报废。

2021年3月20日，货到丙公司，2021年4月15日丙公司以部分货物质量不符合约定为

由拒付货款，并要求退货。

顾客张三从丙公司处购买了一台 B 型微波炉，在正常使用过程中微波炉发生爆炸，致张三右臂受伤，花去医药费 1200 元。

根据上述案例，回答以下问题：

(1) 如乙公司在办理完托运手续后即请求甲公司付款，甲公司应否付款？为什么？

(2) 乙公司办理完托运手续后，货物的所有权归谁？为什么？

(3) 对因山洪暴发报废的 100 台微波炉，应当由谁承担风险损失？为什么？

(4) 对于乙公司多装的 50 台 B 型微波炉，应当如何处理？为什么？

(5) 丙公司能否拒付货款和要求退货？为什么？

(6) 张三可向谁提出损害赔偿请求？为什么？

3. 李某与刘某签订一房屋租赁合同。根据《民法典》的知识和相关法律规定，回答下列问题：

(1) 假如房屋租赁合同的期限为 30 年，合同是否有效？为什么？

(2) 假如租赁期间房屋需要维修，承租人也要求维修，但由于没有维修，致使房屋侧墙倒塌，造成承租人财产损失，责任应当由谁承担？为什么？

(3) 为了美观舒适，承租人自己对房屋进行了装修，要求出租人承担装修费用的一半，是否合理？为什么？

(4) 承租人经出租人同意将房屋转租，承租人和出租人之间的关系是否解除？为什么？

(5) 在承租期间，出租人将房屋出售，是否需要承租人的同意？为什么？

(1) 教学班的学生自由组合为若干小组，每个小组分别找一份真实的合同，根据所学的合同的知识分析其中存在的问题。然后汇总各小组的分析结果，分析合同签订过程中常见的问题，并在此基础上写一份签订合同应注意事项的总结。

(2) 组织学生以小组为单位，草拟不同合同文本。

推荐书目：

1.《中华人民共和国民法典合同编案例注释版(第五版)》，中国法制出版社，2021 年版。

2.《合同法实用案例》，徐运全编，内蒙古人民出版社，2022 年版。

推荐资源：

1. 进入中国大学慕课官网搜索"经济法"或"合同法"关键字，获得课程资源。

2. 进入网易云课堂官网搜索"经济法"或"合同法"关键字，获得课程资源。

第 7 章
知识产权法律制度

◎ **任务清单**

序号	任务	要求
1	知识产权的概念与特征	掌握
2	著作权的主体、客体、内容和限制	掌握
3	专利权的主体、客体与内容	掌握
4	授予专利权的条件	理解
5	专利权的取得和终止、专利实施的强制许可	了解
6	专利权的保护	理解
7	商标权的概念、主体与客体	掌握
8	注册商标的续展、转让、使用许可	了解
9	商标注册的申请和审查核准	了解
10	商标专用权的保护	理解

◎ **法律法规提示**

《中华人民共和国著作权法》(2020 年 11 月 11 日),《中华人民共和国专利法》(2020 年 10 月 17 日),《中华人民共和国商标法》(2019 年 4 月 23 日)。

《中华人民共和国著作权法》

《中华人民共和国专利法》

《中华人民共和国商标法》

◎ 思考题

甲厂 2020 年以来生产土豆片、锅巴等小食品，使用"香脆"二字作为商标。现甲厂决定用"香脆"二字申请注册商标，使用商品为土豆片、锅巴。请问：该商标注册申请能否被核准？为什么？

思考题解析

7.1 知识产权法概述

7.1.1 知识产权的概念与特征

1. 知识产权的概念

知识产权是自然人、法人和非法人组织对其创造性成果和工商业标识依法享有的专有权利。根据《民法典》第一百二十三条的规定，知识产权是权利人依法就下列客体享有的专有权：①作品；②发明、实用新型、外观设计；③商标；④地理标志；⑤商业秘密；⑥集成电路布图设计；⑦植物新品种；⑧法律规定的其他客体。

2. 知识产权的特征

1) 客体的无体性

知识产权的客体是智力成果或工商业标记，其实质是一种信息，是一种无形体的财富。知识产权的客体与载体相分离。例如，当某人收到他人信件时，信件作为有体物归收信人所有，而存在于信件上的著作权仍归写信人享有。

2) 法定性

知识产权的法定性是指知识产权的种类、内容、获得要件、限制，乃至救济制度等，须由法律明文确定，除立法者在法律中特别授权外，任何人不得根据自己的意愿在法律之外创设知识产权。

3) 专有性

专有性即排他性。知识产权的专有性主要体现在两个方面：一是知识产权为权利人所独占，权利人垄断这种专有权并受到严格保护，无法律规定或未经权利人许可，任何人不得实施受知识产权专有权控制的行为；二是对同一项知识产品，不允许有两个或两个以上的主体同时对同一属性的知识产品享有权利(著作权除外)。

4) 地域性

知识产权作为专有权在空间上的效力并非无限，而要受地域限制，其效力仅限于本国境内，按照一国法律获得承认和保护的知识产权，只能在该国发生法律效力。同时，不同国家、地区可彼此独立地基于各自立法对同一智力成果设定不同内容或不同类别的知识产权。

5) 时间性

知识产权的时间性是指知识产权的存续期限是有限的。大多数知识产权有期限限制，期限届满，权利归于消灭，其客体就会成为整个社会的共同财富，为全人类所共同使用。

法智箴言

知识产权保护工作关系国家治理体系和治理能力现代化，只有严格保护知识产权，才能完善现代产权制度、深化要素市场化改革，促进市场在资源配置中起决定性作用。保护知识产权的目的是激励创新，服务和推动高质量发展，满足人民美好生活需要。加强知识产权保护，不仅是维护内外资企业合法权益的需要，更是推进创新型国家建设、推动高质量发展的内在要求。

7.1.2 知识产权法的概念

知识产权法是指调整有关智力成果和工商业标记在创造、使用、保护和管理过程中所产生的法律规范的总称。知识产权法不仅包括知识产权的专门法律法规，还涉及所有与知识产权相关的法律规范。具体而言，其不仅包括著作权法、商标法、专利法、反不正当竞争法及有关的条例，如计算机软件保护条例、海关知识产权保护条例、集成电路保护条例等，还包括一些非专门的单行法律，如宪法、刑法、民法典中涉及有关知识产权的法律规范等。

我国十分重视知识产权的立法工作，2021 年 1 月 1 日施行的《民法典》规定了知识产权的客体范围。1982 年 8 月通过了《中华人民共和国商标法》(以下简称《商标法》)，该法分别于 1993 年、2001 年、2013 年和 2019 年作了四次修正；1984 年 3 月通过了《中华人民共和国专利法》(以下简称《专利法》)，该法分别于 1992 年、2000 年、2008 年和 2020 年作了四次修正；1990 年 9 月通过了《中华人民共和国著作权法》(以下简称《著作权法》)，该法于 2001 年、2010 年和 2020 年作了三次修正。根据上述法律，国务院及有关部门出台了相关配套条例、实施细则。此外，我国还加入了一系列保护知识产权的国际公约，如《建立世界知识产权组织公约》《保护工业产权巴黎公约》《保护文学艺术作品伯尔尼公约》《商标国际注册马德里协定》《世界版权公约》《专利合作条约》《保护表演者、唱片制作者和广播组织罗马公约》，以及《TRIPS 协定》等。

7.2 著作权法

7.2.1 著作权与著作权法概念

1. 著作权的概念

著作权，亦称版权，是指作者及其他著作权人对其创作的文学、艺术和科学作品及相关客体依法享有的排他权利。著作权有广义和狭义之分。狭义著作权，是指作者及其他著作权人对作品，依法享有的权利。广义著作权，除包括狭义的著作权外，还包括邻接权，又称与著作权相关的权利，即民事主体对作品之外的客体享有的专有权。著作权因作品的创作完成而自动产生，一般不必履行任何形式的登记或注册手续。

2. 著作权法的概念

著作权法是保护作者及其他著作权人对其文学、艺术和科学等作品所享有的专有权利的法律规范的总和。著作权法有广义和狭义之分。狭义的著作权法仅指《著作权法》。广义的著作权法又称实质意义的著作权法，它除了包括狭义的《著作权法》，还包括《宪法》《民法典》《刑法》和《民事诉讼法》中的有关条文，有关著作权法的司法解释等。此外，我国参加的有关著作权国际保护方面的条约、协定也属于广义的著作权法范围。

7.2.2 著作权的主体

著作权主体又称著作权人，是指依法对文学、艺术和科学作品享有著作权的人。根据《著作权法》的规定，著作权人包括作者及其他依法享有著作权的自然人、法人或者非法人组织。外国人、无国籍人的作品根据其作者所属国或经常居住地国同中国签订的协议或共同参加的国际条约享有著作权。外国人、无国籍人的作品首先在中国境内出版的，依法享有著作权。未与中国签订协议或共同参加国际条约的国家的作者，以及无国籍人的作品首次在中国参加的国际条约的成员国出版的，或在成员国和非成员国同时出版的，受《著作权法》保护。

1. 作者

作者是指创作文学、艺术和科学作品的自然人。"创作"是指直接产生文学、艺术和科学作品的智力活动，仅为他人创作提供物质条件或者进行其他辅助性工作，均不视为创作。由法人或者非法人组织主持，代表法人或者非法人组织意志创作，并由法人或者非法人组织承担责任的作品，法人或者非法人组织视为作者。如无相反证明，在作品上署名的自然人、法人或者非法人组织为作者，且在该作品上存在相应权利。

2. 著作权继受主体

继受主体也称其他著作权人，是指除作者之外的，其他享有著作权的自然人、法人、非法人组织或者国家。继受主体只享有著作权中的著作财产权，不享有著作人身权。继受主体取得著作权的方式主要有：因继承、遗赠、遗赠扶养协议而取得；因受让合同而取得等。

【大家讲坛7-1】

周作人(1967年5月6日去世)之孙周吉宜早在2012年发现某著名网站未经著作权人同意，在其读书频道转载他祖父周作人的散文作品，他认为这是侵犯了祖父的著作权。2014年9月25日，周吉宜等周作人的16名后人向北京市第一中级人民法院提起诉讼，请求认定北京某公司的行为侵害了周作人的著作权，责令该公司立即停止侵权行为，并在其网站首页上赔礼道歉7日。被告北京某公司认为，自己于2009年与《周作人散文全集》(14册)出版方广西某出版社签订了《网络转载授权书》，约定该出版社授权该公司享有《周作人散文全集》的信息网络传播权等相关权利。该公司有权在其运营的若干新媒体平台免费转载该文学作品。

北京某公司的理由是否成立？

【解析】北京某公司的理由不成立，广西某出版社不是著作权人。该著作权由周吉宜等周作人的16名后人行使。

3. 特殊作品的著作权主体

1) 演绎作品的著作权主体

演绎作品是指改编、翻译、注释、整理已有作品而产生的作品。演绎作品的著作权由改编、翻译、注释、整理人享有，但其行使著作权时不得侵犯原作品的著作权。第三人使用演绎作品时，应征得原作品著作权人与演绎作品著作权人的同意。

2) 合作作品的著作权主体

合作作品是指两人以上合作创作的作品，其著作权由合作者共同享有。合作作品的著作权由合作作者通过协商一致行使；不能协商一致，又无正当理由的，任何一方不得阻止他方行使除转让、许可他人专有使用、出质以外的其他权利，但是所得收益应当合理分配给所有合作作者。合作作品可以分割使用的，作者对各自创作的部分可以单独享有著作权，但行使著作权时不得侵犯合作作品整体的著作权。

【大家讲坛 7-2】

甲、乙合作完成一部剧本，丙影视公司欲将该剧本拍摄成电视剧。甲以丙公司没有名气为由拒绝，乙独自与丙公司签订合同，以 10 万元价格将该剧本摄制权许可给丙公司。

乙可以将该剧本摄制权许可给丙公司吗？

【解析】本题中，甲、乙两人创作的剧本为不可分割行使的合作作品，应通过协商一致行使；不能协商一致，又无正当理由的，任何一方不得阻止他方行使除转让以外的其他权利。甲以丙公司没有名气为由拒绝不属于"正当理由"，乙有权独自与丙公司签订合同，但所得收益应当合理分配给甲。

3) 汇编作品的著作权主体

汇编作品是指汇编若干作品、作品的片段或者不构成作品的数据或者其他材料，对其内容的选择或者编排体现独创性的作品。汇编作品的著作权由汇编人享有，但行使著作权时，不得侵犯原作品的著作权。汇编人汇编有著作权的作品，要受到著作权人汇编权的制约，即汇编他人的作品必须取得著作权人的许可，并支付报酬。

4) 视听作品的著作权主体

视听作品是指电影作品、电视剧作品及其他以类似摄制电影的方法创作的作品。视听作品中的电影作品、电视剧作品的著作权由制作者享有，但编剧、导演、摄影、作词、作曲等作者享有署名权，并有权按照与制作者签订的合同获得报酬。其他视听作品的著作权归属由当事人约定；没有约定或者约定不明确的，由制作者享有，但作者享有署名权和获得报酬的权利。视听作品中的剧本、音乐等可以单独使用的作品的作者有权单独行使其著作权。

5) 职务作品的著作权主体

职务作品是指自然人为完成法人或非法人组织工作任务所创作的作品。职务作品的著作权由作者享有，但法人或者非法人组织有权在其业务范围内优先使用。作品完成 2 年内，未经单位同意，作者不得许可第三人以与单位使用的相同方式使用该作品。

有下列情形之一的职务作品，作者享有署名权，著作权的其他权利由法人或者非法人组织享有，法人或者非法人组织可以给予作者奖励：主要是利用法人或者非法人组织的物质技术条件创作，并由法人或者非法人组织承担责任的工程设计图、产品设计图、地图、示意图、计算机软件等职务作品；报社、期刊社、通讯社、广播电台、电视台的工作人员创作的职务作品；法律、行政法规规定或者合同约定著作权由法人或者非法人组织享有的职务作品。

> **法智箴言**
>
> 版权作为知识产权的组成部分，是鼓励文化创新基础性制度。版权保护能够促进知识的创造、利用与传播，丰富人们的精神生活，提高全民族的科学文化素质，推动版权相关产业健康、可持续发展。版权保护是建设文化强国，推动中华优秀传统文化创造性转化，创新性发展的重要制度支撑。

6) 委托作品的著作权主体

委托作品是指受他人委托而创作的作品。委托作品著作权的归属由委托人和受托人通过合同约定。合同未做约定或约定不明的，著作权属于受托人。

7) 作品原件所有权转移的著作权主体

作品原件所有权的转移，不改变作品著作权的归属，但美术、摄影作品原件的展览权由原件所有人享有。作者将未发表的美术、摄影作品的原件所有权转让给他人，受让人展览该原件不构成对作者发表权的侵犯。

8) 匿名作品的著作权主体

匿名作品，又称作者身份不明的作品。匿名作品由作品原件的合法持有人行使除署名权以外的著作权。作者身份确定后，由作者或者其继承人行使著作权。

7.2.3 著作权的客体

著作权的客体，即著作权保护的对象，即为作品。

1. 作品的概念

作品，是指文学、艺术和科学领域内，具有独创性并能以一定形式表现的智力成果。受保护的作品应具备如下条件：属于文学、艺术和科学领域的思想表达；具有独创性；以一定形式表现。

2. 著作权法保护的作品

根据《著作权法》的规定，作品包括以各种形式创作的文学、艺术和自然科学、社会科学、工程技术等作品。我国著作权法保护的作品主要有：文字作品；口述作品；音乐、戏剧、曲艺、舞蹈、杂技艺术作品；美术、建筑作品；视听作品；图形作品和模型作品；计算机软件；符合作品特征的其他智力成果。

3. 不受著作权法保护的对象

不受著作权法保护的对象主要包括：法律、法规，国家机关决议、决定、命令和其他具有立法、行政、司法性质的文件，及其官方正式译文；单纯事实消息；历法、数表、通用表格和公式。

7.2.4 著作权的内容

著作权的内容是指著作权人享有的专有权利的总和,包括著作人身权和著作财产权。

1. 著作人身权

著作人身权又称精神权利,是指作者基于作品的创作而依法享有的以精神利益为内容的权利。著作人身权包括:发表权(即决定作品是否公之于众的权利)、署名权(即表明作者身份,在作品上署名的权利)、修改权(即修改或者授权他人修改作品的权利)和保护作品完整权(即保护作品不受歪曲、篡改的权利)。

2. 著作财产权

著作财产权,是指著作权人通过各种方式利用其作品及基于利用作品而依法享有的以获得财产利益为内容的权利。根据《著作权法》的规定,著作财产权包括:复制权,即以印刷、复印、拓印、录音、录像、翻录、翻拍、数字化等方式将作品制作一份或多份的权利;发行权,即以出售或者赠与方式向公众提供作品的原件或者复制件的权利;出租权,即有偿许可他人临时使用视听作品、计算机软件的原件或者复制件的权利;展览权,即公开陈列美术作品、摄影作品的原件或者复制件的权利;表演权,即公开表演作品及用各种手段公开播送作品的表演的权利;放映权,即通过放映机、幻灯机等技术设备公开再现美术、摄影、视听作品等的权利;广播权,即以有线或无线方式公开传播或者转播作品,以及通过扩音器或者其他传送符号、声音、图像的类似工具向公众传播广播作品的权利;信息网络传播权,即以有线或者无线方式向公众提供作品,使公众可以在其个人选定的时间和地点获得作品的权利;摄制权,即以摄制视听作品方法将作品固定在载体上的权利;改编权,即改变作品,创作出具有独创性的新作品的权利;翻译权,即将作品从一种语言文字转换成另一种语言文字的权利;汇编权,即将作品或者作品的片段通过选择或者编排,汇集成新作品的权利。

7.2.5 著作权的保护期限和限制

1. 著作权的保护期限

著作权的保护期限是指著作权人依法取得的著作权的有效期限。在保护期内,著作权人的著作权受法律保护;超过保护期,该作品即进入公有领域,著作权人不再享有专有使用权。

《著作权法》规定,作者的署名权、修改权、保护作品完整权的保护期不受限制。发表权的保护期与财产权的保护期相同。

自然人的作品,其发表权、著作财产权的保护期为作者终生及其死亡后 50 年,截止到作者死亡后第 50 年的 12 月 31 日;如果是合作作品,截止到最后死亡的作者死亡后第 50 年的 12 月 31 日。

法人或者非法人组织的作品,著作权(署名权除外)由法人或者非法人组织享有的职务作品,其发表权的保护期为 50 年,截止于作品创作完成后第 50 年的 12 月 31 日;著作财产权的保护期限为 50 年,截止于作品首次发表后第 50 年的 12 月 31 日,但作品自创作完成后 50 年内未发表的,不再受著作权法的保护。

视听作品,其发表权的保护期为 50 年,截止于作品创作完成后第 50 年的 12 月 31 日;著作财产权的保护期限为 50 年，截止于作品首次发表后第 50 年的 12 月 31 日，但作品自创作完成后 50 年内未发表的，不再受著作权法的保护。

作者身份不明的作品，其发表权、著作财产权的保护期为 50 年，截止到作品首次发表后第 50 年的 12 月 31 日。在此保护期内，作者身份若确定，则适用自然人作品的保护期。

> **法智箴言**
>
> 著作权是技术之子。从著作权的演变历史看，著作权制度因技术发展而产生，并随着技术的发展而不断发展变化。从印刷术到广播电视和互联网，再到大数据、区块链、人工智能、物联网、云服务、元宇宙等新业态，这些新技术和新业态的出现，不断对著作权保护制度提出新的挑战，著作权保护制度也因此而不断丰富。

2. 著作权的限制

著作权的限制主要是针对著作权人所享有的财产权利的限制。著作权的限制除了时间限制和地域限制外，还有合理使用与法定许可的限制。

1) 合理使用

合理使用是指在法律规定的情形下，按照法律规定的条件使用他人作品的，可以不经著作权人许可，不向其支付报酬，但应当指明作者姓名或名称、作品名称，并且不得影响该作品的正常使用，也不得不合理地损害著作权人的合法权益。合理使用的情形主要如下。

(1) 为个人学习、研究或者欣赏，使用他人已经发表的作品。

(2) 为介绍、评论某一作品或者说明某一问题，在作品中适当引用他人已发表的作品。

(3) 为报道时事新闻，在报纸、期刊、广播电台、电视台等媒体中不可避免地再现或者引用已发表的作品。

(4) 报纸、期刊、广播电台、电视台等媒体刊登或者播放其他报纸、期刊、广播电台、电视台等媒体已经发表的关于政治、经济、宗教问题的时事性文章，但著作权人声明不许刊登、播放的除外。

(5) 报纸、期刊、广播电台、电视台等媒体刊登或者播放在公众集会上发表的讲话，但作者声明不许刊登、播放的除外。

(6) 为学校课堂教学或者科学研究，翻译、改编、汇编、播放或者少量复制已经发表的作品，供教学或者科研人员使用，但不得出版发行。

(7) 国家机关为执行公务在合理范围内使用已发表的作品。

(8) 图书馆、档案馆、纪念馆、博物馆、美术馆、文化馆等为陈列或者保存版本的需要，复制本馆收藏的作品。

(9) 免费表演经发表的作品，该表演未向公众收取费用，也未向表演者支付报酬，且不以营利为目的。

(10) 对设置或者陈列在公共场所的艺术作品进行临摹、绘画、摄影、录像。对这些艺术作品的临摹、绘画、摄影、录像，可以对其成果以合理的方式和范围再行使用，不构成侵权。

(11) 将中国公民、法人或者非法人组织已经发表的以国家通用语言文字创作的作品翻译成少数民族语言文字作品在国内出版发行。

(12) 以阅读障碍者能够感知的无障碍方式向其提供已经发表的作品。

(13) 法律、行政法规规定的其他情形。

上述合理使用情形适用于对与著作权有关的权利的限制。

2) 法定许可

法定许可是指在法律规定的范围内使用他人的作品,可以不经著作权人的许可,但须向其支付报酬。法定许可的情形主要如下。

(1) 为实施义务教育和国家教育规划而编写出版教科书,可以不经著作权人许可,在教科书中汇编已经发表的作品片段或者短小的文字作品、音乐作品或者单幅的美术作品、图形作品、摄影作品,但应当按照规定支付报酬,指明作者姓名或者名称、作品名称,并且不得侵犯著作权人依法享有的其他权利。

(2) 作品在报刊上刊登后,除著作权人声明不得转载、摘编的外,其他报刊可以转载或者作为文摘、资料刊登,但应当按照规定向著作权人支付报酬。

(3) 录音制作者使用他人已经合法录制为录音制品的音乐作品制作录音制品,可以不经著作权人许可,但应当按照规定支付报酬。著作权人声明不许使用的除外。

(4) 广播电台、电视台播放他人已发表的作品,可以不经著作权人许可,但应当支付报酬。

(5) 广播电台、电视台播放已经出版的录音制品,可以不经著作权人许可,但应当支付报酬。当事人另有约定的除外。

【大家讲坛 7-3】

三毛的父亲陈嗣庆创作并发表了给女儿三毛的书信《过去·现在·未来》,并依法享有作品的著作权。陈嗣庆去世后,陈田心、陈平与陈杰依法继承了该作品的著作财产权并有权对其署名权、修改权、保护作品完整权进行保护。

2018年1月,在实力公司、企鹅公司及黑龙江电视台制作并传播的综艺节目《见字如面》第二季第十期中,由演员朗读了涉案书信的部分内容并配有中文字幕,朗读的内容改变了涉案书信的名称、部分字词、段落顺序。涉案节目在读信前后,主持人及解读嘉宾对涉案书信及相关人物和背景进行了介绍和评论。请问,上述行为是否属于"合理使用"?

【解析】无论从节目预先设置还是实际效果看,书信朗读环节都是涉案节目的核心环节,而书信点评环节则相对处于次要位置。因而可以认定,涉案节目使用涉案书信的目的并非对涉案书信进行介绍、评论或者说明其他问题,而是通过朗读书信的方式展现书信的内容,以达到较好的节目效果并最终吸引观众。同时,涉案节目使用涉案书信已达到基本再现涉案书信内容的程度,综上,被告行为不属于适当引用,且影响了涉案书信的正常使用,不合理地损害著作权人的合法权益,不属于合理使用。

法智箴言

任何权利都不是绝对的,有保护必然有限制。著作权的限制旨在激励作者创作文学、艺术和科学作品的同时,促进作品的传播与使用。若不对著作权加以必要限制,则会危及社会公众对于作品的正常接触与利用,不利于丰富公众的精神文化生活。当然,著作权的限制,也不能过分减损作者权人利益,要遵循利益平衡的原则。

7.2.6 邻接权

1. 邻接权的概念

邻接权也称与著作权有关的权利，是指作品的传播者和作品之外其他成果的创造者对其劳动成果所享有的专有权利。

邻接权与狭义著作权不同，两者的主要区别如下。一是权利主体不同。前者除表演者以外，几乎均为法人或非法人组织；后者的权利主体为自然人、法人或非法人组织。二是权利内容不同。前者的内容通常不包括人身权(表演者权例外)；后者包括著作人身权和著作财产权。三是权利对象不同。前者保护的对象是经过传播者加工后的制品，其保护的是一种投"资"；后者保护的对象是文学、艺术和科学作品，其保护的更多的是一种投"智"。

2. 出版者权

出版者权的客体既涉及作品本身，又涉及作品的载体。对作品本身而言，出版者可以拥有专有出版权；对作品载体而言，出版者对其出版的作品的版式设计享有专有使用权。

1) 专有出版权

专有出版权是指图书出版者对著作权人交付出版的作品，根据合同约定，在合同有效期内和合同约定的地域内，享有以同种文字的原版、修订版和缩编本的方式出版图书的独占权。

2) 版式设计权

出版者有权许可或禁止他人使用其出版的图书、期刊的版式设计。出版者版式设计权的保护期为10年，截止于使用该版式设计的图书、期刊首次出版后第10年的12月31日。

3. 表演者权

1) 表演者权的概念

表演者权是表演者依法对其表演所享有的权利。著作权人将其作品的表演权许可给表演者行使，表演者即依法获得表演该作品的权利。表演者，是指演员、演出单位或者其他表演文学、艺术作品的人，即表演者是表演作品的人，不包括运动员、节目主持人等。

2) 表演者的权利

表演者的权利包括：表明表演者身份；保护表演形象不受歪曲；许可他人从现场直播和公开传送其现场表演，并获得报酬；许可他人录音录像，并获得报酬；许可他人复制、发行、出租录有其表演的录音录像制品，并获得报酬；许可他人通过信息网络向公众传播其表演，并获得报酬。前两项权利的保护期不受限制；后四项权利的保护期为50年，截止到该表演发生后第50年的12月31日。被许可人以后四项的方式使用作品的，还应当取得著作权人许可，并支付报酬。

演员为完成本演出单位的演出任务进行的表演为职务表演，演员享有表明身份和保护表演形象不受歪曲的权利，其他权利归属由当事人约定。当事人没有约定或者约定不明确的，职务表演的权利由演出单位享有。职务表演的权利由演员享有的，演出单位可以在其业务范围内免费使用该表演。

3) 表演者的义务

表演者使用他人作品演出，表演者应当取得著作权人许可，并支付报酬。演出组织者组织演出，由该组织者取得著作权人许可，并支付报酬。

4. 录音录像制作者权

1) 录音录像制作者权的概念

录音制品是指任何对表演的声音和其他声音的录制品。录像制品是指电影作品和以类似摄制电影的方法创作的作品以外的任何有伴音或无伴音的连续相关形象、图像的录制品。录音录像制作者权，是指录音录像制作者对其录音制品和录像制品所享有的权利。

2) 录音录像制作者的权利

录像制作者对其制作的录音录像制品享有许可他人复制、发行、出租、通过信息网络向公众传播并获得报酬的权利。该权利的保护期为 50 年，截止到该制品首次制作完成后第 50 年的 12 月 31 日。

3) 录音录像制作者的义务

录音录像制作者使用他人作品制作录音录像制品，应当取得著作权人许可，并支付报酬；录音制作者使用他人已经合法录制为录音制品的音乐作品制作录音制品，可以不经著作权人许可，但应当按照规定支付报酬；著作权人声明不许使用的不得使用；录音录像制作者制作录音录像制品，应当同表演者订立合同，并支付报酬；被许可人复制、发行、通过信息网络向公众传播录音录像制品，应当同时取得著作权人、表演者许可，并支付报酬。

将录音制品用于有线或者无线公开传播，或者通过传送声音的技术设备向公众公开播送的，应当向录音制作者支付报酬。

5. 广播组织权

1) 广播组织权的概念

广播组织权是指广播电台、电视台等广播组织基于播放作品、录音录像制品和视听作品的行为享有的邻接权。

2) 广播组织的权利

广播组织有权禁止未经其许可的下列行为：将其播放的广播、电视以有线或者无线方式转播；将其播放的广播、电视录制及复制；将其播放的广播、电视通过信息网络向公众传播。广播电台、电视台行使前款规定的权利，不得影响、限制或者侵害他人行使著作权或者与著作权有关的权利。该权利的保护期为 50 年，截止到该广播、电视首次播放后第 50 年的 12 月 31 日。

3) 广播组织的义务

广播电台、电视台播放他人未发表的作品，应当取得著作权人许可，并支付报酬；广播电台、电视台播放他人已发表的作品，可以不经著作权人许可，但应当按照规定支付报酬；电视台播放他人的视听作品、录像制品，应当取得视听作品著作权人或者录像制作者许可，并支付报酬；播放他人的录像制品，还应当取得著作权人许可，并支付报酬。

7.2.7 著作权和与著作权有关的权利的保护

1. 著作权侵权行为的概念

侵犯著作权的行为是指未经作者或其他著作权人同意，又无法律根据，擅自对著作权作品进行利用或以其他非法手段行使著作权人专有权利的行为。

2. 著作权侵权行为的法律责任

1) 民事责任

民事责任主要包括：停止侵害、消除影响、赔礼道歉、赔偿损失等。对赔偿损失而言，侵犯著作权或者与著作权有关的权利的，侵权人应当按照权利人因此受到的实际损失或者侵权人的违法所得给予赔偿；权利人的实际损失或者侵权人的违法所得难以计算的，可以参照该权利使用费给予赔偿。对故意侵犯著作权或者与著作权有关的权利，情节严重的，可以在按照上述方法确定数额的1倍以上5倍以下给予赔偿。权利人的实际损失、侵权人的违法所得、权利使用费难以计算的，由人民法院根据侵权行为的情节，判决给予500元以上500万元以下的赔偿。赔偿数额还应当包括权利人为制止侵权行为所支付的合理开支。

2) 行政责任

行政责任主要包括：责令停止侵权行为；没收违法所得；没收、销毁侵权复制品；罚款等。

3) 刑事责任

构成侵犯著作权罪、销售侵权复制品罪的，应承担有期徒刑、拘役和罚金的刑事责任。

3. 司法措施

(1) 诉前申请临时禁令和财产保全。著作权人或者与著作权有关的权利人有证据证明他人正在实施或者即将实施侵犯其权利的行为，如不及时制止将会使其合法权益受到难以弥补的损害的，可以在起诉前向人民法院申请采取责令停止有关行为和财产保全的措施。

(2) 诉前证据保全。其是指法院依据申请人、当事人的请求，对可能丢失或以后难以取得的证据予以调查收集和固定保存的行为。

(3) 人民法院依法处置权。人民法院审理案件，对于侵犯著作权或者与著作权有关的权利的，可以没收违法所得、侵权复制品及进行违法活动的财物。

7.3 专利法

7.3.1 专利法概述

1. 专利权的概念

专利权，有时亦称专利，是指国家专利行政部门授予发明人或申请人及其权利继受人在一定期间内生产经营其发明创造并禁止他人生产经营其发明创造的独占权。专利权具有专有性(独占性)、地域性、时间性和国家授予性等特点。

2. 专利法的概念

专利法是指调整因发明创造的开发、实施及其保护等发生的各种社会关系的法律规范的总称。专利法有广义和狭义之分。狭义的专利法仅指《专利法》。广义的专利法除《专利法》外，还包括国家有关法律、行政法规和规章中关于专利的法律规范，如《中华人民共和国专利法实施细则》。我国参加缔结的有关专利国际保护方面的条约、协定，经批准公布的，也属于广义的专利法的范畴。

> **法智箴言**
>
> "专利制度是给天才之火浇上利益之油。"专利赋予发明者对其发明创造一定期限的排他权,使发明人收回投资成为可能,从而激励其从事发明创造的积极性。如果无专利保护,发明人可能会将技术作为秘密,这会使多个发明人对同一技术重复研发,导致资源浪费。

7.3.2 专利权的主体及归属

专利权的主体是指具体参加特定的专利权法律关系并享有专利权的人。根据《专利法》的规定,发明人或者设计人、职务发明创造的单位都可以成为专利权的主体。

1. 发明人(设计人)、申请人和专利权人

1) 发明人(设计人)

发明的完成人称为发明人,实用新型和外观设计的完成人称为设计人。发明人或设计人,是指对发明创造的实质性特点作出创造性贡献的人。只负责组织工作的人、为物质技术条件的利用提供方便的人或者从事其他辅助工作的人,不是发明人或者设计人。

2) 申请人

与发明人相关的一个概念是专利申请人,专利申请人是指有资格就发明创造向专利行政部门申请专利的人。专利申请人可以是发明人、设计人,也可以不是。

3) 专利权人

发明创造被授予专利权后,专利申请人就成为专利权人。在一般情况下,专利权人为专利申请人。但是,如果在专利申请的审查过程中,专利申请人将专利申请转让或依法传给他人的,则专利申请被授权后,受让或继承了专利申请的人是专利权人。

2. 职务发明创造的专利权人

1) 职务发明创造的含义

职务发明创造是指发明人或者设计人执行本单位的任务,或者主要是利用本单位的物质技术条件所完成的发明创造。

发明人或设计人作出的发明创造,凡符合下列条件之一的,均属于职务发明创造:在本职工作中作出的发明创造;履行本单位交付的本职工作之外的任务所作出的发明创造;退职、退休或者调动工作后一年内作出的,与其在原单位承担的本职工作或者原单位分配的任务有关的发明创造;主要利用本单位的物质技术条件完成的发明创造。

2) 职务发明创造的专利权人

职务发明创造,其申请专利的权利属于该单位,申请被批准后,该单位为专利权人。该单位可以依法处置其职务发明创造申请专利的权利和专利权,促进相关发明创造的实施和运用。利用本单位的物质技术条件所完成的发明创造,单位与发明人对申请专利的权利和专利权的归属有约定的,从约定。在职务发明创造中,发明人或设计人有获得报酬权,有署名权。国家鼓励被授予专利权的单位实行产权激励,采取股权、期权、分红等方式,使发明人或者设计人合理分享创新收益。

【大家讲坛 7-4】

2017年1月—2018年12月,左某受聘于一家公司,专门从事一项新型传动装置的研发。研发所需要的资金、设备、技术、图书资料等,都是由公司负责提供或者联系。通过左某一年多的不懈努力,终于完成了该项发明。

如果想申请专利,该发明专利申请权属于谁?

【解析】左某利用了本单位的物质技术条件完成的发明创造属于职务发明。如果左某与单位就发明成果的有关事项订立合同,对申请专利的权利和专利权的归属有约定的,应依据约定。如果没有约定,该发明专利申请权属于公司。

3. 非职务发明创造的专利权人

非职务发明创造,是指非为完成本单位的任务或不是主要利用本单位的物质技术条件所完成的发明创造。非职务发明创造的专利申请权属于发明人或设计人。申请被批准后,专利权归发明人或设计人所有。

4. 合作或委托完成发明创造的专利权人

合作或委托完成的发明创造,是指两个以上单位或个人合作,一个单位或个人接受其他单位或个人委托的研究、设计任务所完成的发明创造。合作或委托完成的发明创造,除另有协议的以外,申请专利的权利属于完成或者共同完成的单位或者个人;申请被批准后,申请的单位或者个人为专利权人。

7.3.3 专利权的客体

专利权的客体,也称专利法保护的对象,是指可以获得专利法保护的发明创造。我国《专利法》规定的发明创造是指发明、实用新型和外观设计。

1. 发明

发明是指对产品、方法或其改进所提出的新的技术方案。发明是利用自然规律而进行的创造,发明是具体的技术方案,应能够解决特定的技术难题,产生一定的技术效果,具有一定的实用性。发明一般分为产品发明和方法发明。

2. 实用新型

实用新型,也称"小发明",是对产品的形状、构造或其结合所提出的适于实用的新技术方案。这种新技术方案能够在产业上制造出具有实用价值和实际用途的产品。

3. 外观设计

外观设计也称工业品外观设计,是指对产品的整体或者局部的形状、图案或者其结合以及色彩与形状、图案的结合所作出的富有美感并适于工业应用的新设计。

4. 专利权的排除客体

专利权的排除客体，是指不受专利法保护的发明创造。我国《专利法》规定了两类不受专利法保护的发明创造。一是违反国家法律、社会公德，妨害公共利益的发明创造；违反法律、行政法规的规定获取或者利用遗传资源，并依赖该遗传资源完成的发明创造。二是专利法不予保护的发明创造，包括科学发现；智力活动的规则和方法；疾病诊断和治疗方法；动物和植物品种；原子核变换方法以及用原子核变换方法获得的物质；对平面印刷品的图案、色彩或者二者的结合作出的主要起标识作用的设计。

7.3.4 授予专利权的条件

1. 发明和实用新型授予专利权的条件

1) 新颖性

新颖性，是指该发明或者实用新型不属于现有技术，也没有任何单位或者个人就同样的发明或者实用新型在申请日以前向国务院专利行政部门提出过申请，并记载在申请日以后公布的专利申请文件或者公告的专利文件中。现有技术，是指申请日以前在国内外为公众所知的技术。

《专利法》第二十四条规定，申请专利的发明创造在申请日以前六个月内，有下列情形之一的，不丧失新颖性：在国家出现紧急状态或者非常情况时，为公共利益目的首次公开的；在中国政府主办或者承认的国际展览会上首次展出的；在规定的学术会议或者技术会议上首次发表的；他人未经申请人同意泄露其内容的。

2) 创造性

创造性是指同申请日以前已有的技术相比，该发明有突出的实质性特点和显著的进步，该实用新型有实质性特点和进步。所谓"实质性特点"是指发明创造具有一个或几个技术特征，与现有技术相比有本质的区别。在评定一项发明创造是否具有实质性特点时，不仅要考虑技术方案本身的内容，还要考虑它的目的和效果，并将其作为一个整体来理解。所谓"进步"是指与现有技术相比有所发展和前进，如克服了现有技术存在的缺点和不足，或者具有新的优点或效果，或者代表了某种新的技术趋势。

3) 实用性

实用性是指该发明或者实用新型能够制造或使用，并且能够产生积极效果。实用性一般应具备三个条件：一是可实施性，即发明创造必须能够解决技术问题，并且能够在产业中应用。二是再现性，即能够重复实施专利申请中为解决技术问题所采用的技术方案。三是有益性，即发明创造能够在经济、技术和社会等领域产生积极和有益的效果。

2. 外观设计授予专利权的条件

《专利法》规定，授予专利权的外观设计，应当不属于现有设计；也没有任何单位或者个人就同样的外观设计在申请日以前向国务院专利行政部门提出过申请，并记载在申请日以后公告的专利文件中。授予专利权的外观设计与现有设计或者现有设计特征的组合相比，应当具有明显区别。授予专利权的外观设计不得与他人在申请日以前已经取得的合法权利相冲突。据此，外观设计专利权的实质条件应包括新颖性、不得与他人在先取得的合法权利相冲突、富有美感、适于工业应用等。

7.3.5 专利权的取得、终止和无效

1. 专利权的取得

1) 专利的申请原则

(1) 书面原则。专利申请人及其代理人在办理各种手续时,须采用书面形式。

(2) 申请在先原则。在两个以上的申请人分别就同样的发明创造申请专利时,专利权授予先申请人。先申请的判断标准是专利申请日。如果两个以上申请人在同一日分别就同样的发明创造申请专利的,应当在收到专利行政管理部门的通知后自行协商确定申请人。

(3) 单一性原则。一份专利申请文件只能就一项发明创造提出专利申请,即"一申请一发明"原则。专利申请应当符合专利法有关单一性的规定。就发明或者实用新型的专利申请而言,一件发明或者实用新型专利申请应当限于一项发明或者实用新型。属于一个总的发明构思的两项以上的发明或者实用新型,可以作为一件申请提出。

(4) 优先权原则。优先权原则是指将专利申请人首次提出专利申请的日期,视为后来一定期限内专利申请人就相同主题在他国或本国提出专利申请的日期。专利申请人依法享有的这种权利称为优先权,享有优先权的首次申请日称为优先权日。

优先权包括外国优先权和本国优先权。外国优先权,是指申请人自发明或者实用新型在外国第一次提出专利申请之日起 12 个月内,或者自外观设计在外国第一次提出专利申请之日起 6 个月内,又在中国就相同主题提出专利申请的,依照该外国同中国签订的协议或者共同参加的国际条约,或者依照相互承认优先权的原则,可以享有优先权。本国优先权,是指申请人自发明或者实用新型在中国第一次提出专利申请之日起 12 个月内,或者自外观设计在中国第一次提出专利申请之日起 6 个月内,又向国务院专利行政部门就相同主题提出专利申请的,可以享有优先权。

2) 专利申请文件

(1) 发明和实用新型专利申请。请求书,是指专利申请人向国务院专利行政部门提交的请求授予其发明或实用新型以专利权的一种书面文件。说明书,是对发明或实用新型的技术内容进行具体说明的陈述性文件。说明书摘要,是说明书公开内容的提要,仅是一种技术情报,无法律效力。权利要求书,是专利申请人向国务院专利行政部门提交的,用以确定专利保护范围的书面文件。

(2) 外观设计专利申请。请求书,由于外观设计难以命名,故无须填写外观设计的名称,但要依专利产品分类表填写使用该外观设计的产品及其所属类别,同时应清楚地写明该外观设计的内容及特点,写明使用该外观设计产品的主要创作部位、请求保护的色彩、省略视图等。图片或照片等文件,由于外观设计难以用文字说明或写成权利要求书,因此必须提交外观设计的图片或照片。

3) 专利申请的修改和撤回

专利申请的修改,是指对专利申请的改正、增补或删节。申请人可以对请求书、说明书、权利要求书和摘要提出修改,也可以根据国务院专利行政部门的要求加以修改。逾期不修改的,视为撤回;经修改后仍不符合专利法规定的,国务院专利行政部门应当予以驳回。

申请人可以在被授予专利权之前随时撤回其专利申请。专利申请被撤回后,该申请视为自始不存在。申请人无正当理由不请求实质审查的,该申请视为撤回。

4) 专利申请的审批与授权

国务院专利行政部门收到发明专利申请后，对申请文件的格式、法律要求等进行初步审查。国务院专利行政部门对发明专利申请经初步审查认为符合专利法规定要求的，自申请日起满 18 个月，即行公布。国务院专利行政部门也可以根据申请人的请求早日公布其申请。实质审查是国务院专利行政部门根据申请人的请求，对发明的新颖性、创造性、实用性等实质条件进行审查。发明专利申请自申请日起 3 年内，国务院专利行政部门可以根据申请人随时提出的请求，对其申请进行实质审查；申请人无正当理由逾期不请求实质审查的，该申请即被视为撤回。国务院专利行政部门认为必要时，可自行对发明专利申请进行实质审查。

国务院专利行政部门对发明专利申请进行实质审查后，认为不符合专利法规定的，应当通知申请人，要求其在指定的期限内陈述意见，或对其申请进行修改；无正当理由逾期不答复的，该申请即被视为撤回。发明专利申请经申请人陈述意见或者进行修改后，国务院专利行政部门仍然认为不符合专利法规定的，应当予以驳回。发明专利申请经实质审查没有发现驳回理由的，由国务院专利行政部门作出授予发明专利权的决定，发给发明专利证书，同时予以登记和公告。发明专利权自公告之日起生效。

以上审批和授权程序仅适用于发明专利申请。对实用新型和外观设计专利申请而言，国务院专利行政部门只进行初步审查，无申请公开和实质审查程序。经初步审查没有发现驳回理由的，由国务院专利行政部门作出授予实用新型专利权或外观设计专利权的决定，发给相应的专利证书，同时予以登记和公告。实用新型专利权和外观设计专利权自公告之日起生效。

5) 专利的复审

专利申请人对国务院专利行政部门驳回申请的决定不服的，可以自收到通知之日起 3 个月内，向国务院专利行政部门请求复审。国务院专利行政部门复审后，作出复审决定，并通知专利申请人。专利申请人对国务院专利行政部门的复审决定不服的，可以自收到通知之日起 3 个月内向人民法院起诉。

2. 专利权的终止

专利权的终止，是指专利权因期限届满或者其他原因在期限届满前失去法律效力。专利权终止的情形包括：专利权的期限届满；没有按照规定缴纳年费的；专利权人以书面声明放弃其专利的；专利权人死亡，无继承人或受遗赠人的。

专利权因未按照规定缴纳年费或者因专利权人以书面声明放弃而终止的，专利局均应将有关事项予以登记、公告。专利权终止后，发明创造成为无主财产，进入公有领域，任何人均可自由使用。

3. 专利权的无效

专利权无效是指已经取得的专利权因不符合专利法的规定，根据有关单位或个人的请求，经国务院专利行政部门审核后被宣告无效。

请求宣告专利权无效的单位或个人，应当向国务院专利行政部门提出请求书，并说明理由。对国务院专利行政部门宣告专利权无效或维持专利权的决定不服的，可以自收到通知之日起 3 个月内向人民法院起诉。人民法院应当通知无效宣告请求程序的对方当事人作为第三人参加诉讼。

宣告无效的专利权视为自始不存在。宣告专利权无效的决定，对在宣告专利权无效前人民法院作出并已执行的专利侵权的判决、调解书，已经履行或者强制执行的专利侵权纠纷处理决定，以及已经履行的专利实施许可合同和专利权转让合同，不具有追溯力。但是因专利权人的恶意给他人造成的损失，应当给予赔偿。专利权人或专利权转让人不向被许可实施专利人或者专利权受让人返还专利使用费或者专利权转让费，明显违反公平原则的，专利权人或者专利权转让人应当向被许可实施专利人或者专利权受让人返还全部或者部分专利使用费或者专利权转让费。

7.3.6 专利权的内容与限制

1. 专利权的内容

1) 专利权人的权利

(1) 独占权。专利权人对其专利享有独占权，任何人未经专利权人许可不得实施其专利。发明和实用新型专利权被授予后，除专利法另有规定外，任何单位或者个人未经专利权人许可，不得以生产经营为目的制造、使用、许诺销售、销售、进口其专利产品，或者使用其专利方法，以及使用、许诺销售、销售、进口依照该专利方法直接获得的产品。外观设计专利权被授予后，任何单位或者个人未经专利权人许可，不得以生产经营为目的制造、许诺销售、销售、进口其外观设计专利产品。

(2) 许可实施权。专利权人有权根据专利实施许可合同，许可他人依合同约定制造、使用、许诺销售、销售、进口其专利产品，使用其专利方法以及使用、许诺销售、销售、进口依照该专利方法直接获得的产品。

(3) 转让权。专利权人有权将其获得的专利权转让他人。专利的转让导致专利权主体发生变更，原专利权人不再享有专利权，而受让人依法获得专利权。

(4) 标记权。专利权人享有在专利产品或该产品的包装、容器、说明书上，及产品广告中标上专利标记或专利号的权利。专利标记由"中国专利""专利"或"P"符号表示。

(5) 署名权。发明人或设计人有在专利文件中写明自己是发明人或设计人的权利。职务发明创造的发明人或设计人虽不是专利权人，但同样享有署名权。

2) 专利权人的义务

我国《专利法》规定，专利权人有缴纳专利年费的义务。专利权人未按期缴纳年费时，可以在宽限期内补缴并支付滞纳金。

2. 专利权的限制

1) 期限限制

专利权有保护期间，保护期届满，专利技术进入公共领域，任何人均可自由使用。根据《专利法》的规定，发明专利权的期限为20年，实用新型专利权的期限为10年，外观设计专利权的期限为15年，均自申请日起计算。

2) 特别许可

(1) 推广使用。国有企业事业单位的发明专利，对国家利益或公共利益具有重大意义的，国务院有关主管部门和省、自治区、直辖市人民政府报经国务院批准，可以决定在批准的范围内推广应用，允许指定的单位实施，由实施单位按照国家规定向专利权人支付使用费。

(2) 开放许可。专利权人自愿以书面方式向国务院专利行政部门声明愿意许可任何单位或者个人实施其专利,并明确许可使用费支付方式、标准的,由国务院专利行政部门予以公告,实行开放许可。任何单位或者个人有意愿实施开放许可的专利的,以书面方式通知专利权人,并依照公告的许可使用费支付方式、标准支付许可使用费后,即获得专利实施许可。开放许可实施期间,对专利权人缴纳专利年费相应给予减免。

(3) 强制许可。专利实施的强制许可,也称非自愿许可,是国家专利主管部门,根据具体情况,不经专利权人许可,授予他人实施发明或者实用新型专利的法律制度。根据《专利法》的规定,强制许可的情形有以下几种:专利权人自专利权被授予之日起满3年,且自提出专利申请之日起满4年,无正当理由未实施或者未充分实施其专利的;专利权人行使专利权的行为被依法认定为垄断行为,为消除或者减少该行为对竞争产生的不利影响的;在国家出现紧急状态或者非常情况时,或者为了公共利益的目的,国务院专利行政部门可以给予实施发明专利或者实用新型专利的强制许可;为了公共健康目的,对取得专利权的药品,国务院专利行政部门可以给予制造并将其出口到符合中华人民共和国参加的有关国际条约规定的国家或者地区的强制许可;一项取得专利权的发明或者实用新型比之前已经取得专利权的发明或者实用新型具有显著经济意义的重大技术进步,其实施又有赖于前一发明或者实用新型的实施的,国务院专利行政部门根据后一专利权人的申请,可以给予实施前一发明或者实用新型的强制许可。国务院专利行政部门根据前一专利权人的申请,也可以给予实施后一发明或者实用新型的强制许可。

国务院专利行政部门作出的给予实施强制许可的决定,应当及时通知专利权人,并予以登记和公告。给予实施强制许可的决定,应当根据强制许可的理由规定实施的范围和时间。取得实施强制许可的单位或者个人不享有独占的实施权,应当付给专利权人合理的使用费。使用费的数额由双方协商,双方不能达成协议的,由国务院专利行政部门裁决。

专利权人对国务院专利行政部门关于实施强制许可的决定不服的,专利权人和取得实施强制许可的单位或者个人对国务院专利行政部门关于实施强制许可的使用费的裁决不服的,可以自收到通知之日起3个月内向人民法院起诉。

3) 不视为侵犯专利权的行为

专利产品或者依照专利方法直接获得的产品,由专利权人或者经其许可的单位、个人售出后,使用、许诺销售、销售、进口该产品的;在专利申请日前已经制造相同产品、使用相同方法或者已经做好制造、使用的必要准备,并且仅在原有范围内继续制造、使用的;临时通过中国领陆、领水、领空的外国运输工具,依照其所属国同中国签订的协议或者共同参加的国际条约,或者依照互惠原则,为运输工具自身需要而在其装置和设备中使用有关专利的;专为科学研究和实验而使用有关专利的;为提供行政审批所需要的信息,制造、使用、进口专利药品或者专利医疗器械的,以及专门为其制造、进口专利药品或者专利医疗器械的。

4) 善意侵权

为生产经营目的使用、许诺销售或者销售不知道是未经专利权人许可而制造并售出的专利侵权产品,能证明该产品合法来源的,不承担赔偿责任。

【大家讲坛 7-5】

甲拥有一项节能热水器的发明专利权,乙对此加以改进后获得重大技术进步,并取得新的专利权,但是该专利的实施有赖于甲的专利的实施,双方又未能达成实施许可协议。

乙可以申请许可强制实施对方的专利吗?

【解析】甲乙前后两个专利的权利人彼此可对对方的专利申请实施强制许可,这属于从属专利的强制许可,但取得实施强制许可的主体应当支付专利权人合理的使用费。

7.3.7 专利权的保护

1. 专利权的保护范围

判断某一行为是否侵犯专利权,需将被控侵权行为的客体与经确定的专利权的保护范围进行比较,判断其是否落入专利权的保护范围。

1) 发明和实用新型专利权的保护范围

根据《专利法》的规定,发明或者实用新型专利权的保护范围以其权利要求的内容为准,说明书及附图可以用于解释权利要求。

专利权的保护范围应当以权利要求书中明确记载的必要技术特征所确定的范围为准,也包括与该必要技术特征相等同的特征所确定的范围。等同特征是指与所记载的技术特征以基本相同的手段,实现基本相同的功能,达到基本相同的效果,并且本领域的普通技术人员无须经过创造性劳动就能够联想到的特征。

2) 外观设计专利权的保护范围

外观设计专利权的保护范围以表示在图片或者照片中的该产品的外观设计为准,即其保护范围为申请时指定的产品上载有的、与图片或者照片中显示的设计相同的外观设计。如果在与外观设计专利产品相同或相似的产品上使用了相同或相似的外观设计,即被认为是落入了外观设计专利权的保护范围。

2. 专利侵权行为的种类

专利侵权行为,即侵犯专利权的行为,是指在专利权的有效期限内,任何他人在未经专利权人许可,也无其他法定事由,以生产经营为目的实施专利的行为,主要包括:未经专利权人许可,实施其专利的行为;假冒他人专利的行为;以非专利产品或方法冒充专利产品或方法。

3. 侵害专利权行为的法律责任

1) 民事责任

民事责任主要包括:停止侵害;赔偿损失;消除影响;恢复名誉等。其中,根据《专利法》的规定,侵犯专利权的赔偿数额按照权利人因被侵权所受到的实际损失确定或者侵权人因侵权所获得的利益确定;权利人的损失或者侵权人获得的利益难以确定的,参照该专利许可使用费的倍数合理确定。对故意侵犯专利权,情节严重的,可以在按照上述方法确定数额的1倍以上5倍以下确定赔偿数额。权利人的损失、侵权人获得的利益和专利许可使用费均难以确定的,人民法院可以根据专利权的类型、侵权行为的性质和情节等因素,确定给予3万元以上500万元以下的赔偿。赔偿数额还应当包括权利人为制止侵权行为所支付的合理开支。

2) 行政责任

行政责任主要包括：对未经专利权人许可实施其专利的行为，管理专利工作的部门认定侵权行为成立的，可以责令侵权人立即停止侵权行为；对假冒他人专利的行为，除依法承担民事责任外，由管理专利工作的部门责令改正并予以公告，没收违法所得，可以并处罚款；对以非专利产品冒充专利产品、以非专利方法冒充专利方法的行为，由管理专利工作的部门责令改正并予以公告，并可处以罚款；对侵夺发明人或设计人的非职务发明创造专利申请权以及其他权益的行为，由所在单位或者上级主管机关给予行政处分等。

3) 刑事责任

刑事责任只限于假冒他人专利且情节严重的情形，责任形式主要包括有期徒刑、拘役和罚金。

4. 专利侵权纠纷的解决

1) 专利侵权纠纷的解决途径

因专利侵权引起纠纷的，由当事人协商解决；不愿协商或者协商不成的，专利权人或者利害关系人可以向人民法院起诉，也可以请求管理专利工作的部门处理。管理专利工作的部门认定侵权行为成立的，可以责令侵权人立即停止侵权行为，当事人不服的，可以自收到处理通知之日起 15 日内依照《中华人民共和国行政诉讼法》向人民法院起诉；侵权人期满不起诉又不停止侵权行为的，管理专利工作的部门可以申请人民法院强制执行。管理专利工作的部门应当事人的请求，可以就侵犯专利权的赔偿数额进行调解；调解不成的，当事人可以依照《民事诉讼法》向人民法院起诉。

2) 诉前禁令和证据保全

(1) 诉前禁令。专利权人或者利害关系人有证据证明他人正在实施或者即将实施侵犯专利权的行为，如不及时制止将会使其合法权益受到难以弥补的损害的，可以在起诉前向人民法院申请财产保全，责令作出一定行为或者禁止作出一定行为的措施。申请人提出申请时，应当提供担保；不提供担保的，驳回申请。人民法院应当自接受申请之时起 48 小时内作出裁定；有特殊情况需要延长的，可以延长 48 小时。裁定责令停止有关行为的，应当立即执行。当事人对裁定不服的，可以申请复议一次；复议期间不停止裁定的执行。申请人自人民法院采取责令停止有关行为的措施之日起 15 日内不起诉的，人民法院应当解除该措施。因错误申请，申请人应当赔偿被申请人因停止有关行为所遭受的损失。

(2) 证据保全。为了制止专利侵权行为，在证据可能灭失或者以后难以取得的情况下，专利权人或者利害关系人可以在起诉前向人民法院申请保全证据。人民法院采取保全措施，可以责令申请人提供担保；申请人不提供担保的，驳回申请。人民法院应当自接受申请之时起 48 小时内作出裁定；裁定采取保全措施的，应当立即执行。申请人自人民法院采取保全措施之日起 15 日内不起诉的，人民法院应当解除该措施。

3) 诉讼时效

根据《专利法》的规定，侵犯专利权的诉讼时效为 3 年，自专利权人或者利害关系人知道或者应当知道侵权行为以及侵权人之日起计算。发明专利申请公布后至专利权授予前使用该发明未支付适当使用费的，专利权人要求支付使用费的诉讼时效为 3 年，自专利权人知道或者应当知道他人使用其发明之日起计算，但是，专利权人于专利权授予之日前即已得知或者应当得知的，自专利权授予之日起计算。

权利人超过 3 年起诉的，如果侵权行为在起诉时仍在继续，在该项专利权有效期内，人民法院应当判决被告停止侵权行为，侵权损害赔偿数额应当自权利人向人民法院起诉之日起向前推算3年计算。

7.4 商标法

7.4.1 商标法概述

1. 商标的概念

商标是指由文字、图形、字母、数字、三维标志、颜色组合和声音等，以及上述要素的组合，使用于一定的商品或者服务上，用以区别商品或服务来源的显著标记。

2. 商标的分类

1) 按照商标构成要素的分类

(1) 文字商标，是仅以文字组成的商标，如"白玉牙膏"（见图7-1）。

(2) 图形商标，是指人或事物的形状、图案，包括具体图形或抽象图形，也可以是虚构的图形构成的商标，如中国工商银行注册的钱币形商标(见图7-2)。

(3) 数字商标，是指用阿拉伯数字、罗马数字或者是中文大写数字所构成的商标，如"3721"(见图7-3)。

图7-1　文字商标　　图7-2　图形商标　　图7-3　数字商标

(4) 三维商标，即立体商标，是指用具有长、宽、高三种度量的三维立体物标志构成的商标标志，如"可口可乐"的瓶形(见图7-4)。

(5) 颜色组合商标，是指由两种或两种以上的彩色排列、组合而成的商标，如金霸王电池的"黄铜色和黑色"颜色组合商标(见图7-5)。

(6) 声音商标，是指以能区别商品或服务来源的声音作为商标，如中国国际广播电台将其"开始曲"申请声音商标注册。

(7) 组合商标，是以文字、图形、数字、颜色等组合起来的商标，如中国电信注册的商标包含了文字和图形的组合(见图7-6)。

图7-4　三维商标　　图7-5　颜色组合商标　　图7-6　组合商标

2) 按照商标使用对象的分类

(1) 商品商标,即生产者或销售者用于自己生产、制造、加工、挑选或者经销的商品上(包括在商品的容器上或包装上)的商标,如用于饮料上的可口可乐。

(2) 服务商标,即服务的提供者为了与他人提供服务的项目相区别,而用于自己所提供的服务项目上的商标,如用于快餐食品上的肯德基。

3) 根据商标功能的分类

(1) 证明商标,也称保证商标,用来证明商品的原产地、特殊质量、原料、制造工艺、精密度或其他特征的商标,如绿色食品标志(见图7-7),即为证明商标。

(2) 集体商标,集体商标是指以团体、协会或者其他组织名义注册,供该组织成员在商事活动中使用,以表明使用者在该组织中的成员资格的标志,如吐鲁番葡萄商标(见图7-8)。

图 7-7　证明商标

图 7-8　集体商标

此外,根据商标的知名度,商标可分为驰名商标、著名商标和知名商标。

> **法智箴言**
>
> 商标是企业的"黄金名片",是企业走向国际市场的"金护照",代表着企业的信誉、文化和顾客的信赖,是企业竞争优势的重要来源之一。企业要开拓国内、国际市场,商标必须先行。商标是一种信息资源,具有标识商品或服务来源、保障商品或服务质量、减少搜索成本、广告宣传以及传递企业文化等功能。

3. 商标权

1) 商标权的概念

商标权,是指商标所有人对其注册商标进行支配并排除他人侵害的权利。我国和世界上大多数国家实行商标注册制度,只有依法注册才能取得商标权。我国现行法律用"商标专用权"替代"商标权"。

2) 商标权的内容

商标权的内容是指商标权人的权利与义务。商标权人的权利主要包括:独占使用权、禁止权、转让权、许可使用权、续展权和标示权等。商标权人的义务主要包括:正确使用注册商标、不得自行改变注册商标、缴纳费用。

3) 商标权的取得

商标权的取得分原始取得和继受取得两种。原始取得是指商标权通过注册、使用而取得。原始取得方式有使用取得、注册取得。继受取得是指商标权人之商标权是基于他人既存之商标权而取得。继受取得主要包括：根据合同转让取得和法律承受取得。

4) 商标权的消灭

商标权的消灭，是指基于法定原因，注册商标所有人丧失其商标权，法律不再对该注册商标予以保护。注册商标可以因注销、撤销和宣告无效而导致专用权消灭。

4. 商标法的概念

商标法是指调整商标的组成、注册、使用、管理和商标专用权的保护等各种社会关系的法律规范的总称。

商标法有广义和狭义之分。狭义的商标法仅指《标法》。广义的商标法除《商标法》外，还包括有关法律、行政法规和规章中关于商标的法律规范等。

7.4.2 商标注册

1. 商标注册的条件

1) 申请人的条件

《商标法》第四条规定，自然人、法人或者其他组织在生产经营活动中，对其商品或者服务需要取得商标专用权的，应当向商标局申请商标注册。

申请人可以是两个以上的自然人、法人或者其他组织。多个主体共同向商标局申请注册同一商标的，共同享有和行使该商标专用权。共同申请注册同一商标的，应当在申请书中指定一个代表人；没有代表人的，以申请书中顺序排列的第一人为代表人。

外国人或者外国企业在中国申请商标注册的，应当按其所属国和中华人民共和国签订的协议或者共同参加的国际条约办理，或者按对等原则办理。外国人或者外国企业在中国申请商标注册和办理其他商标事宜的，应当委托国家认可的具有商标代理资格的组织代理。

2) 商标构成的条件

商标的必备要件包括：第一，应当具备法定的构成要素，商标的构成要素为任何能够将自然人、法人或者其他组织的商品与他人的商品区别的标志，包括文字、图形、字母、数字、三维标志、颜色组合和声音，以及上述要素的组合；第二，商标应当具有显著特征，便于识别。

3) 商标的禁止条件

(1) 禁止作为商标注册或使用的标志。同中华人民共和国的国家名称、国旗、国徽、国歌、军旗、军徽、军歌、勋章等相同或者近似的，以及同中央国家机关的名称、标志、所在地特定地点的名称或者标志性建筑物的名称、图形相同的；同外国的国家名称、国旗、国徽、军旗相同或者近似的，但该国政府同意的除外；同政府间国际组织的名称、旗帜、徽记相同或者近似的，但经该组织同意或者不易误导公众的除外；与表明实施控制、予以保证的官方标志、检验印记相同或者近似的，但经授权的除外；同"红十字""红新月"的名称、标志相同或者近似的；带有民族歧视性的；带有欺骗性，容易使公众对商品的质量等特点或者产地产生误认的；有害于社会主义道德风尚或者有其他不良影响的；县级以上行政区划名称或者公众知晓的地名，但该地名具有其他含义或者作为集体商标、证明商标组成部分的除外，已经注册的使用地名的商标继续有效。

(2) 禁止作为商标注册但可以作为未注册商标使用的标志。第一，仅有本商品的通用名称、图形、型号的；仅直接表示商品的质量、主要原料、功能、用途、重量、数量及其他特点的；其他缺乏显著特征的。前述所列标志经过使用取得显著特征，并便于识别的，可以作为商标注册。第二，以三维标志申请注册商标的，仅由商品自身的性质产生的形状、为获得技术效果而需有的商品形状或者使商品具有实质性价值的形状，不得注册。

(3) 不得侵犯他人的在先权利或合法利益。不得在相同或类似商品上与已注册或申请在先的商标相同或近似；就相同或者类似商品申请注册的商标是复制、模仿或者翻译他人未在中国注册的驰名商标，容易导致混淆的，不予注册并禁止使用；就不相同或者不相类似商品申请注册的商标是复制、模仿或者翻译他人已经在中国注册的驰名商标，误导公众，致使该驰名商标注册人的利益可能受到损害的，不予注册并禁止使用；未经授权，代理人或者代表人以自己的名义将被代理人或者被代表人的商标进行注册，被代理人或者被代表人提出异议的，不予注册并禁止使用；就同一种商品或者类似商品申请注册的商标与他人在先使用的未注册商标相同或者近似，申请人与该他人具有前款规定以外的合同、业务往来关系或者其他关系而明知该他人商标存在，该他人提出异议的，不予注册；不得以不正当手段抢先注册他人已经使用并有一定影响的商标；不得侵犯他人的在先权利，如外观设计专利权、著作权、姓名权、肖像权、商号权、特殊标志专用权等。

(4) 禁止恶意注册。为防止不具有真实使用目的的商标抢注和囤积行为，2019 年修改的《商标法》第四条增加"不以使用为目的的恶意商标注册申请，应当予以驳回"的内容，赋予审查员在初审阶段可依职权主动驳回的权利；第十九条第三款增加了商标代理机构的审查义务，规定代理机构不得接受不以使用为目的的恶意商标注册申请的委托；第三十三条和第四十四条相应地将这种情况规定为提起异议和无效的理由之一。

2. 商标注册申请

1) 商标注册申请的原则

(1) 申请在先原则。两个或者两个以上申请人，先后在同一或类似商品或者服务上，以相同或类似的商标申请注册的，商标权授予申请在先的人。申请先后的确定以申请日为准。两个或者两个以上的申请人，在同一或类似商品或者服务上，以相同或类似的商标在同一天申请注册的，商标权授予使用在先的人。同日使用或者均未使用的，各申请人可以自收到商标局通知之日起 30 日内自行协商；不愿协商或者协商不成的，商标局通知各申请人以抽签的方式确定一个申请人，驳回其他人的注册申请。

(2) 自愿注册原则。自愿注册，是指商标使用人是否申请商标注册取决于自己的意愿。依自愿注册原则，商标无论注册与否均可使用。同时，我国对极少数商品采用强制注册。

(3) 优先权原则。优先权原则是商标权取得程序中的一项重要原则。根据《商标法》的规定，商标注册申请程序中优先权表现在两个方面：一是商标注册申请人自其商标在外国第一次提出商标注册申请之日起 6 个月内，又在中国就相同商品以同一商标提出商标注册申请的，依照该外国同中国签订的协议或者共同参加的国际条约，或者按照相互承认优先权原则，可以享有优先权。二是商标在中国政府主办的或承认的国际展览会展出的商品上首次使用的，自该商品展出之日起 6 个月内，该商标的注册申请人可以享有优先权。

(4) 诚实信用原则。诚实信用原则是商标注册和使用的基本原则。《商标法》第七条规定，申请注册和使用商标，应当遵循诚实信用原则。《商标法》第十五条规定，未经授权，代理人或者代表人以自己的名义将被代理人或者被代表人的商标进行注册，被代理人或者被代表人提出异议的，不予注册并禁止使用。《商标法》第十九条规定，商标代理机构应当遵循诚实信用原则，遵守法律、行政法规，按照被代理人的委托办理商标注册申请或者其他商标事宜；对在代理过程中知悉的被代理人的商业秘密，负有保密义务。《商标法》第三十二条规定，申请商标注册不得损害他人现有的在先权利，也不得以不正当手段抢先注册他人已经使用并有一定影响的商标。

【大家讲坛 7-6】
甲公司是《保护工业产权巴黎公约》成员国 A 国的企业，于 2018 年 8 月 1 日向 A 国在牛奶产品上申请注册"白雪"商标被受理后，又于 2019 年 5 月 30 日向我国商标局申请注册"白雪"商标，核定使用在牛奶、糕点和食品容器这三类商品上。
甲公司是否可依法享有优先权？
【解析】甲公司不享有优先权，因为甲公司从其商标在 A 国第一次提出商标注册申请之日起，超过 6 个月才在中国就相同商品以同一商标提出商标注册申请。

2）申请商标注册的文件和费用

申请商标注册应提供的文件包括：商标注册申请书、商标图样及相关证明文件。同时，应按照国家市场监督管理总局的规定，缴纳申请费、注册费。

3. 商标注册的审查核准

1）形式审查

商标局收到商标注册申请文件后，应当首先进行形式审查。其内容主要包括：申请手续是否齐备；申请人是否具备申请资格；申请文件是否齐全，填写是否正确；是否按规定缴纳了申请注册费等。经形式审查，凡符合规定的，商标局予以受理。

2）实质审查

实质审查，是指商标局对经过形式审查、决定受理的商标注册申请，对构成商标的文字、图形、字母、数字、三维标志、颜色组合、声音或者上述要素的组合，通过检索、分析、对比和必要的调查研究，审核其实质要件的合法性，以确定是否准予初步审定并予以公告的行为。实质审查主要涉及商标是否具有显著性、是否使用了法律禁用的文字、是否与在先权利相冲突等。

3）初步审定并公告

对申请注册的商标，商标局应当自收到商标注册申请文件之日起 9 个月内审查完毕，符合有关规定的，予以初步审定公告。对驳回申请、不予公告的商标，商标局应当书面通知商标注册申请人。商标注册申请人不服的，可以自收到通知之日起 15 日内向商标评审委员会申请复审。当事人对商标评审委员会的决定不服的，可以自收到通知之日起 30 内向人民法院起诉。

4）异议及其复审

对初步审定公告的商标，自公告之日起 3 个月内，在先权利人、利害关系人认为违反《商标法》第十三条第二款和第三款、第十五条、第十六条第一款、第三十条、第三十一条、第三十二条规定的，或任何人认为违反《商标法》第四条、第十条、第十一条、第十二条、第十九条第四款规定的，可以向商标局提出异议。

对初步审定公告的商标提出异议的，商标局应当听取异议人和被异议人陈述事实和理由，经调查核实后，自公告期满之日起 12 个月内作出是否准予注册的决定，并书面通知异议人和被异议人。商标局作出准予注册决定的，发给商标注册证，并予公告。异议人不服的，可以依照相关规定向商标评审委员会请求宣告该注册商标无效。商标局作出不予注册决定，被异议人不服的，可以自收到通知之日起 15 日内向商标评审委员会申请复审。商标评审委员会应当在规定期限内作出复审决定，并书面通知异议人和被异议人。被异议人对商标评审委员会的决定不服的，可以自收到通知之日起 30 日内向人民法院起诉。人民法院应当通知异议人作为第三人参加诉讼。

5) 商标的核准注册

对初步审定并公告的商标，公告期满无异议或者经裁定异议不能成立的，由商标局核准注册，发给注册证并予以登记和公告。商标获准注册后，由商标局将核准的商标和核定使用的商品登记在《商标注册簿》上，并刊登在商标注册公告上；同时颁发商标注册证，自此商标注册人享有商标专用权。

7.4.3 注册商标的续展、转让、使用许可

1. 注册商标的续展

商标权的续展，是指注册商标所有人为了在注册商标有效期满后，继续享有注册商标专用权，按规定申请并经批准延续其注册商标有效期的一种制度。根据《商标法》的规定，注册商标的有效期为 10 年，自核准注册之日起计算。注册商标有效期满，需要继续使用的，应当在期满前 12 个月内申请续展注册；在此期间未能提出申请的，可以给予 6 个月的宽展期。宽展期满仍未提出申请的，注销其注册商标。续展注册无次数限制，每次续展注册的有效期为 10 年，自该商标上一次有效期满次日起计算。期满未办理续展手续的，注销其注册商标。商标局应当对续展注册的商标予以公告。

2. 注册商标的转让

注册商标的转让是指注册商标所有人依法将商标权转让给他人的行为。转让注册商标的，转让人和受让人应当签订转让协议，并共同向商标局提出申请。受让人应当保证使用该注册商标的商品质量。转让注册商标经核准后，予以公告。受让人自公告之日起享有商标专用权。另外，转让注册商标的，商标注册人对其在同一种商品上注册的近似商标，或者在类似商品上注册的相同或者近似的商标，应当一并转让。

3. 注册商标的使用许可

注册商标的使用许可是指注册商标所有人通过签订商标使用许可合同，许可他人使用其注册商标，同时收取许可使用费的行为。商标使用许可类型包括独占使用许可、排他使用许可和普通使用许可。

许可人应当监督被许可人使用其注册商标的商品质量，被许可人应当保证使用该注册商标

的商品质量。经许可使用他人注册商标的，必须在使用该注册商标的商品上标明被许可人的名称和商品产地。许可人应当将其商标使用许可报商标局备案，由商标局公告。商标使用许可未经备案不得对抗善意第三人。

7.4.4 注册商标的无效宣告

1. 商标注册无效宣告的含义

商标注册无效宣告，是指商标不具备注册条件但取得注册时，商标局可以依职权，或由商标评审委员会根据第三人的请求宣告该注册商标无效的制度。

2. 商标注册无效宣告的事由

(1) 商标局和其他人均可提出商标注册无效宣告的事由。已经注册的商标，违反《商标法》第四条、第十条、第十一条、第十二条、第十九条第四款规定的，或是以欺骗手段或者其他不正当手段取得注册的，由商标局宣告该注册商标无效；其他单位或个人可请求商标评审委员会宣告该注册商标无效。

当事人对商标局的决定不服的，可以自收到通知之日起 15 日内向商标评审委员会申请复审。当事人对商标评审委员会的决定不服的，可以自收到通知之日起 30 日内向人民法院起诉。其他单位或个人请求商标评审委员会宣告注册商标无效的，当事人对商标评审委员会的裁定不服的，可以自收到通知之日起 30 日内向人民法院起诉。人民法院应当通知商标裁定程序的对方当事人作为第三人参加诉讼。

(2) 仅商标所有人或利害关系人可提出商标注册无效宣告的事由。已经注册的商标，违反《商标法》第十三条第二款和第三款、第十五条、第十六条第一款、第三十条、第三十一条、第三十二条规定的，自商标注册之日起 5 年内，在先权利人或者利害关系人可以请求商标评审委员会宣告该注册商标无效。对恶意注册的，驰名商标所有人不受 5 年的时间限制。

当事人对商标评审委员会的裁定不服的，可以自收到通知之日起 30 日内向人民法院起诉。人民法院应当通知商标裁定程序的对方当事人作为第三人参加诉讼。

3. 商标注册无效宣告的法律效力

商标注册无效宣告的，注册商标专用权视为自始即不存在。宣告注册商标无效的决定或者裁定，对宣告无效前人民法院作出并已执行的商标侵权案件的判决、裁定、调解书和工商行政管理部门作出并已执行的商标侵权案件的处理决定以及已经履行的商标转让或者使用许可合同不具有追溯力。但是，因商标注册人的恶意给他人造成的损失，应当给予赔偿。不返还商标侵权赔偿金、商标转让费、商标使用费，明显违反公平原则的，应当全部或者部分返还。

【大家讲坛 7-7】

甲公司在食品上注册"乡巴佬"商标，后将该商标转让给乙公司，并获 5 万元转让费。合同履行后，乙公司起诉丙公司在食品上使用"乡巴佬"商标的侵权行为。法院作出侵权认定并赔偿乙公司 10 万元的判决书，判决书生效但尚未履行，"乡巴佬"注册商标就因有"不良影响"被依法宣告无效。甲公司需要返还乙公司 5 万元转让费吗？丙公司需要赔偿乙公司 10 万元赔偿费吗？

【解析】甲公司与乙公司签订转让合同在"乡巴佬"商标权被宣告无效前已经履行完毕，

无效宣告对该合同不具有溯及力，故甲公司不需要返还乙公司 5 万元转让费。宣告无效前人民法院作出并已执行的商标侵权案件的判决，不具有溯及力。本案中法院作出的丙公司构成侵权并应承担赔偿责任的判决还未执行，故丙公司不需要赔偿乙公司 10 万赔偿费。

7.4.5 商标使用的管理

商标的使用，是指将商标用于商品、商品包装或者容器以及商品交易文书上，或者将商标用于广告宣传、展览以及其他商业活动中，用于识别商品来源的行为。商标使用的管理是指商标局对注册商标、未注册商标的使用进行监督管理，并对违反商标法规定的侵权行为予以制裁的活动。

1. 注册商标使用管理

1) 使用注册商标的管理

商标注册人在使用注册商标的过程中，自行改变注册商标、注册人名义、地址或者其他注册事项的，由地方工商行政管理部门责令限期改正；期满不改正的，由商标局撤销其注册商标。

注册商标成为其核定使用的商品的通用名称或者没有正当理由连续 3 年不使用的，任何单位或者个人可以向商标局申请撤销该注册商标。

对商标局撤销或者不予撤销注册商标的决定，当事人不服的，可以自收到通知之日起 15 日内向商标评审委员会申请复审。当事人对商标评审委员会的决定不服的，可以自收到通知之日起 30 日内向人民法院起诉。法定期限届满，当事人对商标局作出的撤销注册商标的决定不申请复审或者对商标评审委员会作出的复审决定不向人民法院起诉的，撤销注册商标的决定、复审决定生效。

2) 被撤销、注销和宣告无效商标的管理

注册商标被撤销、被宣告无效或者期满不再续展的，自撤销、宣告无效或者注销之日起 1 年内，商标局对与该商标相同或者近似的商标注册申请，不予核准。

3) 必须使用注册商标商品的管理

按照国家规定必须使用注册商标的商品，未申请注册而在市场销售的，由地方工商行政管理部门责令限期申请注册，可以并处罚款。

2. 未注册商标使用的管理

未注册商标不享有商标专用权，但未注册商标的使用同样涉及商标专用权的保护、消费者权益的保障，因而商标管理工作也包括未注册商标使用的管理。

将未注册商标冒充注册商标使用的，或者使用未注册商标违反《商标法》第十条规定的，由地方工商行政管理部门予以制止，限期改正，并可以予以通报与罚款。

7.4.6 注册商标专用权的保护

1. 注册商标专用权的保护范围

根据《商标法》的规定，注册商标专用权，以核准注册的商标和核定使用的商品为限。注册商标专用权的有效期限为 10 年，可无限续展。注册商标超过有效期限未续展的，不再受法律保护。

2. 侵犯注册商标专用权的行为

侵犯注册商标专用权的行为如下。

(1) 未经商标注册人的许可,在同一种商品上使用与其注册商标相同的商标的。

(2) 未经商标注册人的许可,在同一种商品上使用与其注册商标近似的商标,或者在类似商品上使用与其注册商标相同或者近似的商标,容易导致混淆的。

(3) 销售侵犯注册商标专用权的商品的。

(4) 伪造、擅自制造他人注册商标标识或者销售伪造、擅自制造的注册商标标识的。

(5) 未经商标注册人同意,更换其注册商标并将该更换商标的商品又投入市场的。

(6) 故意为侵犯他人商标专用权行为提供便利条件,帮助他人实施侵犯商标专用权行为的。

(7) 给他人的注册商标专用权造成其他损害的。

3. 侵犯注册商标专用权的法律责任

1) 民事责任

民事责任主要包括:停止侵害;消除影响;赔偿损失等。其中,侵犯商标专用权的赔偿数额,按照权利人因被侵权所受到的实际损失确定;实际损失难以确定的,可以按照侵权人因侵权所获得的利益确定;权利人的损失或者侵权人获得的利益难以确定的,参照该商标许可使用费的倍数合理确定。对恶意侵犯商标专用权,情节严重的,可以在按照上述方法确定数额的 1 倍以上 5 倍以下确定赔偿数额。赔偿数额应当包括权利人为制止侵权行为所支付的合理开支。权利人因被侵权所受到的实际损失、侵权人因侵权所获得的利益、注册商标许可使用费难以确定的,由人民法院根据侵权行为的情节判决给予 500 万元以下的赔偿。

2) 行政责任

行政责任主要包括:责令立即停止侵权行为;没收、销毁侵权商品和专门用于制造侵权商品、伪造注册商标标识的工具;罚款。在处理商标侵权行为时,工商行政管理机关根据当事人的请求,可以就侵犯注册商标专用权的赔偿数额进行调解。调解不成的,当事人可以向人民法院起诉。

3) 刑事责任

对情节严重、构成犯罪的商标侵权行为应当依法追究其刑事责任,包括有期徒刑、拘役、管制和罚金。《刑法》第二百一十三条和第二百一十四条分别规定,未经注册商标所有人许可,在同一种商品上使用与其注册商标相同的商标,情节严重的,处 3 年以下有期徒刑或者拘役,并处或者单处罚金;情节特别严重的,处 3 年以上 7 年以下有期徒刑,并处罚金。销售明知是假冒注册商标的商品,违法所得数额较大或者有其他严重情节的,处 3 年以下有期徒刑,并处或者单处罚金;违法所得数额巨大或者有其他特别严重情节的,处 3 年以上 10 年以下有期徒刑,并处罚金。

4. 注册商标专用权侵权纠纷的解决

对侵犯注册商标专用权的案件,首先由当事人协商解决;当事人不愿协商或者协商不成的,由商标注册人或者利害关系人请求工商行政管理部门处理,或向人民法院起诉。

1) 工商行政管理部门的处理

根据《商标法》的规定,商标注册人或者利害关系人对侵犯注册商标专用权的行为,可以请求工商行政管理部门进行处理。工商行政管理部门认定侵权行为成立的,责令立即停止侵权行为,没收、销毁侵权商品和专门用于制造侵权商品、伪造注册商标标识的工具,并可以处以罚款。当事人对处理决定不服的，可以自收到处理通知之日起 15 日内向人民法院起诉。侵权人期满不起诉又不履行的，工商行政管理部门可以申请人民法院强制执行。

2) 人民法院的处理

根据《商标法》的规定，商标注册人或者利害关系人对侵犯注册商标专用权的行为，可以向人民法院起诉。

商标注册人或者利害关系人有证据证明他人正在实施或者即将实施侵犯其注册商标专用权的行为，如不及时制止，将会使其合法权益受到难以弥补的损害的，可以在起诉前向人民法院申请采取责令停止有关行为和财产保全的措施。在证据可能灭失或以后难以取得的情况下，商标注册人或者利害关系人可以在起诉前向人民法院申请保全证据。

侵犯注册商标专用权的诉讼时效为 3 年，自商标注册人或者利害权利人知道或者应当知道侵权行为之日起计算。商标注册人或者利害关系人超过 3 年起诉的，如果侵权行为在起诉时仍在持续，在该注册商标专用权有效期限内，人民法院应当判决被告停止侵权行为，侵权损害赔偿数额应当自权利人向人民法院起诉之日起向前推算 3 年计算。

同步训练

一、单项选择题

1. 根据《中华人民共和国著作权法》的规定，下列各项中不受著作权法保护的对象是（　　）。
   A. 计算机软件　　　　　　　　　B. 口述作品
   C. 工程设计图　　　　　　　　　D. 时事新闻

2. 甲创作的一篇杂文，发表后引起较大轰动。该杂文被多家报刊、网站无偿转载。乙将该杂文译成法文，丙将之译成维文，均在国内出版，未征得甲的同意，也未支付报酬。下列选项正确的是（　　）。
   A. 报刊和网站转载该杂文的行为不构成侵权
   B. 乙和丙的行为均不构成侵权
   C. 乙的行为不构成侵权，丙的行为构成侵权
   D. 乙的行为构成侵权，丙的行为不构成侵权

3. 当事人甲于 2017 年 1 月 1 日在美国第一次提出"CPA"的注册商标申请，根据《商标法》的规定，甲在中国就相同商品以同一商标提出商标注册申请的，其申请在（　　）之前提出的，可以享有优先权。
   A. 2017年7月1日　　　　　　　B. 2018年1月1日
   C. 2018年7月1日　　　　　　　D. 2019年1月1日

4. 甲公司获得了某医用镊子的实用新型专利，不久后乙公司自行研制出相同的镊子，并通过丙公司销售给丁医院使用。乙、丙、丁都不知道甲已经获得该专利。下列选项正确的是（　　）。
   A. 乙的制造行为不构成侵权
   B. 丙的销售行为不构成侵权

C. 丁的使用行为不构成侵权
D. 丙和丁能证明其产品的合法来源，不承担赔偿责任

5. 甲经乙许可将乙的小说(在著作权保护期内)改编成电影剧本，丙获得该电影剧本手稿后，未征得甲乙的同意，将该剧本编成电视剧剧本并予以发表。下列关于丙的行为的说法，正确的是( )。

A. 侵犯了甲的著作权，但未侵犯乙的著作权
B. 侵犯了乙的著作权，但未侵犯甲的著作权
C. 同时侵犯了甲和乙的著作权
D. 不构成侵权

6. 某地区花果山市出产的鸭梨营养丰富，口感独特，远近闻名，当地有关单位拟对其采取的以下保护措施中( )是合法的。

A. 将"花果山"申请注册为集体商标，使用于鸭梨上
B. 将鸭梨的形状申请注册为图形商标，使用于鸭梨上
C. 将鸭梨的形状申请注册为立体商标，使用于鸭梨上
D. 将"香梨"申请注册为文字商标，使用于鸭梨上

7. 根据我国《商标法》的规定，不能申请商标的是( )。

A. 三维标志
B. 单一颜色
C. 大自然的声音
D. 英文字母与阿拉伯数字的组合

8. 甲公司发明了一款车载空调并获得了专利，随后乙公司自己研发出了相同的技术生产了车载空调，并向丙公司销售了一批该空调，丁汽车公司从丙公司购买一批该车载空调安装于其生产的汽车上，戊从丁公司支付合理对价后购买一辆汽车开展运输业务。关于甲公司获得专利，乙公司的研发销售等行为，丙、丁、戊均不知情。下列说法正确的是( )。

A. 乙公司自己研发的技术并实施，没有侵犯甲公司的专利权
B. 丙公司不知情且有合法的购货来源，所以没有侵犯甲公司的专利权
C. 丁公司应当承担赔偿责任
D. 戊公司可以不停止使用

二、多项选择题

1. 根据《民法典》的规定，下列各项中属于知识产权保护客体的有( )。

A. 工业品外观设计
B. 商业秘密
C. 地理标志
D. 集成电路布图设计

2. 根据《著作权法》的规定，下列各项中不属于创作的是( )。

A. 为他人创作进行组织工作
B. 为他人创作提供咨询意见
C. 为他人创作提供物质条件
D. 为他人创作进行辅助工作

3. 根据《专利法》及其实施细则的规定，下列各项中属于职务发明创造的有( )。

A. 在本职工作中作出的发明创造
B. 履行本单位交付的本职工作之外的任务所作出的发明创造
C. 退休、退职或调动工作后1年内作出的与其在原单位承担的本职工作有关的发明创造

D. 主要利用本单位的物质技术条件完成的发明创造

4. 甲电视台获得了某歌星演唱会的现场直播权，乙电视台未经许可对甲电视台直播的演唱会实况进行转播，丙广播电台经过许可将现场演唱制作成CD，丁音像店从正规渠道购买到CD用于出租，戊未经许可将丙广播电台播放的演唱会录音录下后上传到网站上传播。下列选项正确的是( )。

A. 甲电视台有权禁止乙电视台的转播
B. 乙电视台侵犯了该歌星的表演者权
C. 丁音像店应取得该歌星或丙广播电台的许可并向其支付报酬
D. 戊的行为应取得丙广播电台的许可并应向其支付报酬

5. 根据商标法律制度的规定，下列构成侵犯注册商标专用权的有( )。

A. 甲复制乙注册的驰名商标，在不相同商品上作为商标使用，误导公众，致使乙的利益受到损害
B. 丙销售不知道是侵犯乙的注册商标权的商品，且证明了该商品是合法取得的
C. 未经商标注册人乙同意，丁更换乙商品上的注册商标并将该更换商标的商品用于个人消费
D. 戊擅自制造乙的注册商标标识，并将其卖给第三人庚

6. 某农业大学研究开发出"无籽西瓜新品种及培育方法"，就此发明拟向中国专利局申请专利。下列各项中可以申请专利的是( )。

A. 西瓜新品种的培育方法 B. 西瓜新品种
C. 培育无籽西瓜的方法 D. 用于无籽西瓜生长的除草剂

7. 商标注册申请人自其在某外国第一次提出商标注册申请之日起6个月内，又在中国就相同商品以同一商标提出注册申请的，依据下列( )情形可享有优先权。

A. 该外国同中国签订的协议 B. 该外国同中国共同参加的国际条约
C. 该外国同中国相互承认优先权 D. 该外国同中国有外交关系

8. 关于注册商标的无效宣告，下列说法错误的是( )。

A. 注册商标的无效宣告不能由商标局依职权提出
B. 对恶意注册的，驰名商标所有人申请宣告注册商标无效，不受时间限制
C. 注册商标被宣告无效，该注册商标专用权视为自始即不存在
D. 注册商标的无效宣告，对此前法院作出并已执行的商标侵权判决具有溯及力

解决几个大问题

1. 约翰，英国人，2017年1月完成一项有关齿轮变速技术的发明创造，2017年2月5日就该发明创造在英国提起专利申请，2018年3月在英国获得发明专利权。2017年6月3日约翰就该发明创造在中国提起专利申请。

(1) 若我国公民陈某2016年12月完成同样的发明创造，2017年3月7日就同样的发明创造向我国专利部门提出申请，若该专利申请符合实质性要求，该项专利权应授予约翰还是陈某，为什么？

(2) 若该发明创造2018年12月在中国获得专利权，张某在该专利申请日以前已经制造相

同产品,在2019年2月在原有范围内继续制造,张某是否侵犯了其专利权?为什么?

(3) 2019年4月,赵某在某大型商场购得黄某制造的相同产品,有合法发票为证明,赵某购买后进行零售,该行为是否侵犯了其专利权?为什么?

(4) 凯文系在美国登记的轮船船主,2019年1月临时通过中国领海,为其轮船安装了上述专利产品,其行为未经专利权人的同意,是否侵犯了其专利权?为什么?

2. 邯郸某食品厂是"乐华"注册商标的商标权人,该商标使用在罐头商品上,沧州某厂在罐头上使用未注册商标"月华"牌,且包装与"乐华"商品类似。北京某仓储公司帮助沧州某厂运输、存储"月华"罐头并在北京某商场销售。请回答问题:

(1) "月华"与"乐华"是否构成商标近似?为什么?

(2) 沧州某厂的商标是否侵犯了"乐华"的商标权?为什么?

(3) 北京某仓储公司是否应承担责任?

(4) 北京某商场是否应承担责任?

3. 2020年1月,李某创作了一篇散文《秋天》在A杂志上发表,好评如潮。一个月后,该篇散文被B报全文转载,B报随后以其转载稿费标准通过邮局向李某寄出来稿费。2021年3月,刘某自己汇编一本散文集《散文佳作欣赏》,并在C出版社出版。D网站在2021年4月将上述散文集全文上载。结合以上事实,请回答如下问题:

(1) B报社是否侵权了李某的著作权?为什么?

(2) 刘某和C出版社是否侵犯了李某的著作权?为什么?

(3) D网站是否侵犯了李某的著作权?为什么?

1. 将班级同学分成4个小组,扮演4种角色,即商标申请人、商标局工作人员、异议人、商标复审工作人员,模拟商标申请授权的程序。

2. 在中国庭审公开网(http://tingshen.court.gov.cn/)上选取著作权、专利权、商标权纠纷相关案例进行观看,了解庭审程序和纠纷的法律争点。

推荐书目:

1.《企业知识产权法律合规管理实务指南》,王函、潘志成著,人民法院出版社,2022年版。

2.《企业知识产权管理:操作实务与法律风险防范(第二版)》,王小兵著,中国法制出版社,2022年版。

推荐资源:

1. 进入中国大学慕课官网搜索"知识产权"关键字,获得课程资源。

2. 进入网易云课堂官网搜索"知识产权"关键字,获得课程资源。

第 8 章 竞争法律制度

◎ 任务清单

序号	任务	要求
1	竞争和竞争法的概念	了解
2	商业贿赂行为、虚假宣传行为、不正当有奖销售行为、诋毁商誉行为	掌握
3	混淆行为、侵犯商业秘密行为、互联网领域不正当竞争行为	理解
4	垄断行为的概念、反垄断法的适用范围、反垄断调查机制	掌握
5	垄断协议、滥用市场支配地位行为、经营者集中	理解
6	滥用行政权力排除限制竞争	掌握

◎ 法律法规提示

《中华人民共和国反不正当竞争法》(2019 年 4 月 23 日),《最高人民法院关于适用〈中华人民共和国反不正当竞争法〉若干问题的解释》(2022 年 1 月 29 日),《中华人民共和国反垄断法》(2022 年 6 月 24 日),《国务院关于经营者集中申报标准的规定》(2018 年 9 月 18 日)。

《中华人民共和国反不正当竞争法》　《最高人民法院关于适用〈中华人民共和国反不正当竞争法〉若干问题的解释》　《中华人民共和国反垄断法》　《国务院关于经营者集中申报标准的规定》

◎ 思考题

浙江省金华市的徐某等 6 名水果经销商分别在陕西、甘肃、山西等地收购当地产的苹果，共购进此类苹果 9100 余箱，计 5 万余公斤，价值 30 万元，装进印有"阿克苏糖心苹果"和"产地：新疆阿克苏"等字样的纸箱，运往金华市，存放在不同冷库，以待春节前旺季销售。经新疆维吾尔自治区阿克苏地区的商标权利人鉴定均为假冒"阿克苏糖心苹果"。你认为徐某等人的行为是否违反了《中华人民共和国反不正当竞争法》(以下简称《反不正当竞争法》)的规定？

思考题解析

8.1 竞争法律制度概述

8.1.1 竞争和竞争法的概念

竞争法上所讲的竞争即市场竞争，是指具有不同经济利益的两个以上的经营者，为争取自身利益最大化，以其他利益关系人为对手，采用各种商业策略，争取交易机会而进行的相互争胜的活动。

竞争法是反不正当竞争法和反垄断法的合称。因此，竞争法是指调整在反对垄断和反对不正当竞争过程中发生的社会关系的法律规范的总称。竞争法所调整的竞争关系是国家对市场竞争进行控制、管理和协调过程中所形成的关系，这种关系既包括市场主体之间的横向竞争关系，也包括国家对市场竞争进行控制、管理和协调而形成的纵向竞争管理关系。

8.1.2 反不正当竞争法与反垄断法的关系

我国既有反不正当竞争立法，又有反垄断立法，均属调整市场竞争关系的法律，两者相互配合、相互补充，共同规范经营者的竞争行为，维护市场秩序，在根本上都有利于维护竞争者和消费者的合法利益。打破垄断和引入竞争是反不正当竞争法的目的，反垄断法又为反不正当竞争法的执行提供保障。但是，从立法目的上两者存在差异。

反不正当竞争法主要是反对经营者出于竞争的目的，违反市场交易中诚实信用的原则和公认的商业道德，通过不正当的手段攫取他人竞争优势的行为。因此，它首先保护的是受不正当竞争行为损害的善意经营者的利益，以维护公平竞争的市场秩序。从这个意义上说，反不正当竞争法所追求的价值理念是公平竞争。

反垄断法则是从维护市场的竞争性出发，目的是保证市场上有足够的竞争者，以便使交易对手和消费者在市场上有选择商品的权利。只有当市场上出现了垄断或者垄断趋势的时候，政府方可干预市场，降低市场集中度。因此，反垄断法所追求的价值理念是自由竞争，目的是保障企业有自由参与市场竞争的权利，提高经济效益和消费者的社会福利。

> **法智箴言**
>
> 近年来,人们对一些垄断企业"羡慕嫉妒恨"。其背后,正是由于竞争不足所形成的利益关系扭曲。只有培育市场公平,才能更好地鼓励各类企业平等竞争。只有大力推进市场化改革,让自由竞争激发效率、重塑公平,收入差距才能逐步缩小。

8.2 反不正当竞争法

8.2.1 反不正当竞争法概述

1. 不正当竞争行为的概念

不正当竞争行为,是指经营者在生产经营活动中,违反法律规定,扰乱市场竞争秩序,损害其他经营者或者消费者的合法权益的行为。不正当竞争的主体是经营者,即从事商品经营和营利性服务的法人、其他经济组织和个人;与经营者在生产经营活动中存在可能的争夺交易机会、损害竞争优势等关系的市场主体,可以认定为受损害的"其他经营者"。

2. 反不正当竞争法的概念

反不正当竞争法,是指所有有关于反不正当竞争的法律规范的总称。在我国,反不正当竞争法首先是指《中华人民共和国反不正当竞争法》,《中华人民共和国民法典》《中华人民共和国消费者权益保护法》《中华人民共和国商标法》《中华人民共和国专利法》《中华人民共和国著作权法》《中华人民共和国价格法》《中华人民共和国广告法》等法律法规中也包含了关于反不正当竞争的内容。

8.2.2 不正当竞争行为的表现形式

1. 混淆行为

混淆行为是指行为人通过使用与他人商品相同或相似的标识或表征,引人误认为是他人商品或者与他人存在特定联系,包括误认为与他人具有商业联合、许可使用、商业冠名、广告代言等特定联系。

(1) 擅自使用与他人有一定影响的商品名称、包装、装潢等相同或者近似的标识,足以使购买者误认为是该有一定影响的商品。在相同商品上使用相同或者视觉上基本无差别的商品名称、包装、装潢等标识,应当视为足以造成与他人有一定影响的标识相混淆。

有一定影响的商品,是指在市场上具有一定知名度,为相关公众所知悉的商品。有一定影响的商品名称,是指有一定影响的商品独有的与通用名称有显著区别的商品名称。商品的装潢通常是指为识别和美化商品而在商品或者其包装上附加的文字、图案、色彩及其排列组合;由经营者营业场所的装饰、营业用具的式样、营业人员的服饰等构成的具有独特风格的整体营业形象,可以认定为"装潢"。

在不同地域范围内使用相同或者近似的有一定影响的商品名称、包装、装潢，在后使用者能够证明其善意使用的，不构成此项不正当竞争行为。因后来的经营活动进入相同地域范围而使其商品来源足以产生混淆，在先使用者有权要求在后使用者附加足以区别商品来源的其他标识。

(2) 擅自使用他人有一定影响的企业名称(包括简称、字号等)、社会组织名称(包括简称等)、姓名(包括笔名、艺名、译名、网名等)。企业名称是企业重要的营业标识，消费者或者购买者可以以此识别商品来源，评价商业信誉。社会组织名称、姓名与特定商品联系起来时，也能起到这样的作用。所以，经营者凡未经他人许可而在市场中使用他人有一定影响的企业名称、社会组织名称、姓名，就会造成消费者或者购买者的误认。

(3) 擅自使用他人有一定影响的域名主体部分、网站名称、网页等。擅自使用他人有一定影响的域名主体部分、网站名称、网页等，足以造成相关公众误认的，构成不正当竞争，即模仿他人有一定影响的域名、网站、网页等，将受到反不正当竞争法的规制，这对于规范网络环境，保护互联网企业有着重要作用。

(4) 其他足以引人误认为是他人商品或者与他人存在特定联系的混淆行为。除前述行为外，行为人实施的故意模仿、抄袭他人标识的行为几乎都将被认为是混淆行为。

【大家讲坛 8-1】
某食品公司与某保健酒厂达成口头委托生产协议，委托该保健酒厂生产××牌增力酒，具体生产根据当事人的订单安排。根据协议，食品公司负责产品包装设计，保健酒厂负责××牌增力酒配方、原材料采购和生产事宜。经查证，某食品公司委托他人生产并自行经销的××牌增力酒和劲牌有限公司的劲牌保健酒在外观包装上十分近似。

某食品公司的行为属于哪种不正当竞争行为？

【解析】某食品公司擅自使用与劲牌有限公司有一定影响商品近似的包装、装潢，误导消费者，属于《反不正当竞争法》规定的混淆行为。

2. 商业贿赂行为

商业贿赂行为是指经营者为争取交易机会，暗中给予交易对方有关人员或者其他能影响交易的相关人员以财物或其他好处的行为。经营者不得采用财物或者其他手段贿赂单位或者个人，包括交易相对方的工作人员；受交易相对方委托办理相关事务的单位或者个人；利用职权或者影响力影响交易的单位或者个人，以谋取交易机会或者竞争优势。

经营者在交易活动中，可以以明示方式向交易相对方支付折扣，或者向中间人支付佣金。经营者向交易相对方支付折扣、向中间人支付佣金的，应当如实入账。接受折扣、佣金的经营者也应当如实入账。回扣与正当的折扣、佣金是有区别的。折扣和佣金必须如实入账，而回扣是账外暗中进行的。在账外暗中给予对方单位或者个人回扣的，以行贿论处；对方单位或者个人在账外暗中收受回扣的，以受贿论处。

经营者的工作人员进行贿赂的，应当认定为经营者的行为；但是，经营者有证据证明该工作人员的行为与为经营者谋取交易机会或者竞争优势无关的除外。

3. 虚假宣传行为

虚假宣传行为是指经营者利用广告或者其他方法，对商品的性能、功能、质量、销售状况、用户评价、曾获荣誉等作虚假或者引人误解的商业宣传，欺骗、误导消费者。经营者不得通过组织虚假交易等方式，帮助其他经营者进行虚假或者引人误解的商业宣传。

经营者具有下列行为之一，欺骗、误导相关公众的，可以认定为"引人误解的商业宣传"：①对商品作片面的宣传或者对比；②将科学上未定论的观点、现象等当作定论的事实用于商品宣传；③使用歧义性语言进行商业宣传；④其他足以引人误解的商业宣传行为。广告经营者、广告发布者，以明显的夸张方式宣传商品，不足以造成相关公众误解的，不属于引人误解的虚假宣传行为。

广告经营者、广告发布者除按《反不正当竞争法》承担法律责任外，还应根据《广告法》等法律规定承担相应的法律责任。(参见第 10 章 "消费者权益争议的解决" 部分)

【大家讲坛 8-2】

某公司为了提升其天猫店铺"双十一"促销活动的排名，获得更多的人气和销量，安排 2 名员工在网上销售时，采取"刷单"的形式虚构交易，共计虚构交易 233 单，虚假交易额 44 498 元，支付刷单佣金 1398 元。

某公司的行为属于不正当竞争行为的哪种表现形式？

【解析】某公司通过组织虚假交易方式进行虚假或者引人误解的商业宣传，属于《反不正当竞争法》规定的虚假宣传行为。

4. 侵犯商业秘密行为

商业秘密，是指不为公众所知悉、具有商业价值并经权利人采取相应保密措施的技术信息、经营信息等商业信息。侵犯商业秘密行为是指以不正当手段获取、披露、使用他人商业秘密的行为。该行为有以下表现。

(1) 以盗窃、贿赂、欺诈、胁迫、电子侵入或者其他不正当手段获取权利人的商业秘密。盗窃商业秘密既包括内部知情人员盗窃权利人的商业秘密，也包括外部人员盗窃权利人的商业秘密；贿赂手段是指行为人通过向掌握或了解商业秘密的有关人员直接提供财物或提供其他优厚条件，以排斥竞争对手，获得更大利益的行为；欺诈手段是指行为人以使掌握或了解权利人的商业秘密的有关人员发生错误认识为目的的故意行为；胁迫手段是指行为人威胁、强迫掌握或了解权利人的商业秘密的有关人员的行为。

(2) 披露、使用或者允许他人使用以前项手段获取的权利人的商业秘密。"以前项手段"是指以盗窃、贿赂、欺诈、胁迫或其他不正当手段。以这些手段获取的权利人的商业秘密，都是以不正当手段获取的。因此，获取者再向第三人披露、自己使用或允许第三人使用自然也是不正当的。

(3) 有义务保守商业秘密的人披露、使用或者允许他人使用其所掌握的商业秘密。根据法律和合同，掌握或了解权利人商业秘密的人，应当遵守有关保密协议或权利人的保密要求，擅自披露、自己使用或允许他人使用其所掌握或了解的商业秘密，不仅是一种违约行为，而且是侵犯商业秘密的不正当竞争行为。

(4) 教唆、引诱、帮助他人侵犯商业秘密的行为。教唆、引诱、帮助他人违反保密义务或者违反权利人有关保守商业秘密的要求，获取、披露、使用或者允许他人使用权利人的商业秘密。

第三人明知或者应知商业秘密权利人的员工、前员工或者其他单位、个人实施前款所列违法行为，仍获取、披露、使用或者允许他人使用该商业秘密的，视为侵犯商业秘密。

5. 不正当有奖销售行为

不正当有奖销售行为是指经营者违反诚实信用原则和公平竞争原则，利用物质、金钱或其他经济利益引诱购买者与之交易，排挤竞争对手的不正当竞争行为。

有奖销售的方式大致可分为两种：一种是奖励给所有购买者的附赠式有奖销售；另一种是奖励部分购买者的抽奖式有奖销售。法律并不禁止所有的有奖销售行为，作为经营者的一种促销手段，对市场竞争秩序有着双重的影响：符合商业道德且限定在一定范围内的有奖销售，能促进商品的流通和合理竞争；超过一定的范围或采取不正当手段进行有奖销售，导致价格信号失真，引诱消费者作出非理性消费，扰乱市场秩序。

我国《反不正当竞争法》规定，经营者不得从事下列有奖销售：所设奖的种类、兑奖条件、奖金金额或者奖品等有奖销售信息不明确，影响兑奖；采用谎称有奖或者故意让内定人员中奖的欺骗方式进行有奖销售；抽奖式的有奖销售，最高奖的金额超过5万元。

6. 诋毁商誉行为

诋毁商誉行为是指经营者编造、传播虚假信息或者误导性信息，损害竞争对手的商业信誉、商品声誉，从而削弱其竞争力的行为。商业信誉是社会对经营者商业道德、商业品质、价格、服务等方面的综合性积极评价，商品声誉则是社会对特定商品品质、性能的积极评价，两者都是经营者投入一定的金钱、时间及精力才取得的，能给经营者带来市场竞争优势。

【大家讲坛8-3】
森德公司专门生产实木家具。为了扩大销售量，该公司以专家身份告诫用户当地的复合板家具容易变形且甲醛含量过高，使得当地复合板家具销量锐减。后经有关部门质量鉴定，证明当地的复合板家具完全符合质量标准，不存在上述危害。

森德公司的上述行为属于什么性质？

【解析】森德公司为提高销售量，故意编造虚假事实，诋毁复合板家具公司的商业信誉，给复合板家具公司造成了巨大损失，属于诋毁商誉行为，构成了不正当竞争。

7. 互联网领域不正当竞争行为

经营者利用网络从事生产经营活动，不得利用技术手段，通过影响用户选择或者其他方式，实施下列妨碍、破坏其他经营者合法提供的网络产品或者服务正常运行的行为。

(1) 未经其他经营者同意，在其合法提供的网络产品或者服务中，插入链接、强制进行目标跳转。

(2) 误导、欺骗、强迫用户修改、关闭、卸载其他经营者合法提供的网络产品或者服务。

(3) 恶意对其他经营者合法提供的网络产品或者服务实施不兼容。

(4) 其他妨碍、破坏其他经营者合法提供的网络产品或者服务正常运行的行为。

法智箴言

习近平同志在中国共产党第二十次全国代表大会的报告中强调：弘扬中华传统美德，推动明大德、守公德、严私德，提高人民道德水准和文明素养；弘扬诚信文化，健全诚信建设长效机制。经营者在生产经营活动中的不正当竞争行为，不仅违反法律和公认的商业道德，也与中华传统美德和现代文明素养背道而驰。

8.2.3 不正当竞争行为的法律责任

1. 民事责任

经营者违反法律规定,给他人造成损害的,应当依法承担民事责任。因不正当竞争行为受到损害的经营者的赔偿数额,按照其因被侵权所受到的实际损失确定;实际损失难以计算的,按照侵权人因侵权所获得的利益确定。经营者恶意实施侵犯商业秘密行为,情节严重的,可以在按照上述方法确定数额的 1 倍以上 5 倍以下确定赔偿数额。赔偿数额还应当包括经营者为制止侵权行为所支付的合理开支。

经营者有混淆行为和侵犯商业秘密行为的,权利人因被侵权所受到的实际损失、侵权人因侵权所获得的利益难以确定的,由人民法院根据侵权行为的情节判决给予权利人 500 万元以下的赔偿。

2. 行政责任

经营者实施混淆行为的,由监督检查部门责令停止违法行为,没收违法商品。违法经营额 5 万元以上的,可以并处违法经营额 5 倍以下的罚款;没有违法经营额或者违法经营额不足 5 万元的,可以并处 25 万元以下的罚款。情节严重的,吊销营业执照。经营者登记的企业名称违反《反不正当竞争法》第六条规定的,应当及时办理名称变更登记;名称变更前,由原企业登记机关以统一社会信用代码代替其名称。

经营者贿赂他人的,由监督检查部门没收违法所得,处 10 万元以上 300 万元以下的罚款。情节严重的,吊销营业执照。

经营者对其商品作虚假或者引人误解的商业宣传,或者通过组织虚假交易等方式帮助其他经营者进行虚假或者引人误解的商业宣传的,由监督检查部门责令停止违法行为,处 20 万元以上 100 万元以下的罚款;情节严重的,处 100 万元以上 200 万元以下的罚款,可以吊销营业执照。经营者发布虚假广告的,依照《广告法》的规定处罚。

经营者以及其他自然人、法人和非法人组织侵犯商业秘密的,由监督检查部门责令停止违法行为,没收违法所得,处 10 元以上 100 万元以下的罚款;情节严重的,处 50 万元以上 500 万元以下的罚款。

经营者违反《反不正当竞争法》进行有奖销售的,由监督检查部门责令停止违法行为,处 5 万元以上 50 万元以下的罚款。

经营者损害竞争对手商业信誉、商品声誉的,由监督检查部门责令停止违法行为、消除影响,处 10 万元以上 50 万元以下的罚款;情节严重的,处 50 万元以上 300 万元以下的罚款。

经营者妨碍、破坏其他经营者合法提供的网络产品或者服务正常运行的,由监督检查部门责令停止违法行为,处 10 万元以上 50 万元以下的罚款;情节严重的,处 50 万元以上 300 万元以下的罚款。

3. 刑事责任

对情节严重、构成犯罪的不正当竞争行为,应当依法追究其刑事责任。

8.3 反垄断法

8.3.1 反垄断法概述

1. 垄断行为的概念

垄断的原意是独占,即一个市场上只有一个经营者。竞争法所说的垄断行为,是指经营者以独占或有组织联合等形式,凭借其经济优势或行政权力,操纵或支配市场,限制或排斥竞争的反竞争行为。垄断行为包括:经营者达成垄断协议;经营者滥用市场支配地位;具有或者可能具有排除、限制竞争效果的经营者集中。

2. 反垄断法的适用范围

我国的反垄断法主要是指《中华人民共和国反垄断法》(以下简称《反垄断法》),广义上的反垄断法还包括《中华人民共和国价格法》《中华人民共和国对外贸易法》等其他法律法规中的相关规范。就适用地域而言,一般一国法律适用的地域范围仅限于本国境内,但《反垄断法》的适用范围不仅包括本国境内,而且涉及境外。中国境外的垄断行为,对境内市场竞争产生排除、限制影响的,也可适用我国《反垄断法》。就适用主体而言,《反垄断法》通常适用于从事商品生产、经营或者提供服务的自然人、法人和其他组织,但我国还存在一定形式的"行政垄断",所以适用主体还包括滥用行政权力排除、限制竞争行为的行政机关和法律法规授权的具有管理公共事务职能的组织。

同时,为了促进科技进步、保护幼稚产业或者弱势团体,维护全体或者长远的社会公共利益,对于某些领域、某些行业还需承认、维持某种垄断。我国反垄断法秉持上述理念,同时借鉴国外立法经验,对不适用反垄断法的领域及行业作出了规定。

(1) 为鼓励创新和科技进步,赋予知识产权权利人以垄断权,经营者依照有关知识产权的法律法规行使知识产权的行为,不适用《反垄断法》;但是,经营者滥用知识产权,排除、限制竞争的行为适用《反垄断法》。

(2) 为弱化农业领域的竞争风险,稳定农民收入,农业生产者及农村经济组织在农产品生产、加工、销售、运输、储存等经营活动中实施的联合或者协同行为,不适用《反垄断法》。

3. 反垄断调查机制

1) 调查机构

国务院设立反垄断委员会,负责组织、协调、指导反垄断工作。国务院反垄断执法机构负责反垄断统一执法工作。国务院反垄断执法机构根据工作需要,可以授权省、自治区、直辖市人民政府相应的机构,依照《反垄断法》规定负责有关反垄断执法工作。

国家市场监督管理总局负责反垄断统一执法,统筹推进竞争政策实施,指导实施公平竞争审查制度,依法对经营者集中行为进行反垄断审查,负责垄断协议、滥用市场支配地位和滥用行政权力排除、限制竞争等反垄断执法工作,指导企业在国外的反垄断应诉工作;承担国务院反垄断委员会日常工作。

2) 调查程序

反垄断执法机构可以依举报人举报对涉嫌垄断的行为立案调查;也可以是依职权主动立案

调查。在立案后应采取进入有关场所进行检查，询问有关人员，查阅、复制有关资料，查扣相关证据，查询经营者的银行账户等措施进行调查。在对涉嫌垄断行为调查核实后，认为构成垄断行为的，应当依法作出处理决定，并可以向社会公布。

3) 当事人的义务

调查者对执法过程应保守知悉的商业秘密，应保障被调查的经营者和利害关系人依法能够充分行使知悉权、陈述权、申辩权参与调查程序。认为构成垄断行为的，应当依法作出处理决定，并可以向社会公布。被调查的经营者、利害关系人或者其他有关单位或者个人应当配合反垄断执法机构依法履行职责，不得拒绝、阻碍反垄断执法机构的调查。

> **法智箴言**
>
> 强化反垄断、深入推进公平竞争政策实施，是完善社会主义市场经济体制的内在要求。要从构建新发展格局、推动高质量发展、促进共同富裕的战略高度出发，促进形成公平竞争的市场环境，为各类市场主体，特别是中小企业创造广阔的发展空间，更好保护消费者权益。

8.3.2 垄断协议

垄断协议，也称限制竞争的协议，即两个或两个以上的经营者以协议、决议或者其他联合方式实施的限制竞争行为。经营者不得组织其他经营者达成垄断协议或者为其他经营者达成垄断协议提供实质性帮助。同时，行业协会不得组织本行业的经营者达成垄断协议。垄断协议主要可分为以下两种。

1. 横向垄断协议

横向垄断协议，是指具有竞争关系的经营者之间或处于产业链同一环节的经营者之间达成的，旨在排除、限制竞争或者实际上具有排除、限制竞争效果的协议、决定或者其他协同一致的行为。横向垄断协议包括以下几种。

1) 固定价格协议

固定价格协议通过人为操纵扭曲市场价格信号，屏蔽市场竞争机制，垄断商品价格，严重损害消费者利益。固定价格协议最基本的方式是经营者之间通过协议统一确定、维持商品的价格，或统一提高商品价格，或对经营者定价过程设定统一的限制标准，从而限制经营者之间的价格竞争。

2) 限制数量协议

限制数量协议，是指参与垄断协议的经营者通过限制相关市场上商品的生产或销售数量，间接控制商品价格的垄断协议。实践中，限制数量的协议与价格垄断协议往往合并使用，以保证和巩固价格垄断的实现和维持。

3) 分割市场协议

分割市场协议，是经营者之间达成划分地域、客户和产品的协议。划分地域即经营者各自在约定的地域范围销售或采购，相互不跨区活动；划分客户是经营者针对各自约定的采购或销售对象，互不向他方的客户销售或采购；划分产品是约定各自经营的产品类型。这类协议使经营者在各自市场内取得垄断地位，进而可以自由定价，获取垄断利润。

4) 限制技术协议

限制技术协议可以缓解经营者的竞争压力，在不增加开发投入成本的基础上维持现有产品的供求平衡、价格和利润。但这类协议限制了经营者通过创新进行竞争，妨碍科技创新和社会进步。

5) 抵制交易协议

抵制交易协议，是指具有竞争关系的经营者联合杜绝与其他的特定经营者进行交易的行为。这类协议常用来惩罚违反或不配合固定价格协议的同行，还可以被用来要挟客户接受其价格或其他条件，迫使他们停止与其他任何竞争对手进行交易。达到限制竞争，减少消费者选择机会，抬高商品价格的效果。

6) 其他垄断协议

其他垄断协议，是指国务院反垄断执法机构认定的，包括利用行业规则限制竞争、限制其他经营者进入，以及《反不正当竞争法》规定的串通招投标行为等。

2. 纵向垄断协议

纵向垄断协议，是指经营者在向其他经营者提供商品的过程中，设定其向第三人转售商品的价格或者其他排除、限制竞争的交易条件，即在不同生产经营阶段的上下游经营者，包括供应商与销售商、生产商与批发商、批发商与零售商之间达成的限制竞争协议。其具体形式如下。

1) 维持转售价格协议

供应商通过合同对销售商的最终销售价格进行固定或者作出不得低于某一价格水平的限制，对违反转售价格约定的行为进行惩罚，或者限制供应数量。

2) 地域或客户限制协议

供应商对不同销售商的销售区域和对象进行划分，严禁销售商越界销售。

3) 排他性交易协议

排他性交易协议也称独家交易，通常包括一个或者一系列协议，其中约定供应商同意在特定的地区内向销售商独家销售商品，或者销售商同意只从供应商购买用于转售的一类商品，或者双方当事人相互承担上述两个方面的约束。在订立地域或客户限制协议时双方常以排他性交易协议作为给予对方的补偿。例如销售商要求供应商给予销售商区域或客户范围内的独家分销权，供应商也会要求销售商不得代理任何竞争产品。

3. 垄断协议的适用除外

垄断行为限制了竞争，但并非当然都有危害。反垄断法在概括地禁止垄断的同时，也允许乃至鼓励某些垄断行为的存在，从而形成反垄断法上的适用除外制度。我国《反垄断法》规定的除外行为包括：为改进技术、研究开发新产品的；为提高产品质量、降低成本、增进效率，统一产品规格、标准或者实行专业化分工的；为提高中小经营者经营效率，增强中小经营者竞争力的；为实现节约能源、保护环境、救灾救助等社会公共利益的；因经济不景气，为缓解销售量严重下降或者生产明显过剩的；为保障对外贸易和对外经济合作中的正当利益的；农业生产者及农村经济组织在农产品生产、加工、销售、运输、储存等经营活动中实施的联合或者协同行为。

【大家讲坛 8-4】

2022 年 9 月，甲市机动车检测行业协会为抵制个别检测单位降价或变相降价，制定《工作方案》并通过会员《公约》，以行业自律之名要求全体会员不得降价或变相降价。为保证落实到位，还要求会员单位缴纳保证金。2023年前后，该协会多次倡导并讨论如何调整收费，制定统一调价方案并组织实施。自2023年6月4日起，协会31家会员单位同步执行新的收费标准，调整后的收费标准几乎完全相同。因集体同步统一涨价且涨价幅度较大，此事引发当地热议和媒体关注。

甲市机动车检测行业协会的行为属于我国《反垄断法》中提及的哪一种垄断行为？

【解析】甲市机动车检测行业协会通过协议，制定了统一收费标准及实施时间的垄断协议，并组织具有竞争关系的31家会员单位实施，限制经营者之间的价格竞争，属于横向垄断协议中的固定价格协议行为。

8.3.3 滥用市场支配地位行为

1. 滥用市场支配地位概述

市场支配地位，也称市场优势地位，是指经营者在相关市场内具有能够控制商品价格、数量或者其他交易条件，或者能够阻碍、影响其他经营者进入相关市场能力的市场地位。滥用市场地位行为是指具有市场支配地位的经营者凭借其市场支配地位实施的排挤竞争对手或不公平交易行为。

反垄断法一般只禁止滥用市场支配地位，而不禁止市场支配地位本身，这是因为市场支配地位的产生一般不违法。例如，在我国，向社会提供电力、电信、铁路、邮政、自来水等服务的公用事业企业基本上都占有市场支配地位。然而，它们的市场支配地位甚至垄断地位是因为政府的授权，这种市场支配地位是合法的。

2. 滥用市场支配地位的认定

滥用市场支配地位的认定须解决三个问题：如何界定相关市场；如何认定市场支配地位；如何认定滥用市场支配地位的行为。

1) 如何界定相关市场

相关市场是指经营者一定时期内就特定商品或者服务进行竞争的商品范围和地域范围。界定相关市场需要考虑三个因素：相关产品、相关地域和相关时间。

(1) 相关产品，是指根据产品(包括服务)的特性、价格和用途，消费者认为它们具有相互可替代性的所有产品。需求替代是对特定产品供货商最直接和最有效的约束力量。

(2) 相关地域，就是这些具有可替代性的相关产品所活动的地理范围。因为在这个地理范围内，这些相关产品开展竞争的条件是一致的，相关地域市场就能够与具有不同竞争条件的其他市场区别开来。根据具体案情，反垄断执法机构可能会将一个地方性的市场或整个国内市场视为相关地域市场。

(3) 在个别案件中，界定相关市场还需考虑竞争关系所发生的时间。例如，当一个限制竞争行为发生在展销会期间，或者限制竞争具有季节性。在这种情况下，界定相关市场就需要考虑时间的因素。

2) 如何认定市场支配地位

认定经营者具有市场支配地位，应当依据下列因素：该经营者在相关市场的市场份额，以及相关市场的竞争状况；该经营者控制销售市场或者原材料采购市场的能力；该经营者的财力和技术条件；其他经营者对该经营者在交易上的依赖程度；其他经营者进入相关市场的难易程度；与认定经营者市场支配地位有关的其他因素。下列情况可以推定经营者具有市场支配地位:一个经营者在相关市场的份额达到1/2的;两个经营者在相关市场的份额合计达到2/3的;三个经营者在相关市场的份额合计达到3/4的。其中有的经营者市场份额不足1/10的,不应推定具有市场支配地位;有证据证明不具有市场支配地位的经营者,不应当认定为具有市场支配地位。

3) 如何认定滥用市场支配地位的行为

(1) 以不公平的高价销售商品或者以不公平的低价购买商品。在市场缺乏竞争的情况下,当卖方拥有市场支配地位时,可能抬高价格盘剥买方;当买方拥有市场优势地位时,可能压低价格盘剥卖方。这两类不公平定价行为的目的在于获取超额的利润,而不是排挤竞争对手。

(2) 没有正当理由,以低于成本的价格销售商品。当具有市场支配地位的企业通过低于成本的掠夺性定价将竞争对手逐出市场后,再恢复垄断价格,将掠夺战中的损失捞回来。当具有销售鲜活商品,处理有效期限即将到期的商品或者其他积压的商品,季节性降价,因清偿债务、转产、歇业降价销售商品等正当理由时,以低于成本的价格销售商品行为不违法。

(3) 没有正当理由,拒绝与交易相对人进行交易。虽然根据合同自由原则经营者有权选择自己的交易伙伴,但对于具有市场支配地位的经营者而言,却具有与所有具备资格的交易相对人进行交易的义务。所以这些经营者没有正当理由,一般不得拒绝与其交易相对人进行交易,或限制交易数量与范围。

(4) 没有正当理由,限定交易相对人的交易,也称强制交易行为。通过强制交易,经营者限定交易相对人只能与其或者与其指定的经营者进行交易,限制交易相对人与自己的竞争者进行交易,从而达到抑制竞争者甚至将其逐出市场的目的。

(5) 没有正当理由搭售商品,或者在交易时附加其他不合理的交易条件。搭售及附加不合理交易条件行为,是指经营者利用其市场支配地位,在销售某种产品时强迫交易相对人购买其不愿购买的其他商品,或接受其他不合理条件。搭售的目的是将市场支配地位扩大到被搭售产品的市场上,或者妨碍潜在的竞争者进入。被搭售的商品与第一种商品须是两个独立的商品,如果两个商品从交易习惯或功能上看必须搭配使用,则不属于独立商品。

(6) 没有正当理由,对条件相同的交易相对人在交易价格等交易条件上实行差别待遇。其也称为差别待遇行为或价格歧视行为,其中价格歧视是差别对待中最常见的一种形式,即卖方无正当理由要求购买同一等级、同一质量商品的若干买主支付不同的价格,实际上限制了交易对象之间的竞争。

(7) 国务院反垄断执法机构认定的其他滥用市场支配地位的行为。

【大家讲坛8-5】

2013—2015年,伊士曼公司在中国大陆醇酯十二成膜助剂(用于商品乳液的成膜,如乳胶漆)市场长期保持较高市场份额,在财力条件等方面具有明显优势,客户对伊士曼公司存在较大程度的依赖。伊士曼公司与国内相关涂料客户签订并实施了具有限定交易效果的协议,促使相关涂料客户向伊士曼公司及其关联公司购买大部分甚至全部醇酯十二成膜助剂,使得其他竞争对手和潜在经营者无法通过正常竞争手段进入封锁市场。

伊士曼公司的行为属于我国《反垄断法》中提及的哪一种垄断行为?

【解析】伊士曼公司没有正当理由,通过限定交易相对人交易的协议,强制交易相对人只能与其或者与其指定的经营者进行交易,限制交易相对人与自己的竞争者进行交易,从而达到抑制竞争者甚至将其逐出市场的目的,属于滥用市场支配地位的垄断行为。

8.3.4 经营者集中

1. 经营者集中概述

经营者集中是指通过经营者之间合并，取得其他经营者的股份、资产以及通过合同等方式取得对其他经营者的控制权，或者能够对其他经营者施加决定性影响的情形。

反垄断法所称的经营者集中包括下列三种情形：一是经营者合并；二是经营者通过取得股权或者资产的方式获得对其他经营者的控制权；三是经营者通过人事兼任、委托经营合同等方式取得对其他经营者的控制权或者能够对其他经营者施加决定性影响。

根据参与集中的经营者在产业中的位置和相互关系，集中分为：横向集中，指因生产或销售同类产品，或者提供同种服务而具有相互直接竞争关系的经营者之间的集中；纵向集中，指同一产业中处于不同阶段，彼此之间不存在竞争关系，但有买卖关系的经营者之间集中；混合集中，是指生产经营的产品或服务在彼此没有关联的经营者之间的集中。

2. 经营者集中申报制度

经营者集中并不当然违法，但由于经营者集中有可能导致排除和限制竞争，所以要进行一定的政府管制，主要是采取申报审查制度。我国采用事前申报的强制申报制度，经营者集中达到国务院规定的申报标准的，应当事先向国务院反垄断执法机构申报。

1) 经营者集中的申报标准

(1) 参与集中的所有经营者上一会计年度在全球范围内的营业额合计超过 100 亿元人民币，并且其中至少两个经营者上一会计年度在中国境内的营业额超过 4 亿元人民币。

(2) 参与集中的所有经营者上一会计年度在中国境内的营业额合计超过 20 亿元人民币，并且其中至少两个经营者上一会计年度在中国境内的营业额超过 4 亿元人民币。

2) 申报的例外

属于关系极为紧密的关联企业之间的集中，可以免于申报。这些企业之间在集中前本来就已具有控制与被控制关系，集中不会产生或加强其市场支配地位。经营者集中有下列情形之一的，可以不向国务院反垄断执法机构申报：参与集中的一个经营者拥有其他每个经营者 50%以上有表决权的股份或者资产的；参与集中的每个经营者 50%以上有表决权的股份或者资产被同一个未参与集中的经营者拥有的。

3. 经营者集中申报审查程序

1) 经营者集中申报

经营者向国务院反垄断执法机构申报集中，并提交下列文件、资料：申报书；集中对相关市场竞争状况影响的说明；集中协议；参与集中的经营者经会计师事务所审计的上一会计年度财务会计报告；国务院反垄断执法机构规定的其他文件、资料。

2) 初步审查程序

国务院反垄断执法机构应当自收到经营者提交的文件、资料之日起 30 日内，对申报的经营者集中进行初步审查，作出是否实施进一步审查的决定。国务院反垄断执法机构作出决定前，经营者不得实施集中；国务院反垄断执法机构逾期未作出决定的，经营者可以实施集中。

3) 进一步审查程序

国务院反垄断执法机构决定实施进一步审查的，应当自决定之日起 90 日内审查完毕，作出是否禁止经营者集中的决定。若作出禁止经营者集中的决定，应当说明理由。审查期间，经营者不得实施集中；国务院反垄断执法机构逾期未作出书面决定的，经营者可以实施集中。审查期间，经营者不得实施集中。

4. 经营者集中申报审查内容

(1) 参与集中的经营者在相关市场的市场份额及其对市场的控制力。经营者在相关市场的市场份额越大，对市场的控制力就越大，就越有能力自主决定在市场上的交易条件，就越有可能排挤竞争对手或者损害消费者的利益。

(2) 相关市场的市场集中度。市场集中度与市场支配地位有着密切的联系，市场集中度越高，产生或者加强市场支配地位的可能性也就越大，具有排除或者限制竞争效果的可能性也会越大。

(3) 经营者集中对市场进入、技术进步的影响。集中后的经营者在没有竞争压力的情况下可能不再有技术创新的动力，所以在进行经营者集中审查时，也要考虑对技术进步的影响。

(4) 经营者集中对消费者和其他有关经营者的影响。其主要是指拟实施的集中是否有利于消费者更加方便，并有更多选择的机会以获得优质产品和服务，或是否有利于其他经营者开展经营活动。

(5) 经营者集中对国民经济发展的影响。其主要指从宏观的角度判断拟实施的经营者集中对国民经济发展是否将产生不利影响。

(6) 国务院反垄断执法机构认为应当考虑的影响市场竞争的其他因素。

5. 经营者集中申报审查决定

根据不同情况，国务院反垄断执法机构应作出以下不同决定。

(1) 经营者集中具有或者可能具有排除、限制竞争效果的，应当作出禁止决定。

(2) 经营者集中不具有排除、限制竞争效果的，或者国务院反垄断执法机构虽认为经营者集中具有或者可能具有排除、限制竞争效果，但是经营者能够证明该集中对竞争产生的有利影响明显大于不利影响或者符合社会公共利益的，可以作出不予禁止的决定。

(3) 对不予禁止的经营者集中，可以决定附加减少集中对竞争产生不利影响的限制性条件，即作出附条件的不予禁止决定。

6. 经营者集中国家安全审查

国家对经营者集中实施的审查，除了反垄断审查外，对外资并购国内企业，可能影响国家安全的，还应当按照国家有关规定进行"国家安全审查"。如禁止外商投资"危害国家安全或者损害社会公共利益"的项目，以及"运用我国特有工艺或者技术生产产品"的项目。"外国投资者并购境内企业取得实际控制权，涉及重点行业，可能影响国家经济安全的，或者并购导致拥有驰名商标或中华老字号的境内企业实际控制权转移的"，须向商务部申报审查等。

8.3.5 滥用行政权力排除、限制竞争

1. 滥用行政权力排除、限制竞争的概念

滥用行政权力排除、限制竞争，即通常所说的"行政性垄断"，是指行政机关和法律法规授权的具有管理公共事务职能的组织滥用行政权力，排除、限制竞争的行为。行政性垄断与普

通的市场性垄断有共同的本质，即排除、限制竞争，从而损害市场绩效，减损消费者福利。此外，由于政府具有公共管理的职能和权力，具有制订、颁布规范性文件等行政手段，因此，行政性垄断的危害可能比市场性垄断更加严重。

2. 滥用行政权力排除、限制竞争的行为

1) 地区封锁

地区封锁是指行政机关和法律、法规授权的具有管理公共事务职能的组织滥用行政权力，限制外地商品进入本地市场，或者限制本地商品流向外地市场的行为。

地区封锁通过妨碍商品在地区之间的自由流通，以保护地方利益。最常见、最典型的表现形式有如下几种。

(1) 限制商品在地区之间自由流通的行为。其包括对外地商品设定歧视性收费项目、实行歧视性收费标准，或者规定歧视性价格；对外地商品规定与本地同类商品不同的技术要求、检验标准，或者对外地商品采取重复检验、重复认证等歧视性技术措施，限制外地商品进入本地市场；采取专门针对外地商品的行政许可，限制外地商品进入本地市场；设置关卡或者采取其他手段，阻碍外地商品进入或者本地商品运出；妨碍商品在地区之间自由流通的其他行为。

(2) 排斥或者限制外地经营者参加本地的招标投标活动。有关管理组织滥用行政权力，以设定歧视性资质要求、评审标准或者不依法发布信息等方式，排斥或者限制外地经营者参加本地的招标投标活动。

(3) 排斥或者限制外地经营者在本地投资或者设立分支机构。有关管理组织滥用行政权力，采取与本地经营者不平等待遇等方式，排斥或者限制外地经营者在本地投资或者设立分支机构。

2) 强制交易

强制交易是指行政机关及其他依法具有管理公共事务职能的组织，利用行政权力强制安排市场交易活动，限制和排斥竞争、妨碍公平交易的行为。常见的方式是限定或者变相限定单位或者个人经营、购买、使用其指定的经营者提供的商品。

3) 强制经营者实施危害竞争的垄断行为

行政管理者为了本地区或本部门的利益，违背经营者的意愿，强制其从事有利于本地区、本部门的垄断行为。

4) 制定含有限制竞争内容的行政法规、行政命令

行政机关利用行政权力通过制定行政法规、规章或者发布具有普遍约束力的决定、命令，将具有限制竞争性质的条款或内容包含其中，要求相对人执行以达到限制竞争的目的。

【大家讲坛 8–6】

某市城管局为了整顿市容市貌，专门发布文件加强商业条幅和户外广告的管理，规定城市主干道旁的商户需要用商业条幅和户外广告进行宣传的，其条幅和广告应由菲达广告公司统一制作和悬挂安装，其他公司不得承接本市的此项业务，违者将予以罚款。

某市城管局的做法属于我国《反垄断法》中提及的哪一种垄断行为？

【解析】某市城管局利用行政权力强行限定单位或个人购买、使用其指定的经营者提供的商品，属于滥用行政权力排除、限制竞争的行为的垄断行为。

同步训练

一、单项选择题

1. 下列行为中属于商业贿赂行为的是（   ）。
    A. 在公开招标中为取得中标机会，给予发标单位财物
    B. 以明示方式向交易相对方支付折扣并如实入账
    C. 被胁迫情况下给予交易对方财物
    D. 为晋升而收买有关人员

2. 甲超市在各大报纸上做广告，称该超市到货一批美国聚酯漆组合家具。乙购买了一套，发现这些家具均产于广东省佛山市，遂向市场监督管理局举报。经查，该批家具确实使用了美国进口聚酯漆，市场监督管理局对甲超市做出了罚款的行政处罚。下列说法中正确的是（   ）。
    A. 甲超市应向人民法院提起行政诉讼，提起行政复议不当
    B. 甲超市的广告并无虚假内容，不构成不正当竞争
    C. 甲超市的广告易使人误解，构成不正当竞争
    D. 市场监督管理局对甲超市做出罚款的行政处罚缺乏法律依据

3. 某百货公司销售空调机，在门口广告牌上写明：“凡在本处购买空调者，给予总价款3%的回扣，介绍推销者给付总价款1%的佣金。"被人发现后举报到有关部门，经调查发现该公司给付的回扣、佣金、账面上均有明确记载。该公司给付回扣的行为是（   ）。
    A. 不正当竞争行为   B. 变相行贿行为
    C. 降价排挤行为   D. 正当的促销交易行为

4. 根据反不正当竞争法律制度的规定，下列行为中属于不正当竞争行为的是（   ）。
    A. 甲因其所居住小区内的超市过于吵闹，影响其休息，遂捏造该超市存在出售伪劣商品的情况并进行散布，导致该超市营业额严重下降
    B. 乙家具制造企业将产自中国的家具产品的原产地标注为意大利
    C. 丙歌厅见与其相邻的另外一家歌厅价格低、服务好、客源多，遂雇打手上门寻衅滋事，进行威胁
    D. 入夏前，丁商场为了筹集资金购进夏装，以低于进货价的价格甩卖了一批库存的羽绒服

5. 以下（   ）不属于垄断协定。
    A. 甲公司和乙公司商定：前者商品占领北京市场，后者商品占领天津市场
    B. 由于价钱问题，甲乙两家汽车厂口头商定都不购买丙钢铁公司的钢材
    C. 甲药厂和乙医药连锁超市商定：后者出售前者的某种专利药品只能按某价格出售
    D. 甲药厂和乙医药连锁超市商定：后者出售前者的某种专利药品最高按某价格出售

6. 某商场声称进口一批美国纽约时尚香水，吸引了不少消费者。但有消费者发现该产品并非来自美国，而是由国内厂家生产。该商场的行为应定性为（   ）。
    A. 虚假宣传行为   B. 假冒他人注册商标行为

C. 伪造产地行为　　　　　　　　　　D. 正常促销宣传行为
7. 某蛋糕店开业之初，为扩大影响，增加销量，出钱雇人排队抢购。不久，该店门口便时常排起长队，销售盛况的照片也频频出现于网络等媒体，附近同类店家生意随之减少。对此行为，下列说法中正确的是(　　)。
　　A. 属于正当的营销行为　　　　　　B. 构成混淆行为
　　C. 构成虚假宣传行为　　　　　　　D. 构成商业贿赂行为
8. 下列选项中属于不正当竞争行为的是(　　)。
　　A. 甲玩具厂将乙玩具厂偷工减料的事实私下告诉乙厂的几家重要客户
　　B. 甲厂产品具有严重瑕疵，媒体误报道为乙厂产品，甲厂未主动澄清
　　C. 甲公司发布高薪招聘广告，乙公司数名高管集体辞职前往应聘，甲公司予以聘用
　　D. 甲厂使用与乙厂知名商品近似的名称、包装，消费者仔细辨别方可区别二者差异

二、多项选择题

1. 构成商业秘密的技术信息或经营信息应当符合的条件是(　　)。
　　A. 已获得专利权　　　　　　　　　　B. 不为公众所知悉
　　C. 具有商业价值　　　　　　　　　　D. 经权利人采取相应保密措施
2. 下列行为中，属于法律规定的不正当竞争行为的是(　　)。
　　A. 某市政府发文规定，由于最近本市连续发生多起煤气中毒事件，因此各单位必须统一使用本市煤气公司生产的煤气安全阀
　　B. 某商场为促销，张贴海报，宣传在11月期间将举办"快乐双十一"系列有奖销售活动，抽奖共分3次，参加者抽奖次数不限，每次最高奖品为价值49 999元的彩电、空调、电脑各一台
　　C. 某市果品公司由于货源信息不畅，重复购进了一大批水果，于是决定降价销售，致使本市水果价格大幅度下降
　　D. 甲公司为打开市场，经常在各地举行座谈会，并高薪聘请演员在会上表演小品，以调侃的方式演示说明使用其他公司的同类产品可能会导致的不良后果
3. 甲旅行社的欧洲部副经理李某，在劳动合同未到期时提出辞职，未办移交手续即跳槽到了乙旅行社，并将甲社的欧洲合作伙伴情况、旅游路线设计、报价方案和客户资料等信息带到乙社。乙社原无欧洲业务，自李某加入后欧洲业务猛增，成为甲社的有力竞争对手。现甲社向人民法院起诉乙社和李某侵犯商业秘密。法院如认定乙社和李某侵犯甲社的商业秘密，须审查的事实有(　　)。
　　A. 甲社所称的"商业秘密"是否属于从公开渠道不能获得的
　　B. 乙社的欧洲客户资料是否有合法来源
　　C. 甲社所称的"商业秘密"是否向有关部门申报过"密级"
　　D. 乙社在聘用李某时是否明知或应知其掌握甲社的上述业务信息
4. 根据《反垄断法》的规定，下列各项中经营者应当事先向商务部申报的有(　　)。
　　A. 参与集中的所有经营者上一会计年度在全球范围内的营业额合计为90亿元人民币，其中有两个经营者上一会计年度在中国境内的营业额分别为5亿元人民币、8亿元人

民币

B. 参与集中的所有经营者上一会计年度在全球范围内的营业额合计为120亿元人民币，其中有两个经营者上一会计年度在中国境内的营业额分别为6亿元人民币、7亿元人民币

C. 参与集中的所有经营者上一会计年度在中国境内的营业额合计为30亿元人民币，其中有两个经营者上一会计年度在中国境内的营业额分别为5亿元人民币、8亿元人民币

D. 参与集中的所有经营者上一会计年度在中国境内的营业额合计为25亿元人民币，其中有两个经营者上一会计年度在中国境内的营业额分别为6亿元人民币、7亿元人民币

5. 下列行为中，属于《反垄断法》所禁止的垄断行为有(   )。

A. 某药品生产企业因拥有一项治疗心血管疾病的药品专利，占据了相关市场95%的份额

B. 年销售额在1亿元以上的药品零售企业之间达成联盟协议，共同要求药品生产企业按统一的优惠价格向联盟内的企业供应药品，联盟内的企业按统一的零售价向消费者销售药品

C. 某市政府在与某国有医药企业签订的战略合作协议中承诺，该国有医药企业在本市医疗机构药品招标中享有优先中标机会

D. 某省政府招标办公室发布文件称：凡不在本省纳税的企业，一律不得参与本省的招投标活动

6. 关于市场支配地位，下列说法正确的是(   )。

A. 有市场支配地位而无滥用该地位的行为者，不为《反垄断法》所禁止

B. 市场支配地位的认定，只考虑经营者在相关市场的市场份额

C. 其他经营者进入相关市场的难易程度，不影响市场支配地位的认定

D. 一个经营者在相关市场的市场份额达到二分之一的，推定为有市场支配地位

7. 某省 L 市旅游协会为防止零团费等恶性竞争，召集当地旅行社商定对游客统一报价，并根据各旅行社所占市场份额，统一分配景点返佣、古城维护费返佣等收入。此计划实施前，甲旅行社主动向反垄断执法机构报告了这一情况并提供了相关证据。关于本案，下列判断中错误的是(   )。

A. 旅游协会的行为属于正当的行业自律行为

B. 由于尚未实施，旅游协会的行为不构成垄断行为

C. 如构成垄断行为，L 市发展和改革委员会可对其处以 50 万元以下的罚款

D. 如构成垄断行为，对甲旅行社可酌情减轻或免除处罚

8. 甲酒厂为扩大销量，精心模仿乙酒厂知名白酒的包装、装潢。关于甲厂模仿行为，下列判断中错误的是(   )。

A. 如果乙厂的包装、装潢未获得外观设计专利，则甲厂模仿行为合法

B. 如果甲厂在包装、装潢上标明了自己的厂名厂址、商标，则不构成混淆行为

C. 如果甲厂白酒的包装、装潢不足以使消费者误认为是乙厂白酒，则不构成混淆行为

D. 如果乙厂白酒的长期消费者留意之下能够辨别出二者差异，则不构成混淆行为

解决几个大问题

1. 甲公司研发的 6 款手机 App 被丙手机公司宣布下架，丙手机公司没有公布下架原因。乙手机软件公司通过其经营的网站转载名为《刷排名、盗隐私，甲公司遭遇史上最大惩罚》的文章。乙公司还通过手机软件弹出对话框的形式，散布"甲公司旗下全线产品被封杀，据媒体报道是涉嫌偷窃用户隐私所致"的信息，同时还将其链接至涉案文章《刷排名、盗隐私，甲公司遭遇史上最大惩罚》。请问：

乙公司的行为是否构成不正当竞争？为什么？

2. 甲糖果食品公司从 1970 年起生产"薄荷润喉止咳糖"，2008 年起使用"天明"注册商标，多次被国家、市政府评为优质产品，深受消费者欢迎。2020 年，乙食品公司在其生产的"三益"牌薄荷糖上，采用了与原告"天明"牌薄荷糖相似的包装纸盒。该包装盒外观尺寸、构图、色彩与原告的产品包装完全一样，只是商标"天明"改为"三益"。请问：

乙公司的行为是否构成不正当竞争？为什么？

3. 某种电器重要配件主要由 14 家国内企业生产，由于它们之间激烈竞争，引起产品价格下降、产品积压。于是由行业协会出面协调，14 家企业签订限制产量协议。协议称：为避免恶性竞争，保护市场，保护民族工业，签订协议的各企业均修改生产计划，按现有生产能力计算，每年压缩生产量的 30%。协议的有效期限暂定为 3 年。协议签订后，配件的价格上升，厂家库存减少。有些媒体称这是避免恶性竞争的重要举措，减少了资源的浪费。请问：

此协议是否合法？为什么？

请同学们在逛商业街时注意商场、超市、店铺的宣传手册、招牌、条幅、推广活动，在浏览淘宝、京东、拼多多等购物网站时仔细观看其宣传商品的网页，运用所学习的法律知识，研究并判断其宣传的文字、图片、语言、视频中是否存在不正当竞争的内容。在收集、归纳上述信息的基础上，总结市场中常见不正当竞争形式，并提出相应的改进建议。

推荐书目：

1.《竞争法学(第四版)》，王先林著，中国人民大学出版社，2023 年版。
2.《反不正当竞争法基本原理》，李扬著，知识产权出版社，2022 年版。
3.《中华人民共和国反垄断法注释本》，王先林著，法律出版社，2022 年版。
4.《反垄断法一本通》，法规应用研究中心编，中国法制出版社，2023 年版。

推荐资源：

1. 进入中国大学慕课官网搜索"经济法学"关键字，获得课程资源。
2. 进入"学习强国"官网搜索"经济法"关键字，获得课程资源。

第 9 章

产品质量法律制度

◎ **任务清单**

序号	任务	要求
1	产品与产品质量的概念	掌握
2	产品质量法的原则	了解
3	产品质量监督管理制度	了解
4	经营者的产品质量责任和义务	掌握
5	产品质量责任的承担方式	理解

◎ **法律法规提示**

《中华人民共和国产品质量法》(2018 年 12 月 29 日),《中华人民共和国标准化法》(2017 年 11 月 4 日),《中华人民共和国食品安全法》(2021 年 4 月 29 日),《最高人民法院关于审理食品药品纠纷案件适用法律若干问题的规定》(2021 年 12 月 1 日)。

《中华人民共和国产品质量法》

《中华人民共和国标准化法》

《中华人民共和国食品安全法》

《最高人民法院关于审理食品药品纠纷案件适用法律若干问题的规定》

◎ 思考题

夏莹看好友们在朋友圈晒制作的糕点，也想买一台电动面包机。她在一家电器超市选购时，销售人员向她推荐了一款从德国进口的面包机，并给她认真讲解了正确使用方法和维护保养常识。夏莹买回去后用得还算满意，但她发现包装盒里只有外文说明书，根本看不懂。她担心以后使用和维护缺乏指导，到超市要求退货。超市表示产品质量没有问题，拒绝退货。那么，这台面包机到底可不可以退货？

思考题解析

9.1 产品质量法概述

9.1.1 产品和产品质量

1. 产品的概念

从经济学上讲，产品即劳动生产物，是人们为了生存的需要，通过有目的的生产劳动所创造的物质资料，包括直接从自然界获取的各种农产品、矿产品，也包括手工、加工工业的各种产品。《中华人民共和国产品质量法》(以下简称《产品质量法》)规定，"本法所称产品是指经过加工、制作，用于销售的产品"。这里所称"产品"应做以下理解。

(1) 必须是经过加工、制作的制成品。加工是指通过一定工序和方式将原材料、半成品转化为达到所需要的状态，如改变原材料、半成品的大小、外观、性质、精度、纯度、功用等。既然法律要求生产者、经营者对产品质量承担责任，那么这种产品的质量就应该能被生产者、经营者所控制，那些内在质量只能由自然因素决定的产品就不在上述"产品"的范围内。因此，各种直接来自自然，且未经加工、制作的农作物、生物等初级农产品，以及原油、原煤、原矿等都不是《产品质量法》所规定的"产品"。

(2) 必须是用于销售的产品。生产者、经营者未投入流通的自用产品、实验产品，不适用《产品质量法》。这里所说的"销售"，不仅包括生产者、经营者直接为了销售交付的产品，还包括视为销售的情形，即无论生产者、经营者是否具有商业目的，也不论是否有偿，只要向他人提供产品都应视为销售，如赠与、试用。

(3) 必须是动产。建设工程即建设房屋、桥梁、公路、隧道等不动产工程，不适用《产品质量法》规定，但是建设工程使用的建筑材料、建筑构配件和设备，如水泥、钢筋、门窗，属于《产品质量法》规定的产品。

【大家讲坛 9-1】

康某的中学同学洪某是 A 电器公司的仓库管理员，他到 A 公司找洪某闲聊时，看中了仓库里一台漂亮的电吹风机，要求洪某送他一个。经不住康某恳求，洪某私自拿了一台电吹风机给康某。几天后，康某在使用电吹风机时，电吹风机突然温度失控，烫伤了康某的头皮和一只手。经检验，该电吹风机设计和制造有严重缺陷。

康某是否有权向 A 电器公司索赔？

【解析】康某无权向 A 电器公司索赔。虽然 A 电器公司的电吹风机存在设计和制造的严重缺陷，但该电吹风机未投入流通，A 电器公司对产品缺陷造成的人身、财产损害不承担责任。

2. 产品质量的概念

产品质量是指产品所具备的,满足人们需要的适用性、安全性、可靠性等特征的总和。不同质量水平或质量等级的产品,反映了该产品在满足适用性、安全性、可靠性等方面的不同程度。质量低劣的产品,基本不能甚至完全不能满足使用者对该产品的合理需求。适用性是指产品应当具有使用所需要的性能;安全性是指产品在使用时能够保障人身、财产的安全;可靠性是指产品在规定条件和时间内能够持续达到其应有性能。

9.1.2 产品质量法

产品质量法是指调整产品的生产和销售以及在对产品质量的监督管理过程中所形成的经济关系的法律规范的总称。产品质量调整的法律关系包括产品质量责任关系和产品质量监督管理关系。产品质量法除《产品质量法》以外,还包括《民法典》《中华人民共和国食品安全法》《中华人民共和国药品管理法》《中华人民共和国消费者权益保护法》《中华人民共和国标准化法》等法律法规中关于产品质量规定的内容。《产品质量法》应遵循以下原则。

1) 加强产品质量的监督管理原则

国家根据国际适用的质量管理标准和国际先进的产品标准,推行企业质量体系认证制度和产品质量认证制度,从而在国家监督管理的同时,发挥舆论导向和社会监督的作用。

2) 严格产品质量责任原则

对一般产品质量实行无过错责任,由销售者对存在一般质量问题的产品负责修理、更换、退货,并赔偿损失;属于生产者或供应者责任的,销售者赔偿后可以向他们进行追偿。对缺陷产品造成的损害,由生产者承担无过错责任,销售者承担过错推定责任。

3) 保护产品使用者的合法权益原则

对可能危及人体健康和人身、财产安全的工业产品,必须符合保障人体健康和人身、财产安全的国家标准、行业标准;未制定国家标准或行业标准的,必须符合保障人体健康和人身、财产安全的要求。

4) 奖优罚劣原则

对于生产、销售不合格产品的行为,执法机关可以责令停止生产或销售,没收违法生产或销售的商品及其违法所得,并可以处以罚款、吊销营业执照。造成严重后果构成犯罪的,依法追究其刑事责任。国家鼓励推行科学的质量管理方法,采用先进的科学技术,鼓励企业产品质量达到并且超过行业标准、国家标准和国际标准。对产品质量管理先进和产品质量达到国际先进水平、成绩显著的单位和个人,给予奖励。

法智箴言

数据显示,时下我国"网红"经济规模已达 2 万亿元,一些"网红"产品凭借新奇的概念、独特的设计,契合年轻人个性化的需求,短时间内在网络平台上有很高的传播热度。但某些产品只顾追求一时的"爆款"和流量的快速变现,忽视产品的质量和安全,"爆款"很快变成"爆雷"。

9.2 产品质量监督

9.2.1 产品质量监督的概念

从狭义上讲，产品质量监督是指国家市场监督管理部门依照法定的职权对产品质量进行监督管理的行为。从广义上讲，产品质量监督是指国家、社会、产品使用者以及企业自身等对产品质量所做的监督管理行为的总称。广义上的监督具体来说包括企业监督、社会监督、国家监督等。

国务院市场监督管理部门主管全国产品质量监督工作，国务院有关部门在各自的职责范围内负责产品质量监督工作，县级以上地方市场监督管理部门主管本行政区域内的产品质量监督工作，县级以上地方人民政府有关部门在各自的职责范围内负责产品质量监督工作。

9.2.2 产品质量监督管理制度

1. 产品质量标准制度

产品质量标准是指对产品的结构、规格、质量和检验方法等所做的技术规定。按照判定的主体和适用范围，产品质量标准可以分为国际标准、国家标准、行业标准、地方标准和企业标准。国家鼓励推行科学的质量管理方法，采用先进的科学技术，鼓励企业产品质量达到并且超过行业标准、国家标准和国际标准。

我国国家标准和行业标准分为强制性标准和推荐性标准。凡属保障人体健康，人身、财产安全的标准和法律、行政法规规定强制执行的标准，属于强制性标准。除此之外的其他的国家标准和行业标准，为推荐性标准，任何单位均有权决定是否采用。但采用的标准低于推荐性标准的，企业必须向消费者明示其产品标准水平。

对于可能危及人体健康和人身、财产安全的工业产品，必须符合保障人体健康和人身、财产安全的国家标准、行业标准；未制定国家标准、行业标准的，必须符合保障人体健康和人身、财产安全的要求。保障人体健康和人身、财产安全是对产品最基本的要求，适用强制性标准。

2. 工业产品生产许可证制度

工业产品生产许可证制度，是为保证部分工业产品的质量，由国家市场监督管理部门制定并实施的一项旨在控制生产企业生产条件的监控制度。国家对生产重要工业产品的企业实行生产许可证制度，将建筑用钢筋、水泥、电线电缆、危险化学品、化肥、直接接触食品的材料等产品列入工业产品生产许可证管理目录。从事列入上述目录的产品生产企业，必须具备保证产品质量的基本生产条件。产品质量通过消费者自我判断、企业自律和市场竞争或者通过认证认可制度能够有效保证的，不实行生产许可证制度。

3. 企业质量体系认证制度

企业质量体系认证是指按照国际通用的质量管理和质量保证系列标准，由国家认可的认证机构对企业质量体系的检查、确认，通过颁发认证证书的形式，证明企业质量体系和质量保证能力符合相应标准要求的制度。企业质量体系认证的对象不是产品，而是企业质量体系。获得企业质量体系的企业，并不意味着其生产的产品也获得产品质量认证。

我国的质量体系认证实行自愿原则,企业可以向国务院市场监督管理部门认可或市场监督管理部门授权的部门认可的认证机构申请企业质量体系认证。企业质量体系认证采用国际标准化组织推荐世界各国采用的 ISO9000、ISO10000、ISO14000 等系列标准,经认证合格的,由认证机构颁发企业质量体系认证证书。

4. 产品质量认证制度

产品质量认证是指按照具有国际水平的产品标准和技术要求,经过认证机构确认并通过颁发认证证书,准许企业在产品或者其包装上使用产品质量认证标志。

产品质量认证分为强制认证和自愿认证。对有关人身安全、健康和其他法律法规有特殊规定的产品实行强制性认证。目前,我国对电线电缆、电路开关及保护或连接用电器装置、低压电器、电动工具、电焊机、家用电器、音视频设备类、信息技术设备、照明设备、机动车辆及安全附件、安全玻璃、电信终端设备、玩具、装饰装修材料等产品,实行强制性认证。实行强制性认证的产品,必须符合《中华人民共和国标准化法》(以下简称《标准化法》)中有关强制性标准的要求。

"CCC"(中国强制认证 China Compulsory Certification)构成中国强制认证标志的基本图案(见图 9-1)。经过强制认证的产品,应将 CCC 认证标志加施在产品外部明显位置上;在商品上不能加施的,应加施于商品最小包装和随附文件中。

除强制认证外的其他产品实行自愿认证,企业可以自主决定是否申请产品质量认证;取得产品认证证书的,准许在其产品或者其包装上使用"CQC"(中国质量认证中心 China Quality Certification Centre)认证标志(见图 9-2)。实行合格认证的产品,必须符合《标准化法》规定的国家标准或者行业标准的要求。

图 9-2

5. 产品质量检验制度

产品质量检验是指企业为保障产品质量合格,对产品质量进行检测,以判明产品是否符合相应产品质量标准。通常由企业自行设置的检验机构检验,也可由企业委托取得国家市场监督管理部门考核认可的第三方质量检验机构实行。

6. 产品质量监督检查制度

产品质量监督检查是指市场监督管理部门对产品质量进行强制监督检查的制度。国家对产品质量实行以抽查为主要方式的监督检查制度,对可能危及人体健康和人身、财产安全的产品,影响国计民生的重要工业产品以及消费者、有关组织反映有质量问题的产品进行抽查。抽查的样品应当在市场上或者企业成品仓库内的待销产品中随机抽取。对依法进行的产品质量监督检查,生产者、销售者不得拒绝。国家监督抽查的产品,地方不得另行重复抽查;上级监督抽查的产品,下级不得另行重复抽查。

> **法智箴言**
>
> 产品质量是关系到国计民生和企业生存的大事。对企业而言,提高产品质量可以增强市场竞争力和知名度,增加经济效益,树立企业良好的社会形象,赢得消费者的信任。另一方面,产品质量也关系到人民群众的健康、生命和财产的安全。所以,企业要增强社会责任感,不断提高产品质量,保障人民群众切身利益,实现经济的可持续发展。

7. 产品召回制度

产品召回是生产商、销售商、进口商对其生产、销售或进口的产品存在可能引发消费者健康、安全问题的缺陷时，依法从市场上、消费者手中收回缺陷产品，并进行免费修理或更换。2004年10月1日，《缺陷汽车产品召回管理规定》的正式实施，标志着我国缺陷产品召回制度正式确立。之后，又相继颁布了《药品召回管理办法》《废弃电器电子产品回收处理管理条例》《缺陷汽车产品召回管理条例》《铁路专用设备缺陷产品召回管理办法》《食品召回管理办法》《医疗器械召回管理办法》《消费品召回管理暂行规定》《机动车排放召回管理规定》。

产品召回分为主动召回和责令召回。生产企业应当建立健全质量保证体系和监测系统，收集、记录产品的质量问题与不良反应信息，对可能存在的安全隐患进行调查评估，并按规定及时向市场监督管理部门报告。生产企业获知其提供的产品可能存在缺陷的，应当立即启动缺陷调查，确认是否存在缺陷。生产企业发现产品存在危及人体健康和生命安全的不合理危险的，应当决定召回，采取必要的措施防控产品安全风险，并以通知或者公告的方式告知购买者停止使用。生产企业应当召回产品而未主动召回的，市场监督管理部门应当责令生产企业召回产品，被责令召回的产品应当立即停止生产、销售或进口。

9.3 经营者的产品质量责任和义务

9.3.1 生产者的产品质量责任和义务

1. 保证产品质量

保证产品质量要求生产者对其产品做到以下几点：①产品不存在危及人身、财产安全的不合理的危险，有保障人体健康和人身、财产安全的国家标准、行业标准的，应当符合该标准；②具备产品应当具备的使用性能，但是，对产品存在使用性能的瑕疵作出说明的除外；③符合在产品或者其包装上注明采用的产品标准，符合以产品说明、实物样品等方式表明的质量状况。

2. 标示产品标识

生产者对其产品或者其包装上的标识必须真实，并符合下列要求：①有产品质量检验合格证明；②有中文标明的产品名称、生产厂厂名和厂址；③根据产品的特点和使用要求，需要标明产品规格、等级、所含主要成分的名称和含量的，用中文相应予以标明；需要事先让消费者知晓的，应当在外包装上标明，或者预先向消费者提供有关资料；④限期使用的产品，应当在显著位置清晰地标明生产日期和安全使用期或者失效日期；⑤使用不当，容易造成产品本身损坏或者可能危及人身、财产安全的产品，应当有警示标志或者中文警示说明。

裸装的食品和其他根据产品的特点难以附加标识的裸装产品，可以不附加产品标识。易碎、易燃、易爆、有毒、有腐蚀性、有放射性等危险物品以及储运中不能倒置和其他有特殊要求的产品，其包装质量必须符合相应要求，依照国家有关规定作出警示标志或者中文警示说明，标明储运注意事项。

3. 不得为法律禁止的行为

生产者不得为法律所禁止的行为：①生产者不得生产国家明令淘汰的产品；②生产者不得伪造产地，不得伪造或者冒用他人的厂名、厂址；③生产者不得伪造或者冒用认证标志等质量标志；④生产者生产产品，不得掺杂、掺假，不得以假充真、以次充好，不得以不合格产品冒充合格产品。

> **【大家讲坛 9-2】**
> 一家商场正在做"十周年店庆"活动，秦尚在这家商场买了一台特价分体双制式空调。几天后，空调送货安装到位，秦尚发现这台空调制冷还可以，制热时温度却上不来，于是要求退货。商场辩解说，空调是有点问题，但做活动价格只是正常的一半，消费者并不吃亏，不同意退货。
> 秦尚有理由退货吗？
> **【解析】** 秦尚有理由退货。不论商品价格高低，一件商品应该具备该产品应当具备的使用性能，双制式空调不能制热，说明产品质量不合格。

9.3.2 销售者的产品质量责任和义务

1. 进货检查验收

销售者应当建立并执行进货检查验收制度，验明产品合格证明和其他标识。如果发生了产品质量责任事故，销售者可能承担产品质量责任。设立进货检查验收制度目的在于防患于未然，保证产品质量，保护消费者合法权益不受侵犯。

2. 采取措施保证产品质量

销售者采取必要和适当的分类、防潮、通风、防晒、防霉变，以及对特殊产品的温度控制等保管、维护措施，保证销售产品的质量。

3. 产品标识符合法律规定

销售者销售的产品或其包装上的标识必须真实，应当符合一定的要求。对生产者有关产品标识的要求同样适用于销售者。

4. 不得实施的行为

销售者不得销售国家明令淘汰并停止销售的产品和失效、变质的产品；不得伪造产地，不得伪造或者冒用他人的厂名、厂址；销售产品不得掺杂、掺假，不得以假充真、以次充好，不得以不合格产品冒充合格产品。

> **【大家讲坛 9-3】**
> 王浩在一家超市看到某品牌花生食用油的外包装上印有"绿色食品"和"非转基因"标志，觉得不错就买了几桶。在家里放了一段时间，发现食用油有沉淀，怀疑质量有问题，就拿到市场监督管理部门投诉。经检查，市场监督管理部门认为花生食用油在天冷时沉淀是正常现象，但同时发现该种食用油并非"绿色食品"和"非转基因"。
> 超市销售这种食用油是否要向消费者承担法律责任？
> **【解析】** 这种食用油质量不合格，因为其生产者伪造或者冒用"绿色食品"和"非转基因"认证标志等质量标志，超市销售该商品应首先向消费者承担法律责任。

9.4 产品质量责任制度

9.4.1 产品责任与产品质量责任

1. 产品责任

产品责任是指由于产品存在缺陷,造成购买者、使用者或第三者的人身伤害或财产损失,依法应由生产者或销售者承担的侵权赔偿责任。产品的购买者、使用者或第三者作为受损害人,都可以要求生产者或销售者给予损害赔偿。

引发产品责任的原因是产品缺陷,即产品存在危及人身、他人财产安全的不合理的危险;产品有保障人体健康和人身、财产安全的国家标准、行业标准的,是指不符合该标准。在大部分国家的相关法律中,产品存在不合理的危险,是认定产品存在缺陷的核心标准。合理的危险是不可避免的危险,不是产品缺陷,但要如实说明,如香烟一般都含有焦油,否则便无香味,包装上应明确注明"吸烟有害健康",若不提示也要承担产品缺陷责任。

2. 产品质量责任

产品质量责任是指生产者、销售者提供的产品不符合法定或约定的质量要求所应承担的法律责任。产品质量责任主要指承担违约责任,引发违约责任的原因如下。

1) 违反默示担保义务

默示担保义务是指法律、法规对产品质量所做的强制性要求,即使当事人之间有合同的约定,也不能免除和限制这种义务。它要求生产、销售的产品应该具有安全性和普通公众期待的使用性能,因此是对产品内在质量的基本要求。违反该义务,无论是否造成了消费者的损失,均应承担产品质量责任。

2) 违反明示担保义务

明示担保义务是指生产者、销售者以各种公开的方式,就产品质量向消费者所做的说明或者陈述。明示担保可以以合同条款、产品说明、产品标识、实物样品、广告宣传等方式体现。一旦生产者、销售者以上述方式明确表示产品所依据和达到的质量标准,就产生了明示担保义务。如果产品质量不符合承诺的标准,必须承担相应的法律责任。

3) 产品存在缺陷

合同违约方交付的产品存在缺陷,对守约方而言是加害履行,守约方有权选择请求违约方承担违约责任或者侵权责任。

9.4.2 经营者承担责任的方式

1. 民事责任

1) 缺陷产品的损害赔偿责任

生产者的产品质量侵权责任实行无过错责任原则,不管其主观上是否有过错,只要产品存在缺陷并造成人身、财产损害的,均应承担责任。但生产者能够证明有下列情形之一的,不承担赔偿责任:①未将产品投入流通的;②产品投入流通时,引起损害的缺陷尚不存在的;③将产品投入流通时的科学技术水平尚不能发现缺陷的存在的。

由于销售者的过错使产品存在缺陷，造成人身、他人财产损害的，销售者应当承担赔偿责任。销售者不能指明缺陷产品的、生产者也不能指明缺陷产品的供货者的，销售者应当承担赔偿责任。

因产品存在缺陷造成人身、他人财产损害的，受害人可以向产品的生产者要求赔偿，也可以向产品的销售者要求赔偿。属于产品的生产者的责任，产品的销售者赔偿的，产品的销售者有权向产品的生产者追偿。属于产品的销售者的责任，产品的生产者赔偿的，产品的生产者有权向产品的销售者追偿。

因产品存在缺陷造成受害人人身伤害的，侵害人应当赔偿医疗费、治疗期间的护理费、因误工减少的收入等费用；造成残疾的，还应当支付残疾者生活自助具费、生活补助费、残疾赔偿金以及由其扶养的人所必需的生活费等费用；造成受害人死亡的，应当支付丧葬费、死亡赔偿金以及由死者生前扶养的人所必需的生活费等费用。因产品存在缺陷造成受害人财产损失的，侵害人应当恢复原状或者折价赔偿。受害人因此遭受其他重大损失的，侵害人应当赔偿损失。

因产品存在缺陷造成损害要求赔偿的诉讼时效期间为2年，自当事人知道或者应当知道其权益受到损害时起计算。因产品存在缺陷造成损害要求赔偿的请求权，在造成损害的缺陷产品交付最初消费者满10年丧失；但是，尚未超过明示的安全使用期的除外。

2) 瑕疵担保的违约责任

产品质量责任的民事责任即瑕疵担保责任，适用严格责任原则，除了法定可以免责的事由，只要销售者提供的产品不符合法定或约定的质量要求，不论有无过错，均应承担违约责任。

《产品质量法》规定，出售的产品具有下列情形之一的，销售者应当负责修理、更换或退货，给购买产品的用户、消费者造成损失的，还应当赔偿损失：①产品不具备产品应当具备的使用性能而事先未作说明的；②不符合在产品或其包装上注明采用的产品标准的；③不符合以产品说明、实物样品等方式表明的质量状况的。

销售者负责修理、更换、退货、赔偿损失后，属于生产者的责任或者属于向销售者提供产品的其他销售者的责任的，销售者有权向生产者、供货者追偿。

【大家讲坛9-4】

中学生夏某的父母在金福商场给夏某买了一辆变速自行车，一次夏某骑车回家，突然自行车前叉根部折断，夏某当即摔倒，昏迷不醒。夏某因此住院10天，鼻梁缝合6针，口腔内缝合3针，医疗费达1万多元。事故发生后金福商场只答应赔偿夏某一辆同型号的自行车，至于其他损失，认为应由生产企业美康公司承担。后经专业机构检测，造成此事故的原因在于该自行车存在产品缺陷。

夏某应该找谁索赔？

【解析】因自行车存在缺陷造成人身损害，夏某既可以向金福商场要求赔偿，也可以向自行车生产企业美康公司要求赔偿，金福商场在赔偿后有权向美康公司追偿。

2. 行政责任

1) 经营者的行政责任

生产者、销售者违反产品质量法律规定的行为，具体包括：①生产、销售不符合保障人体健康和人身、财产安全的国家标准、行业标准的产品的；②在产品中掺杂、掺假，以假充真，以次充好，或者以不合格产品冒充合格产品的；③生产国家明令淘汰的产品的，销售国家明令淘汰并停止销售的产品的；④销售失效、变质的产品的；⑤伪造产品产地，伪造或者冒用他人厂名、厂址的，伪造或者冒用认证标志等质量标志的；⑥产品标识不符合规定的；⑦拒绝接受依法进行的产品质量监督检查的。相关行政机关针对生产者、销售者违法行为可以作出责令停止违法行为、没收违法所得、罚款、吊销营业执照等措施。

提供服务的经营者将禁止销售的产品用于经营性服务的，责令停止使用；对知道或者应当知道所使用的产品属于禁止销售的产品的，按照违法使用的产品(包括已使用和尚未使用的产品)的货值金额，对其处罚。

2) 运输、保管、仓储者的行政责任

知道或者应当知道禁止生产、销售的产品而为其提供运输、保管、仓储等便利条件的，或者为以假充真的产品提供制假生产技术的，没收全部运输、保管、仓储或者提供制假生产技术的收入，并处违法收入50%以上3倍以下的罚款。

3) 产品质量检验机构、认证机构的行政责任

产品质量检验机构、认证机构伪造检验结果或者出具虚假证明的，责令改正，对单位处5万元以上10万元以下的罚款，对直接负责的主管人员和其他直接责任人员处1万元以上5万元以下的罚款；有违法所得的，并处没收违法所得；情节严重的，取消其检验资格、认证资格；构成犯罪的，依法追究刑事责任。

产品质量检验机构、认证机构出具的检验结果或者证明不实，造成损失的，应当承担相应的赔偿责任；造成重大损失的，撤销其检验资格、认证资格。

产品质量认证机构对不符合认证标准而使用认证标志的产品，未依法要求其改正或者取消其使用认证标志资格的，对因产品不符合认证标准给消费者造成的损失，与产品的生产者、销售者承担连带责任；情节严重的，撤销其认证资格。

4) 社会团体、社会中介机构的行政责任

社会团体、社会中介机构对产品质量作出承诺、保证，而该产品又不符合其承诺、保证的质量要求，给消费者造成损失的，与产品的生产者、销售者承担连带责任。

3. 刑事责任

经营者的以下行为构成犯罪的，依法追究刑事责任：

(1) 生产、销售不符合保障人体健康和人身、财产安全的国家标准、行业标准的产品；

(2) 在产品中掺杂、掺假，以假充真，以次充好，或者以不合格产品冒充合格产品；

(3) 销售失效、变质的产品；

(4) 知道或应当知道属于禁止生产、销售的产品而为其提供运输、保管、仓储等便利条件；

(5) 以暴力、威胁方法阻碍产品质量监督部门的工作人员依法执行职务。

【大家讲坛9-5】

朱某经营的电器厂生产并销售室内加热器、嵌入式灯具，当地市场监督管理局行政执法人员在对朱某经营的电器厂进行执法检查时，发现该厂在未取得强制性产品认证的情况下擅自生产列入强制性产品目录的室内加热器、嵌入式灯具。经查实，朱某共生产室内加热器34箱136只、嵌入式灯具35箱384只。经抽样检测，上述产品均为不合格产品，朱某违法行为已涉嫌

刑事犯罪。

朱某可能要承担哪些法律责任？

【解析】朱某违法生产、销售不符合保障人体健康和人身、财产安全的国家标准、行业标准的产品，应该承担行政责任；如果构成犯罪，应依法追究刑事责任；如果因产品存在缺陷，造成他人人身、财产损害时，应当承担民事赔偿责任。

同步训练

一、单项选择题

1. 关于产品缺陷责任，下列选项中符合《产品质量法》规定的是(　　)。

    A. 基于产品缺陷的更换、退货等义务属于合同责任，因产品缺陷致人损害的赔偿义务属于侵权责任

    B. 产品缺陷责任的主体应当与受害者有合同关系

    C. 产品缺陷责任一律适用过错责任原则

    D. 产品质量缺陷责任一律适用举证责任倒置

2. 知道或者应当知道属于《产品质量法》禁止的产品，而为其提供运输服务的，没收全部收入并处违法收入(　　)罚款。

    A. 50%以上3倍以下　　　　　　　　B. 20%以上3倍以下

    C. 50%以上2倍以下　　　　　　　　D. 1倍以下3倍以下

3. 钟某为其3岁儿子购买某品牌的奶粉，小孩喝后上吐下泻，住院7天才恢复健康。钟某之子从此见任何奶类制品都拒食。经鉴定，该品牌奶粉属劣质品。为此，钟某欲采取维权行动。钟某亲友们提出的下列建议中缺乏法律依据的是(　　)。

    A. 请媒体曝光，并要求工商管理机关严肃查处

    B. 向出售该奶粉的商场索赔，或向生产该奶粉的厂家索赔

    C. 直接提起诉讼，要求商场赔偿医疗费、护理费、误工费、交通费等

    D. 直接提起仲裁，要求商场和厂家连带赔偿钟某全家所受的精神损害

4. 一日，李女士在家中做饭时高压锅突然爆炸，李女士被炸飞的锅盖击中头部，抢救无效死亡。后据质量检测专家鉴定，高压锅发生爆炸的直接原因是设计不尽合理，使用时造成排气孔堵塞而发生爆炸。本案中，可以以下列何种依据判定生产者承担责任(　　)。

    A. 产品存在的缺陷　　　　　　　　B. 产品买卖合同约定

    C. 产品默示担保条件　　　　　　　D. 产品明示担保条件

5. 某厂开发一种新型节能炉具，先后制造出10件样品。后样品中有6件丢失。2018年6月某户居民的燃气罐发生爆炸，查明原因是使用了某厂丢失的6件样品炉具中的一件，而该炉具存在重大缺陷。该户居民要求某厂赔偿损失。某厂不同意赔偿，下列理由中哪一项最能支持某厂的立场(　　)。

    A. 该炉具尚未投入流通

    B. 该户居民如何得到炉具的事实不清

C. 该户居民偷盗样品，由此造成的损失应由其自负

D. 该户居民应向提供给其炉具的人索赔

6. 根据《产品质量法》规定，下列说法正确的是(　　)。

A.《产品质量法》对生产者、销售者的产品缺陷责任均实行严格责任

B.《产品质量法》对生产者产品缺陷实行严格责任，对销售者实行过错责任

C. 产品缺陷造成损害要求赔偿的诉讼时效期间为2年，从产品售出之日起计算

D. 产品缺陷造成损害要求赔偿的请求权在缺陷产品生产日期满10年后丧失

7. 某厂2022年生产了一种治疗腰肌劳损的频谱治疗仪投放市场，消费者甲购买了一部，用后腰肌劳损大大减轻，但却患上了偏头疼症，甲询问了这种治疗仪的其他用户，很多人都有类似反应。甲向某厂要求索赔。某厂对此十分重视，专门找专家做了鉴定，结论是目前科学技术无法断定治疗仪与偏头疼之间的关系。以下观点正确的是(　　)。

A. 本着公平原则，某厂应予适当赔偿

B. 因出现不良反应的用户众多，应将争议搁置，待科技发展到能够作出明确结论时再处理

C. 该治疗仪的功能是治疗腰肌劳损，该功能完全具备，至于其他副作用是治疗中不可避免的，该厂可不负责任

D. 由于治疗仪投入流通时的科学技术水平不能发现缺陷的存在，某厂不能承担赔偿责任

8. 下列产品包装符合《产品质量法》的有(　　)。

A. 某超市出售的"索尼"电视机只有中文说明书

B. 某食品公司生产的火腿肠没有公司地址

C. 某烟草公司生产的香烟上没有标明"吸烟有害身体健康"

D. 某酒业公司生产的瓶装葡萄酒上没有标明酒精浓度

二、多项选择题

1. 张某到一家美容院做美容，美容院使用甲厂生产的"梦洁"牌护肤液为其做脸部护理，结果因该护肤液系劣质产品而致张某脸部皮肤严重灼伤，张某为此去医院治疗，花去近10000元医药费。关于此事例下列选项中正确的是(　　)。

A. 张某有权要求美容院赔偿医药费

B. 张某有权要求甲厂赔偿医药费

C. 张某若向美容院索赔，可同时请求精神损害赔偿

D. 美容院若向张某承担了责任，则其可以向甲厂追偿

2. 甲从国外低价购得一项未获当地政府批准销售的专利产品"近视治疗仪"。甲将产品样品和技术资料提交给我国×市卫生局指定的医疗产品检验机构。该机构未做任何检验，按照甲书写的文稿出具了该产品的检验合格报告。随后，该市退休医师协会的秘书长乙又以该协会的名义出具了该产品的质量保证书。该产品投入市场后，连续造成多起青少年因使用该产品致眼睛严重受损的事件。现除要求追究甲的刑事责任外，受害者还可以采用的民事补救方法有(　　)。

A. 要求甲承担损害赔偿责任　　　　B. 要求该卫生局承担连带赔偿责任

C. 要求该检验机构承担连带赔偿责任　　D. 要求该退休医师及协会承担连带赔偿责任
3. 下列关于产品责任的表述中正确的是(　　)。
   A. 缺陷产品的生产者应对因该产品造成的他人人身、财产损害承担无过错责任
   B. 缺陷产品造成他人人身、财产损害的，该产品的销售者和生产者承担连带责任
   C. 因缺陷产品造成损害要求赔偿的诉讼时效为1年
   D. 销售者不能指明缺陷产品的生产者也不能指明其供货者的，应承担赔偿责任
4. 某医院给病人高某开的治疗湿疹的药物，使用后反而加重了病情。经检验，这批药品因在医院库房存放过久已经变质。下列有关该案处理的表述中正确的是(　　)。
   A. 对医院应依据《产品质量法》进行处罚
   B. 对医院应依据《中华人民共和国药品管理法》进行处罚
   C. 医院应赔偿给高某带来的损失
   D. 药品生产者应承担赔偿责任
5. 下列哪些产品的包装不符合《产品质量法》的要求(　　)。
   A. 某商场销售的"三星"彩电只有韩文和英文的说明书
   B. 某厂生产的火腿肠没有标明厂址
   C. 某厂生产的香烟上没有标明"吸烟有害身体健康"
   D. 某厂生产的瓶装葡萄酒没有标明酒精浓度
6. 以下不属于缺陷产品的有(　　)。
   A. 损伤皮肤的化妆品　　　　　　　　B. 制冷效果不好的空调
   C. 容易喝醉的白酒　　　　　　　　　D. 加热效果不良的电饭煲
7. 下列(　　)产品的包装上应有警示标志或中文警示说明，并标明储运注意事项。
   A. 方便面　　　　B. 硫酸　　　　C. 烟花　　　　D. 玻璃器皿
8. 孙某从某超市买回的跑步机在使用中出现故障并致其受伤。经查询得知，该型号跑步机数年前已被认定为不合格产品，超市从总经销商煌煌商贸公司依正规渠道进货。下列选项中正确的是(　　)。
   A. 孙某有权向该跑步机生产商索赔
   B. 孙某有权向煌煌商贸公司、超市索赔
   C. 超市向孙某赔偿后，有权向该跑步机生产商索赔
   D. 超市向孙某赔偿后，有权向煌煌商贸公司索赔

解决几个大问题

1. 2023年5月，甲物流公司从乙机电公司购买了一套电梯，并在甲公司办公楼内安装使用。张某被丙劳务派遣公司派遣到甲物流公司工作，2023年7月7日，张某刚进甲公司办公楼三楼电梯，尚未触动任何按键，电梯却突然发生故障，猛地坠落到一楼地面。张某当即被送往医院住院治疗，被诊断为：左腿踝关节粉碎性骨折，右脚足弓断裂。共计住院35天，花去了医疗费180000元。出院后，张某又在门诊治疗中花去医疗费20000元。2023年10月13日，张某被鉴定为七级伤残。后张某要求乙机电公司赔偿，被该公司拒绝，理由是张某不是电梯的购买

方，无权主张赔偿；且该公司仅仅是电梯的销售者，张某应当追究的是电梯生产厂家丁公司的责任。张某索赔无果后，遂将乙公司起诉至法院。

请根据上述案例，回答下列问题并说明理由：

(1) 张某是否有权对乙公司提起诉讼？

(2) 张某的损失由谁赔偿？赔偿范围有哪些？

2. 2023 年 8 月 3 日，谢某与女友在市内某大酒店举行婚宴，上百名亲朋好友聚此庆贺进餐。不料当天晚上赴宴归来的朋友、同事陆续出现腹痛、呕吐、腹泻等中毒症状，被送进医院抢救。至 2023 年 8 月 4 日止，中毒者达 108 人，严重中毒者 10 余人。2023 年 8 月 5 日，市卫生防疫站工作人员赶到饭店提取部分食物样品，经化验，中毒事故系宴席中被细菌污染的对虾造成的。受害者谢某认为：酒店要给予经济和精神赔偿，餐费不该付。酒店老板贾某认为，谢某要先付清餐费，才能考虑赔偿问题。

请根据上述案例，回答下列问题并说明理由：

(1) 谢某拒付餐费是否合法？

(2) 酒店应当承担什么样的责任？

教学班的学生自由组合为三个小组，模拟产品质量认证沙盘策划。首先，小组成员复习产品质量法的基本知识，了解质量保证的理念，重点研究和整理有关产品研发阶段、生产阶段、市场营销阶段所涉及的法律问题，上网查询办理产品质量认证的要求和制度。其次，每个小组成员分别扮演不同阶段的监管者，发现潜在问题，帮助企业在合法合规范围内进行产品研发和质量控制，提出风险防范法律建议。最后，拟定一份产品质量合格认证申请书。

推荐书目：

1. 《产品质量法、食品安全法、消费者权益保护法一本通(第九版)》，法规应用研究中心编，中国法制出版社，2023 年版。

2. 《中华人民共和国产品质量法注释本》，法律出版社法规中心著，法律出版社，2021 年版。

推荐资源：

1. 进入中国大学慕课官网搜索"质量管理"关键字，获得课程资源。

2. 进入网易公开课官网搜索"产品质量法"关键字，获得课程资源。

第 10 章
消费者权益保护法律制度

◎ **任务清单**

序号	任务	要求
1	消费者的含义	掌握
2	消费者权益法的概念和原则	了解
3	消费者的权利和经营者的义务	掌握
4	消费者权益的保护组织	了解
5	消费争议解决的方式	了解
6	赔偿主体的确定	理解
7	侵犯消费者权益的法律责任	了解

◎ **法律法规提示**

《中华人民共和国消费者权益保护法》(2013 年 10 月 25 日),《最高人民法院关于审理网络消费纠纷案件适用法律若干问题的规定(一)》(2022 年 3 月 15 日),《最高人民法院关于审理消费民事公益诉讼案件适用法律若干问题的解释》(2020 年 12 月 23 日)。

《中华人民共和国消费者权益保护法》

《最高人民法院关于审理网络消费纠纷案件适用法律若干问题的规定(一)》

《最高人民法院关于审理消费民事公益诉讼案件适用法律若干问题的解释》

◎ 思考题

王某在孙某位于某商场的柜台购买了一部苹果牌手机,价格为 4000 元。同时,孙某向王某出具一张购货单据,其上写明了手机型号、单价及数量,并写明"保原装、假一赔十"。之后王某获悉该手机被鉴定为假冒产品,于是起诉孙某至人民法院,要求孙某按照"假一赔十"的承诺支付赔偿金 40000 元,并支付鉴定费 800 元。那么,王某"假一赔十"的要求是否会得到法院支持?

思考题解析

10.1 消费者权益保护法概述

10.1.1 消费者的概念

消费是社会再生产中的重要环节,是生产、交换、分配的目的与归宿,它包括生产消费和生活消费两大方面。狭义上的消费者仅限于生活性消费者,广义的消费者还包括生产性消费者。1978 年 5 月,国际标准化组织"消费政策委员会"在瑞士日内瓦召开的第一届年会上,把消费者定义为"为个人目的购买或者使用商品和接受服务的个体社会成员"。从定义上来看,消费者是指为了满足个人生活消费的需要而购买、使用商品或者接受服务的个体社会成员。《中华人民共和国消费者权益保护法》(以下简称《消费者权益保护法》)采用了国际通行的做法,把消费者限定于生活性消费者;同时规定,农民购买、使用直接用于农业生产的生产资料,也应参照执行。

【大家讲坛 10-1】

王某是一个个体户出租车司机,一直在"康凯"加油站加汽油,因为这个加油站给的优惠较多。一段时间后,王某的出租车突然开不动了。经检查,王某的出租车油泵和发动机损坏、汽油杂质堵塞油路,导致车辆无法启动,其原因是长期使用"康凯"加油站的"掺水汽油"。王某可不可以依据《消费者权益保护法》要求加油站赔偿损失?

【解析】王某作为出租车司机购买汽油,是为满足其经营活动的需要,不属于"为生活消费需要",不是《消费者权益保护法》规定的消费者,不能依据该法索赔,但可以依据《民法典》或《中华人民共和国产品质量法》主张权利。

10.1.2 消费者权益保护法

1. 消费者权益保护法的概念

消费者权益保护法是指调整在保护消费者权益的过程中发生的经济关系的法律规范的总称。我国除了《消费者权益保护法》这部保护消费者合法权益,维护社会经济秩序,促进社会主义市场经济的健康发展的专门性法律外,广义上的消费者权益保护法还包括《民法典》《反不正当竞争法》《产品质量法》《商标法》《中华人民共和国广告法》《中华人民共和国食品安全法》《中华人民共和国药品管理法》等法律法规中关于保护消费者权益的内容。

2. 消费者权益保护法的基本原则

消费者权益保护法的基本原则是有关消费者权益保护法的立法、执法和司法实践的指导思想，也是消费者权益保护法立法宗旨的集中化、具体化的体现。

1) 特别保护原则

特别保护原则，是指给予消费者以特别保护的原则。消费者与经营者包括生产者和销售者在传统民法上是平等的主体，但这是形式上的平等，由于消费者对生产者的经营过程缺乏有效参与，对产品的适用性和安全性往往只能通过生产经营者的质量表示和其自身的判断力来识别，使得消费者在客观中往往处于弱者的地位，从而造成消费者与生产者之间的地位实际上的不平等，所以必须通过消费者权益保护法给予消费者以特别的保护，从而使得消费者与经营者之间的关系成为实质性的平等关系。

2) 自愿、平等、公平、诚实信用原则

经营者与消费者进行交易时，双方当事人意思表示完全出于自愿，不允许一方强迫对方屈从自己。双方当事人的法律地位是平等的，而不是隶属、服从的关系。在交易的过程中，要进行公平竞争，要诚实、守信用，不能采取欺诈、胁迫等手段来订立各种销售协议。商品的买卖要明码标价，按质论价，禁止经营者向消费者推销各种假冒伪劣商品，以保护消费者权益。

3) 国家保护原则

在经济生活中，由于各种原因，消费者的合法权益受到不法侵害时却没有足够的力量来保护自己。这种侵害不仅对消费者自身，而且对国家、社会经济整体的有效运行，维持社会秩序的稳定都有极大的危害。为了平衡这种状况，以国家为核心的公权力主动介入微观经济层面，通过保护消费者的合法权益，去规范和控制不法经营者的行为，达到经济协调、社会稳定的目标。

4) 社会监督原则

对消费者权益的保护要动用一切社会力量，对经营者及其他可能或实际侵害消费者的行为进行预防、控制、规范和监督。只有动员全社会的力量才能使消费者权益得到切实保护。

> **法智箴言**
>
> 国内手机市场竞争激烈，预置应用软件是手机厂商获利的渠道之一，但预置软件过多且无法卸载，侵犯了消费者的自主选择权和知情权。规范手机预置软件需要企业和监管部门共同发力，完善软件预置和分发等多环节的标准规范，强化应用软件的全链条监管体系，促进移动互联网和智能终端产业安全、有序、健康发展。

10.2 消费者的权利

10.2.1 消费者权利的概念

消费者的权利是指消费者为了满足生活消费需要，依法能够作出或者不作出一定行为，以及要求经营者和其他有关主体作出或不作出一定行为的资格。

世界上最早提出消费者权利概念的是美国前总统约翰·肯尼迪，他在1962年向美国国会提出的"关于保护消费者权益的特别国情咨文"中，提出了消费者应享有的4项具体权利，即获得商品的安全保障的权利；获得正确的商品信息资料的权利；对商品的自由选择的权利；提出消费者意见的权利。1969年美国前总统尼克松又加上一项"求偿权"，成为5项权利。1985年4月，联合国大会通过的《保护消费者准则》提出的保护消费者的一般原则中明确了消费者的6项权利。我国《消费者权益保护法》提出了9项权利。

10.2.2 消费者的具体权利

1. 安全保障权

安全保障权是指消费者在购买、使用商品或接受服务时所享有的保障其人身、财产安全不受侵害的权利。它包括人身安全权和财产安全权，是消费者最为基本的权利。《消费者权益保护法》第七条明确规定，消费者在购买、使用商品和接受服务时享受人身、财产安全不受损害的权利。消费者有权要求经营者提供的商品和服务，符合保障人身、财产安全的要求。消费者有权要求经营者提供的商品和服务能够保障人身、财产安全，对于有国家标准、行业标准的，消费者有权要求商品和服务符合该标准。没有国家、行业标准的，消费者有权要求商品和服务符合社会普遍公认的安全、卫生要求。

【大家讲坛10-2】

2023年5月6日，姚某随其朋友张某、吴某等十多人到孟某经营的位于湖边的饭店就餐。到达后，姚某及其朋友被该饭店服务员安排在位于湖面的船上就餐。该船仅在四周设置0.8米高的护栏，别无其他防护设施，也未设置任何安全警示标识。酒宴快结束时，姚某从就餐船上跨越护栏来到与就餐船紧邻的无任何防护设施的小铁船上闲坐，后又用手机与人通话。由于坐立不稳，姚某不慎落入湖中，溺水而亡。姚某亲属诉至法院，要求该饭店赔偿损失80万元。谁要对姚某的溺亡承担责任？

【解析】①孟某作为经营者应当为消费者提供符合安全性能要求的设施设备，并预见经营中存在的特殊风险，但其设置在就餐船上的护栏未能达到安全保障要求，应视其未尽"合理限度范围"的安全保障义务，对姚某死亡应承担相应赔偿责任。②姚某作为完全民事行为能力人，应当预见到喝酒后跨越就餐船护栏到没有任何防护设施空船可能产生的危险，但其仍然实施该危险行为，因此其也应对自己的行为承担一定的责任。

2. 知悉真情权

知悉真情权也称知情权，是指消费者在购买、使用商品或者接受服务时，有对商品和服务的有关情况进行了解的权利。《消费者权益保护法》第八条规定，消费者享有知悉其购买、使用的商品或者接受的服务的真实情况的权利。消费者有权根据商品或者服务的不同情况，要求经营者提供商品的价格、产地、生产者、用途、性能、规格、等级、主要成分、生产日期、有效期限、检验合格证明、使用方法说明书、售后服务，或者服务的内容、规格、费用等有关情况。经营者必须如实提供，不得拒绝。

3. 自主选择权

自主选择权是指消费者享有自主选择商品或者服务的权利，它是消费者意思自治的表现。《消费者权益保护法》第九条规定，消费者享有自主选择商品和接受服务的权利。该权利具体来说包括以下四个方面：①自主选择提供商品或者服务的经营者的权利；②自主选择商品品种或者服务方式的权利；③自主决定购买或者不购买任何一种商品、接受或者不接受任何一项服务的权利；④在自主选择商品或服务时所享有的进行比较、鉴别和挑选的权利。经营者在为消费者提供商品或者服务时，应遵循当事人意思自治原则，不得以任何理由限制或剥夺消费者的选择权。

4. 公平交易权

公平交易权是指消费者在购买商品或者接受服务时，享有公正、合理地进行交易的权利。《消费者权益保护法》第十条规定，消费者享有公平交易的权利。消费者在购买商品或者接受服务时，有权获得质量保障、价格合理、计量正确等公平交易条件，有权拒绝经营者的强制交易行为。具体来说，公平交易权表现在两个方面：一是有权获得质量保障、价格合理、计量准确等公平交易条件；二是有权拒绝经营者的强制交易行为。

5. 求偿权

求偿权是指消费者因购买、使用商品或接受服务受到人身或财产损害时，依法享有获得赔偿的权利，求偿权包括人身损害求偿权和财产损害求偿权。《消费者权益保护法》第十一条规定，消费者因购买、使用商品或者接受服务受到人身、财产损害的，享有依法获得赔偿的权利。消费者在权利受到侵害时，可依法要求经营者支付违约金、赔偿金以及采取退货、换货、修理等措施。

【大家讲坛10-3】

罗婕到某商业广场逛街，在一个化妆品柜台被一款保湿美容护肤品吸引。柜台销售人员热情招呼罗婕进店，并说可以先试用一下。销售员在罗婕脸上涂抹按摩以后，罗婕感觉并不好，就表示这款产品不合适，自己不会购买。哪知，销售员拦住罗婕声称，产品已开封给罗婕用了，就必须购买，不买就别想走。见销售人员态度强硬，罗婕急于脱身，无奈买了一瓶。

销售人员侵犯了罗婕的什么权利？

【解析】销售人员侵犯了罗婕作为消费者的自主选择权和公平交易权，因为消费者有权享有自主决定购买或者不购买任何一种商品、接受或者不接受任何一项服务的权利，并有权拒绝经营者的强制交易行为。

6. 结社权

结社权是指消费者依法享有成立维护自身合法权益的社会团体的权利。《消费者权益保护法》第十二条规定，消费者享有依法成立维护自身合法权益的社会组织的权利。消费者有权依照法定标准和程序组织固定的社会团体，目前我国的消费者组织主要是中国消费者协会和地方消费者权益保护组织。消费者组织应当遵守法律规定，不得损害国家、社会、集体利益和其他公民的合法的自由和权利。

7. 获取知识权

获取知识权也称接受教育权，是从知悉真情权中引申出来的一种权利，它是指消费者享有获得有关消费者和消费者权益保护方面知识的权利。《消费者权益保护法》第十三条规定，消费者享有获得有关消费和消费者权益保护方面的知识的权利。这一权利包括两个方面：一是获得有关消费方面的知识，如商品和服务的基本知识等；二是获得有关消费者权益保护方面的知识，如争议的解决途径、消费者保护机构等。

8. 维护尊严和个人信息得到保护权

维护尊严和个人信息得到保护权是指消费者在购买、使用商品或接受服务时享有的人格尊严、民族风俗习惯得到尊重的权利,享有个人信息依法得到保护的权利。《消费者权益保护法》第十四条规定,消费者在购买、使用商品和接受服务时,享有人格尊严、民族风俗习惯得到尊重的权利,享有个人信息依法得到保护的权利。这一权利包括三个方面:一是人格尊严受尊重权,消费者享有独立人格,其身体和精神不受非法侵犯;二是民族风俗习惯受到尊重的权利,消费者拥有的特殊的民族习惯、礼节、禁忌等行为方式不受非法侵犯;三是个人信息依法得到保护的权利,消费者个人信息不得泄露或买卖,否则会对消费者的正常生活造成严重干扰,修正后的《消费者权益保护法》首次将个人信息保护作为消费者权益予以明确,是消费者权益保护领域的一项重大突破。

9. 监督批评权

监督批评权是指消费者享有对经营者提供的商品或服务以及保护消费者权益工作进行监督和批评的权利。《消费者权益保护法》第十五条规定,消费者享有对商品和服务以及保护消费者权益工作进行监督的权利。消费者有权检举、控告侵害消费者权益的行为和国家机关及其工作人员在保护消费者权益工作中的违法失职行为,有权对保护消费者权益工作提出批评、建议。

10. 信息保护权

消费者有权决定是否向经营者提供个人信息,经营者收集、使用消费者个人信息,应当遵循合法、正当、必要的原则,明示收集、使用信息的目的、方式和范围,并经消费者同意。经营者收集、使用消费者个人信息,应当公开其收集、使用规则,不得违反法律、法规的规定和双方的约定收集、使用信息。

11. 后悔权

经营者采用网络、电视、电话、邮购等方式销售商品,消费者有权自收到商品之日起 7 日内退货,且无须说明理由,但下列商品除外:①消费者定做的;②鲜活易腐的;③在线下载或者消费者拆封的音像制品、计算机软件等数字化商品;④交付的报纸、期刊。

除前款所列商品外,其他根据商品性质并经消费者在购买时确认不宜退货的商品,不适用无理由退货。消费者退货的商品应当完好。经营者应当自收到退回商品之日起 7 日内返还消费者支付的商品价款。退回商品的运费由消费者承担;经营者和消费者另有约定的,按照约定。

> **法智箴言**
>
> 随着我国市场经济的繁荣,绝大部分消费商品供应充足,消费者可以自由选择,商家频繁开展各种促销活动以迎合消费者的需求。但从经济实力和处理纠纷的能力来看,消费者与经营者相比仍处于弱者地位。所以,《消费者权益保护法》是按照特别保护消费者权益的原则制定的法律,是"以人为本"执政理念的体现。

10.3 经营者的义务

10.3.1 经营者义务的概念

经营者的义务是一种法定义务,是指经营者在消费活动中必须依照法律的规定或合同的约定为一定的行为或不为一定的行为。经营者的义务与消费者的权利是对等统一的，包含着经营者对国家、社会承担的义务。

10.3.2 经营者的具体义务

我国《消费者权益保护法》主要规定了经营者的以下义务。

1. 依法定或约定履行、不得强制交易的义务

经营者在为消费者提供商品或服务时，应当依照《产品质量法》和其他相关法律、法规的规定履行义务。经营者与消费者有约定的，应当按照约定履行义务，但双方的约定不得违背法律、法规的规定。此外，经营者向消费者提供商品或者服务，应当恪守社会公德，诚信经营，保障消费者的合法权益；不得设定不公平、不合理的交易条件，不得强制交易。

2. 听取意见和接受监督的义务

经营者应当听取消费者对其提供的商品或服务的意见，接受消费者监督。对经营者提出意见或建议的消费者，可以是实际发生的消费者，也可以是一般社会公众——"潜在消费者"。

3. 保障人身和财产安全的义务

经营者应当保证其提供的商品或服务符合人身、财产安全的要求，对可能危及人身、财产安全的商品或服务，应当向消费者作出真实说明和明确警示，并说明和标明正确使用商品或接受服务的方法以及防止危害发生的方法。宾馆、商场、餐馆、银行、机场、车站、港口、影剧院等经营场所的经营者，应当对消费者尽到安全保障义务。经营者发现其提供的商品或者服务存在缺陷，有危及人身、财产安全危险的，应当立即向有关行政部门报告和告知消费者，并采取停止销售、警示、召回、无害化处理、销毁、停止生产或者服务等措施。采取召回措施的，经营者应当承担消费者因商品被召回支出的必要费用。

【大家讲坛 10-4】

李某在万向航海通信仪器店购买了 6 台导航雷达，每台价格为 13700 元，由该公司送货并负责安装。安装时，李某发现该产品没有合格证、保修卡、生产厂家以及厂名厂址等，唯一的标志是"made in Japan"的字样，于是要求退货。

李某要求退货的理由是什么？

【解析】仪器店出售的是没有合格证、保修卡、生产厂家，来路不明的产品，可能危及消费者人身、财产安全，没有尽到保障消费者人身和财产安全的义务，消费者有权退货。

4. 提供真实信息的义务

经营者向消费者提供有关商品或者服务的质量、性能、用途、有效期限等信息，应当真实、全面，不得做虚假或者引人误解的宣传。经营者对消费者就其提供的商品或者服务的质量和使用方法等问题提出的询问，应当作出真实、明确的答复。经营者提供商品或者服务应当明码标价。经营者应当标明真实名称和标记，不得假冒或仿冒他人的企业名称和他人特有的营业标记。租赁他人柜台或者场地的经营者，应当标明其真实名称和标记。

5. 出具购货凭据或者服务单据的义务

经营者提供商品或者服务，应当按照国家有关规定或者商业惯例向消费者出具发票等购货凭证或者服务单据；消费者索要发票等购货凭证或者服务单据的，经营者必须出具。

6. 提供符合要求的商品和服务的义务

经营者应当保证在正常使用商品或者接受服务的情况下其提供的商品或者服务应当具有的质量、性能、用途和有效期限；但消费者在购买该商品或者接受该服务前已经知道其存在瑕疵，且存在该瑕疵不违反法律强制性规定的除外。经营者以广告、产品说明、实物样品或者其他方式表明商品或者服务的质量状况的，应当保证其提供的商品或者服务的实际质量与表明的质量状况相符。经营者提供的机动车、计算机、电视机、电冰箱、空调器、洗衣机等耐用商品或者装饰装修等服务，消费者自接受商品或者服务之日起 6 个月内发现瑕疵，发生争议的，由经营者承担有关瑕疵的举证责任。

7. 履行"三包"或其他责任的义务

除用户使用、保管不当以外，经营者承担所售商品"包修、包换、包退"的质量责任。经营者提供的商品或者服务不符合质量要求的，消费者可以依照国家规定、当事人约定退货，或者要求经营者履行更换、修理等义务。没有国家规定和当事人约定的，消费者可以自收到商品之日起 7 日内退货；7 日后符合法定解除合同条件的，消费者可以及时退货，不符合法定解除合同条件的，可以要求经营者履行更换、修理等义务。依照规定进行退货、更换、修理的，经营者应当承担运输等必要费用。

【大家讲坛 10-5】

蒋先生在某家居商场 3 楼购买了一套价值 40000 元的实木家具，送货到家时，蒋先生发现床的颜色与订货时的样品有差异，茶几表面也有被烫过的痕迹。他找到商场协商退换，商场以该套家具是特价商品为由，拒绝处理。蒋先生向消费者协会投诉，消费者协会工作人员查看产品质量后证实该实木板床颜色与消费者所订颜色有差异，茶几表面也有烫痕。

蒋先生的要求是否符合法律的规定？

【解析】蒋先生的要求符合法律规定。不论是否为特价商品，商场提供的商品应当保证质量，不应存在质量瑕疵，除非事先向消费者明示，并且商场以实物样品表明商品质量状况的，应当保证其提供的商品的实际质量与表明的质量状况相符。

8. 不得单方限制消费者权利的义务

经营者在经营活动中使用格式条款的，应当以显著方式提请消费者注意商品或者服务的数量和质量、价款或者费用、履行期限和方式、安全注意事项和风险警示、售后服务、民事责任等与消费者有重大利害关系的内容，并按照消费者的要求予以说明。经营者不得以格式条款、通知、声明、店堂告示等方式，作出排除或者限制消费者权利、减轻或者免除经营者责任、加重消费者责任等对消费者不公平、不合理的规定，不得利用格式条款并借助技术手段强制交易。格式条款、通知、声明、店堂告示等含有前款所列内容的，其内容无效。

9. 不得侵犯消费者人格权的义务

经营者不得对消费者进行侮辱、诽谤，不得搜查消费者身体及其携带的物品，不得侵犯消费者的人身自由。

10. 特殊经营者提供相关信息的义务

采用网络、电视、电话、邮购等方式提供商品或者服务的经营者，以及提供证券、保险、银行等金融服务的经营者，应当向消费者提供经营地址、联系方式、商品或者服务的数量和质量、价款或者费用、履行期限和方式、安全注意事项和风险警示、售后服务、民事责任等信息。

11. 信息保密的义务

经营者及其工作人员对收集的消费者个人信息必须严格保密，不得泄露、出售或者非法向他人提供。经营者应当采取技术措施和其他必要措施，确保信息安全，防止消费者个人信息泄露、丢失。在发生或者可能发生信息泄露、丢失的情况时，应当立即采取补救措施。经营者未经消费者同意或者请求，或者消费者明确表示拒绝的，不得向其发送商业性信息。

> **法智箴言**
>
> 近年来，作为人工点餐之外的另一种选择，扫码点餐得到了很多消费者认可，特别是"手机族"的欢迎。大多数扫码点餐小程序会向消费者索取位置信息，用于快速关联最近的门店。按照《中华人民共和国个人信息保护法》的规定，收集个人信息，应当限于实现处理目的的最小范围，不得过度收集个人信息。《消费者权益保护法》也规定，经营者收集、使用消费者个人信息应当遵循合法、正当、必要的原则。消费者在扫码点餐中，商家应按照最小和必要原则获取消费者个人信息。

10.4 消费者权益的保护

10.4.1 消费者权益的国家保护

国家通过立法机关、行政机关、司法机关来保护消费者的合法权益。

1. 立法机关保护

我国的立法机关通过制定和实施各项法律，充分保障消费者依法行使职权，维护消费者的合法权益。国家在制定各项法律时，要充分听取消费者的意见和要求。

2. 行政机关保护

各级人民政府组织、协调和督促有关行政部门做好保护消费者合法权益的工作，并加强监督，预防危害消费者人身、财产安全的情况发生，及时制止危害消费者人身、财产安全的行为。国家和地方各级工商行政管理机关应当依照法律法规的规定，在其职权范围内，采取各种有效措施查处各类侵犯消费者利益的行为。各级物价、卫生、食品检验、质监、农业等部门应在各自的职权范围内，加强对经营者的监督管理，提高部门之间的联动机制，保护消费者权益。

3. 司法机关保护

人民法院应当采取有效措施，对消费纠纷和侵犯消费者权益的案件，及时受理、裁判，有效从司法上保障消费者的合法权益。对构成犯罪的侵权案件，公安、人民检察机关应及时介入，追究相关当事人的刑事责任。

10.4.2 消费者权益的保护组织

消费者权益保护组织是依法成立的，对商品和服务进行社会监督的保护消费者合法权益的社会组织。消费者权益保护组织的宗旨是：对商品和服务进行社会监督，保护消费者的合法权益，引导广大消费者合理、科学消费，促进社会主义市场经济健康发展。

根据《消费者权益保护法》的规定，中国消费者协会及其指导下的各级协会履行下列公益性职责。

(1) 向消费者提供消费信息和咨询服务，提高消费者维护自身合法权益的能力，引导文明、健康、节约资源和保护环境的消费方式。

(2) 参与制定有关消费者权益的法律、法规、规章和强制性标准。

(3) 参与有关行政部门对商品和服务的监督、检查。

(4) 就有关消费者合法权益的问题，向有关部门反映、查询，提出建议。

(5) 受理消费者的投诉，并对投诉事项进行调查、调解。

(6) 投诉事项涉及商品和服务质量问题的，可以委托具备资格的鉴定人鉴定，鉴定人应当告知鉴定意见。

(7) 就损害消费者合法权益的行为，支持受损害的消费者提起诉讼或者依照《消费者权益保护法》提起诉讼。

(8) 对损害消费者合法权益的行为，通过大众传播媒介予以揭露、批评。

各级人民政府对消费者权益保护组织履行职责应当予以必要的经费等支持。消费者权益保护组织应当认真履行保护消费者合法权益的职责，听取消费者的意见和建议，接受社会监督。

除消费者权益保护组织外，还有其他消费者组织来保护消费者权益。依法成立的其他消费者组织依照法律、法规及其章程的规定，开展保护消费者合法权益的活动。

为了保证消费者组织的独立性和公正性，我国法律明确规定消费者组织不得从事商品经营和营利性服务，不得以收取费用或者其他牟取利益的方式向消费者推荐商品和服务。

10.5 消费者权益争议的解决

10.5.1 消费者权益争议的解决途径

消费者在买卖商品、接受服务过程中，因权利受到侵害会与经营者产生各种冲突争议。根据《消费者权益保护法》的规定，消费者在和经营者发生争议时，可以通过下列途径解决。

1. 与经营者协商和解

与经营者协商和解是指消费争议发生后，消费者与经营者在平等、自愿的基础上，按照法律规定，本着实事求是、诚实信用原则合理、简便地解决纠纷。

2. 请求消费者组织或者依法成立的其他调解组织调解

消费者在与经营者协商不成后，可以向当地的消费者权益保护组织进行投诉，请求消费者权益保护组织调解，消费者权益保护组织对双方的争议进行调解，解决争议。消费者权益保护组织的调解属于民间调解，不具有法律强制执行力，如一方当事人对协议反悔，则需要通过其他途径予以解决。消费者也可以请求依法成立的其他调解组织进行调解。

3. 向有关行政部门投诉

消费者认为其合法权益受到损害的，可以选择向有关行政部门投诉，该部门应当自收到投诉之日起7个工作日内，予以处理并告知消费者。

4. 提请仲裁机构仲裁

发生消费争议的消费者可以根据与经营者达成的仲裁协议，自愿将争议提交给约定的仲裁机构进行仲裁。仲裁机构作出的裁决具有强制力，双方当事人应当自觉履行，否则，权利人可以申请人民法院强制执行。

5. 向人民法院提起诉讼

消费者可以直接向有管辖权的人民法院提起诉讼，通过诉讼途径解决消费争议。这是消费者合法权益最具权威的一种保护方法。对侵害众多消费者合法权益的行为，中国消费者协会以及在省、自治区、直辖市设立的消费者权益保护组织，可以向人民法院提起诉讼。

10.5.2 赔偿责任主体的确定

1. 一般责任主体的确定

消费者在购买、使用商品时，其合法权益受到损害的，可以向销售者要求赔偿。销售者赔偿后，属于生产者的责任或者属于向销售者提供商品的其他销售者的责任的，销售者有权向生产者或者其他销售者追偿。

消费者或者其他受害人因商品缺陷造成人身、财产损害的，可以向销售者要求赔偿，也可以向生产者要求赔偿。属于生产者责任的，销售者赔偿后，有权向生产者追偿。属于销售者责任的，生产者赔偿后，有权向销售者追偿。

消费者在接受服务时，其合法权益受到损害的，可以向服务者要求赔偿。

2. 特殊责任主体的确定

1) 变更后的企业承担责任

消费者在购买、使用商品或者接受服务时，其合法权益受到损害，因原企业分立、合并的，可以向变更后承受其权利义务的企业要求赔偿。

2) 营业执照持有人、租借人责任

使用他人营业执照的违法经营者提供商品或者服务，损害消费者合法权益，消费者可以向其要求赔偿，也可以向营业执照的持有人要求赔偿。

3) 展销会举办者、柜台出租者的责任

消费者在展销会、租赁柜台购买商品或者接受服务，其合法权益受到损害的，可以向销售者或者服务者要求赔偿。展销会结束或者柜台租赁期满后，也可以向展销会的举办者、柜台的出租者要求赔偿。展销会的举办者、柜台的出租者赔偿后，有权向销售者或者服务者追偿。

4) 网络交易平台提供者的责任

消费者通过网络交易平台购买商品或者接受服务，其合法权益受到损害的，可以向销售者或者服务者要求赔偿。网络交易平台提供者不能提供销售者或者服务者的真实名称、地址和有效联系方式的，消费者也可以向网络交易平台提供者要求赔偿；网络交易平台提供者作出更有利于消费者的承诺的，应当履行承诺。网络交易平台提供者赔偿后，有权向销售者或者服务者追偿。网络交易平台提供者明知或者应知销售者或者服务者利用其平台侵害消费者合法权益，未采取必要措施的，依法与该销售者或者服务者承担连带责任。

5) 虚假广告的广告经营者、发布者的责任

发布虚假广告，欺骗、误导消费者，使购买商品或者接受服务的消费者的合法权益受到损害的，由广告主承担民事责任。广告经营者、广告发布者不能提供广告主的真实名称、地址和有效联系方式的，消费者可以要求广告经营者、广告发布者先行赔偿。

关系消费者生命健康的商品或者服务的虚假广告，造成消费者损害的，其广告经营者、广告发布者、广告代言人应当与广告主承担连带责任。前述规定以外的商品或者服务的虚假广告，造成消费者损害的，其广告经营者、广告发布者、广告代言人，明知或者应知广告虚假仍设计、制作、代理、发布或者做推荐、证明的，应当与广告主承担连带责任。

10.5.3 侵犯消费者权益的法律责任

1. 民事责任

经营者提供商品或者服务有下列情形之一的，除《消费者权益保护法》另有规定外，应当依照其他有关法律、法规的规定，承担民事责任：①商品或者服务存在缺陷的；②不具备商品应当具备的使用性能而出售时未做说明的；③不符合在商品或者其包装上注明采用的商品标准的；④不符合商品说明、实物样品等方式表明的质量状况的；⑤生产国家明令淘汰的商品或者销售失效、变质的商品的；⑥销售的商品数量不足的；⑦服务的内容和费用违反约定的；⑧对消费者提出的修理、重做、更换、退货、补足商品数量、退还货款和服务费用或者赔偿损失的要求，故意拖延或者无理拒绝的；⑨法律、法规规定的其他损害消费者权益的情形。经营者对消费者未尽到安全保障义务，造成消费者损害的，应当承担侵权责任。

1) 侵犯人身权的民事责任

(1) 致人伤害的民事责任。经营者提供商品或者服务，造成消费者或者其他受害人人身伤害的，应当赔偿医疗费、护理费、交通费等为治疗和康复支出的合理费用，以及因误工减少的收入。造成残疾的，还应当赔偿残疾生活辅助具费和残疾赔偿金。

(2) 致人死亡的民事责任。经营者提供商品或者服务，造成消费者或者其他受害人的死亡的，还应当赔偿丧葬费、死亡赔偿金。

(3) 侵害人格尊严、侵犯人身自由或者侵害个人信息得到保护的权利的民事责任。经营者侵害消费者的人格尊严、侵犯消费者人身自由或者侵害消费者个人信息依法得到保护的权利的，应当停止侵害、恢复名誉、消除影响、赔礼道歉，并赔偿损失。经营者有侮辱诽谤、搜查身体、侵犯人身自由等侵害消费者或者其他受害人人身权益的行为，造成严重精神损害的，受害人可以要求精神损害赔偿。

2) 侵犯财产权的民事责任

(1) 经营者提供商品或者服务，造成消费者财产损害的，应当依照法律规定或者当事人约定承

担修理、重做、更换、退货、补足商品数量、退还货款和服务费用或者赔偿损失等民事责任。

(2) 经营者以预收款方式提供商品或者服务的，应当按照约定提供。未按照约定提供的，应当按照消费者的要求履行约定或者退回预付款；并应当承担预付款的利息、消费者必须支付的合理费用。

(3) 依法经有关行政部门认定为不合格的商品，消费者要求退货的，经营者应当负责退货。

(4) 经营者提供商品或者服务有欺诈行为的，应当按照消费者的要求增加赔偿其受到的损失，增加赔偿的金额为消费者购买商品的价款或者接受服务的费用的3倍；增加赔偿的金额不足500元的，为500元。法律另有规定的，依照其规定。经营者明知商品或者服务存在缺陷，仍然向消费者提供，造成消费者或者其他受害人死亡或者健康严重损害的，受害人有权要求经营者依照《消费者权益保护法》规定赔偿财产和精神损失，并有权要求所受损失2倍以下的惩罚性赔偿。

【大家讲坛10-6】

刘女士在安斯达汽车公司购买了一辆大众速腾家用轿车，价格为12.8万元。几天后，刘女士的新车与一辆三轮车发生轻微刮擦，到某汽车修理店补漆。汽修工在对比车身进行调漆时，发现车左后叶子板漆面与原车漆面色差十分明显。刘女士找安斯达汽车公司交涉，要求退车并赔偿损失。该公司乔经理承认该车喷过漆，但否认销售环节出现问题，认为刘女士的要求太高。

刘女士的要求是否合理？

【解析】刘女士的要求是合理的。安斯达汽车公司在向刘女士销售过程中隐瞒了车辆曾经修理过的事实，已经构成销售欺诈。安斯达汽车公司应将购车款12.8万元退还原告，并按购车款的3倍赔偿原告刘女士38.4万元。

法智箴言

尊重消费者权利、保障消费者权益是经营者的应尽义务，它不仅应体现在营销条款、协议、承诺、声明中，更应落实到保证产品和服务质量、妥善处理消费者诉求的具体行动中。经营者如果说一套做一套，动辄店大欺客，摆傲娇、秀优越、搞双标、玩歧视，必将失去消费者信任、被市场所抛弃。

2. 行政责任

经营者违反法律规定，侵害消费者合法权益的，除承担相应的民事责任外，其他有关法律、法规对处罚机关和处罚方式有规定的，依照法律、法规的规定执行；法律、法规未作规定的，由市场监督管理部门或者其他有关行政部门责令改正，可以根据情节单处或者并处警告、没收违法所得、处以违法所得1倍以上10倍以下的罚款，没有违法所得的，处以50万元以下的罚款；情节严重的，责令停业整顿、吊销营业执照。

3. 刑事责任

经营者有下列情形的，应当承担刑事责任：①经营者违反《消费者权益保护法》规定提供商品或者服务，侵害消费者合法权益，构成犯罪的；②以暴力、威胁等方法阻碍有关行政部门工作人员依法执行职务的；③国家机关工作人员玩忽职守或者包庇经营者侵害消费者合法权益的行为，情节严重构成犯罪的。

同步训练

一、单项选择题

1. 郭某与 10 岁的儿子到饭馆用餐,去洗手间时将手提包留在座位上叮嘱儿子看管,回来后发现手提包丢失。郭某要求饭馆赔偿被拒绝,遂提起民事诉讼。根据消费者安全保障权,下列说法正确的是( )。
   A. 饭馆应保障顾客在接受服务时的财产安全,并承担顾客随身物品遗失的风险
   B. 饭馆应保证其提供的饮食服务符合保障人身、财产安全的要求,但并不承担对顾客随身物品的保管义务,也不承担顾客随身物品遗失的风险
   C. 饭馆应对顾客妥善保管随身物品作出明显提示,否则应当对顾客的物品丢失承担赔偿责任
   D. 饭馆应确保其服务环境绝对安全,应当对顾客在饭馆内遭受的一切损失承担赔偿责任

2. 某美容店向王某推荐一种"雅兰牌"护肤产品。王某对该品牌产品如此便宜表示疑惑,店家解释为店庆优惠。王某买回使用后,面部出现红肿、瘙痒,苦不堪言。质检部门认定系假冒劣质产品。王某遂向美容店索赔。对此下列选项正确的是( )。
   A. 美容店不知道该产品为假名牌,不应承担责任
   B. 美容店不是假名牌的生产者,不应承担责任
   C. 王某对该产品有怀疑仍接受了服务,应承担部分责任
   D. 美容店违反了保证商品和服务安全的义务,应当承担全部责任

3. 在经营者有下列哪一种行为的情况下,消费者可对经营者请求"退一赔三"( )。
   A. 进口的眼镜及说明书没有标注生产厂名和厂址
   B. 出售国家明令淘汰的农药
   C. 速冻食品及包装上没有标注生产日期和保质期
   D. 中国大陆制造的皮鞋标明为意大利原产进口

4. 农民贾某从某种子站购买了 5 种农作物良种,正常耕种后有 3 种农作物分别减产 30%、40%和 50%。经鉴定,这 3 种种子部分属于假良种。对此下列说法中不正确的选项为( )。
   A. 贾某可以向消费者保护组织投诉   B. 贾某只能要求种子站退还购良种款
   C. 贾某可以要求种子站赔偿减产损失   D. 贾某可以向当地市场监督管理局举报

5. 钟某在电脑公司购买一台电脑,使用 10 个月后出现故障。在"三包"有效期内,经两次修理仍无法正常使用。此时市面上已无同型号电脑。依照有关法律规定,该事件的处理方法为( )。
   A. 钟某只能要求再次修理   B. 钟某只能要求调换其他型号的电脑
   C. 电脑公司应无条件退货或予以更换   D. 电脑公司应予退货,但可抵销折旧费

6. 贾某到美容店美容,美容店用一名牌面膜为其美容。不料当天夜里贾某脸就肿了起来,经市场监督部门鉴定,该面膜是假冒名牌的劣质产品。下列选项中正确的有( )。
   A. 美容店不是劣质产品的生产者,不应承担责任
   B. 美容店不是劣质产品的销售者,不应承担责任
   C. 美容店也是受害者,所以不应承担责任
   D. 美容店是服务的提供者,应当承担责任

7. 某商场使用了由东方电梯厂生产、亚林公司销售的自动扶梯。某日营业时间，自动扶梯突然逆向运行，造成顾客王某、栗某和商场职工薛某受伤，其中栗某受重伤，经治疗半身瘫痪，数次自杀未遂。现查明，该型号自动扶梯在全国已多次发生相同问题，但电梯厂均通过更换零部件、维修进行处理，并未停止生产和销售。关于赔偿主体及赔偿责任，下列选项中错误的是( )。

    A. 顾客王某、栗某有权请求商场承担赔偿责任

    B. 受害人有权请求电梯厂和亚林公司承担赔偿责任

    C. 电梯厂和亚林公司承担连带赔偿责任

    D. 商场和电梯厂承担按份赔偿责任

8. 聚德公司租赁了平阳公司的专柜1个月用以销售其白酒，并将丙公司知名白酒品牌用于自己的白酒之上。王某以为是丙公司品牌的正宗产品，遂购置一瓶回家。2个月后王某饮此酒中毒，险些失明。经鉴定，该白酒为劣质白酒。下列分析错误的是( )。

    A. 聚德公司冒用丙公司品牌的行为侵犯了王某的知情权

    B. 王某可以直接追究柜台的所有人平阳公司的责任

    C. 王某可以直接向聚德公司追究其侵权责任

    D. 如果对方同意，王某最有效的救济方法是申请仲裁

二、多项选择题

1. 某公司生产销售一款新车，该车在有些新设计上不够成熟，导致部分车辆在驾驶中出现故障，甚至因此造成交通事故。事后，该公司拒绝就故障原因作出说明，也拒绝对受害人提供赔偿。该公司的行为侵犯了消费者的权利包括( )。

    A. 安全保障权   B. 知悉真情权   C. 公平交易权   D. 获取赔偿权

2. 下列各项中销售者、生产者的行为不符合法律规定的是( )。

    A. 张三在超市买了一个电暖器，保修期内修了两次仍无法正常使用，超市表示可以给予更换，但不能退货

    B. 某方便面厂家做推销，在大街上展示了其方便面样品，李某买了几包，回去发现与样品不太一样，少了两种配料

    C. 王某在超市买东西，随身带了一个小包，出来时被保安拦住要检查，王某一气之下，把包里东西倒了出来

    D. 某西瓜摊前黑板上写"一角"，刘某见如此便宜，便买了10斤，不料摊主便要10元，后来发现一角后面隐约写着两个小字"一两"

3. 经营者的下列哪些行为违反了《消费者权益保护法》的规定( )。

    A. 商家在商场内多处设置监控录像设备，其中包括服装销售区的试衣间

    B. 商场的出租柜台更换了承租商户，新商户进场后，未更换原商户设置的名称标牌

    C. 顾客以所购商品的价格高于同城其他商店的同类商品的售价为由要求退货，商家予以拒绝

    D. 餐馆规定，顾客用餐结账时，餐费低于50元的不开发票

4. 某大型商场在商场各醒目处张贴海报：本商场正以3折的价格处理一批因火灾而被水浸

过的商品。消费者葛某见后，以488元购买了一件原价1464元的名牌女皮衣。该皮衣穿后不久，表面出现严重的泛碱现象，葛某要求商场退货但被拒绝。下列说法正确的是（　　）。

  A. 商场不承担退货责任

  B. 商场应当承担退货责任

  C. 商场可以不退货，但应当允许葛某用该皮衣调换一件价值488元的其他商品

  D. 商场可以对该皮衣进行修复处理并收取适当的费用

 5. 王某购买的商品房交付后即进行装修，后发现墙体严重渗水，客厅、卧室墙壁和卫生间的顶部及墙面各有二分之一的渗水面，造成装修后的壁纸卷曲、剥落。开发商接到王某反映后，经检验，属于施工单位未按设计要求施工，漏做王某家楼上地面的防水层所致。开发商应向王某提供的补救措施有（　　）。

  A. 接受退房、返回购房款并赔偿损失

  B. 退房并按房价双倍赔偿

  C. 妥善修理并支付相应赔偿

  D. 按原房价在原地置换一套面积更大、楼层更好并且装修完毕的房屋

 6. 个体工商户王某的朋友陈某，借用王某的营业执照，租赁了甲商场的柜台，销售乙公司生产的小家电。消费者张某在该柜台购买了一台榨汁机，使用时刀片飞出，割伤了张某的妻子李某，李某有权向（　　）要求承担赔偿责任。

  A. 陈某   B. 王某   C. 甲商场   D. 乙公司

 7. 张某从某网店购买一套汽车坐垫。货到拆封后，张某因不喜欢其花色款式，多次与网店交涉要求退货。网店的下列回答中违法的是（　　）

  A. 客户下单时网店曾提示"一经拆封，概不退货"，故对已拆封商品不予退货

  B. 该商品无质量问题，花色款式也是客户自选的，故退货理由不成立，不予退货

  C. 如网店同意退货，客户应承担退货的运费

  D. 如网店同意退货，货款只能在一个月后退还

 8. 曾某在某超市以80元的价格购买酸奶数盒，食用后全家上吐下泻，为此支付医疗费800元。事后发现，其所购的酸奶在出售时已超过保质期，超市却谎称在保质期内，曾某遂要求超市赔偿。对此，下列判断中正确的是（　　）。

  A. 销售超过保质期的食品属于违反法律禁止性规定的行为

  B. 曾某在购买时未仔细查看商品上的生产日期应当自负其责

  C. 曾某有权要求该超市退还其购买酸奶所付的价款

  D. 曾某有权要求该超市赔偿800元医疗费，并增加赔偿2400元

解决几个大问题

 1. 吴某在某超市准备购买一张凳子，发现其标价与自己在其他商店看到的价格不同，遂将标价用手机拍下来以便回家比较。超市工作人员发现后，怀疑吴某是别的商家派来刺探商业秘密的，要求吴某删除那张照片，吴某不同意。超市工作人员动手打了吴某，并将其带往保安办公室强行搜身。事发后，该超市有关负责人声称吴某违反了超市"严禁拍照或抄写商品价格"

的规定，侵犯了超市的"商业秘密"。

根据以上案例，回答下列问题并说明理由：

(1) 本案消费者吴某的行为是否侵犯了超市的商业秘密？
(2) 超市在入口处张贴店规的内容是否有效？
(3) 吴某的哪些消费者权益受到了侵犯？

2. 吴女士在某大型商场购买了一件纯羊毛大衣，售价 880 元，商场标明"换季商品，概不退换"。穿了三天后衣服起满毛球，于是吴女士到市质量技术监督部门检验，鉴定结果证明羊毛大衣所用原料为 100%腈纶。吴女士遂到购买衣服的商场要求退货并赔偿因此而造成的损失，商场营业员回答："当时标明'换季商品，概不退换'，再说店内该柜台是出租给个体户的，现在他已破产，租借柜台的费用尚未付清，人也找不到，你只好自认倒霉。"

根据以上案例，回答下列问题并说明理由：

(1) 该商场违反了我国《消费者权益保护法》的哪些内容？
(2) 该商场的辩解是否成立？

教学班的学生自由组合为若干小组，结合自己课堂所学知识开展一次消费者权益保护相关普法宣传活动。首先，学生回顾本章消费者的权利、经营者的义务、消费者权益争议的解决等内容，查找、收集消费者维护自身合法权益的典型案例，形成普法宣传活动大纲。其次，以发放宣传材料和现场讲解等方式深入学校、学院广场、超市等多个场所开展普法宣传，向学生们讲解相关法律法规知识。

推荐书目：

1. 《中华人民共和国消费者权益保护法注释本》，法律出版社法规中心著，法律出版社，2022 年版。
2. 《消费者权益保护法》，王兴运著，北京大学出版社，2015 年版。
3. 《消费者权益保护法》，吴宏伟著，中国人民大学出版社，2014 年版。

推荐资源：

1. 进入中国大学慕课官网搜索"消费者保护"关键字，获得课程资源。
2. 进入网易公开课官网搜索"消费者权益保护法"关键字，获得课程资源。
3. 进入"学习强国"官网搜索"消费者权益保护法"关键字，获得课程资源。

第 11 章 广告法律制度

◎ **任务清单**

序号	任务	要求
1	广告与广告活动主体	掌握
2	广告法的调整对象和作用	了解
3	广告行为的原则	了解
4	广告行为的一般规定	掌握
5	特定商品或服务的广告的准则	掌握

◎ **法律法规提示**

《中华人民共和国广告法》(2021 年 4 月 29 日),《房地产广告发布规定》(2021 年 4 月 2 日),《互联网广告管理办法》(2023 年 2 月 24 日),《药品、医疗器械、保健食品、特殊医学用途配方食品广告审查管理暂行办法》(2019 年 12 月 13 日)。

《中华人民共和国广告法》

《房地产广告发布规定》

《互联网广告管理办法》

《药品、医疗器械、保健食品、特殊医学用途配方食品广告审查管理暂行办法》

◎ 思考题

甲公司为宣传自己生产的"好助益"牌儿童学习机，委托乙广告公司策划、制作了系列视频广告作品。同时，又邀请了当红流量明星丙在视频广告中出镜。丙在广告中表示："我从小就用这个品牌，助我轻松学习，毫无压力。"然后甲公司又与丁电视台签约，由该电视台将该视频广告投放在黄金时段播出。在这个案例中谁是广告主、广告经营者、广告发布者和广告代言人？

思考题解析

11.1 广告法概述

11.1.1 广告与广告活动主体

1. 广告

一般地，广告有广义和狭义之分。广义的广告是指一切需要引起他人注意的宣传活动及手段，其表现就是"广而告之"，即面向社会公众所做的公开宣传。它既包括以营利为目的，介绍商品特点或服务项目的经济广告；也包括不以营利为目的的非经济广告，如公益广告、政府公告，以及社会组织或个人的启事、声明。狭义的广告仅指经济广告，也称商业广告，即商品经营者或者服务者以营利为目的，通过一定媒介和形式直接、间接地介绍、推广自己所销售的商品或提供的服务的宣传活动。商业广告具有以下特征：

(1) 商业广告的受众不是特定的某一个体，而是不特定的对象或社会公众；
(2) 通过一定的媒介传播传达一定的信息；
(3) 商业广告活动以营利为目的，这是其区别于非经济广告的基本特征。

2. 广告活动主体

广告活动主体是指从事广告活动的单位组织或个人。广告活动主体具体包括以下几个。

1) 广告主

广告主是一个广告的发起者，是指为推销商品或者服务，自行或者委托他人策划、设计、制作、发布广告的自然人、法人或者其他组织。任何利用广告推销自己产品或服务的自然人、法人、其他组织都可以作为广告主。当然，广告主也可以依法自行实施广告活动。

2) 广告经营者

广告经营者是指接受委托提供广告设计、制作、代理服务的自然人、法人或者其他组织。一般有专营广告的单位、兼营广告的单位和个体广告经营户3类。

专营广告的单位是指为广告主提供广告策划、设计、制作、代理等业务的专门从事广告经营的广告公司。兼营广告的单位是指在其主营业务以外，利用自身条件同时经营广告业务的单位，例如电视台、广播电台、报刊社、网络传媒企业、文体场馆等单位通常可以利用所掌握的电视或广播频道、报刊、场馆、网站等媒介，以及自身具备的技术、设备等有利条件兼营广告业务。个体广告经营户一般是在登记的经营范围内合法从事广告设计和制作的个体工商户。

3) 广告发布者

广告发布者是指为广告主或者广告主委托的广告经营者发布广告的自然人、法人或者其他组织。广告发布者主要有大众传播机构，其本身就具备发布广告的条件，主要指电视台、广播电台、报刊社、网络传媒企业。除大众传播机构以外，以下自然人、法人或者其他组织也可以发布广告：

(1) 经营范围含有广告发布业务的广告公司；

(2) 自行发布广告的广告主，例如产品经营者或服务提供者设置招牌、张贴海报、散发传单、邮寄宣传品等宣传自己的商品或服务；

(3) 其他广告发布者，例如商店、宾馆、机场、车站、码头、文体场馆、网络平台利用橱窗、灯箱、牌匾、车体、墙面、网站作为载体发布广告。

4) 广告代言人

广告代言人是指广告主以外的，在广告中以自己的名义或者形象对商品、服务做推荐、证明的自然人、法人或者其他组织。广告代言人在广告中对商品、服务做推荐、证明，应当依据事实和法律，不得为其未使用过的商品或者未接受过的服务做推荐、证明。

广告代言人在为商品、服务做推荐、证明时应表明其个人身份，没有在导购、介绍商品或表演广告作品时表明自己个人身份的，不构成广告代言人。对在虚假广告中做推荐、证明受到行政处罚未满3年的自然人、法人或者其他组织，不得利用其作为广告代言人。

本企业的法定代表人出现在广告作品中，对本企业的产品进行推介不构成广告代言人，该行为属于法定代表人代表广告主的职务行为。国家机关工作人员因履行职责为当地特色产品做宣传推广，且未因宣传行为获利，不属于广告代言人。

【大家讲坛 11-1】

格力电器股份有限公司为加大格力电器产品的宣传力度，董事长董明珠决定换掉以前的广告代言人。有人问她：您接下来准备请谁代言呢？董明珠说：谁也不请，我自己给自己代言！于是，董明珠在格力电器的广告中亲自宣传格力电器公司的产品。

董明珠可以做广告代言人吗？广告代言人和广告主可以是同一人吗？

【解析】董明珠不能做广告代言人，广告代言人和广告主不是同一人，因为广告代言人是指广告主以外的人，董明珠是公司的法定代表人，代表着广告主。

法智箴言

近年来，农民、企业、政府、网络平台通过直播这一新媒体形式架构起农副产品新的合作模式。助农直播引起十分热烈的反响，直播带货对带动农村发展的作用越来越不可忽视。地方政府领导干部助农直播逐渐成为新常态。安徽宿州地区的砀山县县长也来到荧幕前，在直播间为广大观众普及砀山酥梨特有的生长环境，介绍各种吃酥梨的方法。

11.1.2 广告法

1. 广告法的概念与调整对象

广告法也有狭义和广义之分。狭义的广告法是第八届全国人大常委会于1994年10月27日通过的《中华人民共和国广告法》(以下简称《广告法》)，此后又经历数次修改，目前施行的是根据2021年4月29日第十三届全国人民代表大会常务委员会修正的版本。广义的广告法是调整广告活动过程所产生各种广告法律关系的法律规范总称,除了《广告法》以外,还包括国务院及有关部门制定和颁布的广告管理的行政法规、部门规章、地方性法规、规章等。

《广告法》调整对象是"在中华人民共和国境内,商品经营者或者服务提供者通过一定媒介和形式直接或者间接地介绍自己所推销的商品或者服务的商业广告活动。"从广告形式而言,广告法只调整商业广告,公益广告等其他类型的广告应当由《民法典》等来调整。

具体而言,广告法调整的法律关系范围如下。

(1) 广告活动法律关系。广告活动法律关系是指广告主、广告经营者、广告发布者围绕着广告设计、制作、发布而形成的法律关系。

(2) 广告监督管理法律关系。广告的监督管理,是指国家依法对广告活动进行监督和管理的行为。

2. 广告法的作用

广告法的立法目的是规范广告活动,并通过广告活动的规范达到保护消费者的合法权益,促进广告业的健康发展,维护社会经济秩序的目的。

从广告法的立法目的来看,广告法应发挥以下作用。

第一,规范广告活动。广告是商品生产者和服务提供者为推销其商品或服务的重要手段,但误导消费者的虚假广告、格调低下的无德广告也时常出现。广告法就是要规范广告活动,倡导健康的广告形式和广告内容,维护公平、文明、有序竞争的市场秩序。

第二,保护消费者的合法权益。广告是商品经营者和服务提供者与消费者之间的桥梁,消费者常常通过广告来获悉产品或服务的信息,并且决定最终是否购买。违法的广告活动不仅会扰乱市场秩序,也会欺骗、误导消费者,侵犯消费者的合法权益。广告法在规范广告活动的同时,也发挥保障消费者合法权益的作用。

第三,促进广告业的健康发展。广告法通过规范广告活动,明确广告活动各方的权利和义务,明确有关部门的权限和职责等,对广告活动涉及的方方面面予以规范,对广告业的健康发展和维护社会经济秩序发挥了积极作用。

【大家讲坛 11-2】

李某在影院观看电影时看到了影前公益宣传片、其他电影预告片、商场宣传片,在观影过程中也看到了刻意插入的商家的产品或标识的桥段。

以上哪些情况属于《广告法》的调整范围?

【解析】电影植入商家的产品或标识桥段属于广告,商场宣传片也是广告,都是推销商品或者服务的商业广告活动,属于《广告法》的调整范围。

11.2 广告行为规范

11.2.1 广告行为的原则

1. 广告必须真实、客观

广告必须真实、客观,这是广告最重要的原则之一。广告主应当对广告内容的真实性负责。

因此，广告必须做到以下几点。

(1) 语言、文字、图像要与广告的内容一致。广告中宣传的产品与销售的产品应当完全一致，不能用特别挑选出来的或者特别制造出来的产品做广告。

(2) 广告使用的数据、统计资料、调查结果、文摘、引用语等引证内容，应当真实准确，并标明出处。引证内容有适用范围和有效期限的，应当明确表示。

(3) 广告中涉及专利产品或者专利方法的，应当标明专利号和专利种类，未取得专利权的，不得在广告中谎称取得专利权，不得使用已经终止、撤销无效的专利做广告。

2. 广告必须清晰、明白，能够使人们正确理解

法律、法规中规定广告法中应明示的内容，应当显著、清晰表示。

(1) 广告应当具有可识别性，能够使消费者明辨其为广告，通过大众传媒发布的广告应当有广告标记与其他非广告信息相区别，不得使消费者产生误解，特别是利用电视、广播、杂志报纸等大众传播媒体发布广告时，必须有专门标记作为提示，以便消费者将广告与新闻区别开。

(2) 广告中对商品的性能、功能、产地、用途、质量、成分、价格、生产者、有效期限、允诺等或者服务内容、提供者、形式、质量、价格、允诺等有表示的，应当准确、清楚、明白。

(3) 广告中表明推销商品或者服务附带赠送的，应当明示所附带赠送商品或者服务的品种、规格、数量、期限和方式。

3. 广告要维护国家利益和社会公共利益

广告应当真实、合法，以健康的表现形式表达广告内容，符合社会主义精神文明建设和弘扬中华优秀传统文化的要求。

4. 广告要保护未成年人和残疾人的身心健康

广告不得损害未成年人和残疾人的身心健康，主要包括以下几个方面的内容。

(1) 在制作、发布广告时要尊重他们的权利，维护他们的尊严。

(2) 广告语言、文字、画面不得含有歧视、侮辱未成年人和残疾人的内容。

(3) 有关未成年人和残疾人的食品、用具、器械等商品的广告，应当真实、明白、容易理解，真实反映产品质量，明白无误地说明产品的性能、用途及使用方法。

5. 广告内容必须体现公平竞争

广告是宣传、推销商品的重要手段，广告只能用于正当的、公开的竞争。广告不得贬低其他生产经营者的商品或者服务，不得含有虚假或者引人误解的内容，不得以任何形式欺骗、误导用户和消费者。

6. 广告内容必须合法

这一原则要求广告内容及表现形式都应当遵守法律、法规的规定。由于广告涉及各个领域，所以广告不仅要遵守有关广告的法律法规，同时也要遵守其他法律、法规。

1) 禁止的保证、推荐和证明

为了使广告内容的管理具体化，广告招商等有投资回报预期的商品或者服务广告，应当对可能存在的风险以及风险责任承担有合理提示或者警示，并不得含有下列内容：

(1) 对未来效果、收益或者与其相关的情况作出保证性承诺，明示或者暗示保本、无风险或者保收益等，国家另有规定的除外；

(2) 利用学术机构、行业协会、专业人士、受益者的名义或者形象做推荐、证明。

2) 其他禁止的内容

《广告法》第九条规定，广告不得有以下情形：

(1) 使用或者变相使用中华人民共和国的国旗、国歌、国徽、军旗、军歌、军徽；
(2) 使用或者变相使用国家机关、国家机关工作人员的名义或者形象；
(3) 使用"国家级""最高级""最佳"等用语；
(4) 损害国家的尊严或者利益，泄露国家秘密；
(5) 妨碍社会安定，损害社会公共利益；
(6) 危害人身、财产安全，泄露个人隐私；
(7) 妨碍社会公共秩序或者违背社会良好风尚；
(8) 含有淫秽、色情、赌博、迷信、恐怖、暴力的内容；
(9) 含有民族、种族、宗教、性别歧视的内容；
(10) 妨碍环境、自然资源或者文化遗产保护；
(11) 法律、行政法规规定禁止的其他情形。

法智箴言

2022年10月31日，市场监管总局会同中央网信办、文化和旅游部、广电总局、银保监会、证监会、国家电影局七部门联合印发《关于进一步规范明星广告代言活动的指导意见》。该指导意见明确，明星不得为五种情形商品代言，包括不得为烟草及烟草制品(含电子烟)、校外培训、医疗、药品、医疗器械、保健食品和特殊医学用途配方食品进行广告代言。该规范性文件旨在净化市场环境，规范市场秩序，维护公众和消费者利益。

【大家讲坛11-3】

某教育培训机构为提高知名度，在微信公众号上发布题为《初中数学成绩80分提高到116分，他是怎么做到的？》等教培课程推文，含有："王某某，……经过一学期课程的学习，数学成绩从80多分进步到116分；金某某，……连续获得全国中学生英语能力测评初中组高中组全国一等奖，二等奖……"等内容。同时，发布推文声称该机构的教学课程能让学生在短期内(半年至一年)"见词能读，听音能拼……，具备较强的听力能力和自主阅读能力"等内容。

该机构的这种推销课程方式有没有问题，为什么？

【解析】有问题。教育机构利用受益者的名义作教培课程的推荐、证明，并对教育、培训的效果作出明示的保证性承诺，该行为违法。

11.2.2 广告行为的一般规定

1. 广告合同形式

广告主、广告经营者、广告发布者之间在广告活动中应当依法订立书面合同。

2.广告活动主体的资格

广播电台、电视台、报刊出版单位从事广告发布业务的，应当设有专门从事广告业务的机构，配备必要的人员，具有与发布广告相适应的场所、设备。

广告主委托设计、制作、发布广告，应当委托具有合法经营资格的广告经营者、广告发布者。广告经营者、广告发布者应依法查验有关证明文件，核对广告内容，对法律禁止的产品或服务及其内容不符、证明文件不全的广告，不得提供设计、制作、代理和发布服务。

广告主或者广告经营者在广告中使用他人名义或者形象的，应当事先取得其书面同意；使用无民事行为能力人、限制民事行为能力人的名义或者形象的，应当事先取得其监护人的书面同意。

3. 明示广告内容

法律规定广告中应当明示的内容，广告活动主体应当显著、清晰表示。广告中对商品的性能、功能、产地、用途、质量、成分、价格、生产者、有效期限、允诺等或者对服务的内容、提供者、形式、质量、价格、允诺等有表示的，应当准确、清楚、明白。广告中表明推销的商品或者服务附带赠送的，应当明示所附带赠送商品或者服务的品种、规格、数量、期限和方式。

4. 反不正当竞争

广告主、广告经营者、广告发布者从事广告活动，应当遵守法律，诚实信用，不得进行任何形式的不正当竞争。广告不得贬低其他生产经营者的商品或者服务。

广告不得含有虚假或者引人误解的内容。广告发布者不得向广告主、广告经营者提供虚假的覆盖率、收视率、点击率、发行量等资料。

【大家讲坛 11-4】
甲公司生产的学习桌采用实木材料，但在宣传时声称其他品牌的学习桌均非实木加工，质量无保障且有超量甲醛危害儿童身体健康，其实并无实质证据。

甲公司的宣传有何不当之处？

【解析】甲公司在进行产品宣传时毫无根据地贬低其他生产经营者的同类产品，利用广告进行不正当竞争。

11.2.3 特殊商品与服务的广告准则

发布一般的商品广告，只要遵循对广告的基本要求即可，但发布药品、医疗器械、兽药、烟草等特殊商品的广告，应遵守《广告法》相应的规定。

1. 医药和保健食品广告

1) 一般规定

发布医疗、药品、医疗器械、农药、兽药和保健食品广告，以及法律、行政法规规定应当进行审查的其他广告，应当在发布前由广告审查机关对广告内容进行审查；未经审查，不得发布。

禁止在大众传播媒介或者公共场所发布声称全部或者部分替代母乳的婴儿乳制品、饮料和其他食品广告。

广播电台、电视台、报刊音像出版单位、互联网信息服务提供者不得以介绍健康、养生知识等形式变相发布医疗、药品、医疗器械、保健食品广告。

2) 对医药广告的规定

麻醉药品、精神药品、医疗用毒性药品、放射性药品等特殊药品，药品类易制毒化学品，以及戒毒治疗的药品、医疗器械和治疗方法，不得做广告。除此之外的处方药，只能在国务院卫生行政部门和药品监督管理部门共同指定的医学、药学专业刊物上做广告。非处方药广告应当显著标明 OTC 标识。

药品广告的内容不得与国务院药品监督管理部门批准的说明书不一致，并应当显著标明禁忌、不良反应。处方药广告应当显著标明"本广告仅供医学药学专业人士阅读"，非处方药广告应当显著标明"请按药品说明书或者在药师指导下购买和使用"。

医疗、药品、医疗器械广告不得含有下列内容：①表示功效、安全性的断言或者保证；②说明治愈率或者有效率；③与其他药品、医疗器械的功效和安全性或者其他医疗机构比较；④利用广告代言人做推荐、证明；⑤法律禁止的其他内容。推荐给个人自用的医疗器械的广告，应当显著标明"请仔细阅读产品说明书或者在医务人员的指导下购买和使用"。医疗器械产品注册证明文件中有禁忌内容、注意事项的，广告中应当显著标明"禁忌内容或者注意事项详见说明书"。

【大家讲坛 11-5】
甲医院通过互联网发布医疗广告，在广告中宣称其外科手术"治愈率高、无副作用""治疗复杂骨折均达到满意疗效，成功率在99%以上"。

请问：上述广告活动是否有违法之处？

【解析】上述广告违法。甲医院在医疗广告中有"表示功效、安全性的断言或者保证"，并有"说明治愈率"的内容。

3) 对保健食品广告的规定

保健食品是指声称具有调节人体机体功能，不以治疗疾病为目的食品。保健食品广告应当显著标明"本品不能代替药物"，并不得含有下列内容：①表示功效、安全性的断言或者保证；②涉及疾病预防、治疗功能；③声称或者暗示广告商品为保障健康所必需；④与药品、其他保健食品进行比较；⑤利用广告代言人做推荐、证明；⑥法律禁止的其他内容。

4) 对农药、兽药、饲料广告的规定

农药、兽药、饲料和饲料添加剂广告不得含有下列内容：①表示功效、安全性的断言或者保证；②利用科研单位、学术机构、技术推广机构、行业协会或者专业人士、用户的名义或者形象做推荐、证明；③说明有效率；④违反安全使用规程的文字、语言或者画面；⑤法律禁止的其他内容。

2. 烟酒广告

1) 对烟草广告的规定

禁止在大众传播媒介或者公共场所、公共交通工具、户外发布烟草广告。禁止利用其他商品或者服务的广告、公益广告，宣传烟草制品名称、商标、包装、装潢及类似内容。烟草制品生产者或者销售者发布的迁址、更名、招聘等启事中，不得含有烟草制品名称、商标、包装、装潢及类似内容。

2) 对酒类广告的规定

酒类广告不得含有下列内容：①诱导、怂恿饮酒或者宣传无节制饮酒；②出现饮酒的动作；③表现驾驶车、船、飞机等活动；④明示或者暗示饮酒有消除紧张和焦虑、增加体力等功效。

3. 教育培训类广告

教育、培训广告不得含有下列内容：①对升学、通过考试、获得学位学历或者合格证书，或者对教育、培训的效果作出明示或者暗示的保证性承诺；②明示或者暗示有相关考试机构或者其工作人员、考试命题人员参与教育、培训；③利用科研单位、学术机构、教育机构、行业协会、专业人士、受益者的名义或者形象做推荐、证明。

4. 投资广告

招商等有投资回报预期的商品或者服务广告，应当对可能存在的风险及风险责任承担有合理提示或者警示，并不得含有下列内容：①对未来效果、收益或者与其相关的情况作出保证性承诺，明示或者暗示保本、无风险或者保收益等，国家另有规定的除外；②利用学术机构、行业协会、专业人士、受益者的名义或者形象做推荐、证明。

5. 房地产广告

房地产广告，指房地产开发企业、房地产权利人、房地产中介服务机构发布的房地产项目预售、预租、出售、出租、项目转让以及其他房地产项目介绍的广告，居民私人及非经营性售房、租房、换房广告除外。

1) 真实、准确表示广告内容

房地产广告中的项目位置示意图，应当准确、清楚，比例恰当；使用建筑设计效果图或者模型照片的，应当在广告中注明。房源信息应当真实，面积应当表明为建筑面积或者套内建筑面积；涉及内部结构、装修装饰的，应当真实、准确；对价格有表示的，应当清楚表示为实际的销售价格，明示价格的有效期限；涉及在规划或者建设中的交通、商业、文化教育设施及其他市政条件等，应当在广告中注明。

2) 禁止的广告内容

房地产广告不得含有下列内容：①升值或者投资回报的承诺；②以项目到达某一具体参照物的所需时间表示项目位置；③违反国家有关价格管理的规定；④对规划或者建设中的交通、商业、文化教育设施以及其他市政条件做误导宣传。

> 【大家讲坛 11-6】
> 某地产公司在甲市推出"×安居"公寓房地产项目，在其发布的广告中宣称"你买铺我管租，酒店式无忧托管；保证年收益回报率 6%，高于该地段平均水平 20%～30%；前 3 年 15% 投资收益一次性兑现"等内容。
> 请问：上述广告内容活动是否合法？
> 【解析】上述广告内容活动不合法。该地产公司发布房地产广告含有"升值或者投资回报"的承诺。

6. 户外广告

户外广告是指利用户外场所、空间、设施等发布的广告。在城市中设置户外广告、标语牌、画廊、橱窗等，应当内容健康、外形美观，并定期维修、油饰或者拆除。大型户外广告的设置必须征得当地主管部门同意后，按照有关规定办理审批手续。

有下列情形之一的，不得设置户外广告：①利用交通安全设施、交通标志；②影响市政公共设施、交通安全设施、交通标志、消防设施、消防安全标志使用的；③妨碍生产或者人民生活，损害市容市貌；④在国家机关、文物保护单位、风景名胜区等的建筑控制、禁止区域内。

7. 对未成年人的保护

广告不得损害未成年人和残疾人的身心健康,并遵守以下规定。

(1) 不得利用不满 10 周岁的未成年人作为广告代言人。

(2) 针对不满 14 周岁的未成年人的商品或者服务的广告不得含有下列内容:劝诱其要求家长购买广告商品或者服务;可能引发其模仿不安全行为。

(3) 禁止在大众传播媒介或者公共场所发布声称全部或者部分替代母乳的婴儿乳制品、饮料和其他食品广告。

(4) 禁止向未成年人发送任何形式的烟草广告。

(5) 在针对未成年人的大众传播媒介上不得发布医疗、药品、保健食品、医疗器械、化妆品、酒类、美容广告,以及不利于未成年人身心健康的网络游戏广告。

(6) 不得在中小学校、幼儿园内开展广告活动,不得利用中小学生和幼儿的教材、教辅材料、练习册、文具、教具、校服、校车等发布或者变相发布广告,但公益广告除外。

8. 电子信息和互联网广告

1) 明示义务

任何单位或者个人未经当事人同意或者请求,不得向其住宅、交通工具等发送广告,也不得以电子信息方式向其发送广告。以电子信息方式发送广告的,应当明示发送者的真实身份和联系方式,并向接收者提供拒绝继续接收的方式。

互联网广告应当具有可识别性,显著标明"广告",使消费者能够辨明其为广告。付费搜索广告应当与自然搜索结果明显区分。利用互联网发布、发送广告,不得影响用户正常使用网络。未经允许,不得在用户发送的电子邮件中附加广告或者广告链接。在互联网页面以弹出等形式发布的广告,应当显著标明关闭标志,确保一键关闭。

2) 禁止性义务

互联网广告活动中不得有下列行为:①提供或者利用应用程序、硬件等对他人正当经营的广告采取拦截、过滤、覆盖、快进等限制措施;②利用网络通路、网络设备、应用程序等破坏正常广告数据传输,篡改或者遮挡他人正当经营的广告,擅自加载广告;③利用虚假的统计数据、传播效果或者互联网媒介价值,诱导错误报价,谋取不正当利益或者损害他人利益。

公共场所的管理者或者电信业务经营者、互联网信息服务提供者对其明知或者应知的利用其场所或者信息传输、发布平台发送、发布违法广告的,应当采取删除、屏蔽、断开链接等技术措施和管理措施,予以制止。

同步训练

一、单项选择题

1. 甲公司委托乙广告公司做保健商的广告。以下对该广告活动的说法错误的是(   )。

    A. 广告不能让未满10周岁的孩子作为广告代言人

    B. 甲公司与乙公司必须订立书面合同

    C. 经其监护人的书面同意,广告中可以出现未成年的形象

    D. 广告可以暗示保健商品为保障健康所必需

2. 某广告语中宣称甲公司的红酒是"政府指定公务专用酒",这属于( )的违法行为。
   A. 擅自利用科研单位的名义做推荐、证明
   B. 使用或者变相使用国家机关的名义或者形象
   C. 暗示该酒具有利于健康的特殊功效
   D. 诱导、怂恿饮酒或者宣传无节制饮酒

3. 下列广告活动中,没有违反《广告法》的是( )。
   A. 甲公司生产的保健品外包装印有"经常熬夜,多喝××口服液"字句
   B. 乙公司在其网站首页宣传其金融产品保证实现"10%的利息收益"
   C. 丙培训机构在其广告宣称能帮助参加公务员考试的学员"成功上岸"
   D. 丁超市将本店促销海报塞进附近每家居民门缝里

4. 甲网站在其网页右下角频繁以( )发布乙公司的产品广告,未显著标明关闭标志,对许多用户的浏览造成了困扰,该行为违反了《广告法》。
   A. 弹出形式   B. 链接形式   C. 动画图片形式   D. 文字形式

5. 丁制药公司研发了一种治疗脑梗的处方药,准备在政府部门指定的药学专业刊物上做广告。在推介该药的广告中应当显著标明( )字句。
   A. 请按药品说明书或者在药师指导下购买和使用
   B. 本广告仅供医学药学专业人士阅读
   C. 请仔细阅读产品说明书或在医务人员指导下购买使用
   D. 禁忌内容或者注意事项详见说明书

二、多项选择题

1. 下列行为中违反了广告法规定的是( )。
   A. 广播电台在时事报道中请某医生为患者答疑并推荐就医医院
   B. 电视台在养生节目中请专家对某品牌保健食品进行推介
   C. 某新闻网站将某品牌电器的广告语植入新闻报道中
   D. 某品牌游戏机生产商邀请7岁的小明为其产品代言

2. 《快乐童年》是育儿杂志,广受家长好评,不少公司与杂志社联系,想在杂志内页刊登广告。杂志社对这些公司提供的广告内容进行审查,认为( )广告不适合在该杂志发布。
   A. 化妆品广告   B. 教育培训广告   C. 益智游戏广告   D. 医疗器械广告

3. 甲品牌奶粉的电视广告宣称:"甲品牌婴幼儿奶粉,成分可以部分替代母乳,呵护您的宝宝"。对此,下列说法错误的是( )。
   A. 该广告只允许在医院等医疗场所发布
   B. 该广告可以在大众传播媒介上发布
   C. 该广告没有未成年人做代言人,所以可以发布
   D. 该广告内容违反广告法,不能发布

4. 下列发布的保健食品广告违反广告法的有( )。
   A. 聘请形象健康的歌星代言保健食品
   B. 广告宣称该保健食品由纯天然植物提取,无任何毒副作用
   C. 由该保健食品生产商赞助的养生论坛宣传该食品的功效
   D. 在广告中明确表明本保健食品不能代替药物

5. 下列"钉子"牌手机的广告语可以确认为违法的是(　　)。
   A. "钉子"牌手机，让你的生活处处有精彩
   B. "钉子"牌手机，中国第二好用的手机
   C. "钉子"牌手机，保证你100%用不坏
   D. "钉子"牌手机，某某篮球联赛独家手机赞助商

1. 董某是 A 公司的法定代表人，A 公司旗下刚推出一款辅助学习的 App，董某决定让自己刚满 9 岁的外甥女李某做自家产品的代言人(并未知会其父母)，并让李某宣称：自己用过多家产品，只有 A 公司的产品能帮助自己在学习上有所进步，其他家的产品都是骗钱的，家长们可千万别上当。事实上，李某确实在使用这款 App 后学习有所进步。

请指出本案例中的不合法之处并说明理由。

2. 甲医疗器械公司为推广自己的产品，准备聘请知名球星王某做代言人，宣称该公司旗下某款产品能帮助强身健体，绝对安全，而另一款产品则能帮助腿脚不便的患者百分百恢复机能。甲公司还通过视频动画模拟其产品运作机理，并表示其他厂家相同功能的产品都无法实现本产品的使用效果。

请指出甲公司的广告是否合法并说明理由。

教学班的学生自由组合为若干小组，分别选择以下一项任务，对以某种方式发布的广告进行调查，分析这些广告是否合法。

(1) 在商业区拍摄店铺橱窗和街头招牌广告，特别关注广告设置是否损害市容，影响公共交通。
(2) 收集散发的纸质的商业广告，特别关注其中是否存在虚假或夸大其词的内容。
(3) 截取电视节目或网络广告视频，特别关注是否存在不宜做广告的产品或有悖公序良俗的内容。
(4) 截取手机短信或页面广告，特别关注是否提醒了退订方法，广告页面是否有一键关闭按钮。

课外学习资源

推荐书目：
1. 《互联网广告法律问题研究》，刘双舟著，中国政法大学出版社，2019 年版。
2. 《中华人民共和国广告法 广告绝对化用语执法指南》，中国法制出版社，2023 年版。
3. 《广告法规与治理》，常燕民著，社会科学文献出版社，2023 年版。

推荐资源：
1. 进入中国大学慕课官网搜索"经济法"关键字，获得课程资源。
2. 广告法理论与制度(网址：https://www.bilibili.com/video/av373833137/?p=30)。

第 12 章 电子商务法律制度

◎ 任务清单

序号	任务	要求
1	电子商务的定义和特点	了解
2	电子商务法的调整对象	了解
3	电子商务经营者的概念和资格	掌握
4	电子商务经营者的义务	掌握
5	电子商务平台的具体经营规则	理解
6	电子商务合同的订立、成立和效力	掌握
7	电子支付和快递物流服务	掌握
8	电子商务争议的解决	了解

◎ 法律法规提示

《中华人民共和国电子商务法》(2018 年 8 月 31 日),《快递暂行条例》(2019 年 3 月 2 日)。

《中华人民共和国电子商务法》　《快递暂行条例》

◎ 思考题

张女士在某平台购物时,被商家的客服拉入一个微信群,说如果帮忙刷单好评,张女士每单可获得两元钱奖励。张女士一开始担心会不会是骗人的,但通过观察似乎还真是能赚点外快。因为交易任务金额很小,就算损失本金也在承受范围之内,群里都在忙着"接任务",并通过截图回复刷单任务完成情况。于是,张女士也开启了自己"谨慎"的刷单之旅。

思考题解析

请大家思考:即使张女士所在的群没有实施针对刷单者的诈骗,这个活动是否合法?

12.1 电子商务法概述

12.1.1 电子商务

1. 电子商务的定义

电子商务(Electronic-Commerce)是利用现代信息技术和计算机网络(主要是因特网)所进行的各类商品交易活动。所以,也可以将电子商务称为在线(On-line)商业或在线商务。广义上的电子商务是电子网络环境下进行的所有商务活动,包括商品、服务、资金的生产、管理、流通等各个环节的活动。狭义上的电子商务是在电子网络环境下从事的销售商品或者提供服务的经营活动,如在线销售书籍、医疗咨询等。

2. 电子商务的特点

(1) 电子商务构造了虚拟商业环境。
(2) 电子商务能够跨越时间和空间的局限性,真正实现了贸易的全球化。
(3) 电子商务实现了信息化和无纸化交易,成本相对低。
(4) 交易自动化、迅捷化。

12.1.2 电子商务法

1. 电子商务法的调整对象

狭义上的电子商务法专指《中华人民共和国电子商务法》(以下简称《电子商务法》),是一部调整电子商务法律关系的基本法和综合性法律。一般认为,广义上的电子商务法是调整电子商务交易,以及相关的社会关系、政府管理关系的法律规范的总称。

我国现有的电子商务法律主要分为两类:第一类专门针对电子商务领域问题进行规定,例如《电子商务法》《中华人民共和国电子签名法》《互联网药品交易服务审批暂行规定》《电子认证服务管理办法》等。第二类是其他法律就特定电子商务问题作出的专门规定,例如《民法典》第一千一百九十四条和《消费者权益保护法》第四十四条。

电子商务法调整的对象是电子商务交易及其形成的商事法律关系。确定电子商务法的调整范围需要从两个方面考虑:一是从市场的角度,考虑电子商务所涉及的商务活动类型;二是从交易过程的角度,考虑电子商务交易涉及的主要环节。

电子商务首先是一种商事行为，应当遵循传统商法的一般规则。其次，电子商务在网上进行的各种商业行为即在线商业行为，因商业手段、交易方式、交易场景不同于传统商业行为，导致传统的商法无法适应当代电子商务活动的规制需要。因此，电子商务法不是试图重新建立一套新的商业运作规则，而是将重点放在规范在线商业行为的特殊商事法律问题。

从行为主体上看，主要用来调整平等主体的当事人之间电子网络环境下的商事交易关系，同时也调整政府管理、促进电子商务发展的行为。

【大家讲坛 12-1】

陈某系某公司运营的电商平台内商家，2022 年 9 月因商品材质问题与消费者发生纠纷。电商平台介入调处纠纷后，根据检测报告认定商品材质与描述不符，冻结了陈某店铺的保证金。电商平台告知陈某若未按期向平台提交与买家进行司法处理的函件证明，将根据平台规则进行退赔。陈某将该平台公司诉至法院，要求解冻保证金并向平台公司提交了法院受理通知书。过后，平台未中止调处，扣划了陈某的保证金向消费者进行了赔付。陈某起诉要求该平台公司对划扣款项进行赔偿。该案是否能适用电子商务法的调整？

【解析】该案适用电子商务法的调整。陈某是电商平台内商家，与电商平台和消费者之间都存在电子商务交易关系。

2. 电子商务法的作用

电子商务法是通过规范网络交易行为，保障电子商务的安全，建立和维护电子商务的社会公共秩序。具体而言，电子商务法的作用主要包括以下几个方面。

(1) 促进电子商务的健康发展。电子商务法保证电子商务活动有法可依、有据可查、责任明确，弥补了现有法律的缺陷和不足，从而为电子商务的健康发展创造了一个良好的法律环境。

(2) 保障网络交易中电子商务的安全。电子商务法将会直接有效地打击和防止各种危害电子商务安全的违法犯罪活动，维护电子商务交易主体的合法权益，保护电子商务交易安全。

(3) 鼓励利用现代信息技术促进交易活动。电子商务法积极回应了电子商务过程中出现的新问题，鼓励发展电子商务新业态，创新商业模式，促进电子商务技术研发和推广应用。

法智箴言

2018 年市场监管总局发布的《市场监管总局关于做好电子商务经营者登记工作的意见》指出：要积极支持、鼓励、促进电子商务发展，结合电子商务虚拟性、跨区域性、开放性的特点，充分运用互联网思维，采取互联网办法，按照线上线下一致的原则，为依法应当登记的电子商务经营者办理市场主体登记提供便利，促进电子商务健康有序发展，为经济发展注入新活力新动力。

12.2 电子商务经营者的一般规定

12.2.1 电子商务经营者概念和资格

1. 电子商务经营者的概念

《电子商务法》第九条对电子商务经营者、电子商务平台经营者和平台内经营者作出了界定:本法所称电子商务经营者,是指通过互联网等信息网络从事销售商品或者提供服务的经营活动的自然人、法人和非法人组织,包括电子商务平台经营者、平台内经营者以及通过自建网站、其他网络服务销售商品或者提供服务的电子商务经营者。其中,"电子商务平台经营者"是指在电子商务中为交易双方或者多方提供网络经营场所、交易撮合、信息发布等服务,供交易双方或者多方独立开展交易活动的法人或者非法人组织。而"平台内经营者"是指通过电子商务平台销售商品或者提供服务的电子商务经营者。

2. 电子商务经营者的分类

电子商务经营者主要指以下经营者。

(1) 电子商务平台经营者,是指在电子商务中为交易双方或者多方提供网络经营场所、交易撮合、信息发布等服务,供交易双方或者多方独立开展交易活动的法人或者非法人组织。

(2) 平台内经营者,是指通过电子商务平台销售商品或者提供服务的电子商务经营者。

(3) 通过自建网站、其他网络服务销售商品或者提供服务的电子商务经营者,是指利用自建的网站或社交网络,销售商品或者提供服务的电子商务经营者。

电子商务平台经营者从事的电子商务交易,不仅指买卖双方在专业的电子商务平台上进行交易,也包括经营者利用私人社交圈,如微信朋友圈或公众号、QQ 群,以及利用短视频平台等渠道进行电子商务交易。

3. 电子商务经营者资质的取得

电子商务经营者和从事实体经营的主体一样,依法办理市场主体登记;从事需要取得行政许可经营活动的,应当依法申请行政许可。

电子商务经营者应当依法办理市场主体登记,但是,个人销售自产农副产品、家庭手工业产品,个人利用自己的技能从事依法无须取得许可的便民劳务活动和零星小额交易活动,以及依照法律、行政法规不需要进行登记的除外。这里的"个人销售"是指自然人销售自己生产的产品,而不是从其他个人那里收购后转卖。按照《网络交易监督管理办法》的规定,"个人从事网络交易活动,年交易额累计不超过 10 万元的,依法不需要进行登记。"所以,是否符合"零星小额交易",可以参照此规定判断。

【大家讲坛 12-2】
甲、乙、丙均为电子商务经营者。其中,甲在某电商平台开设网店,自产自销家中果园的软籽石榴;乙在个人微信公众号上售卖自家工厂生产的面膜;丙通过网络平台提供平板电脑维修服务。他们是否需要办理市场主体登记?
【解析】①乙通过微信电子商务平台出售商品,应当依法办理市场主体登记。②甲丙不需要办理市场主体登记。甲虽然在电商平台开设网店,但属于个人销售自产农副产品;丙通过网络平台提供维修服务,但属于个人利用自己的技能从事依法无须取得许可的便民劳务活动。

12.2.2 电子商务经营者的法律义务

1. 依法公示信息

鉴于电子商务模式商业环境虚拟性和无纸化交易的特点,法律对电子商务经营者在信息公示方面的要求十分严格。电子商务经营者应当依法在其首页显著位置,持续公示营业执照信息,以及与其经营业务有关的行政许可信息;属于依照相关规定不需要办理市场主体登记情形的,也应公示该信息。公示信息发生变更的,电子商务经营者应当及时更新公示信息;电子商务经营者自行终止从事电子商务的,应当提前 30 日在首页显著位置持续公示相关信息。

2. 依法履行纳税义务

电子商务经营者和从事实体经营的主体一样,应当依法履行纳税义务,并享受相应税收优惠。登记为法人的需要缴纳企业所得税;登记为个人独资企业、合伙企业的,其投资者和个体工商户需要缴纳个人所得税。电子商务企业中有很多小规模纳税人,也可以享受小规模纳税人的各项税务优惠;跨境电子商务零售进口"单次"限额 5000 元以下或"年度"限额 26 000 元以下的,进口环节增值税、消费税按 70%征收。

3. 依法收集和保护用户信息

电子商务经营者收集、使用其用户的个人信息,应当遵守法律、行政法规有关个人信息保护的规定。同时,电子商务经营者应当明示用户信息查询、更正、删除以及用户注销的方式、程序,不得对用户信息查询、更正、删除以及用户注销设置不合理条件。

电子商务经营者收到用户信息查询或者更正、删除的申请的,应当在核实身份后及时提供查询或者更正、删除用户信息。用户注销的,电子商务经营者应当立即删除该用户的信息;依照法律、行政法规的规定或者双方约定保存的,依照其规定。

4. 保护消费者合法权益

电子商务经营者销售的商品和提供的服务应当符合人身、财产安全的要求,具体包括以下几个方面。

(1) 电子商务经营者应当全面、真实、准确、及时地披露商品或者服务信息,保障消费者的知情权和选择权。电子商务经营者不得以虚构交易、编造用户评价等方式进行虚假或者引人误解的商业宣传,欺骗、误导消费者。

(2) 电子商务经营者根据消费者的兴趣爱好、消费习惯等特征向其提供商品或者服务的搜索结果的,应当同时向该消费者提供不针对其个人特征的选项,尊重和平等保护消费者合法权益。

(3) 电子商务经营者搭售商品或者服务,应当以显著方式提请消费者注意,不得将搭售商品或者服务作为默认同意的选项。电子商务经营者向消费者发送广告的,应当遵守《中华人民共和国广告法》的有关规定。

(4) 电子商务经营者应当按照承诺或者与消费者约定的方式、时限向消费者交付商品或者服务,并承担商品运输中的风险和责任。但是,消费者另行选择快递物流服务提供者的除外。

(5) 电子商务经营者应当依法出具纸质发票或者电子发票等购货凭证或者服务单据,电子发票与纸质发票具有同等法律效力。

(6) 电子商务经营者按照约定向消费者收取押金的,应当明示押金退还的方式、程序,不得对押金退还设置不合理条件。消费者申请退还押金,符合押金退还条件的,电子商务经营者应当及时退还。

(7) 电子商务经营者应按照《消费者权益保护法》的规定,承诺消费者有权在购买后 7 日内要求无理由退货。消费者因检查商品必须对商品进行拆封,如果不影响商品完好,电子商务经营者不应以商品已拆封为由拒绝消费者无理由退货的要求。

【大家讲坛 12-3】

杨某在某平台上买了几套参加考试用的 2B 自动铅笔、橡皮和文具袋，收货后通过试用对商品很满意，于是在平台的 App 上点击了已签收并给予好评。随后杨某联系平台要求出具电子发票，但平台以交易额度太小为由，拒绝提供电子发票，并告知杨某可购买两百元以上的产品再一同出具发票。平台的这种做法让杨某很不舒服，于是要求退掉商品。平台则同意退回商品，但表明退回的运费应由杨某自己负担，因为商品本身并不存在质量问题。

请问：该平台能否以交易额度太小为由拒绝提供发票？

【解析】不能。电子商务经营者销售商品或者提供服务应当依法出具纸质发票或者电子发票等购货凭证或者服务单据，不能以交易额度太小为由拒绝提供发票。

法智箴言

网络直播拓宽商品营销渠道，带动直播经济，同时也存在不少消费陷阱。直播营销不能搞"一锤子买卖"，诚信经营，保障消费者权益，是直播营销必须坚守的底线。赢得消费者持久青睐，直播营销越是红火，越应该筑牢诚信经营的基石，才能实现长远发展。

12.2.3 电子商务平台的具体经营规则

电子商务平台经营者不仅是电子商务经营者，而且为平台内经营者提供网络经营空间，具有"企业"和"市场"双重属性，在网络交易活动中负有制定和执行电子商务平台经营规则，并监督平台内经营者的责任，在电子商务活动中发挥着独特作用。

1. 核验平台内经营者信息

电子商务平台经营者应核验平台内经营者信息，具体包括核验平台内经营者身份信息、平台内经营者提供的商品或者服务信息。

1) 核验平台内经营者身份信息

电子商务平台经营者应当要求申请进入平台销售商品或者提供服务的经营者提交其身份、地址、联系方式、行政许可等真实信息，进行核验、登记，建立登记档案，并定期核验更新。电子商务平台经营者应当按照规定向市场监督管理部门报送平台内经营者的身份信息，提示未办理市场主体登记的经营者依法办理登记，并配合市场监督管理部门，针对电子商务的特点，为应当办理市场主体登记的经营者办理登记提供便利。

2) 核验平台内经营者提供的商品或服务信息

电子商务平台经营者应对平台经营者所销售商品和提供服务的信息进行审核，发现平台内的商品或服务信息存在违法信息的，应当依法采取必要的处置措施。如果知道或者应当知道平台内经营者销售的商品或者提供的服务不符合保障人身、财产安全的要求，或者有其他侵害消费者合法权益行为，未采取必要措施的，应与该平台内经营者承担连带责任。

对关系消费者生命健康的商品或者服务，电子商务平台经营者应当承担审核义务或者安全保障义务。如果电子商务平台经营者对平台内经营者的资质资格未尽到审核义务，或者对消费者未尽到安全保障义务，造成消费者损害的，应依法承担相应的责任。

【大家讲坛 12-4】

潘某在国内某大型电商平台开设了 8 家网络店铺，其通过这些网络店铺进行虚假交易，在两个月内为境外赌博网站洗白、转移巨额赌资合计近 10 亿元。

上述案例中电商平台是否有失责之处？

【解析】电商平台有失责之处。杨某在平台上开设的网络店铺在短期之内，资金活动量巨大，电商平台应该发现异常，应主动进行核验并采取必要的处置措施。

2. 制定电子商务平台交易管理制度

1) 制定平台服务协议和交易规则

电子商务平台经营者应当遵循公开、公平、公正的原则，制定平台服务协议和交易规则，明确进入和退出平台、商品和服务质量保障、消费者权益保护、个人信息保护等方面的权利和义务。同时，电子商务平台经营者应当在其首页显著位置持续公示平台服务协议和交易规则信息或者上述信息的链接标识，并保证经营者和消费者能够便利、完整地阅览和下载。

【大家讲坛 12-5】

某平台超级 VIP 会员某甲，因 80%的高退货率，被该平台依据用户协议冻结账户，某甲不服起诉，认为用户协议就是一种格式条款，平台无权据此冻结自己的账户。

法院应支持哪一方呢？

【解析】法院应支持平台一方。消费者虽享有退货权，但若退货行为长期远超消费者普遍的退货率，则该行为有悖于诚实信用原则，构成滥用退货权。

2) 修改平台交易规则

电子商务平台经营者可以根据实际经营情况对平台交易规则进行修改。但是，平台经营者在修改平台服务协议和交易规则时，应当在其首页显著位置公开征求意见，采取合理措施确保有关各方能够及时充分表达意见，并且修改内容应当至少在实施前 7 日予以公示。

若平台内经营者不接受修改内容，要求退出平台的，电子商务平台经营者不得阻止，并按照修改前的服务协议和交易规则承担相关责任。

电子商务平台经营者不得利用服务协议、交易规则以及技术等手段，对平台内经营者在平台内的交易、交易价格以及与其他经营者的交易等进行不合理限制或者附加不合理条件，或者向平台内经营者收取不合理费用。

3) 保存交易记录

电子商务平台经营者应当记录、保存平台上发布的商品和服务信息、交易信息，并确保信息的完整性、保密性、可用性。商品和服务信息、交易信息保存时间自交易完成之日起不少于 3 年；法律、行政法规另有规定的，依照其规定。

4) 建立健全信用评价制度

电子商务平台经营者要建立健全信用评价制度，并公示信用评价规则，为消费者提供对平台内销售的商品或者提供的服务进行评价的途径，这也是消费者对经营活动监督权在电子商务经营模式下的具体体现。电子商务平台经营者不得删除消费者对其平台内销售的商品或者提供的服务的评价。

电子商务平台经营者应当根据商品或者服务的价格、销量、信用等以多种方式向消费者显示商品或者服务的搜索结果；对于竞价排名的商品或者服务，应当显著标明"广告"。

【大家讲坛 12-6】

2020年5月，吴某在甲电子商务平台设立了一家店铺。2023年9月，甲电子商务平台修改了平台经营规则并在实施前7日进行了公示。吴某认为修改之后的平台经营规则对自己的经营非常不利，于是向甲电子商务平台提出退出平台。

吴某能否自由退出平台？

【解析】吴某可以自由退出平台。电子商务平台经营者修改平台经营规则之后，若平台内经营者不接受修改内容，要求退出平台的，电子商务平台经营者不得阻止，并按照修改前的服务协议和交易规则承担相关责任。

5) 区分平台自营业务和他营业务

电子商务平台经营者在其平台上开展自营业务的，应当以显著方式标记自营业务和平台内经营者开展的业务，便于消费者区分。电子商务平台经营者对其标记为自营的业务依法承担商品销售者或者服务提供者的民事责任。

3. 保护知识产权

电子商务平台经营者应当建立知识产权保护规则，与知识产权权利人加强合作，依法保护知识产权。

1) 对知识产权权利人通知的措施

知识产权权利人认为其知识产权受到侵害，有权通知电子商务平台经营者采取删除、屏蔽、断开链接、终止交易和服务等必要措施。电子商务平台经营者接到通知后，应当及时采取必要措施，并将该通知转送平台内经营者；未及时采取必要措施的，对损害的扩大部分与平台内经营者承担连带责任。

因通知错误造成平台内经营者损害的，依法承担民事责任；恶意发出错误通知，造成平台内经营者损失的，加倍承担赔偿责任。

电子商务平台经营者知道或者应当知道平台内经营者侵犯知识产权的，应当采取删除、屏蔽、断开链接、终止交易和服务等必要措施；未采取必要措施的，与侵权人承担连带责任。

2) 对平台内经营者声明的措施

平台内经营者接到转送的通知后，可以提供初步证据向电子商务平台经营者提交不存在侵权行为的声明。平台经营者接到声明后，应当将该声明转送发出通知的知识产权权利人，并告知其可以向有关主管部门投诉或者向人民法院起诉。平台经营者在转送声明到达知识产权权利人后15日内，未收到权利人已经投诉或者起诉通知的，应当及时终止已经采取的措施。

电子商务平台经营者应当及时公示上述通知、声明及处理结果。

12.3 电子商务合同

12.3.1 电子商务合同概述

1. 电子商务合同的概念与特征

电子商务合同,是指平等民事主体之间通过数据电文形式订立的,设立、变更、终止民事权利义务关系的协议。广义电子商务合同,既包括电子交易活动(经营性、营利性)的协议,也包括非经营、非营利性活动的协议。狭义的电子商务合同仅包括电子交易活动。

电子商务合同除了具有传统合同的基本特征以外,还具有以下特点。

(1) 合同内容以数据电文为载体,以电子、光学、磁等方式记录、生成、传输、储存信息。

(2) 合同在虚拟环境下签订,双方并非像一般合同那样在现实世界面对面协商,而是在虚拟环境中完成合同的协商、订立或变更。

(3) 合同利用电子技术进行认证,当事人的身份一般通过密码识别或者认证机构的加密技术认证。

2. 电子商务合同的类型

根据电子商务合同订立的具体方式分类,电子商务合同可分为电子邮件合同、点击合同、EDI 合同(以电子数据交换方式订立的合同)等;根据《民法典》中"有名合同"的类型,可以将电子商务合同划分为 19 种合同;根据电子商务合同标的类型不同,可以将电子商务合同分为数字产品合同与非数字产品合同、商品合同与服务合同。

12.3.2 电子商务合同的订立、成立与生效

1. 电子商务合同订立

与一般合同一样,电子商务合同的订立需要经过要约和承诺两个阶段,只不过合同各方当事人利用互联网媒介,传达要约和承诺的意思表示。

1) 合同的要约与承诺

电子商务经营者发布的商品或者服务信息符合要约条件的属于要约,用户选择该商品或者服务并提交订单属于承诺。电子商务合同通过数据电文订立。根据《民法典》对合同的规定,采用数据电文形式订立合同,收件人指定接收系统的,数据电文进入该系统时视为到达;未指定特定系统的,相对人知道或者应当知道该数据电文进入其系统时生效。所以,电子商务经营者发布信息成功,视为承诺到达并立即生效;用户提交订单成功时视为承诺到达并立即生效。当事人对采用数据电文形式内容的生效时间另有约定的,按照其约定。

【大家讲坛 12-7】
现在,每年"双十一"都是网购爱好者的狂欢节。宝妈王某在 2022 年"双十一"期间,在某大型电商平台给宝宝置办了不少好货:婴儿润肤露、婴儿服、睡袋、奶瓶等。

王某在网上下单购物是否属于签订电子合同?

【解析】王某购物属于签订电子商务合同。店铺在电子商务内平台发布交易信息,视为要约;消费者王某在平台提交订单,视为承诺,双方实际上签订了买卖合同。

2) 合同的撤回与撤销

在一般合同订立的过程中，要约或承诺从发出至抵达对方当事人可能存在时间间隔，所以当事人可以实现撤回或撤销。但是，电子商务合同的当事人用数据电文传输信息，要约或承诺通常瞬间就到达当事人的信息接收系统，使得电子要约的撤回、撤销或电子承诺的撤销事实上难以实现。

2. 电子商务合同的成立

电子商务经营者通过互联网发布的商品或者服务信息符合要约条件的，用户选择该商品或者服务并提交订单成功，视为承诺到达并生效，合同成立。电子商务合同数据电文进入信息系统的时间在计算机系统中有准确的记录，因此可以精确地确定电子商务合同成立的时间。当然，当事人电子商务合同成立时间另行约定的，从其约定。

3. 电子商务合同的效力

电子商务合同的生效条件和一般合同一样：①当事人应具有相应的民事行为能力；②当事人意思表示要真实；③内容不违反法律的强制性规定和公序良俗。不过，电子商务合同也存在合同效力认定的特殊问题。

1) 民事行为能力的认定

电子商务合同的当事人在虚拟环境中订立合同，通常不能通过面见判断对方当事人是否具备相应的民事行为能力。因此，在电子商务合同订立过程中，推定当事人具有相应的民事行为能力。但是，有相反证据足以推翻的除外。即，电子商务当事人使用自动信息系统订立或者履行合同的行为，对使用该系统的当事人具有法律效力。

2) 电子错误

电子错误是指当事人订立电子商务合同时因操作失误而导致的违背真实意愿的表示。由于信息系统能将这种错误意思表示瞬间传送给对方当事人，从而使合同产生有违当事人真实意愿的"法律效力"。因此，电子商务经营者应当清晰、全面、明确地告知用户订立合同的步骤、注意事项、下载方法等事项，并保证用户能够便利、完整地阅览和下载。电子商务经营者应当保证用户在提交订单前可以更正输入错误。

3) 格式条款无效的情形

在很多情况下，电子商务合同是由电子商务经营者提供格式条款。如果该电子商务经营者提供的格式条款有以下内容，应当依法认定该内容无效：①收货人签收商品即视为认可商品质量符合约定；②电子商务平台经营者依法应当承担的责任一概由平台内经营者承担；③电子商务经营者享有单方解释权或者最终解释权；④排除或者限制消费者依法投诉、举报、请求调解、申请仲裁、提起诉讼的权利；⑤其他排除或者限制消费者权利、减轻或者免除电子商务经营者责任、加重消费者责任等对消费者不公平、不合理的内容。

12.3.3 电子支付和快递物流服务

1. 电子支付服务

电子支付是指付款人利用电子支付服务，通过电子终端发出支付指令的实现货币支付行为。电子商务当事人可以约定采用电子支付方式支付价款。

1) 电子支付服务的提供者

电子支付服务的提供者在提供电子支付服务时,要告知用户电子支付服务的功能、使用方法、注意事项、相关风险和收费标准等事项,不得附加不合理交易条件。电子支付服务提供者应当确保电子支付指令的完整性、一致性、可跟踪稽核和不可篡改。同时,应当向用户免费提供对账服务及最近3年的交易记录。

电子支付服务提供者提供电子支付服务不符合国家有关支付安全管理要求,造成用户损失的,应当承担赔偿责任。电子支付服务提供者在电子支付完成后,应当及时准确地向用户提供符合约定方式的确认支付的信息。

电子支付服务提供者发现支付指令未经授权,或者收到用户支付指令未经授权的通知时,应当立即采取措施防止损失扩大。电子支付服务提供者未及时采取措施导致损失扩大的,对损失扩大部分承担责任。

2) 电子支付服务的用户

用户在发出支付指令前,应当核对支付指令所包含的金额、收款人等完整信息。用户发出支付指令的过程中发生错误的,电子支付服务提供者应当及时查找原因,并采取相关措施予以纠正。造成用户损失的,电子支付服务提供者应当承担赔偿责任,但能够证明支付错误非自身原因造成的除外。

用户应当妥善保管交易密码、电子签名数据等安全工具。如果用户发现安全工具遗失、被盗用或者未经授权的支付的,应当及时通知电子支付服务提供者。未经用户授权的支付造成的损失,由电子支付服务提供者承担;电子支付服务提供者能够证明未经授权的支付是因用户的过错造成的,其不承担责任。

2. 快递物流服务

快递物流是辅助电子商务的关键环节,电子商务经营者和消费者之间通常会协商采用快递物流的方式交付商品。

1) 快递物流的交付

快递物流服务提供者为电子商务提供快递物流服务,应当遵守法律、行政法规,主动告知消费者有关快递物流服务的服务规范和时限,并按照承诺完成服务;对于消费者的合理诉求,应该及时给予回应。

合同标的为交付商品并采用快递物流方式交付的,收货人签收时间为交付时间。合同标的为提供服务的,生成的电子凭证或者实物凭证中载明的时间为交付时间;前述凭证没有载明时间或者载明时间与实际提供服务时间不一致的,实际提供服务的时间为交付时间。

合同标的为采用在线传输方式交付的,合同标的进入对方当事人指定的特定系统并且能够检索识别的时间为交付时间。合同当事人对交付方式、交付时间另有约定的,从其约定。

2) 快递物流的查验

快递物流服务提供者在交付商品时,应当提示收货人当面查验;交由他人代收的,应当经收货人同意。快递物流服务者在揽收快递时,应对电子商务经营者邮寄的商品进行检视,并约定包裹交付验收事宜;消费者签收商品时,快递物流服务者应提示消费者先查验商品后签收。

如果消费者查验时发现商品有瑕疵，可以拒绝签收。

3) 快递物流的包装

快递物流服务提供者应当按照规定使用环保包装材料，并要求产业链上下游企业使用环保包装材料，实现包装材料的减量化和再利用。

4) 快递物流的代收货款

快递物流服务提供者在提供快递物流服务的同时，可以接受电子商务经营者的委托提供代收货款服务。快递物流服务提供者应完善代收货款的操作流程和风险防控措施，严禁擅自挪用代收货款，确保代收资金的支付与结算安全。

【大家讲坛 12-8】

陈某于 2022 年 12 月 21 日在某网店下单购买了一件羽绒服，其在 12 月 24 日收到短信提示，他的快递已经被快递员放在了社区超市，要陈某自行去取件。陈某于 12 月 25 日到社区超市取件，被告知快递滞留超时，需要支付 1 元保管费。陈某认为，快递员并没有征求自己的同意就将快递放在了社区超市，快递员的该行为是不合法的，社区超市更是无权要求他支付保管费。

请思考：快递员私自将客户包裹放在第三方寄存的行为是否合法？

【解析】快递员的行为不合法。快递物流服务提供者在交付商品时，应当提示收货人当面查验；交由他人代收的，应当经收货人同意，不应私自将客户包裹放在第三方寄存。

12.3.4 电子商务争议的解决

1. 质量担保和争议解决机制

《电子商务法》鼓励电子商务平台经营者建立商品或服务质量担保机制，以利于及时解决消费者遇到商品或服务质量问题，保障消费者权益，促进电子商务的良性发展。电子商务平台经营者可以与平台内经营者协议设立消费者权益保证金。

电子商务经营者应当建立便捷、有效的投诉、举报机制，公开投诉、举报方式等信息，及时受理并处理投诉、举报。

电子商务平台经营者可以建立争议在线解决机制，制定并公示争议解决规则，以及时解决当事人的争议。

2. 电子商务争议的解决方式

电子商务争议可以通过协商和解，请求消费者组织、行业协会或者其他依法成立的调解组织调解，向有关部门投诉，提请仲裁，或者提起诉讼等方式解决。消费者在电子商务平台购买商品或者接受服务，与平台内经营者发生争议时，电子商务平台经营者应当积极协助消费者维护合法权益。在电子商务争议处理中，电子商务经营者应当提供原始合同和交易记录。因电子商务经营者丢失、伪造、篡改、销毁、隐匿或者拒绝提供前述资料，致使人民法院、仲裁机构或者有关机关无法查明事实的，电子商务经营者应当承担相应的法律责任。

当消费者的合法权益受到损害要求平台内经营者赔偿时，如果电子商务平台经营者无法提供平台内经营者的真实名称、地址和有效联系方式的，消费也可以要求电子商务平台经营者承担先行赔偿责任。电子商务平台经营者承担先行赔偿责任后，有权按照《消费者权益保护法》

向平台内经营者追偿。电子商务平台经营者知道或者应当知道平台内经营者利用其平台侵害消费者合法权益而未加以处理的，电子商务平台经营者与平台内经营者承担连带责任。

电子商务平台经营者根据争议在线解决机制处理当事人之间的争议纠纷时，要秉承公平、公正的原则，根据争议解决规则，解决当事人的争议；电子商务平台经营者出具的争议解决方案不能违反法律强制性规定，也不能强迫当事人接受。

同步训练

一、单项选择题

1. 电子商务经营者发布商品或服务信息符合要约条件，当事人没有约定合同成立时间的，该合同应当自(　　)成立。
   A. 顾客收货时　　　　　　　　B. 顾客提交订单成功时
   C. 顾客付款时　　　　　　　　D. 电子商务经营者发货时

2. 齐某从甲电子商务平台上的乙店铺购买了一台烤箱，开箱后感觉做工粗糙，于是对该产品做出了差评。乙店铺认为齐某的评价不够客观公正，要求电子商务平台删除该评价。那么，甲电子商务平台(　　)购买者的评价。
   A. 可以酌情删除　　B. 可以任意删除　　C. 可以部分删除　　D. 不得删除

3. 当事人订立电子商务合同时，用户因操作失误发生电子错误，电子商务经营者在用户提交订单前应当(　　)。
   A. 保证用户可以更正错误　　　　C. 禁止用户更正错误
   B. 与用户约定更正事项　　　　　D. 代替用户更正错误

4. 电子商务经营者销售商品或者提供服务时，应当出具发票等购货凭证或者服务单据。其中，电子发票的效力(　　)。
   A. 没有法律效力　　B. 低于纸质发票　　C. 优于纸质发票　　D. 等同纸质发票

5. 康某是某电子商务平台上的网店经营者，由于销售假冒他人商标的商品被平台经营者依据服务协议和交易规则采取暂停服务的措施。平台经营者对该处理措施(　　)。
   A. 应当适时公示　　B. 应当及时公示　　C. 可以不公示　　D. 酌情决定是否公示

二、多项选择题

1. 姚某是甲电商平台注册用户，今年想换个电商平台。对姚某注销甲电商平台账户的行为，下列说法正确的有(　　)。
   A. 姚某有权注销其账户，平台经营者不得设置不合理条件
   B. 姚注销其账户后，不得再次在该平台申请注册
   C. 姚注销其账户后，平台经营者可以保留其信息
   D. 姚注销其账户后，平台经营者应当立即删除其信息

2. 高某经营一家网络店铺，为了提高自己店铺的排名和搜索量，高某雇人大量购买店铺商品并要求收货后必须给予好评，但实际上这些都不是真实交易。则高某的行为属于(　　)。
   A. "刷单"行为，是违法的　　　　B. 虚构交易，欺骗消费者

C. 编造用户评价，误导消费者　　　　D. 正常的商业策略和营销方式

3. 下列选项中属于电子商务经营者的有(　　)。
   A. 在某电商平台开设网店销售手机的张三
   B. 在社交App朋友圈推销二手房的李四
   C. 在自建网站上销售自产家具的甲公司
   D. 利用网络为餐饮店提供外卖服务的乙公司

4. 高都酒店位于著名旅游景区旁，为旅客提供住宿服务及配套的餐饮、食品、礼品的服务或销售，该酒店在某旅游出行网络平台的App上接受顾客的在线订单。则该酒店下列行为(　　)违反了《电子商务法》。
   A. 预订客房配套提供早餐服务，但在App页面对早餐选项设置为默认同意
   B. 酒店也提供食品、礼品的销售，但在App上没有向顾客提示
   C. 在App页面向顾客提示酒店提供餐饮服务，但要另签协议
   D. 预订客房配套提供早餐服务，在App页面对早餐选项设置勾选，但用户很难找到

5. 胡某经常在甲网约车平台叫车出行，由于平台提供了二十多家出租车公司的信息，胡某对平台提供的各公司的打车预估价也分不出哪个更合理。那么，对甲平台的下列行为评价正确的是(　　)。
   A. 不根据胡某的消费习惯向其推送搜索结果，只有这样才是合法的
   B. 向胡某发送广告应当遵守《广告法》的规定
   C. 同时根据胡某的消费习惯和不针对其消费习惯推送搜索结果
   D. 根据胡某对价格的敏感程度专门推送优质高价的搜索结果

解决几个大问题

1. 韩某有一天在甲电商平台上浏览，发现乙电子商品网店出售少量新品笔记本电脑，每台标价只有300元人民币，他想可能是网站在搞什么促销活动，就赶紧下单买了一台，并收到了付款成功和订单成交信息。两天后，韩某没收到电脑，却接到乙网店客服电话，说该交易无效，要求取消交易并向韩某退款。理由是，这款电脑的实际价格是3000元，在网站上显示的300元价格是其工作人员输入失误造成的，这笔交易是不公平的。韩某认为这笔交易真实有效，不接受乙网店的要求。请回答下列问题并说明理由：
   (1) 这笔交易是否有效？
   (2) 卖方就合同效力可以提出什么主张？

2. 何林某日突然收到一个快递，打开发现是一部价值7000元的手机。何林夫妻近期没买过手机，询问家人才发现是其12岁的儿子登录何林的网购账号购买的。于是何林联系网店卖家，说明其小孩未成年，又未经父母同意买的手机，双方之间的买卖合同无效，要求退货。卖家表示在其购物网页上的《退换货规则》明显提示"无质量问题不予退换"，而且何林下单的账号正常，是经过实名认证的，合同有效。请回答下列问题并说明理由：
   (1) 上述手机买卖合同是否有效？
   (2) 何林能否要求退货？

课外活动

1. 班级同学分组，回忆自己的网购经历，结合课堂所学知识总结当出现货不对版、夸大功能、附送零件存在瑕疵、快递物流等问题时，自己解决纠纷的经验和失误，然后各组在全班进行交流。

2. 模拟网商创业情景，计划自己在某平台开设一间手办格子铺，思考一下开设过程中要注意哪些法律问题？

推荐书目：

1. 《中华人民共和国电子商务法释义与原理》，赵旭东著，中国法制出版社，2019年版。
2. 《快递暂行条例释义》，司法部、国家邮政局编著，中国法制出版社，2018年版。

推荐资源：

1. 北京互联网法院(网址：https://www.bjinternetcourt.gov.cn/)
2. 中国人大网电子商务专题(网址：http://www.npc.gov.cn/)

参考文献

[1] 《民法学》编写组. 民法学[M]. 2版. 北京：高等教育出版社，2022.

[2] 《经济法学》编写组. 经济法学[M]. 3版. 北京：高等教育出版社，2022.

[3] 张守文. 经济法学[M]. 8版. 北京：北京大学出版社，2024.

[4] 赵威. 经济法[M]. 8版. 北京：中国人民大学出版社，2021.

[5] 中国会计师协会. 经济法[M]. 北京：中国财政经济出版社，2023.

[6] 周游. 新公司法条文解读与适用指引[M]. 北京：法律出版社，2024.

[7] 赵旭东. 新公司法讲义[M]. 北京：法律出版社，2024.

[8] 张士元. 企业法[M]. 4版. 北京：法律出版社，2015.

[9] 王欣新. 破产法[M]. 4版. 北京：中国人民大学出版社，2019.

[10] 王卫国. 破产法精义[M]. 3版. 北京：法律出版社，2023.

[11] 王利明. 物权法[M]. 2版. 北京：中国人民大学出版社，2021.

[12] 崔建远. 合同法[M]. 7版. 北京：法律出版社，2021.

[13] 《知识产权法学》编写组. 知识产权法学[M]. 二版. 北京：高等教育出版社，2022.

[14] 王迁. 知识产权法教程[M]. 7版. 北京：中国人民大学出版社，2021

[15] 王先林. 竞争法学[M]. 4版. 北京：中国人民大学出版社，2023

[16] 吕明瑜. 竞争法教程[M]. 3版. 北京：中国人民大学出版社，2021

[17] 刘继峰. 消费者权益保护法[M]. 北京：中国人民大学出版社，2024

[18] 凌斌，胡凌. 电子商务法[M]. 2版. 北京：中国人民大学出版社，2022.